한국 광고 · 홍보 인물사 ①

나남
nanam

나남신서 1790

한국 광고 · 홍보 인물사 ①

2015년 11월 25일 발행
2015년 11월 25일 1쇄

엮은이•사단법인 서울AP클럽
발행자•趙相浩
발행처•(주) 나남
주소•10881 경기도 파주시 회동길 193
전화•(031) 955-4601(代)
FAX•(031) 955-4555
등록•제 1-71호(1979.5.12)
홈페이지•http://www. nanam. net
전자우편•post@nanam. net

ISBN 978-89-300-8790-2
ISBN 978-89-300-8655-4 (세트)

책값은 뒤표지에 있습니다.

이 책은 이노션월드와이드의 후원으로 제작 출판되었습니다.

나남신서 1790

한국 광고 · 홍보 인물사 ①

서울AP클럽 엮음

나남
nanam

Masters of Korea Advertising & Public Relations ①

edited by

Seoul Advertising & PR Club

nanam

한국의 근현대 광고·홍보 역사가 백 년을 넘었고 연간 광고비 규모도 10조 원을 넘었습니다. 세계 10위권 안팎의 광고 선진국이 된 지도 여러 해가 지났습니다.

"광고는 사람에서 시작하여 사람에서 끝난다"는 말이 있을 정도로 광고·홍보 분야는 사람에 대한 의존도가 그 어느 산업보다 높습니다. 그야말로 사람이 전부라고 해도 좋을 만큼 '사람의', '사람에 의한', '사람을 위한' 산업이며 제도이고 문화인 셈입니다.

이 점에서 한국 광고 백 년의 역사와 세계 10위권의 위치가 되기까지는 무엇보다 "광고인", "홍보인"이라는 사람의 역할이 컸습니다. 이들이 없었다면 오늘의 위상은 불가능했을 것입니다. 그래서 광고·홍보 산업의 역사는 한편으로 '사람의 역사'라고 할 수 있습니다.

그럼에도 불구하고 한국 광고사(廣告史)에서 사람에 대한 연구나 기록, 정리는 아주 빈약합니다. 이미 이 분야를 개척하고 오늘의 토대를 만든 1세대가 고인이 되고 원로의 기억도 차츰 희미해져 가는 것이 현실임에도 불구하고 이들에 대한 종합적 기록은 아직 시도조차 못했습니다.

이 책은 바로 이러한 시대적 상황을 고려하여 기획되었습니다. 사람이 중심인 광고·홍보 분야의 역사를 '사람을 중심으로' 정리해 보자는 것이었습니다. 즉, 잊힌 사람의 역사를 발굴하고 기록하고 정리하여 인물 중심의 한국 광고·홍보 역사를 남기는 것이 이 책의 목적입니다.

물론 이 책은 기획과 집필, 제작의 여러 가지 특성상 일반적인 역사기록이 갖추어야 할 객관적, 실증적 역사기술이나 가치중립적 평가결과가 아니라는 점을 먼저 밝혀둡니다. 어떤 경우는 아주 주관적이고 자기중심적이며, 때로는 자기자랑이 과한 부분도 없지 않습니다. 그것은 한 사람 한 사람이 자기 기억이나 기록을 토대로 자기가 살아온 광고 · 홍보 인생을 정리하다 보니 어쩔 수 없이 나타난 결과입니다. 각자의 진술에 대한 평가는 독자께서 판단해 주실 몫입니다.

물론 어떤 분야의 역사를 기술할 때 객관적, 실증적 역사기록은 아주 중요합니다. 그러나 이러한 역사기록이 놓치기 쉬운 이면의 이야기, 사람의 이야기, 생생한 경험담 등 이면의 역사(*behind history*) 또한 그 못지않게 중요합니다. 개인이 자신의 기억에 의존하여 자신의 생각과 경험, 업적 등 광고 · 홍보인 생활 전반을 주관적으로 서술하거나 기록한 사적(私的) 자료 또한 그 가치가 있습니다. 이 책이 한국 광고 · 홍보 역사의 객관적 기술이 아니라, 광고 · 홍보 분야를 살아온 사람의 개인적 발자취를 취합하여 정리했다는 점은 이 책의 커다란 장점이기도 합니다.

그럼에도 불구하고 이 책이 본질적으로 가질 수밖에 없는 한계는 다음과 같습니다. 수록 인물 개개인의 진술에 의존하다 보니 사실관계의 객관성이 결여되거나 기억의 오류, 부정확한 기록이 부분적으로 있을 수 있습니다. 그리고 무엇보다 수록 인물의 선정에 아쉬움이 있을 수 있습니다.

이 책을 기획하고 진행하는 데 가장 어려운 문제는 수록 인물의 선정이었습니다. 이 책의 발간을 주관한 서울AP클럽 운영위원이 편집위원으로 참여하여 수록 인물의 후보 목록을 작성했습니다. 이 과정에서 광고 · 홍보 각 관련 분야 단체와 원로회원의 추천을 받아 명단을 만들고 다시 몇 차례의 압축 과정을 거쳤습니다. 이를 다시 서울AP클럽 고문단 회의와 전체 운영위원회에서 정리하여 최종 백 명을 확정했습니다. 이 과정에서 다음과 같은 선정 기준이 적용되었습니다.

첫째, 한국 광고 · 홍보 분야(관련 분야 포함)에서 자타가 공인할 만한 객관적 업적이나 공헌도가 있는 사람, 둘째, 한국 광고산업 초창기에서 2000년대 이전까지 활동한 20년 이상의 광고 · 홍보 분야 전문가로서 국내외 산업계의 공헌도와 지명도가 높은 사람, 셋째, 자기 자신의 업무 범위를 넘어서 산업 전반의 발전에 헌신적으로 기여한 사람 등입니다. 즉, 한국 광고 · 홍보 분야 전체의 발전과 자기 직종에서 확고한 업적이 있는 사람을 중심으로 수록 인물을 선정했습니다.

그럼에도 불구하고 이 책에 반드시 수록되어야 할 중요한 인물 일부가 누락된 점은 크게 안타까운 점입니다. 한국 광고 · 홍보 역사에 반드시 기록되어야 할 인물인데도 불구하고 어떤 분은 본인이 고사하거나 거절하였고, 어떤 분은 연락이 닿지 않았고, 또 어떤 분은 이런저런 개인적 이유로 수록되지 못했습니다. 학계, 광고회사, 카피라이터, 아트, 영상, 사진, 매체 등 각 분야에서 꼭 수록되어야 할 분이 누락된 경우가 없지 않았습니다. 따라서 이 책에 수록된 인물 외에도 한국 광고 · 홍보 분야의 역사적 기록의 대상이 되어야 할 분이 많다는 점을 밝혀둡니다.

또한 광고 · 홍보 분야 발전에 기여도가 큼에도 불구하고 활동기간이 짧아 이번 제①권에 수록하지 못한 인물도 많습니다. 이들은 앞으로 발간될 제②권에 수록할 예정입니다. 더 많은 젊은 광고 · 홍보인이 산업 발전과 자기 분야의 공적을 쌓아 《한국 광고 · 홍보 인물사 ②》의 주인공이 되기를 기대합니다.

부록에는 한국 광고 · 홍보 분야 발전에 공로가 인정되어 정부로부터 훈장, 포장, 표창을 받은 역대 유공광고인 수상자와 광고관련 단체장, 광고관련 학회장 명단을 수록했습니다. 또한 서울AP클럽이 매년 선정해 시상한 올해의 광고인상, 올해의 홍보인상, 특별공로상 수상자 명단도 수록해 그 공로를 기리고자 했습니다.

끝으로 이 책이 빛을 볼 수 있도록 물심양면의 도움을 주신 분들께 서울AP클럽 전 회원을 대신해 감사의 말씀을 드립니다. 이노션 안건희 사장님의 각별하신 관심과 성원이 없었다면 이 책은 처음부터 시작도 못했을 것입니다. 또 자신의 바쁜 일정에도 불구하고 이 책의 기획과 편집을 위해 많은 시간과 노력을 아끼지 않은 운영위원, 한국의 광고 · 홍보 분야 발달사를 일목요연하게 정리해주신 이화자 교수님, 전체 진행을 맡아 수록 인물과의 연락, 인터뷰 진행, 집필진 선발 등을 전담해주신 김민기 교수님과 양건수 한국광고자율심의기구 사무총장님, 인터뷰와 원고작성을 담당해주신 구영회, 김희정, 박영진, 송은아, 정은교 님께도 깊은 감사를 드립니다.

또한 이 방대한 분량의 책을 상업적 이해관계를 떠나 기꺼이 출판해주신 나남의 조상호 회장님께도 특별히 감사의 말씀을 드립니다. 언론 및 광고 · 홍보 분야의 수많은 전문서적을 출판하여 이 분야 발전에 크게 기여한 조 회장님과 방순영 편집장님, 그리고 편집 실무를 맡아 꼼꼼한 솜씨로 좋은 책을 만들어 준 김민교 님에게 진심으로 감사드립니다.

서울AP클럽은 앞으로도 한국 광고 · 홍보 분야의 발전과 위상제고, 역할확대를 위해 앞장서겠습니다. 광고 · 홍보인 모두의 성원을 토대로 광고 · 홍보인의 친목확대와 권익신장을 위한 일에도 열심히, 헌신적으로 노력하겠습니다. 광고 · 홍보 분야의 발전과 광고 · 홍보인의 위상을 높이는 이 중요한 과업에 광고 · 홍보인의 많은 참여와 성원을 부탁드립니다.

2015년 10월 11일
사단법인 서울AP클럽 회장 및 운영위원 일동

편찬 기본 방침

1. 광고사 편찬에서의 구술사의 의미

백 년을 넘긴 한국 광고계는 2014년을 기준으로 총광고비가 약 10조 원이 넘을 만큼 질적, 양적으로 발전을 거듭했다. 이러한 발전의 바탕에는 한국 경제의 급속한 발전이 있었겠지만 무엇보다 불모지에 광고계를 만들고 이끌어 온 '광고인'의 숨은 노력이 가장 큰 원동력이라 하겠다. 이에 서울AP클럽에서는 광고계의 발전을 일궈 낸 한국 광고인의 광고 인생을 더듬어 봄으로써 인물이 중심이 된 또 하나의 광고사 (廣告史)를 기록하고자 한다.

그동안 발표된 교과서나 논문에서 우리나라 광고회사의 창립과 형성 과정을 둘러싼 역사적 기술은 있었다. 이러한 객관적 사실의 확인과 기술은 사료 자체를 중시하는 실증주의 역사학 방법론에서는 필수 요소이지만 그 이면에 숨은 일화 또는 광고 현장에 깊숙이 관여한 사람들이 겪은 "생생한 경험"을 배제할 가능성이 크다.

더구나 이제 광고의 1세대라 불리는 분들이 고인이 되는 경우가 점점 늘어감에 따라 그분들의 실증을 통해서만 확인하고 기술될 수 있는 역사적 자료의 수집과 보존의 필요성이 절실히 요구된다. 따라서 한국 광고의 역사를 '인물사' 중심으로 살펴보는 일은 그동안의 한국 광고사가 객관적 기술에만 치중해 온 결점을 보완하고 객관적 사실 이면에 숨은 이야기를 "촘촘히 기술"(*thick description*) 하고 이를 사료로 남긴다는 의미에서 중요한 가치를 지닌다.

이러저러한 속사정을 알아보는 데 있어 구술사(口述史) 는 유용한 방안이 될 수 있다. 방송 분야에서도 기존의 연대기적 방송사 연구에서 서술하지 못한 부분을 구술사를 통해 흥미롭게 설명한 바 있다. 예를 들어, 일본과 미국의 영향을 받아 창립된 초창기 광고회사에서 과연 무슨 일들이 일어났는가를 살펴볼 경우 만보사를 들 수 있다. 만보사는 1969년 코카콜라 광고를 대행하며 미국의 매캔에릭슨(McCann-Erickson) 과 홍콩의 포천(Fortune Far East) 과 같은 외국의 주요 광고회사와 제휴를 맺고 업무의 효율성 증대와 전문화를 시도했다고 알려졌다. 그러나 구체적으로 어떻게 전문화를 시도했는가, 1969년 당시 코카콜라 광고를 촬영할 때 어떤 일들이 있었는가를 알아보는 데 있어 객관적 사실만으로는 한계가 있다.

따라서 이 책에서는 기존 광고사 연구를 보완하고 소중한 사료를 기록하는 의미에서 한국 광고산업 형성과정에 직접 참여하고 현재에 이르기까지 한국 광고의 기반을 마련해 온 산증인들을 인터뷰함으로써 그들의 구술을 바탕으로 한국 광고산업의 발전과 형성과정에 대한 "기억의 재구성"을 목적으로 했다.

광고계 원로와 주요 인사를 직접 만나 인터뷰하는 과정을 통해 초창기 광고산업의 형성에 대해 흥미롭고 깊이 있는 여러 사실을 발견해낼 수 있었다. 또한 초창기 광고의 형성과 발달과정에서 있어 온 "이면의 역사"(*behind history*) 를 찾아 낸 것은 큰 의미라 할 수 있다.

2. 구술사 기술방법

그동안 광고사는 주로 객관적 사실을 확인하고 기술하는 실증주의적 방법을 채택했다. 이러한 방법은 사료의 진실성을 추구하는 실증주의 역사학에서 매우 중요한 방법이기는 하지만 그 시대를 살았던 사람들의 미시적이고 생생한 경험을 배제시켰다는 비판을 받아온 것도 사실이다. 이러한 실증주의 역사학의 한계점에 대한 반성으로 최근 주목받는 것이 구술사 연구 방법이다.

생애사(life history), 자기보고서(self-report), 개인적 서술(personal narration), 생애담(life story), 구술 전기(oral biology), 회상기(memoir), 심층면접(in-depth interview)을 포괄하는 구술사는 새로운 역사쓰기의 한 방법으로서 커뮤니케이션 역사 연구에 풍부한 자양분을 제공한다고 평가받는다.[1] 구술 자료의 체계적 수집과 이용은 커뮤니케이션 역사 연구에 상당히 의미 있는 작업으로서 과거 미디어 문화를 증언해 줄 수 있는 인구 층이 점점 사라지는 현실을 고려하면 더욱 절실한 과제이다.

구술 자료 가운데 기억은 매우 중요한 것이다. 문서 기록에 근거하지 않고 "기억된 과거의 경험"을 끄집어내어 구술하는 것이기 때문이다. 이러한 기억은 개인의 기억(individual memory, 사적 기억)과 집단적 기억(collective memory, 사회적 기억)으로 구분된다. 개인의 기억이 개인적 회상에 의해 지속되는 데 반해, 집단적 기억은 세대 간의 연계를 통해 지속된다는 것이 특징이다. 우리나라 광고계의 초창기 인사들을 인터뷰해 그 구술 내용을 재구성하는 작업은 한국 광고산업 형성기에 전문성을 제고하기 위해 노력했던 초창기 광고인의 "내면 풍경"을 생생하

---

1 이상길 (2005), "새로운 커뮤니케이션사를 위해: 연구방법론에 관한 성찰을 중심으로", 〈커뮤니케이션 이론〉, 1권 2호, 106~161쪽.

게 복원하는 의미가 있다.

3. 구술사 진행절차

구술사의 진행절차는 진행자에 따라 약간 차이가 있지만 국사편찬위원회(2004)는 기획, 면담자 선정 및 교육, 구술 면담 실행의 3단계로 나누고 세 번째 단계를 다시 준비, 실행, 면담 후 작업으로 세분한다. 한국구술사연구회(2005)도 이와 비슷하게 기획 단계, 실행 단계, 정리 및 분류 단계, 활용 단계로 구분한다. 이 책에서는 다음과 같이 진행되었다.

1) 사전 기획

1단계로 사전 기획을 통해 관련 자료를 수집했다. 즉, 초창기 광고산업 형성에 관련된 기초 자료를 수집하고 검토했으며 한국 광고 역사와 산업 발전에서 중요하다고 판단되는 인물을 선정, 수록 대상자와 관련된 자료를 수집하고 검토한 다음 구술 면담 계획(시간, 장소, 횟수, 범위)을 수립했다.

- 초창기 광고산업 형성에 관한 기본 자료 수집 및 검토
- 수록 대상자 확정과 동의 획득
- 수록 대상자 관련 자료의 수집과 검토
- 구술 인터뷰 계획 수립(시간, 장소, 횟수, 범위)

2) 구술 인터뷰

2단계에서는 구술 인터뷰를 진행했다. 즉, 수록 대상자와 예비 접촉을 통해 대략적인 구술 주제와 범위를 협의하고 질문지 목록을 작성해 전달했으며 카메라와 녹음기 같은 장비를 점검한 다음 면담을 진행했다. 면담은 첫머리에 기본정보 및 배경을 기록하고 마지막에 특이사항 등을 정리하는 방식을 택했다.

3) 면담 자료의 정리 및 해석

3단계에서는 면담 자료를 정리하고 검증해 그 내용을 해석했다. 면담 직후 면담 일지를 작성하고 녹음 자료를 정리하고 녹취문을 작성했다. 또한 문헌 기록을 다른 구술 자료와 비교분석했으며, 서술형식 중심으로 해석하는 서사 분석과 맥락 중심으로 해석하는 재구성적 교차 분석을 시도했다.

4) 자료의 텍스트화

4단계에서는 구술사 자료의 텍스트화를 시도했다. 구술사 자료의 텍스트화는 단순히 녹취록을 작성하는 수준을 넘어서는 것으로, 면담 내용을 보고서 형태로 만드는 것을 의미한다. 이렇게 일차적으로 만들어진 구술사 텍스트는 당사자에게 보내서 검토하게 했다. 이 과정에서 당사자의 원래 의도와 다르게 표현된 부분은 수정해 구술 당사자가 텍스트에 대한 통제권을 공유하도록 했다.

　이상에서 가장 핵심적 절차에 해당되는 구술 당사자와의 인터뷰는 상황에 따라 한 번만 한 경우도 있고 여러 번에 걸쳐 한 경우도 있다. 필요에 따라 인터뷰 횟수를 조정했으며 한 번에 최소한 1시간 30분 이상 진행했다.

5. 수록 대상자의 선정

1) 수록 대상자 선정 기준
주된 활동 분야가 광고·홍보 분야인 사람들로 광고회사, 광고주, 홍보, 디자인, 사진, 카피, 아트, 학계, 옥외, 조사, 광고관련 단체, 매체, 인터넷 분야에서 종사한 경력이 통산 20년 이상 된 분들로, 한국 광고·홍보 분야의 발전에 기여한 바가 크며, 특히 산업 발전을 위한 활동과 공로가 큰 인사들을 중심으로 선정했다.

2) 주요 수록 내용
약력, 주요 활동 내용(업적), 주요 작품(캠페인), 좌우명, 광고 철학, 인간미(내면의 이야기), 특기사항, 사진이다.

3) 수록 인물
본 인물사에 타당한 정보와 자료를 제공할 수 있는 이론적 자격(theoretical qualification, competence)을 갖춘 사람들로서, 한국 광고산업의 형성과 발전과정을 증언해 줄 수 있을 정도의 '사회적 지위'를 지니는지 여부와 실제로 광고·홍보 산업 발전에 '비중이 있는 역할'을 수행했는지 여부라는 두 가지 기준에서 선정되었다.

6. 항목 표시 방법

1) 항목 표시
• 가나다 순으로 배열한다.
• 동명이인의 경우, 생년 순으로 한다.

7. 본문 서술

1) 기본 원칙
한글전용을 원칙으로 하되, 필요한 경우 괄호 안에 한자를 병기한다. 맞춤법과 띄어쓰기는 현행 한글맞춤법 규정에 따르되, 편집상의 필요에 따라 예외를 둔다.

2) 서술 원칙
가능한 수록 당사자와의 인터뷰를 통한 녹취록에 의거된 사실을 위주로 해석을 첨가함을 원칙으로, 고인인 경우 해당 인물을 가장 잘 아는 이의 인터뷰를 통한 회상, 2차 자료(인터넷, 광고회사 사보 등)를 기준으로 작성한다.

3) 외래어 표기
외국 인명, 지명, 학교명 등은 외래어 표기법에 따라 표기하고 괄호 안에 원어를 병기하는 것을 원칙으로 한다.

4) 출생, 출신지 표기
출생연도만 표기하며, 출신지는 생략한다.

5) 약력과 경력 서술
연대순으로 서술하는 것을 원칙으로 한다. 단체명, 직위명 등은 정식 명칭으로 표기하는 것을 원칙으로 한다. 단, 약칭이 일반화된 경우는 약칭을 허용한다.

6) 참고문헌

내용 서술에 활용하거나 참고한 자료만을 표시하고 2차 자료의 경우
는 가급적 제한하는 것을 원칙으로, 원자료 명을 그대로 표기한다.

한국 광고산업의 형성과 성장

1. 개 관

한국 광고 역사를 크게 나누면 1886년 〈한성순보〉의 세창양행 광고
를 시작으로 한 일제 강점기 고지광고 시기와 해방 이후부터 1960년
대까지 서구의 영향을 받은 모방광고 시대 그리고 1970년대부터 대학
에서 광고 관련 부문의 과목을 개설하면서 시작된 전문 광고 시대로
살펴볼 수 있다.

한국 광고사에서 1960년대 후반은 대단히 중요한 역사적 의미를 지
닌다. 1967년에 현대적 의미에서 본격적 광고회사인 합동통신사 광고
기획실이 창립된 이후, 1969년 〈동아일보〉와 OB그룹의 합작으로 만
보사(萬報社) 가 창립됨으로써 우리나라의 광고 환경은 양적, 질적 측
면에서 괄목할 만한 성장을 이루었다. 또한 텔레비전이 등장하면서
자연스럽게 텔레비전 광고도 활성화되었다.

다국적 기업이자 미국 문화의 상징이기도 했던 코카콜라가 한국에
들어온 것도 이 무렵이다. 1968년에 코카콜라 브랜드가 한국 시장에
서 판매되고 1969년에 펩시콜라 브랜드가 들어오면서 국내 음료 시장
에 일대 파란을 일으켰다. 광고사적 맥락에서도 코카콜라와 펩시콜라

광고는 그 당시 우리나라 광고 표현의 수준을 한 단계 비약시켰다는 점에서 중요한 의미가 있다. 1969년 1월에 창립한 광고회사 만보사가 코카콜라 광고를 대행함으로써 광고회사를 비롯한 광고산업 발전과 현대화의 첫발을 내디뎠다. 이런 맥락에서 광고사 연구자들은 1968년을 분수령으로 한국 광고사를 근대 광고 시대와 현대 광고 시대로 구분하기도 했다. 코카콜라 광고를 대행하며 본격적으로 서구적 개념의 광고회사로 성장하던 만보사는 1975년에 합동통신사 광고기획실에 흡수, 통합되었고 만보사를 흡수한 합동통신사 광고기획실은 1979년에 지금의 오리콤으로 발전했다.

광고가 기업 경영 요소의 큰 부분을 차지하면서 각 회사마다 광고부서가 생겨났다. 그러나 광고 전문 인력이 육성되지 않은 상황에서 광고 업무의 대부분은 경영자의 직관적 판단에 의해 좌지우지되었다. 그리고 기업 내에서 광고 부문이 광고 활동을 수행함에 의사 결정을 내리는 최고경영자 외에도 영업, 생산, 유통 등의 영향을 크게 받았다. 그래서 회사의 경영 목표를 달성하기 위한 일관성 있는 광고 업무 수행의 필요성이 대두되었다.

1970년대 들어서 광고대행업은 신종 산업으로 각광받았다. 1970년 7월에 광고회사 선진이 창립되었으나 4년 만에 파산했다. 1973년 1월 17일에는 "광고 업무의 전문화를 통해 기업과 매체 간의 공영은 물론 국가 경제의 번영에 이바지한다"는 모토를 걸고 광고회사 제일기획이 출범했다. 1974년 3월에는 연합광고가 독립 광고회사로 창설되어 한국 광고산업 발전의 초석을 놓았다. 우리나라 광고회사의 역사에서 1968년에서 1973년까지는 종합 광고회사의 도약기라고 할 수 있다. 1968년에서 1980년에 이르는 동안 코카콜라의 "오직 그것 뿐", 농심라면의 "형님 먼저 아우 먼저", 해태 써니텐의 "흔들어 주세요" 같은 주옥같은 광고들이 만들어졌다.

　우리나라 광고업계는 1980년대 들어 새로운 변화에 적응하고 대처할 필요성이 절실하게 대두되었다. 방송의 통폐합에 따른 한국방송광고공사(KOBACO)의 설립으로 방송광고 영업의 창구 일원화, 신문 통폐합 이후 증면으로 광고량 증가, 방송윤리위원회 방송광고심의위원회의 광고 규제 확대 등 내부적 변화를 흡수해야 했다. 또한 1984년에 개최되는 한국 광고계 최대 행사인 제 14차 아시아광고대회(ADASIA), 경제성장과 광고계 발전의 도약대가 될 1986년 아시안게임, 1988년 서울올림픽을 준비해야 했다. 이러한 국제적 행사가 국내에서 열리게 됨으로써 한국 광고계의 국제화는 광고 전문 인력의 부족 현상, 광고기법의 후진성 등 심각한 문제를 드러냈다. 이는 외국 광고대행사와 제휴를 모색하는 계기를 만들게 되었다.

　광고대행사를 설립하려는 움직임이 부산해진 것도 바로 이 시점이었다. 산업은 다양화, 전문화되고 경제규모는 확대되었으며 세계 경제는 국제화 시대로 접어들면서 마케팅의 개념 역시 달라져야 했다. 즉, 산업은 기술의 시대, 시장은 소비자 시대, 글로벌 마케팅의 시대로 진입하기 시작한 것이다. 국내 기업들은 종래의 마케팅 개념을 수정해야 했다. 과학적 마케팅이 요구되고 그에 따라 광고의 과학화, 전문화는 물론, 국제화와 선진화가 시급한 과제로 제기되었던 것이다.

2. 광고산업의 분야별 성장

우리나라 광고산업은 1970년대 후반부터 뿌리내리기 시작해 1980년대의 고도 성장기를 거쳐, 1990년대에는 소비자 라이프스타일의 변화와 뉴미디어를 활용한 최첨단 광고 매체의 등장에 힘입어 시장 규모가 더욱 확대되었다.

우리나라에 '광고산업'이라는 용어가 생긴 것은 그리 오래된 일이 아니며 광고비가 국민총생산(GNP)의 1%에 가까워진 1980년 초부터 일 것이다. 총광고비 10조 원, 세계 12위(2011년 기준)의 광고국이라는 수치를 굳이 거론하지 않더라도 한국의 광고계는 질적, 양적으로 발전을 거듭했다.

이러한 발전의 바탕에는 한국 경제의 급속한 발달이 있겠지만 무엇보다 불모지에 광고계를 만들고 이끌어 온 광고인들의 숨은 노력이 가장 큰 원동력이라 하겠다.

광고산업은 일반적으로 다음의 5가지 집단에 의해 구성된다. 첫째 요소는 광고주의 광고 담당 조직(*advertising department*)으로, 이는 광고산업에서 가장 중요한 구성 주체의 하나로 광고주의 광고 프로그램을 개발하거나 결정한다. 둘째 요소는 광고주와 협의해 광고를 개발하는 광고대행사(*advertising agency*)이다. 셋째 요소는 전문 서비스 집단(*special service group*)이다. 이들 조직의 주기능은 광고 과정에서 광고주, 광고대행사 및 매체사를 지원하는 것이다. 예컨대 조사회사, 제작 프로덕션 등이 여기에 속한다. 넷째 요소는 매체사(*media*)이다. 목표 시장에 광고를 제공하는 것이 이들의 역할이다. 다섯째 요소는 학계이다. 이들은 광고에 필요한 인재를 양성하며 해외의 선진 학문과 기술을 국내에 전파하고, 장단기적 광고의 정책을 제안하고 문제를 해결하며, 심사와 관련 자문을 담당한다.

이렇듯 서울AP클럽에서는 오늘의 광고계 발전을 일궈 낸 한국 광고·홍보 전문가의 인생을 더듬어 봄으로써 인물이 중심이 된 또 하나의 광고사를 기록하고자 한다. 이 책은 광고의 역사를 인물 중심으로 살펴보는 것을 목적으로 다양한 인물을 다양한 직종에 따라 분류하고자 했다. 광고회사와 광고주의 초기 주요 인물을 중심으로 알아보고 카피, 디자인, CF 제작(포스트 프로덕션), 광고사진, 홍보, 옥외산업, 인터넷, 매체, 리서치 등으로 분류해 살펴보며 학계와 단체를 살펴보기로 했다.

1) 광고회사

(1) 한국 광고회사의 성립

어느 나라든 광고산업의 중심이 되는 것은 광고회사(대행사)이다. 광고주와 매체사에게는 광고가 본업이 아니기 때문이다. 광고가 생명선인 것은 광고대행사뿐이다. 그런데 한국의 경우 광고대행사로 1910년 무렵에 한성광고사(漢城廣告舍)와 1921년에 백영사(白榮社)가 있었지만 모두 단명이었다. 물론 통신업을 하던 일본의 덴츠는 1906년부터 한국에 진출해 있었으며 광고대행 업무도 했다.

그런데 통신과 광고를 겸업하던 덴츠가 광고대행 전문회사가 된 것은 1936년이었다. 그리고 해방 전 일본 광고대행사는 신문사 광고 지면 브로커의 단계를 크게 벗어나지 못했다. 오늘날 일본 덴츠의 영업국(부)을 1980년대 초까지 연락국(부)이라고 부르던 이유는 대행사 업무의 브로커적 측면을 반영한다.

(2) 초기 정착 과정에서 외국의 영향

광고업 자체가 원래 선진 자본주의 체제를 전제로 발달한 산업이기 때문에 한국 광고회사의 형성 과정에서 외국의 영향은 매우 컸다. 그 중에서도 미국과 일본의 영향은 지배적이었다. 단적으로 한국 최초의 종합 광고회사라고 할 수 있는 합동통신사 광고기획실의 발족 자체가 일본의 영향이었다.

통신사에서 광고회사를 시작한 것은 일본 최대의 광고회사인 덴츠였다. 덴츠가 니혼덴포츠신샤(일본전보통신사)의 약자인 만큼 원래는 기사 제공과 광고대행 서비스를 겸했다. 덴츠뿐만 아니라 일본의 초창기 광고회사는 통신업과 광고업을 겸영하는 경우가 많았다. 이와 다르게 미국의 영향이 더 컸다고 보는 견해도 많다. 한국의 초창기 광고회사 현황을 일목요연하게 표로 정리하면 〈표 1〉과 같다.

이들 가운데 현재(2014년 기준) 사라지거나 이름이 바뀐 회사도 다수 있

〈표 1〉 초창기 광고회사 현황

기간: 1958~1980

광고회사	창립	인원	취급고(만 원)	대주주
애드코리아	1958	12	500(1974)	
S/K Associates	1965	20	100(1973)	
합동통신사 광고기획실	1967	46	1,300(1974)	
만보사	1969	36	453(1973)	동아일보, 동양맥주
모던광고	1969	80	80(1973)	
컬버(Culver)	1970	12	12(1974)	
선진	1970			
세기광고	1970	30	80(1973)	
Pacific Media	1973	12	12(1974)	
제일기획	1973	62	900(1974 상반기)	삼성그룹
연합광고	1974	49	1,500(1974)	MBC외 6개사
거인	1974			
극동	1975	33		
나라기획	1977			
희성산업	1978			럭키그룹
오리콤*	1979			두산그룹
거손	1980			
서울광고기획	1980			

출처: 신인섭(1994), 민병수(1995), Shin(1989)을 바탕으로 재구성.
*오리콤은 합동통신 광고기획실과 동양전산의 합병 회사.

으며〔애드코리아, S/K Associates, 합동통신사 광고기획실, 만보사, 모던광고, 컬버(Culver), 선진, 세기광고, 퍼시픽 미디어(Pacific Media), 거인 등〕, 현재 까지 존속한 회사(제일기획, 나라기획, 오리콤, 서울광고기획)도 있고 대주 주 및 회사 이름이 변경된 경우(희성산업, 연합광고)도 있다.

　이 중 1975년 창립된 오리콤의 경우 코카콜라 광고를 대행하며 서구 적 개념의 본격적 광고회사로 성장하던 만보사가 합동통신사 광고기 획실과 합병되어 탄생한 것으로, 서구적 광고의 영향을 전수하는 계기 가 되었다.

　만보사의 탄생은 당시 한국 광고업계가 한 단계 발전할 수 있는 계 기가 되었다. 만보사의 주요 광고주는 미국의 다국적 기업 코카콜라였 고 자연스럽게 코카콜라의 기법, 전략 등에 영향을 받아 가장 서구적 스타일의 광고회사의 모습을 갖출 수 있었기 때문이다. 국내에서 만보 사가 처음으로 시작한 코카콜라 광고를 통해 한국에서 현대적 광고캠 페인이 시작되는 큰 변화를 야기했다.

(3) 한국 광고사의 분수령이 된 코카콜라 광고
한국 광고사에서 1968년은 역사적인 의미를 갖는다. 1968년 한국 시장 에 코카콜라 브랜드가 등장하고 한 해가 지난 1969년에 펩시콜라 브랜 드가 들어와 음료 시장에 일대 파란을 일으켰다. 광고사적 맥락에서는 우리나라 광고의 표현 수준을 비약시키는 데 결정적 계기를 마련했다 는 점에서 큰 의미를 지닌다.

　코카콜라 광고는 한국 광고업계의 광고 기획과 크리에이티브에 특 히 많은 영향을 미쳤다. 코카콜라 광고의 초기 작업에 관여한 이병인 은 일본의 코카콜라 캘린더 사진을 가져다 쓰면 편하기는 하겠지만 한국 광고계가 발전하기 어렵다고 보고 부족한 여건이지만 한국에서의 캘린더 제작을 고집했다고 한다.

당시 코카콜라 광고주가 이미 광고 대행수수료를 인정해 주었다는 점에서 획기적이다. 또한 다른 회사에서는 커머셜 리서치가 없었던 상황에서 리서치를 바탕으로 광고를 제작하기 위해 노력했고 마케팅 계획, 광고 계획, 표현 계획, 매체 계획까지 일관된 맥락을 유지해서 당시의 용어로 '시리즈' 광고를 집행하기도 했다.

코카콜라 광고는 전 세계적으로 표준화 전략을 지향했지만 당시 합동통신사 광고기획실은 표준화 코드에 맞추면서도 한국 문화에 잘 소화될 수 있는 캠페인을 만들고자 했다. 당시 우리말 슬로건인 '산뜻한 그 맛'은 주로 시각적으로만 사용되던 '산뜻함'이라는 용어를 미각적 표현으로 사용해서 세간의 화제가 되기도 했다.

(4) 선각자의 공헌

이러한 한국 광고회사의 창립 및 정착 과정에서 일찍 광고에 대해 눈을 뜨거나 해외에서 교육받은 선각자적 인물들의 역할이 지대했음은 두말할 필요 없다. 이들은 초창기 주요 광고주였던 외국계 합작법인에 근무하며 탁월한 영어 실력과 광고 지식을 겸비했을 뿐 아니라 충분한 경험을 쌓음으로써 초창기 한국 광고회사의 설립에 크게 기여했다. 코카콜라나 펩시콜라 등 외국 광고주를 대상으로 영어 프레젠테이션을 수행함은 물론 일찍이 외국 광고주를 경험한 적이 없는 국내 광고회사들에게 풍부한 광고지식과 선진 크리에이티브 기법을 전달해 국내에 현대적 의미의 광고회사가 정착되는 데 지대한 공헌을 했다.

(5) 3대 광고대행사의 트로이카 체제

1970년대 들어서 광고대행업은 신종 산업으로 각광받았다. 이는 1973년에 삼성그룹이 제일기획을 설립하고 1974년에는 MBC가 중심이 되어 동아제약, 럭키그룹, 해태, 태평양화학, 미원 등이 주주로 참여한 연합광고의 창립에서 기인한 것이다.

그리하여 1970년대는 오리콤, 제일기획, 연합광고가 국내 광고산업을 형성한 3사의 과점 시대였다. OB그룹은 합동광고와 만보사라는 두 개의 광고대행사를 한군데로 결집함으로써 보다 효율적인 광고대행 업무와 광고대행사의 육성을 시도했다. 따라서 1974년 12월 초에 합동통신사 광고기획실은 만 6년 동안 광고대행사로서 눈부신 성장을 이룬 만보사를 흡수, 합병했다.

합동통신 기획실은 1979년 5월 1일 (주) 동양전산기술을 통합해 새로운 법인인 주식회사 오리콤으로 탄생했다. 제일기획은 1973년 1월 17일의 창립 주주총회에서 임원진을 선출하고 "광고 업무의 전문화를 통해 기업과 매체 간의 공영은 물론 국가 경제의 번영에 이바지한다"는 모토를 내걸고 출범했다. 1974년 3월에는 MBC를 중심으로 6개사가 주주로 참여한 연합광고가 독립된 광고대행사로 창설됨으로써 광고대행사가 광고산업의 중심이 되는 시대로 접어들었다.

이제 이전 시대부터 활동을 해 온 오리콤을 포함한 이들 3개사는 각각 합동통신, 문화방송·경향신문, TBC 및 〈중앙일보〉라는 매체사의 후광을 업고 큰 성장을 이룩했다. 이들 3개사가 과점하던 당시의 광고시장의 형국은 1980년대 초 대기업들이 광고대행업에 참여하던 시기까지 지속되었다.

이들 3대 광고회사의 1974년 취급액은 54억 원이었는데 1979년에 이르자 431억 원으로 늘어나면서 8배나 성장했다. 이 시기 동안 한국의 광고산업은 크게 활성화되었으며 제일기획, 오리콤, 연합광고 3사가 광고시장 전체 광고비의 20% 가량의 대행 실적을 올리면서 이 땅에 광고대행업이 뿌리내리는 데 견인차 역할을 했다. 이 시기를 거치면서 한국의 광고산업은 규모 면에서 큰 성장을 이루었고 전문화, 현대화되기 시작했다.

(6) 계열 광고대행사의 정착

1980년대 들어 우리나라의 기업들은 상품의 대량 판매를 위해서 광고가 필수적이라는 점을 깨닫고 각 기업마다 기업 자체의 PR과 상품광고에 주력한다. 이 같은 광고 환경의 변화로 인해 3개 대행사가 주도하던 균형 관계가 무너지고 새로운 대행사들이 등장하며 대행사의 춘추전국시대가 열렸다.

해태그룹이 그룹적 차원에서 계열 회사의 광고 업무를 통합해 '해태기획'이라는 계열 광고대행사 체제를 유지하다가 1983년 코래드를 창립했다. 럭키금성그룹은 1984년 7월에 그룹 내부에서 광고를 대행하는 '희성산업'의 상호를 바꾸면서 종합 광고회사로의 변신을 꾀한다. 또한 1982년 4월에 롯데그룹 홍보조정실이 모태가 되어 "대홍기획"이 탄생했다.

이 무렵의 대행사들을 보면 〈표 2〉와 같다. 〈표 2〉에서 보듯 1980년대 전후는 대기업이 주도하는 광고회사가 한국 광고대행업의 주류를 이루던 시대였다. 이렇게 된 이유 중 하나는 1981년 한국방송광고공사가 설립되고 난 뒤 공사가 방송광고 대행사를 인정하는 기준으로 정한 광고대행사의 방송광고 대행규칙에서 찾을 수 있다.

이 규칙은 매출 100억 원 이상, 연간 50억 원 이상의 방송광고 대행실적, 30개 이상의 광고주 확보를 인정 기준으로 삼았다. 따라서 광고대

<**표 2**> 대행사별 창립일지

광고대행사	창립일지	소유 그룹
오리콤	1979.5.1	두산그룹
제일기획	1973.1.17	삼성그룹
연합광고	1974.4.1	MBC 및 6개사
대홍기획	1982.4.8	롯데그룹
LG애드	1984.7.1	럭키금성그룹
코래드	1981.7.1	해태그룹
동방기획	1982.7.1	태평양그룹
금강기획	1983.11.1	현대그룹
삼희기획	1983.12.30	한국화약그룹
서울광고기획	1980.4.14	-
나라기획	1977.4.15	-
거손	1980.2.10	-

출처: 한국광고업협회(1999.11), 〈한국 광고산업 발달사〉, p.133.

행사의 설립은 큰 광고주를 확보할 수 있는 회사에서 주도할 수밖에 없었고, 그 결과 1987년까지는 12개사만이 대행을 인정받을 수 있었다.

이들 12개사의 취급고는 1980년 대비 15.3배나 증가한 데 반해, 동일 기간에 국내 광고비는 3.8배 성장함으로써 총 광고비에 대한 점유율은 20.7%에서 55.7%로 크게 높아졌다. 특히, 1989년에는 취급고가 1천억 원을 넘는 광고회사가 4개사나 나타났다.

1980년대에 들어서면서 광고회사의 발전은 질적, 양적인 면에서 큰 폭으로 성장했으며 1987년 대통령선거와 1988년 서울올림픽을 통해 그 업무 영역을 더욱 넓혔다. 그리하여 단순한 광고대행의 개념이 아니라 보다 폭넓은 마케팅 서비스를 제공한다는 면에서 마케팅 대행사(*marketing agency*)의 성격을 띠게 되었다.

(7) 완전 개방 및 자유경쟁 시기

1970년 이후 한국의 광고산업은 경제 성장과 매스미디어 보급의 확대로 인해 급격한 성장을 이룩했다. 한국의 광고시장은 지난 20년간 경제 성장률을 웃도는 비약적 발전을 거듭하며 외형적 면에서 세계 12위, 아시아에서 3위의 광고 대국으로 성장했다.

〈표 3〉 국내외 외국 광고회사 진출 현황(옥외광고, 전문 PR 회사 포함)

합작형태	회사명	인가일	국내회사	외국대행사	투자비율
단독투자	Lintas Korea	1993.2.4		인터퍼블릭(미)	100(미)
	J.W.T. Korea	1993.6.4		J.W.T.(미)	100(미)
	KPR	1991.7.19		K.H.IMM(미)	100(미)
	큐에이디	1991.9.2		Shon J.C.(미)	100(미)
합작투자	익산메이츠	1989.10.6	익산	메이츠(일)	익산 51 메이츠 49
	제일보젤	1989.11.13	제일기획	보젤(미)	제일 70 보젤 30
	D.Y. & R Korea	1989.11.13	오리콤	HDM/DYR(미)	오리콤 51 Y & R 24.5 D.Y.R 24.5
	맥켄에릭슨	1990.3.21	개인	매캔에릭슨(미)	개인 49 매캔에릭슨 51
	DDB Needham DIK Korea	1991.6.3	대홍기획	DDB 니드햄(미)	대홍 51 DDBN 24.5 DIK 24.5
	레오버넷 선연	1993.5.27	선연	레오버넷(미)	선연 50 레오버넷 50
지분참여	코래드	1989.1.28	코래드	오길비 앤 매더 월드와이드(미)	코래드 70 오길비 앤 매더 30
	서울광고기획	1990.6.14	서울광고	DMB & B(미)	서울 80 DMB & B 20

출처: 한국방송광고공사 (1993), 〈광고시장개방 종합연구〉; 한국광고단체연합회 (2008), 〈광고계동향〉, 200호.

이와 같이 한국의 광고시장이 규모 면에서 급성장을 이루자 미국은 1984년 한국 광고시장의 개방을 공식적으로 요구하기 시작했다. 그리하여 1985년부터 논의되기 시작한 한국 광고시장 개방은 1987년 10월에 49%까지의 지분 허용으로 부분 개방되기 시작했다. 1990년 1월부터는 99%까지, 1991년에는 100% 시장 개방이 이루어진 상태에서 1993년에는 드디어 외국 광고회사들의 국내 영업까지 허용되기에 이른다. 이러한 경향은 1993년 7월 1일부터 유통업 및 옥외광고업의 개방으로 이어져 광고 관련 산업의 전면적 개방을 맞게 되었다. 1988년 10월에 개방 합의가 이루어지고 1989년에는 외국인 투자 49% 합작 허가가 이루어진 후 금강기획, 코래드가 지분참여 형태로, 익산-메이츠, 덴츠-영앤루비컴, 제일-보젤이 합작형태로 회사를 설립했다.

1990년 외국인 투자 비율이 50%에서 99%로 확대된 후에는 매캔에릭슨, 제이 월터 톰프슨이 합작투자 형태로 국내 진출했다. 또 외국인 투자가 100% 허용되고 자회사 및 지사 설립이 완전 허용된 1991년에는 DDB-니드햄과 레오버넷-선연이 합작형태로 설립되었다. 1993년 린타스 코리아가 단독으로 진출했으며, 제이 월터 톰프슨 코리아가 단독으로 전환했고, BSBW가 금강기획의 지분참여를 취소했다.

광고시장이 개방된 후 국내에 진출한 최초의 외국 대행사는 금강기획과 합작한 미국의 BSBW였다. 외국 대행사가 국내에 진출하는 데는 단독투자, 합작투자 및 지분참여의 3가지 형태가 있다. 1995년 기준으로 보면 단독투자사가 4개사, 합작투자사가 8개사. 지분참여 2개사로 총 14개 회사가 국내 진출했으며 이 중 미국 회사가 12개사로 대부분을 차지했다.

2) 광고주

광고주는 광고회사와 더불어 광고산업을 움직이는 중요한 축이다. 광고주란 광고 활동을 하는 주체로서 일반적으로 칭할 때는 애드버타이저(*advertiser*)라고 하며 자사의 광고주를 칭할 때는 클라이언트(*client*)라고 칭하는 것이 보통이다.

1960년대 후반 우리나라의 주요 광고주는 의약품 회사였다. 합동통신사 광고기획실에서 발행했던 〈합동광고〉(1970. 3)의 4대 매체 광고비 자료를 보면 의약품이 단연 선두이다. 오늘날 한국 광고의 기틀을 마련한 원로 광고인 대부분은 한번쯤 동아제약을 거쳤거나, 한번쯤 동아제약의 광고를 해 보지 않은 이가 없을 정도이다.

제약업계에는 40~50년간 줄곧 한 회사에서만 근무한 장수 기업인들이 유독 많다. 이들은 대부분 기업 오너의 오른팔로 회사를 함께 키워 온 공로를 인정받아 최고 경영자(CEO)의 자리까지 올랐다. 회사 오너는 아니지만 내가 주인이라는 생각을 가졌기에 가능한 일이었을 것이다.

초창기 방송광고는 의약품이라고 해서 내용상 특별한 규제를 받지 않았고 방영 시간도 길어서 소비자들에게 크게 어필했다. CM 시간이 무려 1분 30초나 됐기 때문에 이 시간이면 멘트와 CM송 그리고 배경 음악이나 효과를 충분히 살리고도 남았다. 광고 상품의 이름을 내건 쇼 프로그램이 골든아워를 점령하고 쇼의 사회자가 광고주의 상품명을 말해도 괜찮은 분위기였다. 따라서 '광고주가 방송 프로그램을 이끌어 간다'는 말이 나올 정도였다.

1970년대 들어 식품, 가전제품, 섬유, 화장품 업종이 급속히 신장되고 막대한 광고전을 전개함에 따라 제약 광고가 차지하던 비율이 줄어들었다. 1968년에는 10대 광고주 가운데 7개사가 제약 회사였던 것에 비해 1970년대 말에는 동아제약이나 유한양행 정도만 포함될 정도로 광고시장의 판도가 달라진다. 즉, 1970년대에는 전자, 자동차, 공산품과 더불어 식품, 유지류, 화장품 같은 일용품 광고가 광고산업을 주도했다.

1988년 이후 10년 사이 광고주에 큰 변동이 생겼다. 자동차와 통신산업의 부상이었다. 이 기간 동안 10대 광고주 랭킹에 오른 기업은 모두 22개사였다. 1990년대 초에는 자동차 회사, 1997년에는 통신(텔레콤) 산업이 10대 순위에 올라왔다. 물론 2대 화학 회사와 4개 가전 회사는 줄곧 랭킹에 남았다.

초창기 광고산업을 정착시킨 많은 인물 가운데 제약 회사와 미국계 기업 출신이 많은 비중을 차지한 것은 산업의 흐름상 당연한 결과라 할 수도 있다.

우리나라 최초의 광고 품목은 동아제약과 유한양행 같은 제약회사였다. 신인섭의 회고에 의하면 동아제약 사장을 지낸 유충식, 일동제약 소속의 이명환, 한독약품의 이종배 등이 대표적 인물로서 이들은 광고회사 못지않은 전문적 자질을 가졌다. 뿐만 아니라 광고에 대한 독자적 소신을 가졌다. 광고주로서 한국 광고의 정착에 혁혁한 인물로 평가된다.

또한 다국적 기업인 유한킴벌리, 코카콜라, 펩시콜라, 칼텍스, 호남정유 등의 미국계 기업의 국내 시장 상륙은 국내 광고업계의 조기 정착과 발전에 많은 영향을 끼쳤다. 1970년대 들어 이들의 판매전이 가열되면서 최신 마케팅 개념을 국내에 적용함으로써 우리나라 광고 회사가 독자적 기업으로 정착하는 직접적 계기를 만들었고 이에 따라 광고업계도 함께 성장했다.

3) 카피라이터

주지하다시피 오길비 앤 매더, 레오버넷, DDB, 제이 월터 톰프슨 등 외국 굴지의 다국적 광고회사의 탄생은 대부분 카피라이터에 의해서 출발된 것이었다. 반면 한국 광고는 외국 광고와 비교할 때 몇 가지 분야에서 거꾸로 돌아간 것이 있다. 그 대표적 분야가 카피 분야이다.

당시는 카피를 한글만 알면 누구나 쓸 수 있다고 생각해 카피의 전문성을 인식하지 못했고 광고라 하면 도안(design)으로 보는 경향이 많았다. 이러한 인식 때문에 연극인으로 업을 바꾸는 카피라이터도 있었다. 초창기 카피라이팅은 지금의 크리에이티브 개념과는 달랐다. 지금의 카피라이팅이 "소비자의 마음을 잡을 수 있는 문장"이어야 한다면 당시에는 과하게 말하면 말장난이나 미사여구를 즐겨 썼으며, 시인이 쓴 수사법 위주의 글이 사용되기도 했다.

지금은 광고업계의 선진화로 체계화된 시스템과 정교한 메커니즘 속에서 일하지만 그럼에도 불구하고 광고란 다른 어떤 분야보다도 처음과 끝을 사람이 할 수밖에 없는 일이다. 초창기 광고회사의 크리에이티브는 카피라이팅이라는 분야가 거의 비어 있는 상태에서 출발했다. 그러다가 1960년대 말에서 1970년대 초반에 큰 대행사가 몇 군데 생기면서 카피라이터라는 직업이 생겼다.

만보사 출신의 이인구와 제일기획의 김태형, 연합광고의 이낙운, 이 세 사람이 카피라이터의 세계를 본격적으로 개척하며 이른바 카피라이터의 전문 영역이라는 것이 인식되기 시작했다.

4) 디자인

한국 광고산업에서 초창기 광고라고 하면 도안, 즉 디자인으로 보는 경향이 많았다. 카피라이팅 교육이 전무하던 시절에도 상업 미술 분야는 대부분의 대학에 있었으므로 일찍이 상업 미술의 매력에 빠진 사람들로 인해 광고의 초기 모습이 구축되었다고 해도 과언이 아닐 것이다. 이들은 처음 제약 회사나 제조업체의 광고제작실에서 경력을 쌓기 시작해 광고계의 주축으로 자리 잡았으며(이영희, 우혜령 등), 이태영, 권문웅, 윤호섭 등은 광고회사의 디자인 부분 개척자로 활동했다. 또한 일부는 디자인적 소양을 더욱 발전시켜 영상 쪽으로 진출해(윤석태, 윤문영, 권병두 등) CF 제작에서 두각을 드러내기도 했다.

5) CF 제작

CF(*commercial film*) 제작에는 CM 플래너, CF 감독, 오디오 등이 포함된다. 우리나라 방송의 역사를 알면 방송광고의 역사도 함께 가늠할 수 있다. KBS 국영 방송 시대에 최초의 민간 방송 라디오는 1959년 부산 문화방송의 개국이었다.

그 후 1961년 서울 종로 인사동 네거리에 서울문화방송 MBC가 민방의 본격시대를 열었다. KBS TV 개국(1961)과 동양방송(TBC) TV 개국(1964) 그리고 1969년 문화방송(MBC) TV가 개국하며 방송광고가 본격적으로 시작되면서 CF 제작이 필요하게 되었다.

ABC화장품, 두루라크림, 혼수 1호인 아이디알미싱, 부라더미싱, 금성라디오 등을 비롯하여 제약광고로 종근당, 유한양행, 동아제약, 한독약품, 일동제약, 한일약품, 동화약품, 대웅제약, 일양약품 등이 광고 품목의 주종을 이루었다.

1960년대 후반까지만 해도 한국의 산업 구조는 매우 단순했고 광고 품목도 제한되어 있었다. 대부분이 의약품, 식품, 생활용품이었으며 단순한 정보만 알려도 되는 시대였다.

우리나라에서 최초의 TV광고는 슬라이드 광고, 아나운서나 영화

배우에 의한 처리가 고작인 CM, 조악한 애니메이션 광고 등의 형식으로 제작되었다.

1973년을 계기로 TV 수상기 보급이 100만 대를 돌파했다. 광고 표현에서 1970년대 초반은 실험기로, 정보 고지만으로 부족해 설득적 기법이 도입된다.

광고의 전문 분야가 최초에는 모두 그랬듯이 이 분야 또한 생경했고 대부분의 종사자들이 미술이나 연극영화 전공자들이었다. 순수 예술로 생활이 어려워 월급을 많이 준다는 이유로 광고계로 진출하거나 우연한 기회에 광고에 입문하게 된 경우가 대부분이다. 한국 CF 제작의 원로인 윤석태의 경우 원래 그래픽 디자인 전공자로서 만보사 제작과장 시절 필름까지 다루게 되었다.

이처럼 대부분이 영화나 순수 예술을 하고 싶었으나 여건이 되지 않아 광고에 입문했거나 언론인으로 출발했지만 이런저런 사정으로 광고계로 흘러든 경우가 많았다.

이외에 음향효과 및 녹음 분야에서는 김벌래와 박수부가 대표적이며 CM송 분야에서는 강근식, 김도향, 백순진, 윤형주, 최창권 등의 활약이 두드러졌다. 이들은 직접 작곡하고 직접 부른 포크송 풍의 CM송으로 TV는 물론 라디오 광고 분야가 한발 앞서 가는 데 두드러진 역할을 했다.

6) 광고사진

광고사진가(*photographer*)는 사진 촬영에서 프린트 마무리까지 하는 전문 기술자를 말한다. 이 작업은 매우 넓은 장소(스튜디오나 암실)가 필요하므로 대부분은 자신의 스튜디오를 가졌다. 광고사진가는 예술적 감각은 물론 일반 예술 사진가와는 달리 마케팅적 사고까지 갖추어야 한다. 제품의 특성이나 기업의 이미지까지 가장 잘 표현할 수 있는 창작물을 만드는 직업이기에 폭넓은 사고와 크리에이티브가 요구되기도 한다.

한국 광고사진의 선구자로 불리는 김한용은 1959년 '김한용 사진연구소'를 열고 1961년 잡지 〈여원〉의 표지 사진을 찍으면서 광고사진가로서의 삶을 시작한다. 국내에는 컬러 인쇄물조차 없던 시절로 삼화인쇄소나 평화당인쇄소와 같은 큰 인쇄소에서 기술자를 독일로 보내 색분해 기술을 배워 와서 오프셋 인쇄를 시작할 무렵이었다. 컬러로 인쇄된 〈여원〉의 표지는 그 첫 시도인 셈이었다. 하와이나 일본에 필름을 보내야 컬러 인쇄가 가능했던 시기에 김한용의 기술은 가히 독보적인 것이었다.

그 후 컬러 화보에 대한 반응은 폭발적이어서 OB맥주, 코카콜라, 동아제약, 일동제약, 한국화장품, 경남모직, 금성전자 등 초창기 주력 광고들은 모두 그의 손을 거쳐 탄생되었다고 해도 과언이 아니다. 1960년대는 음료, 제약, 주류 등이 대량 생산되면서 비로소 광고시장이 형성되고 제조업체들이 인쇄물 전면에 광고사진을 디자인해 시각적 효과를 높이기 시작한 시기였다.

7) PR (홍보)

한국에 PR 개념이 도입된 시기는 1945년 8·15 해방 이후 미군정 시기로서, 1970년대 중반 재벌기업군이 형성되기 전의 PR은 주로 행정 부처 중심의 퍼블리시티(*publicity*) 형태로 유지되었다.

PR은 상장기업이 본격 등장한 1960년대부터 점차 매스 커뮤니케이션 분야로 자리매김했으나 여전히 조직 내 선전 및 영업 활동의 범주를 벗어나지 못하고 광고 업무의 연장선에서 이해되면서 주로 언론매체의 기사에 영향력을 발휘하는 정도였다.

그러나 1970년대 들어서 대기업 집단이 본격적인 PR 주체로 부상하면서 PR영역은 광고에서 분리되기 시작했다. 또한 사회 각 분야에 대한 기업 활동의 영향력이 증대됨에 따라 한층 조직적인 홍보의 필요성이 대두되어 PR 본래의 기능을 찾기 위한 시도가 순차적으로 이루어졌다.

1980년대는 한국 PR 산업의 실질적 전환기로 평가된다. 우선 시대적으로 경제 규모가 커지고 국민소득이 늘어나면서 소비자 운동이 본격화되고 기업의 문화활동이 활성화되면서 기존의 퍼블리시티나 광고와는 다른 개념의 커뮤니케이션 전략이 요구되었다. 특히, 대통령 선거와 88 올림픽 이후 본격적인 사회 개방과 더불어 외국의 PR 전문 대행사가 국내에 들어와 PR 산업의 선도자 역할을 한다.

특히, 1990년대 들어 기업의 해외 진출이 가속화되고 기업 PR과 마케팅 PR이 급속히 확산되면서 PR 산업은 비약적 발전을 거듭해 하나의 전문 분야로 발돋움하게 된다.

1986년 이후 한스PR, 커뮤니케이션 코리아를 필두로 설립되기 시작한 PR 전문 대행사는 초창기 퍼블리시티 대행과 보도기사 클리핑 및 내용 분석 등 대언론 홍보가 중요한 부분을 차지한 반면 IR이나 위기관리, 선거 커뮤니케이션 등의 분야는 상대적으로 취약했다. 그러나 1990년대 중반 이후부터 PR 산업이 전문 분야별로 차별화되면서 PR 전문 대행사는 각자 독자 영역을 바탕으로 사업의 다각화를 전개하기 시작했다. 고객 대상도 벤처기업이나 중소기업, 대학으로 확대되고 업무영역도 해외 PR에서 투자관리 및 스포츠 마케팅에 이르기까지 세분화되었다.

한편 광고회사의 PR부서는 1977년 오리콤에서 프로모션국에 PR팀을 만든 것을 시작으로 1983년 제일기획이 그 뒤를 이었고 그 후 동방기획, 코래드, 나라기획, LG애드, 대방기획에서 전담 부서를 만들었다. 그중 몇몇 광고회사는 부서를 폐지하거나 별도의 사업 부서를 설립 독립 대행 체제를 갖추기도 했다. 그러나 대부분의 광고회사 PR부서의 실적은 해당 그룹의 자체물량으로서 아직도 한국 기업은 조직 내 PR 전담 부서를 두고 활용하는 것이 일반적이다.

지금은 사단법인으로 등록되었지만 PR협회도 1986년 서울시에 사회단체로 등록하고 PR무료상담센터를 만들어 중소기업의 PR 업무를 돕기도 했다. 또 우리나라 최초의 PR 단체인 '국제PR협회'를 2010년 7월 22일 '한국국제PR협회'로 명칭을 바꿔 문화체육관광부로부터 사단법인 등록을 마쳤다.

8) 옥외광고

도시는 물론 어디를 가나 볼 수 있는 옥외광고는 도시에서 건물의 미와 더불어 도시의 미관을 드러내는 동시에 문자와 형태가 보여 주는 표현의 정도는 민족의 표정과 문화성을 드러냄으로써 나라와 도시의 수준을 가늠케 하는 일종의 기준이 되기도 한다.

1950년대는 6·25 전쟁이 휴전으로 마무리되고 사회가 전쟁의 혼란으로부터 서서히 회복되면서 경제활동도 되살아나던 때였다. 이를 계기로 옥외광고물에 대한 최소한의 수요가 고개를 들기 시작했다. 각종 사인에 대한 수요증가는 사인의 종류와 소재의 다양화를 촉발했다. 다방 간판, 극장 간판의 다양화와 대형화, 입체화가 이루어졌으며 아크릴 간판과 함석 간판이 모습을 드러내기 시작했다.

1950년대의 옥외광고 가운데 1959년에 부산 광복동에 제일네온광고가 세운 제일모직의 '회전 네온 아치탑'이 눈여겨볼 만하다. 고개 숙여 인사하는 두 마리의 양 위로 둥근 털실이 회전하는 모양은 당시로서는 매우 드문 네온 광고로 세간의 화제를 모았다.

1960년대는 각 분야가 성장의 기지개를 펴고 이른바 한강의 기적을 이룩하기 위한 포석을 깔기 시작했지만 유독 옥외광고업계만은 위축되어 뒷걸음질 치는 형국이었다. 그 이유는 1962년 6월 20일, 옥외광고업계를 규제하는 〈광고물 등 단속법〉이 제정되면서 옥외 광고는 치안본부의 관장으로 규제를 받게 되었다. 또한 1960년부터 1967년까지는 수력발전의 중단 등으로 전력 사정이 악화되어 옥외광고의 꽃이라 할 네온 광고가 전면 금지되는 치명적 상황으로 이어졌기 때문이다. 그럼에도 이 같은 네온 광고를 제외한 옥외광고업계 전반은 국가경제의 고도성장에 힘입어 사업의 확장과 기반의 정비, 새로운 선진 기술의 도입과 활용에 많은 진전을 보았다.

1970년대는 우리 옥외광고업계에 역경과 수난이 겹쳤던 어려운 시기로 기록된다. 1968년 7월부터 1973년 11월까지 네온사인의 중흥기를 구가했던 옥외광고업계는 1970년대에 이르러 오일쇼크라는 세계적 현상과 도시 미관의 저해라는 자칫 주관적·자의적으로 흐르기 쉬운 이유 등으로 극도로 어려운 국면에 봉착했다.

이 시기를 옥외광고업계는 수난기나 암흑기로 부른다. 사인물의 신설은 고사하고 기존 구축물도 갖가지 규칙 위반이나 미관을 해친다는 이유로 철거를 강요받은 옥외광고업계는 이 같은 규제를 빠져나가는 데만 모든 역량을 퍼부었다.

또한 1970년대는 한국광고물제작업협회가 출범해 활발히 활동했다. 즉, 우리나라에서 처음으로 옥외광고인들의 결집체인 한국광고물제작업협회가 발족했으며 회보의 출간, 세미나, 전시회의 개최로 옥외업계 발전을 위한 기틀을 마련하는 데 커다란 족적을 남겼다.

1980년대는 옥외업계가 오랜 침체에서 벗어나 중흥과 번창으로 나아간 급성장기로 기록된다. 1986년 아시아 게임과, 1988년 서울올림픽 개최라는 빅 이벤트가 펼쳐진 때로서 1986년엔 옥외광고의 역량을 키우는 계기가 되었으며, 특히 경기장 내의 광고가 향상되었다. 1988년에는 네온사인 광고물 관리 지침도 완화되었으며 서울올림픽을 위한 옥외광고 지원기금 267억 원이 조성됨으로써 옥외광고물의 공익기능이 크게 부각되었고 국제화, 다양화, 국민의식 수준의 향상으로 옥외광고는 이제 마케팅/광고의 한 분야로서 위상을 차지하게 되었다.

그러나 1990년대 말 IMF 한파로 인해 국가경제는 순식간에 위기에 몰렸고 총체적 경제파탄 속에서 옥외광고업계 또한 극도의 침체와 곤경에 빠졌다. 주먹구구식 추정과 관례, 인맥 등을 동원해 영업행위를 일삼던 옥외광고업계는 1998년부터 효과측정을 통한 합리적 데이터 제시로 광고주를 유치하려는 새로운 방법을 모색하기 시작했다.

9) 인터넷

미국 인터렉티브 광고 협회에 따르면 인터렉티브 광고란 온라인, 무선 그리고 인터렉티브 TV의 모든 광고 형태를 말하며 구체적으로 배너, 스폰서십, 이메일, 키워드 광고, 추천(referrals), 입점비(slotting fee), 안내 광고(classified ad), 인터렉티브 TV광고 등을 포함한 것이다. 인터넷 광고는 인터렉티브 광고의 대표격으로서 오늘날은 인터넷 외에도 모바일, 인터렉티브 TV 등 쌍방향 커뮤니케이션이 가능한 매체를 묶어서 인터렉티브 광고라 정의한다.

국내 인터넷 광고는 1996년 9월 〈중앙일보〉 웹사이트에서 집행된 SS패션의 배너 광고와 〈한국일보〉 웹사이트에서 실시된 카스맥주의 배너 광고가 그 시작이라고 본다.

이렇게 시작된 인터넷 광고는 새로운 인터넷 정보기술의 발전에 따라 단기간 내에 다양한 형태의 광고로 발전했다. 이용자를 선별해 직접 보낼 수 있는 푸시 기술을 이용한 광고에서부터 시청각 정보를 제공하는 멀티미디어 광고에 이르기까지 빠르게 성장했으며, 광고와 정보 간의 경계가 모호한 기사형 광고(*advertorial*)와 JAVA 기술을 이용해 광고 안에서 바로 구매할 수 있는 형태로 확산되었다. 이처럼 기술 발전의 가속화와 아이디어의 속출로 컴퓨터를 켜는 순간부터 컴퓨터의 화면 구석구석까지 다양한 형태로 노출될 수 있는 발전가능성으로 인해 마케팅 커뮤니케이션 패러다임의 혁명을 일으킨 것이다.

2011년은 스마트폰의 폭발적 보급으로 인해 모바일이 경쟁의 주 무대가 되었으며, 인터넷 사용도 PC 중심에서 모바일 미디어 중심으로 이전되었다. SNS로 대표된 소셜의 열풍은 소셜 커머스로 확장되어 모바일 광고시장이 본격화된다.

10) 매체

초창기 한국 광고회사 형성 과정의 가장 큰 특징은 매체와 광고회사의 관계이다. 만보사도 〈동아일보〉와 두산이 공동 투자한 것이고 제일기획은 중앙일보·동양방송에서, 연합광고는 문화방송에서 창립한 것이었다. 심지어 코카콜라 광고를 대행하기 위해서 설립되었던 현대기획조차도 그 설립 주체의 배경을 보면 동양방송이라는 매체사가 관련되었다.

이처럼 초창기 광고회사가 매체사 주도의 소유 구조를 갖게 된 이유는 대행사의 경제적 존립 기반인 수수료를 인정하는 문제 때문이었다. 당시는 광고회사 보상제도의 하나인 커미션 제도가 정착되기 전이어서 광고회사는 매체사로부터 수수료를 인정받기 위해서 매체사와 밀착된 조직이 필요했다. 또한 그때 광고대행업의 경제적 정당성에 대한 사회적 인식과 물적 토대도 매우 허약했다고 해석할 수 있다.

광고대행사가 광고대리점이라는 낮은 인식으로 취급되던 시절에 매체사 광고국은 대학을 졸업한 사람이 하는 일이 아니라는 인식이 보편적이었으며 광고 거래의 질서도 상당히 혼탁했다고 전해진다.

대리점은 물건을 가져다가 마진을 붙여서 파는 곳이라는 의미가 강하고 대행사와 달리 창작의 의미가 전혀 없다.

합동통신사 광고기획실 자체가 통신사의 재정적 적자를 보충하기 위해 설립되었다는 점에서 매체사 중심의 광고회사 소유 구조는 한국 광고산업 발전을 더디게 한 측면이 있다. 따라서 그 이후 한국 광고산업의 발전으로 광고회사의 매체 대행수수료에 대한 사회적 이해가 정착되면서 한국 광고회사는 자연스럽게 매체사로부터 독립하게 된다.

초창기 한국 광고회사가 보여 준 이러한 매체사 중심의 소유 구조는 미국이나 일본의 광고회사와 다른 특징이기도 하다. 예컨대, 미국 광고회사는 추구하는 이념 자체가 일체의 광고주나 매체사의 간섭으로부터 자유로워야 한다는 것이며 대부분의 광고회사가 에이어(Ayer), 제이 월터 톰프슨(JWT), 오길비(Ogilvy), 레오버넷(Leo Burnett) 같이 개인의 이름을 걸고 시작한 독립회사이다. 일본의 경우에는 통신사에서 광고업을 병행하는 형태로 광고회사가 출범했다는 점에서 매체사가 주도하는 초창기 한국 광고회사와 일부 유사한 특성이 있다.

11) 리서치

우리나라에 리서치가 처음 도입된 시기는 1966년경이다. 유한양행의 창업자인 고(故) 유일한 박사의 아들인 유일선 씨가 유한양행의 수석 부사장으로 취임한 것이 1966년이었다.

미국에서 성장한 그는 미국식 경영기법을 도입했다. 그 당시 광고부에 근무하던 김용한을 시장조사 책임자로 임명해 본격적인 조사활동을 벌였다. 6백 가구의 패널을 형성해 소비자 조사를 정기적으로 실시하기 위해 18명의 정규 면접원을 고용했다. 그 당시 유한양행은 의약품 외에도 치약과 화장품을 생산, 판매했는데 그 사업의 유지 여부를 소비자 조사 결과에 의해 결정하기도 했다.

1968년에는 당시 숙명여대의 황창규 교수가 〈한국일보〉의 의뢰를 받고 우리나라에서 최초로 신문광고 주목률 조사를 했다. 1968년 유한양행의 유일선 부사장은 유한을 떠나면서 김용한과 더불어 기획 회사 유신시장조사를 창립했다. 우리나라 최초의 조사회사인 셈이다.

그러나 리서치가 무엇인지 아무도 모르던 시절인지라 2년 동안 두 건의 프로젝트를 수행한 뒤 문을 닫은 일도 있다. 그 후 유일선은 미국으로 돌아갔으며 김용한은 1970년에 S/K 마케팅 리서치를 설립했다. S/K 마케팅 리서치는 1973년까지 소규모로 운영되다가 1973년에 미국 ASI(Audience Studies Inc.)에 합병되었다. ASI는 광고 CF의 사전 테스트를 개발해 미국, 호주, 서독에서 사업을 벌였다. 한국에서는 수요가 없어서 CF 테스트는 하지 않고 일반 소비자 조사만 했다.

1974년에 이기우가 창립한 리스피알(LPR)이 조사 업무를 개시했고 박무익이 창립한 Korea Survey Poll(KSP)이 탄생했다. KSP는 그후 회사명을 한국갤럽으로 변경하고 우리나라의 여론 조사를 개척했다.

리서치 업계의 늦은 발달은 1980년대까지 우리나라 시장이 판매자 중심의 시장구조였던 것에 기인한다. 마케팅이 없는데 리서치가 필요할 리 없기 때문이다. 민주화되지 않은 정치풍토나 창업자가 기업주인 시장구조 등도 조사 산업의 비활성화에 영향을 미쳤다. 그러나 1980년대 중반부터 리서치 업계의 양상은 달라지기 시작해 리서치에 대한 경영자들의 태도도 변화하기 시작했는데 그 원인은 다음과 같다.

첫째, 시장 자유화가 되면서 다국적 기업들이 한국에 속속 상륙해 경쟁이 국제화되었다. 둘째, 정치적 민주화가 이루어지며 여론 조사가 공개되기 시작했다. 뿐만 아니라 대통령, 국회의원 선거 캠페인 계획 시 여론 조사에 입각해 전략을 짜기 시작했다. 이는 기업인에게도 영향을 끼쳐 신제품 도입이나 기존 제품 광고 캠페인에 조사의 필요성을 느끼게 했다. 셋째, 1980년대부터 2세 경영인이 등장한 점도 주목할 만하다. 이들은 대부분 외국 유학파로 리서치에 대해 우호적인 생각을 가졌다.

리서치 분야에서 가장 획기적인 일은 1980년에 세계 최대의 리서치 회사인 미국의 AC NIELSON이 한국에 들어온 것이다. AC NIELSON은 처음 2년 동안 준비 작업만 하다가 1982년에 들어 사업을 시작한다. 닐슨코리아는 전 세계 백여 개 국가에 진출한 AC NIELSON의 한국현지법인으로서 한국 내 시장조사 분야를 개척한 선도 기업이다. 특히, 소매유통 조사 분야는 오늘의 닐슨코리아를 만든 최고의 히트 상품으로 꼽힌다.

1990년에 한국갤럽에서 피플미터 (people meter) 식 TV시청률 조사를 개시했는데 서울에서 2백 가구를 대상으로 했다. 이 방법은 가구 구성원 개개인의 시청률을 전자적 방법으로 정확히 파악하는 것으로서 우리나라에서는 처음으로 시행되었다. 그러나 이 방식은 뒤늦게 출발한 미디어 서비스 코리아 (Media Service Korea) 와의 경쟁에서 패하며 1년도 못가서 중단되었다. 미디어 서비스 코리아는 한국 리서치와 미디어 리서치의 정구호 사장이 합작해 만든 회사로서 실질적 경영은 AC NIELSON의 신해진 전무가 맡았다.

12) 학 계

광고산업은 국민경제를 구성하는 중요한 산업으로 인정받는다. 전후 방 연쇄 효과와 미디어 산업 내 다른 유관 산업의 부가가치 창출과 관련해서도 높게 평가받는다. 자본주의 사회에서 광고산업은 기업성장과 국가경제 발전에 없어서는 안 될 분야로 적극 육성된다. 광고산업이 발전하기 위해 그 토대가 되는 하드웨어 인프라, 소프트웨어 인프라, 브레인웨어 인프라의 구축이 필수적이며 이 가운데 브레인웨어는 매우 중요한 요소이다.

일반적으로 기업이 자금, 자원, 인력을 기업의 3대 구성요소로 들고 있는 데 비해 광고회사는 우수 인력을 기업 구성요소의 최우선에 놓고 좋은 광고주와 적정 규모의 자금을 그다음 자리에 둔다. 이는 광고회사가 두뇌집단의 창조적 지식 산업이라는 특성 때문이다. 미국 광고회사의 경비를 분석한 한 보고서 통계에 의하면 직간접적 인건비가 전체 경비에서 적게는 56%, 많게는 67%까지 이른다. 광고회사의 구성요소와 경비 분석에서 본 바와 같이 사람이 광고회사 경영의 가장 중요한 부분임을 단적으로 설명해 주는 것이다. 그래서 광고회사의 인사 관리를 "인적 자원 관리"(*human resource management*) 라고 한다.

따라서 광고회사는 창조적 능력을 최대한 발휘할 수 있게 하는 인적 자원 관리를 다른 어느 곳보다 중요하게 여긴다. 즉, 광고회사의 가장 중요한 자산인 인적 자원이 최고의 능률을 발휘할 수 있는 기회와 환경을 만들어 내는 것이야말로 인적 자원 관리의 요체라 하겠다.

"사람이 광고회사의 자원이라면, 교육은 그것을 지탱해 주는 지렛대이다"라고 한 테드 베이츠(Ted Bates) 나 "교육은 광고회사의 혈류(*blood stream*) 이다"라고 한 데이비드 오길비(David Ogilvy) 의 말에서도 알 수 있듯 자질 있는 신입사원을 채용해 훌륭한 광고인으로 양성하고 외국

광고회사와의 경쟁에서도 뒤지지 않을 세계화 시대의 광고인을 양성하는 일이야말로 광고업계에 부하된 중차대한 임무 중 하나이다.

《한국광고사》(나남, 1998)에 의하면, 우리나라 대학에서의 광고교육은 1953년 연희전문상과의 선택과목으로 개설된 '광고론' 강의가 최초였으며, 담당교수는 시라큐스 대학 석사인 임병혁으로 기록되어 있다. 미국의 존 와나메이커(John Wanamaker) 사의 광고책임자인 호치킨(W. R. Hotchkin)이 1905년 뉴욕대에서 'Advertising'이라는 과목으로 세계 역사상 최초의 광고 강의를 시작한 지 근 50년 만에 우리나라 대학에서도 광고교육이 시작된 것이다.

빌리 로즈(Billy I. Ross)는 광고교육은 "광고에 관한"(about advertising), "광고를 위한"(for advertising), "광고에 있어서의"(in advertising) 모든 것을 교육함으로써 학생들이 광고 현업에 진출할 수 있는 준비를 시키는 것이 교육의 목적이라고 주장한 바 있다.

경제발전에 따른 광고산업의 성장은 필연적으로 이에 필요한 전문 인력 양성을 요구했다. 1970년대 박정희 군사정권의 개발 드라이브 정책으로 경제가 급속히 발전함에 따라 대량생산, 대량소비를 촉진하기 위한 광고의 중요성이 인식되었다. 이 무렵을 전후해 경영학과나 신문방송학과 등에서 광고 관련 과목의 강의를 시작하면서 광고학에 대한 관심이 고조되었다.

드디어 1974년에 광고·홍보 전문 인력의 양성을 목표로 중앙대에 광고홍보학과가 신설됨으로써 국내 대학에서 본격적인 광고교육이 시작되었다. 그러나 이 학과는 6년 후인 1980년에 사회인식의 부족과 제반 여건의 미비로 폐과되는 비운을 맞는다. 하지만 이 학과가 10기 동안 배출한 졸업생들이 현재까지 광고업계에서 중요한 역할을 담당하는 사실에 비추어 볼 때 중앙대 광고홍보학과는 짧은 기간이었지만 광고인력 양성을 위한 대학의 기능을 충실히 수행했다고 말할 수 있다.

1980년대 말부터 광고산업의 성장과 함께 전국 대학에 광고홍보학과 및 관련 학과들이 대거 신설되었다. 신문방송학과에 통합되면서 폐과되었던 중앙대 광고홍보학과가 1989년 복과되면서 9년 만에 대학에서 다시 광고교육의 부활을 맞게 되었다. 같은 해에 한양대 안산캠퍼스에 광고홍보학과가 신설되었으며 광주대에도 출판광고학과가, 서울예대에도 광고창작학과가 신설되어 대학에서의 광고교육이 본격화되기 시작했으며 독립적 학과 체제를 갖추었다.

1990년대에 들어서면서 광고산업이 급성장하자 전문 인력의 필요성이 더욱 절실해졌다. 대학생을 대상으로 한 직업 선호도 조사에서 방송 PD와 광고 분야가 가장 높게 나옴으로써 광고가 인기 있는 전문 직업군으로 자리 잡아 갔고, 이에 따라 광고 관련 학과는 급증하기 시작해 전국 4년제 대학에만 40여 개 대학에 개설된 것으로 나타났다.

한편 우리나라 미술 교육의 요람인 서울대와 홍익대에서는 일찍부터 응용미술학과가 개설되어 상업 미술의 양대 산맥을 이루며 우리나라 광고디자인 발전에 큰 역할을 했다. 그 후 이화여대, 국민대, 서울여대 등에서 산업디자인학과, 시각디자인학과, 산업미술학과 등 관련학과들이 개설되었으며 광고디자인 및 크리에이티브 담당자를 배출했다.

사진과에서는 상업 사진이나 CM 업계로 진출하고자 하는 학생들을 위해 광고론 등 광고의 기본 이론을 강의함과 동시에 광고사진론, CF 제작론, 비주얼커뮤니케이션 등 기술 및 이론 교육을 실기한다. 한양대 연극영화과를 비롯한 연극영화전공에서는 연기전공자나 연출, 기획 전공자들을 위한 CF 제작론, 모델론 등 광고 강좌를 개설해 광고계 진출을 위한 교두보를 마련하기도 했다. 광고 PD의 다수가 연극영화과 출신인 것도 바로 이러한 영향 때문이다.

한편 대학 교육과는 달리 심화된 교육과 연구를 통해 이론체계의 확립뿐만 아니라 연관 학문과의 연계 및 산업 발전과 문화 창조를 위한 최고 교육 기관으로서 대학원에서의 광고 관련 교육도 괄목할 만한 성장을 했다. 광고학과나 신문방송대학원, 언론정보대학원이 있는 대학에서 광고학 석사, 박사 과정을 개설하며 전공자도 늘어난다. 특히, 광고회사 상당수의 고급 간부들이 대학원에서 석사, 박사 학위과정을 이수한 후 대학으로 진출함으로써 실무교육 부실 문제가 다소 해결되기도 했다.

13) 광고 관련 단체

광고단체의 설립 및 활성화는 바로 광고산업의 발전을 의미한다. 광고산업은 그 성격상 광고주, 매체사, 광고회사, 제작사 등 여러 분야의 업계로 구성된다. 이들 각자의 업계는 공동의 문제점을 논의하고 공동의 이익을 대변할 장을 마련하기 위해 필요한 광고단체를 구성한다.

광고단체가 동종 업계이든 업종을 망라하는 단체이든 일단은 어느정도 광고에 대한 사회적 인식이나 단체 결성의 필요성이 대두되어야한다고 보면, 우리나라에서는 1960년도에 들어서 이러한 요건이 대두되고 광고단체들이 나타나기 시작했다.

우리나라 광고단체의 효시는 1966년에 발족된 광고주협회의 성격을가진 한국 의약품 PR 구락부이다. 한독약품의 이종배 등 제약업계 실무자들이 주축이 된 이 단체는 당시 중앙 언론사들의 일방적인 광고료책정 등에 맞서 다른 업종의 신문광고료보다 싼 'PR 구락부 단가'라고하는 의약업 광고료를 실현시켰다. 물론 PR 구락부의 일이 광고단가조정만은 아니었다. 1971년 2월 19일에 열린 제 4회 정기총회의 안건가운데 사업계획으로 제시된 것을 보면 광고주협회 창립, ABC협회 창립 추진 등이 포함되었으며 1968년과 1970년 2회에 걸쳐 신문, 잡지 구독 실태 조사가 이루어진 일도 있다. 이는 향후 한국광고협의회(한국광고총연합회 전신) 설립에도 영향을 끼쳤다. 그 뒤 1967년에 한국ABC 연구회가 발족했다.

신문 발행 부수 공시의 필요를 느끼고 연구회의 형태로나마 창설된 이 모임은 중요한 의의를 갖는다. 이 연구회는 전술한 1968년, 1970년 2회에 걸쳐 매체 구독 상황 조사를 실시했으나 더 이상의 발전하지 못한 채 해산되고 말았다. 서정일은 ABC제도에 관한 책을 번역 출판하는 등 이 연구회를 위해 가장 많은 노력을 기울인 사람이었다.

1968년 국제광고협회(International Advertising Association, 약칭 IAA) 한국 지부가 창설되었다. 이해 6월에 말레이시아와 싱가포르에서 있었던 제6차 아시아 광고대회 때 지부 창설을 승인하는 증서가 전달되었다. IAA 한국 지부의 창설은 한국 광고계의 국제화에 지대한 영향을 미쳤다. 비록 회원 수는 적었으나 국제 광고계와의 직접적 교류가 이루어지는 창구가 생김으로써 외부 광고 세계의 정보가 한국에 직접 들어오게 된 것이다. IAA 한국 지부는 회지를 발간했으며 뒤에 한국의 매체 안내서를 영문으로 발간하기도 했다. 이는 한국 광고에 대한 간행물이 영문으로 바깥 세계에 알려진 효시였다.

1970년대에 들어와서는 우리나라의 광고가 양적, 질적으로 비약적 성장을 하게 되며, 1971년 7월 26일에 범광고인의 모임인 한국광고연구협의회(Korea Advertising Research Association)가 창립되었고 초대 회장에는 한독약품의 이종배가 선출되었다. 당시 발기인은 39명으로서 마케팅 이론의 정착, 고도의 경제 성장, 민간 방송의 탄생에 따른 광고의 양적, 질적 성장이 이루어졌다.

이러한 변화는 광고계의 일원화된 창구를 필요로 하게 되어 협회 창립의 직접적 요인이 되었다. 또한 이 같은 협의 기구는 광고에 대한 인식을 높이고 광고 표현과 광고 거래의 공정성을 높이기 위해서도 필요했다. 그래서 학계, 매체, 광고주, 대행사의 대표가 모여 범광고계의 협의기구가 설립된 것이다.

그러나 한편으로는 광고주협회, 대행사협회가 결성되지 않은 시점에서 이 같은 단체들의 결성 촉진을 위해 이런 협의체가 설립된 것은 집을 지으면서 지붕을 먼저 얹은 느낌도 있으나, 아무튼 우리나라 광고계를 대내외에 대변할 수 있는 유일한 단체가 창립되었다는 데 의의가 더 크다고 하겠다.

협의회는 창립 1주년을 맞는 1972년에 광고윤리강령을 제정 선포해 우리 광고가 가야 할 기본적 준거를 마련했으며 창립 2주년을 맞는 1973년 광고협의회 창립일인 7월 26일을 "광고의 날"로 제정, 공표하고 대국민 광고 인식도 제고를 위해 광고의 날 캠페인을 매체사들의 협조를 얻어 시행하기도 했다. 1974년 4월 한국광고협의회로 그 명칭을 바꾸었으며 그 후 한국광고업협회와 한국광고주협회가 독립해서 출범했다. 사업의 일부가 이관됨에 따라 1990년 9월 정관을 바꾸어 각종 광고 단체를 회원으로 하는 한국광고단체연합회가 되었다가 2014년부터는 한국광고총연합회로 이름을 바꾸었다.

이화자
카피라이터, 전 호남대 교수

나남신서 1790

한국 광고 · 홍보 인물사 ①

차 례

1946년 출생
1968년 홍익대 도예과 졸업
1973년~1975년 가수 이장희와 듀오로 활동
　　　　국내 최초로 영화 〈별들의 고향〉 OST 발매
　　　　'동방의 빛' 멤버로 활동
　　　　해태껌 광고음악으로 광고계 입문
1976년~ '강 프로덕션' 운영
현재　　콜텍문화재단 이사

강근식

수상 및 저서
1981, 1982, 1987년 한국방송광고공사 음악부문상
1986, 1987년 클리오 광고제 음악부문상
2001년 한국영화인총연합회 공로상
2011년 제천국제음악영화제 영화음악상

강근식 이사의 집안은 음악에 대해 우호적인 분위기였다. 남매 중 누이는 성악을 전공해 줄리아드 음대를 졸업했고, 형님들 역시 음악을 좋아해 초등학교 때부터 팝송과 영화음악을 들으며 성장했다. 하지만 미술에도 관심이 있어 화가가 되기로 결심했고 꿈을 펼치기 위해 홍익대 미대에 진학했다.

"당구나 치고 술이나 마시며 젊음을 낭비하느니 건전하게 음악활동이나 하면서 젊음을 발산하라"는 대학의 지원 덕분에 '홍익 캄보'라는 밴드를 조직해 2년간 활동했다. 최초로 열린 재즈페스티벌에서 2년 연속 대상을 차지하면서 화가의 꿈은 평소 또 다른 재능이었던 음악가의 삶으로 바뀌었다. 군대를 다녀와서 가수 이장희 씨와 무명의 듀오로 활동하다가 〈그건 너〉가 히트하면서 세상에 알려졌으며 오리엔탈 프로덕션 소속의 스튜디오 세션 밴드인 '동방의 빛'을 결성해 작곡가와 기타연주가로 활동했다.

이 시기에 해태제과 광고부에 있던 대학 선배의 권유로 해태껌 CM송을 제작했는데 그 노래가 큰 호응을 얻으면서 CM송 제작 요청이 쇄도하게 되었다. 연주와 CM송 제작을 병행하다가 1976년에는 '강 프로'(강 프로덕션)라는 CM송 전문 광고회사를 차리면서 본격적으로 CM송 제작에 나섰다.

그의 히트작들을 살펴보면 40여 년의 세월이 흘렀지만 여전히 국민들에게 회자될 정도로 대중적 인기를 누린다. "열두 시에 만나요 부라보콘, 둘이서 만나요 부라보콘, 살짝기 데이트 해태 부라보콘"(당시 해태제과 송영만 씨의 카피)이라는 이 짧은 CM송은 광고계 역사에서 가장 성공한 CM송 가운데 하나라는 찬사를 받는다. 당시 장안에서 유행가처럼 불리며 고무줄놀이에도 사용되었고 어느 여학교에서는 주목도를 높이기 위해 수업 시작에 앞서 꼭 한 번씩 불렀다고 한다.

부라보콘 CM송의 성공은 매출로 직결됐다. 광고주는 1년에 2억 원 정도의 매출을 예상했지만 CM송의 성공으로 기대치의 10배도 넘는 매출을 기록했다. 당시 재정적 어려움을 겪던 해태제과는 부라보콘의 대성공으로 위기를 극복했다는 소문이 돌 정도였다.

이를 시작으로 부라보콘은 지금까지도 아이스크림 시장에서 최고의 브랜드 가치를 유지한다. 부라보콘의 누적 판매량은 42억 개나 되며 이것을 한 줄로 연결하면 지구를 18바퀴나 도는 거리이다. 그런데 재미있는 것은 이 빅 히트송을 의뢰받은 그 자리에서 기타 하나로 만들었다는 것이다.

또 다른 히트송인 '참두유송'은 치프멍크송으로 다람쥐가 부른 것처럼 스피드를 조정해서 만들었다. 아이, 어른 할 것 없이 폭발적 인기를 누리며 엄청난 매출을 기록했다. 이를 보고 음반 제작사에서 음반을 내자고 찾아왔다가 가수가 예쁜 소녀가 아니라는 사실을 알고 그냥 가 버린 웃지 못할 일도 있었다.

그 외에도 숱한 CM송을 만들어 히트시켰다. '여기를 보세요, 하나! 둘! 셋! 후지칼라'라는 CM송은 예비군 훈련장과 훈련소 사격장에서 불리기도 했고 롯데 아몬드 초콜릿, 칠성사이다, 트라이(이덕화 편), 짜파게티 등도 발표되자마자 세간의 화제가 됐다.

영화음악도 꾸준히 제작했다. 그가 제작한 〈별들의 고향〉 OST는 영화음악사에서 최초의 OST 앨범으로 기록되었으며 영화음악 제작에 붐을 일으켰다. 그 뒤에도 〈바보들의 행진〉, 〈겨울로 가는 마차〉 등 많은 OST가 좋은 성과를 거두었으며 영화음악계에서 공로를 인정받아 2011년 제천국제음악영화제 영화음악상을 수상했다. 또한 '쎄시봉'이라고 통칭되는 송창식, 윤형주, 조동진 등 당대 최고의 포크 가수들과 함께 음악활동을 했다.

제 7회 제천국제음악영화제에서 영화음악상을 수상 (2011. 8)

그는 분명 CM송에 발군의 재능이 있었다. 15초, 20초의 짧은 시간 안에 소비자들을 몰입시켜야 하고 극적 완성도까지 달성해야 하는 CM송의 특징을 감각적으로 이해하고 만들어 내는 능력을 갖고 있었던 것이다. 그는 CM송이 시간의 제약을 제외하면 장면에 대한 몰입과 전개될 상황에 대한 암시를 통해 극적 완성을 이룬다는 점에서 영화음악과 일맥상통한다고 이야기한다. 이러한 공통점을 간파한 그의 통찰력은 그가 광고음악계와 영화음악계에서 동시에 두각을 나타낼 수 있었던 비결이라고 할 수 있다.

그는 음악을 좋아했고 음악으로 소통했다. 이미 음악계와 광고계에서 원로로 분류되는 나이가 되었지만 지금도 왕성한 음악활동을 한다. 비록 2000년대에 들어 '강 프로'를 접으며 더 이상 광고음악을 제작하지는 않지만 오히려 음악을 통해 일반 대중과 직접 만날 수 있는 기회를 늘리고 있다.

'콜텍문화재단'의 이사로서 재능은 있으나 음악을 할 수 없는 학생들을 지원하고 음악을 접하기 어려운 소외된 주민들에게 공연을 감상할 수 있는 기회도 제공한다. 또한 2013년에는 예전의 향수를 그리워하는 사람들을 위해 소울메이트인 이장희 씨와 45일 전국투어 공연도 했다.

끝으로 강근식 이사는 그에게 광고음악이란 단순한 밥벌이 도구만
이 아니라 그가 추구했던 다양한 음악의 일부였으며 이를 통해 대중
과 소통할 수 있어서 행복했다고 이야기한다. 넘치는 사랑을 받았는
데 특별히 기여한 것도 없이 떠나게 되어서 빚을 진 심정이라고도 말
한다. 하지만 그는 이미 많은 대중에게 즐거운 흥얼거림을 선사했고
청각을 통해 일상의 행복감을 맛보게 했다. 또한 광고음악의 수준이
한 단계 올라가는 데 기여했으며 광고주에게는 매출증대라는 달콤한
성과를 맛보게 했다. 그는 한 시대를 풍미한 광고 천재였으며 그의
재기 발랄한 음악은 광고계를 비롯한 대중에게 큰 선물이 되었다.

강정문

1945년 출생
1970년~1975년 〈동아일보〉 기자
1971년 서울대 정치학과 졸업
1976년~1981년 롯데제과 선전과장
1982년~1999년 (주)대홍기획 기획실장, 광고본부장,
      대표이사 전무 겸 DDK 대표이사 전무
1999년 작고

수상 및 저서
1998년 올해의 광고인상

강정문 대표는 이미 고인이 되었지만 광고계의 가장 빛나는 큰 별로 남았다. 그로 인해 광고사관학교라는 명성을 얻게 된 대홍기획에는 그에 관한 수많은 전설이 아직까지 전한다.

그는 새벽 일찍 출근해 외국의 선진기법을 열심히 번역해서 각종 유인물로 만들어 나눠 주고는 했는데 이는 직원들이 한시도 공부의 끈을 놓지 못하게 하는 보이지 않는 채찍질이었다. 또한 그는 적당히 일을 마치고 일찍 퇴근한 적이 한 번도 없었다. 신입사원 교육 때는 밤을 새며 회의하고 더 좋은 아이디어를 위해 분투했다. 그리고 후배들이 밤늦게까지 남아 회의하면 야심한 시각에 홀연히 나타나 발로 문을 뻥차고 들어와 애정 가득한 조언을 화두처럼 던지고 사라졌다. 그러면 남은 직원들은 그 화두를 해석하는 데 진땀을 빼야 했다.

리뷰 때 아이디어에 대한 설명이 좀 길어진다 싶으면 늘 특유의 경상도 사투리로 "뭐가 그리 복잡하노 … 좀 짧게 해라"라는 말로 광고란 어떤 것이어야 하는지 각인시켰다(이 말은 그가 고인이 된 후 그를 사랑하는 사람들이 모여 만든 추모문집의 제목이 되기도 했다).

중학교 때부터 기자가 되기를 꿈꿨던 그는 〈동아일보〉 기자로 활약하며 자신의 꿈을 이루었지만 유신체제를 유지하려는 정부의 언론통제에 분연히 맞선 동아자유언론수호투쟁위원회(이하 동아투위)에 앞장섰다가 해직되는 아픔을 겪는다. 그러나 그는 이를 전화위복의 기회로 삼아 광고업계에 투신했고 이로써 대홍기획을 비롯한 광고산업계는 큰 인재를 얻게 된다.

대홍기획 근무 17년 동안 휴가를 네 번밖에 쓰지 않았을 정도로 언제나 일 속에서, 책 속에서, 사람들 속에서 바쁘게 지내던 그는 이름(正文)만큼이나 반듯했고 누구에게나 진실했으며 광고를 사랑하는 모든 이의 스승이었다. 어른을 모실 때는 부모님같이 하고 선배나 동료들의 건강을 자신의 몸처럼 염려했으며 후배들을 사랑하고 아끼며 앞날까지 책임지려 했던 그는, 너무 과도한 짐을 오래 진 탓인지 병마가 자신을 찾아온 것도 미처 알지 못한 채 일에 매진하다가 안타깝게도 너무 서둘러 우리 곁을 떠나고 말았다.

그를 아는 모든 이는 그를 이름처럼 항상 반듯한 사람, 정의로운 사람, 열정과 노력이 가득한 사람으로 기억할 만큼 훈훈한 미담이 많다. 그는 정치적으로 어려웠던 험한 시기에 선뜻 자신을 받아 준 롯데의 고마움을 저버려서는 안 된다며 더 나은 기회가 많았음에도 흔들림 없이 의리를 지켰다.

1987년에 시작된 〈한겨레신문〉 창간기금과 발전기금 모금 캠페인에서도 그의 역할은 눈부셨다. 그는 동아투위의 창간준비위원이었으나 대홍기획에서 몸을 뺄 수 없는 처지였다. 신문 만드는 일에는 동참하지 못했으나 빼어난 광고 아이디어로 〈한겨레신문〉 창간을 뒷받침했다. 그는 "민주주의는 한판 승부가 아닙니다"라는 광고 캠페인의 헤드라인과 카피를 손수 뽑아 창간을 도왔다. 신문기자로서의 경험과 고뇌, 철학이 광고장이로 변신한 그의 손에서 다듬어져 나온 것이다.

광고인 강정문의 광고에 대한 기여와 성취는 그가 작고하기 석 달 전에 받은 '98 올해의 광고인상'으로 조금이나마 보답 받았다. 그에게 "광고란 전략이며, 파는 과학이고 파는 예술"이었다. 또한 "광고란 제대로 진단해서 환자(광고주)가 듣기 싫어해도, 설득해서 병에 맞는 효과적 처방을 받아들이도록 하는 것"으로 의사와 같은 비즈니스였다.

보통의 광고장이들은 멋있는 광고를 만들고 싶어 한다. 입으로는 '팔아 주는 광고'가 최고라고 떠들지만 막상 광고안을 구상할 때면 여성지 뒷면에나 나옴직한 감상적 미사여구와 개똥철학이 담긴 서정적 카피가 온방에 가득해진다. 그러나 그는 달랐다. 물건을 파는 데 필요하다면 삼류 코미디언처럼 유치한 광고도 거리낌 없이 내놓는 사람이었다. 대홍기획은 이러한 전략적 접근으로 승승장구하며 대홍신화를 만들었다. 그리고 대홍기획 출신의 광고인들은 AE든, 카피라이터든, 디자이너든 직종에 상관없이 전략적 사고가 몸에 배었으며 다른 회사에 가서도 "대홍 출신들은 뭐가 달라도 달라"라는 말을 듣게 되었다.

모두가 전략의 승리에 안주할 때 그는 또 한발 앞서 나갔다. 광고만이 전부가 아니다. 토털 마케팅 커뮤니케이션의 필요성을 느껴 마케팅전략연구소를 세우고 ROI, PMN(Personal Media Network) 같은 새로운 지식에 눈뜨기 시작했다. 이처럼 그의 걸음은 늘 빨랐고, 분주했다. 기획이든, 관리든, 제작이든, 마케팅이든 문제가 있는 곳엔 언제나 해결사 강정문이 있었다.

그는 '강 밧데리'라는 별명이 붙을 정도로 광고에 대한 피 끓는 열정을 온몸으로 보여 줬다. 크리에이티브 본부장 시절에는 계속되는 프레젠테이션과 리뷰에 둘러싸여 회사에서 살다시피 했다. 아침에 눈뜨고 사무실에 출근하면 이미 사무실에 있었고 늦은 밤 야근할 때도 항상 주변에 있었다. 밤 12시가 훌쩍 지나 새벽이 가까워지는 시간에도 불쑥불쑥 회의실에서 그와 마주쳤으며, 그럴 땐 모든 숙제를 갖고 오게 해서 예정에도 없는 기획회의와 제작회의를 함께하곤 했다. 그는 늘 "내가 회사를 택하면 집이 울고, 집을 택하면 회사가 우는데, 둘 다를 해결할 능력이 없으니 그중 하나, 회사를 택했다. 후배들만의 쓸쓸한 야근은 싫다"라고 말했다.

늘 너무나 많은 일을 했고 그만큼 많은 것을 요구했다. 만족을 모르는 그는 언제나 "다시, 좀더, 아니야"를 외쳤고 직원들은 그만큼 힘들어졌지만 오기로 겨루면서 잔뼈가 굵어졌다. 그의 일거수일투족이 후배들의 모델이었고 그의 말은 교과서였다.

그렇게 정말 일을 사랑했고 즐겼다. 1999년 그에게 의미 있는 두 조직을 분리시키는 기초 작업을 하게 된다. 하나는 대홍기획이 미국의 광고대행사인 DDB와 함께 합작으로 세웠던 DDK의 경영권을 DDB에 넘긴 것이고 또 하나는 인터렉티브 팀을 분리해 롯데그룹 차원에서 독립법인화시키는 작업 (현 lotte. com) 이었다.

명석하면서도 생각에는 여유가 있었고 집념이 강하면서도 시비, 가부에는 결단력이 있었던 사람. 일에 대해서는 징그러울 정도로 한 치 양보나 타협도 허용하지 않던 치열한 완벽주의자였던 사람. 그러나 일을 떠나서는 한없이 여리고 따스했던 사람. 정과 의리가 깊은 그런 사람이었다. 그래서 직원들은 그에게 듣는 욕을 자랑으로 삼았으며 따로 불러 꾸지람을 많이 할수록 자신을 아끼는 것이라는 이상한 자부심이 있었다.

광고라는 직업은 '생각하는 대가'로 돈을 받는 직업이라고 말하던 그의 냉철한 논리와 치밀한 전략, 족탈불급의 창의력은 후배들에게 가장 큰 가르침이자 꾸지람이었다. 그래서 그는 한국 광고에 하나의 전설이 되었고 신화로 남았다.

1947년 출생
1967년 홍익대 응용미술학과 2년 수료
1969년~1974년 선진문화 제작부
1974년~1991년 선우프로덕션
1999년 선우엔터테인먼트 설립, 대표이사 겸 회장

강한영

수상 및 저서
1991년 칸 국제광고제 은상
2000년 무역의 날 은탑산업훈장

강한영 감독은 1970~1980년대 프로덕션의 르네상스를 이끈 1세대 광고 감독이다. '광고적 기교의 모범'으로 선우프로덕션이 1980년대 업계 수위를 달리는 데 일조한 그는 2000년대 들어서는 창작 애니메이션 제작 및 캐릭터 사업 등에 주력하며 한국 애니메이션 산업을 이끈다.

　1974년 창립 이래 세종문화와 함께 우리나라 광고 프로덕션의 르네상스를 이끌어 온 양대 산맥, 선우프로덕션. 선우를 창립부터 이끌어 온 그의 광고 이력은 유명 코미디언 '후라이 보이' 곽규석 씨가 사장으로 있던 선진(문화) 제작부에서 시작된다. 당시 선진은 우리나라 최초의 티저 애니메이션 광고로 이름을 날린 캉캉스타킹 광고를 비롯해 미도파백화점, 콘티빵 등을 광고주로 두고 독립 광고회사로서는 이례적으로 사세를 키워 나가던 중이었다.

　그러나 1974년 오일쇼크와 이에 따른 광고주 부도의 여파를 이기지 못하고 거액의 부채를 지고 파산, 곽규석 씨가 일본으로 도피하는 소동마저 벌어졌다. 선우프로덕션은 이때 선진문화의 제작부에 있던 사람들이 모여 설립한 회사로, 선진(宣進)의 '선'(宣)과 친구라는 의미의 '우'(友)를 결합해 회사명으로 삼았다.

　선진에서 그가 주로 몸담았던 분야는 캉캉스타킹 광고와 같은 애니메이션 쪽이었지만 선우프로덕션을 세우고 난 뒤에는 애니메이션만 고집할 수 없었다. 우리보다 앞선 일본 광고의 기술과 트렌드를 습득하기 위해 ACC 수상작과 일본 CM 연감 등을 매년 챙겨 보며 광고 수준을 끌어올리기 위해 노력했다. 나아가 일본 광고를 보기 위해 일본 방송 전파가 잡히는 부산 호텔에 묵기도 했다. 실사 광고 앵글의 특성, 화면구성 방법 및 호흡 등을 배웠고 일본 광고의 장점을 한국 광고에 접합시킬 방법을 고민하기 시작했다.

　여기에 애니메이션 광고를 만들며 몸에 밴 프레임에 대한 감각, 주로 패션과 화장품 광고를 찍으며 쌓인 광고적 기교들이 직조되면서 그의 광고는 화려한 꽃을 피운다. 오키나와에서 촬영한 국내 첫 로케이션 광고인 롯데껌 광고와 미국 애리조나에서 촬영한 OB맥주 광고가 성공을 거두면서 해외 촬영 광고가 봇물 터지듯 늘어났다. 그의 광고를 거친 채시라, 김혜수 등이 스타로 떠오르면서 광고는 스타의 등용문이 되었다.

선우프로덕션의 이름으로 한 해 동안 백여 편의 광고가 제작된 적도 있었다. 코닥 본사에서 "대한민국에서 방송, 광고, 영화 부문을 통틀어 코닥 필름을 가장 많이 쓰는" 선우프로덕션에 고객 관리차 방문, 필름 가격을 할인해 주기도 했다.

세종문화의 이강우 고문은 저서 《대한민국 광고에는 신제품이 없다》(살림, 2003)에서 그에 대해 "내가 그를 외경에 가까운 마음으로 존경하는 부분은 그의 뛰어난 현실 감각과 적응력이었다. 그의 사고는 마치 물과 같은 유연성을 갖고 있었다. 또한 광고에 관한 그의 감각은 거의 동물적 수준이었다"라고 언급하기도 했다. 실제로 그의 광고 중에는 현장에서 잡은 '좋은 느낌'을 그대로 광고로 만들어 대성공을 거둔 경우도 적지 않았다.

남양유업이 1985년 론칭한 '남양 3.4 우유' 광고도 그 가운데 하나이다. 아이들이 극기훈련 받는 모습을 찍기 위해 아이들을 모아 놓은 현장에서 조감독이 군가처럼 노래를 부르는 모습에서 아이디어를 얻어 CM송을 만들었다. 이 '계획되지 않은' 크리에이티브는 우유 시장에 엄청난 반향을 불러일으켰다. 이런 감각은 패션과 관련된 광고주가 많았던 선우프로덕션의 특성상, 현장의 상황과 빛의 움직임에 특별히 민감한 까닭도 있었다.

1990년대 초반까지만 하더라도 광고회사의 기획보다 감독의 역량이 중요했던 시기였고, 작품을 잘 만드는 것이 곧 프로덕션의 영업이던 시절이었다. 그러나 1990년대 후반 무렵부터 업계의 판도가 바뀌기 시작했다. 광고회사의 입지가 강해졌고 광고가 젊고 화려한 트렌드로 기울어지면서 '연륜'보다 '감각'을 찾는 경향이 짙어졌다. 그는 한국의 이런 현실을 고려해 직업의 첫 출발선이었던 애니메이션에 주력하기로 결정한다. 이미 선우프로덕션은 〈별나라 삼총사〉(1979), 〈타임머신 001〉(1980), 〈15소년 우주표류기〉(1980)와 같은 장편 만화영화를 여러 편 내놓았을 뿐 아니라 1988년부터 월트디즈니와 기술제휴를 맺고 월트디즈니의 외주 프로덕션 업무를 지속해 왔었다.

1996년에는 〈둘리의 배낭여행〉을 내놓아 SICAF 금상 및 대한민국영상만화대상 은상을 수상했고, 1999년 작 〈마일로의 대모험〉은 대한민국영상만화대상 TV부문상을 거머쥐는 성과를 거뒀다. 이런 과정 속에서 2002년에 김찬 감독이 '모비딕'이라는 이름으로 선우의 광고 프로덕션 부문을 분리, 독립해 나가면서 광고와의 연결고리는 끊어지고 말았다.

현재 선우엔터테인먼트는 창작 애니메이션 작업, 해외업체 공동 프로덕션(co-production) 사업, 캐릭터 사업 등을 큰 축으로 국내 애니메이션 업계를 이끌어 간다. 컬러 광고 개시와 같은 광고업계 대격변기에 프로덕션 선도 업체로서 신기술 도입에 힘썼던 것처럼 지금은 '한국 창작 애니메이션 발전'이라는 사명감을 동력으로 삼는다.

세계 콘텐츠 시장에 한국 애니메이션을 들고 나선 지 10여 년. 이제는 세계 애니메이션 시장의 트렌드나 시청자들의 요구에 대한 감(感)도 생기고 30여 개국에 수출한 〈믹스마스터〉와 같은 콘텐츠도 다수보유하게 되었다. 미국이나 유럽의 프로덕션이 공동 투자할 정도로역량을 끌어올린 상황이지만 해결해야 할 과제가 남았다. 디자인과

테크닉은 세계에서 인정받는 수준이지만 애니메이션의 스토리를 풀어내는 힘이 부족하다. 그렇기에 좋은 작가나 크리에이터들이 활동할 수 있는 계기를 만들어 주고 싶다는 생각이 크다.

강한영 감독은 "재미있는 이야기는 없지만, 열심히 신나게 했다"고 광고 프로덕션의 황금기를 되돌아봤다. 환갑을 훌쩍 넘긴 지금도 애니메이션 업계에서 열심히 신나게 일하는 그를 보자니 한국 창작 애니메이션도 곧 황금기를 맞게 될 것 같은 희망이 생긴다.

권명광

1942년 출생
1965년 홍익대 도안학과 졸업
1973년 일본 오사카예술대학 수료
1973년 홍익대 미대 산업디자인과 부교수
1974년 홍익대 대학원 시각디자인 석사
1984년 한국그래픽디자이너협회 회장
1990년~2006년 홍익대 산업미술대학원 원장,
　　　　　　　홍익대 광고홍보대학원 원장, 수석부총장
1995년 한국시각정보디자인협회 회장
1999년~2001년 한국광고학회 회장
2002년 상명대 명예철학 박사
2006년~2009년 홍익대 총장
2009년~ 상명대 석좌교수

수상 및 저서

1968년 대한민국산업디자인전 대통령상
1978년 파리조형협회 디자인콤페 은상
2001년 산업디자인진흥대회 황조근정훈장
2007년 청조근정훈장
《근대디자인사》(공저, 미진사, 1995)
《바우하우스》(미진사, 1996)

권명광 교수는 대학을 졸업하고 1960년대 중반, 잠시 한일은행에서 디자이너로 근무한 경험을 빼고 나면 1973년부터 지금까지 40년 넘게 줄곧 대학 강단에서 후학을 양성하면서 평생을 바쳤다.

이른바 잘나가던 직장을 그만두고 은행 월급에 5분의 1 정도밖에 안 되는 대학으로 적을 옮긴 이유에 대해 "디자인의 전문 영역을 확대하고 새로운 세대를 양성하기 위해서"라고 이야기한다. 디자이너라는 직업은 당시 환쟁이로 불릴 만큼 사회적으로 멸시받았다. 상업미술인 디자인이라는 영역은 순수미술과 비교해서도 학문적 관점에서 자리 잡지 못했기 때문이었다.

그는 초심을 잊지 않고 1978년 시각디자인 학과장으로 근무하면서 국내에서 최초로 '광고디자인'이라는 학문을 독립시켜 학부 및 대학원에 학과를 개설했다. 이어서 1997년 '광고홍보대학원'을 세워 지금까지 2천 명 이상의 광고 관련 졸업생을 배출하는 역할을 했다. 또한 시각디자인협회 회장, 한국그래픽디자이너협회 회장 등으로 추대되어 학계와 업계의 발전을 위해 끊임없이 노력했다.

특히, 1999년 마케팅 전공자와 신문방송학 전공자가 대부분을 차지하던 한국광고학회에서 리대룡 교수의 뒤를 이어 제 6대 회장으로 추대되기도 했다. 당시 학회 내에서의 회원 수로 보면 극소수에 불과했기에 비주류로 분류되던 디자인 전공자가 한국광고학회 회장이 되었다는 것은 학계에 대한 그의 기여가 어느 정도인지 여실히 보여 준 사례였다.

2006년 홍익대 개교 60년 만에 모교 출신으로 그리고 미술 관련 전공자로서 최초로 홍익대 총장으로 선출되었다. 그는 '디자인의 개척자', '광고계의 구루(guru, 존경하는 지도자에 대한 존칭)'로 불리며 후학들에게 전설로 남았다.

그렇다고 결코 학계에서의 활동만으로 평가해서는 안 된다. 그는 업계에서도 매우 혁혁한 공을 세웠다. 대표적인 것으로 그가 '브랜드 전략을 시각화하는 작업'이라고 정의하는 CI(corporate identity) 개념이 국내에 처음으로 소개되었던 1970년대 후반, 쌍용그룹 CI를 포함해 대웅제약, 동아그룹, 코오롱그룹, 한전 등 유수한 기업들 50여 곳의 CI를 담당했다. 그리고 1986년 아시안게임, 1988년 서울올림픽 등 국가적 행사에서도 CI 작업을 성공리에 수행해 국가의 격을 높이기도 했다.

이와 더불어 서울 시민의 발인 택시와 버스의 승차대, 여의도와 명동 지하철 역사에 그려진 벽화도 그의 작품이다. 아울러 각종 광고대회 심사위원, 공익광고협의회 위원, 정부에서 주관하는 굵직한 국가사업들의 자문위원으로 활동하면서 그의 안목과 아이디어로 업계와 국가에 기여했다. 이러한 공로로 2001년에 황조근정훈장, 2007년에 청조근정훈장을 수상하는 영예를 안았다. 저서 또한 적지 않으며 그 가운데 1990년대 중반에 집필한 《근대디자인사》(공저, 미진사, 1995)와 《바우하우스》(미진사, 1996)는 디자인을 공부하는 학생들에게는 필독서로 전해 내려온다.

그는 국내 1세대 디자이너로서, 광고디자인의 선구자로서 그리고 디자인 교육의 거두(巨頭)로서 그 역할을 기대 이상으로 수행했다. 하지만 아직도 업계에 불만이 있다. 광고 크리에이티브의 중심에 서 있어야 할 광고회사가 합리와 논리의 영역에서만 머무르다 보니, 성격상 일정부문 감성적이고 상상력을 동원해야 하기에 비논리적일 수 있는 디자인 영역을 그 가치만큼 존중하지 않는다는 것이다. 나아가 미국 애플의 성공으로 이제 우리나라 기업도 인식이 많이 바뀌고는 있지만 디자인에 대한 관심이 더욱 필요하다고 이야기한다.

그리고 초기의 CI 작업에 직접 참여했던 당사자로서, 기업이 장기적 안목으로 대하지 않고 새로운 사장이 취임하면 이미지 쇄신이라는 이름 아래 CI를 전혀 다른 모습으로 바꾸는 것에 대해서도 안타깝다고 이야기한다. CI는 그 기업의 소유이긴 하지만 디자인을 고안한 디자이너의 철학과도 결부되었기에 최소한 교체 시에는 한 번쯤 알려주는 배려가 필요하다는 것이다. 그는 그러한 상황이 발생하는 원인은 디자이너에 대한 사회적 존중이 부족하기 때문이라고 생각한다. 디자이너로서의 자존심을 엿볼 수 있는 대목이다.

이와 더불어 디자이너의 사회적 책임도 강조한다. 디자이너는 좋은 디자인을 만들려고 노력해야 하고 광고회사, 특히 대형 광고회사는 이윤추구만이 아니라 광고 및 사회에 기여할 수 있는 방안을 고민해야 하는 책임이 있다는 것이다. 그가 생각하는 좋은 디자인이란 많은 사람들이 보고 좋아해야 하는 것으로, 단순하면서도 차별화되어야 하고 시대를 초월해 어울릴 수 있는 '지속가능성'이 큰 디자인이다. 그가 제작한 국내 기업들의 CI가 모두 성공한 결정적 요인은 바로 디자인에 대한 그의 신념과 철학에서 비롯되었다.

다른 사람들이 보기에는 그가 모교의 수석 부총장 그리고 총장직까지 오르며 명예로운 나날로 점철되어 행복했을 것 같지만 의외로 지난 10년의 세월을 아쉬워한다. 개척자로서, 선구자로서의 숙명을 거부할 수 없었기에 늦은 나이까지 대학에서 중임을 수행해야 했으나 진정으로 원했던 삶은 자신과 가정에 충실하며 개인적 시간을 즐길 수 있는 삶이었기 때문이다. 권명광 교수가 늘 마음에 품고 다니는 경구인 아리스토텔레스의 '실천적 지혜'라는 말이 떠오른다.

권병두

1946년 출생
1969년 홍익대 도안과 졸업
1969년 동화약품 근무
1969년~1975년 만보사
1977년 동아광고 입사
1978년 동아광고 인수 후 두진기획으로 사명 변경,
　　　　대표이사 취임
1997년 IMF로 두진기획 정리

우리나라의 광고 1세대라 불리는 인물 가운데 처음부터 광고를 동경해 광고계에 입문한 사람은 흔치 않다. 영화나 순수예술을 하고 싶었으나 열악한 환경이나 밥벌이의 수단으로 적합하지 않다는 이유 때문에 광고계에 입문했거나, 언론인으로 출발했지만 이런저런 사정으로 광고계로 입문한 사람이 많은 것이다. 특히, 제작 분야의 사정은 더욱 심하다. 하지만 여기, 고등학교 시절부터 광고를 꿈꾸며 광고계에 입문한 사람이 있다. 바로 1980~1990년대의 광고계에서 두각을 나타냈던 두진기획의 권병두 감독이 그렇다.

그는 "남자는 여자하기 나름이에요", "미인은 잠꾸러기", "여자의 변신의 무죄"로 대표되는 삼성전자, 화장품, 패션 등 5백 편 이상의 CF를 제작했다. 선린상고에서 상업미술을 공부한 그는 주저하지 않고 홍익대 도안과로 진학했다. 대학 졸업 후 동화약품에 취업해 디자이너로 광고계에 진출했다. 그 후 만보사에 입사해 CF감독으로 변신, 순탄한 광고감독의 길을 걷다가 뜻한 바가 있어 만보사를 나와 친한 친구들과 직접 광고회사를 만들어 활동했다. 하지만 의욕만으로 시작한 소규모 광고회사는 오래가기 힘들었다. 끝내 2년여 만에 정리하고 동아광고라는 프로덕션으로 자리를 옮겼지만 그조차도 부도나며 인생에서 연이은 좌절을 맛보게 되었다. 자칫 회복 불가능한 좌절이 될 수도 있었지만 오히려 정면 돌파를 결심하고 동아광고를 인수해 두진기획으로 사명을 바꿔 독립 프로덕션 대표로서의 길을 걷는다.

최진실을 국민 모델로 만든 '남자는 여자하기 나름이에요' 시리즈의 삼성전자 CF를 포함해 최수지, 황신혜, 원미경 등 당대 최고의 여배우를 모델로 한 화장품 광고의 연이은 히트, "여자의 변신은 무죄"라는 카피로 유명한 광고 등을 주로 찍으면서 모든 감독들이 부러워하는 '아름다운 영상광고'를 만드는 CF감독으로 인정받았다.

하지만 많은 광고주나 독립 프로덕션이 그랬듯 그 또한 IMF를 피해가지는 못했다. 1997년 두진기획의 간판을 내리면서 광고제작자로서의 길을 접고 2004년부터는 한국광고자율심의기구에서 지상파TV와 라디오 담당 심의위원으로 활동하다가 광고계를 떠났다.

그는 긍정적인 사람이다. CF감독 시절 힘들었던 기억을 물었을 때 "힘든 적 없었다"는 의외의 대답이 돌아왔다. 만보사 재직 시절 처음에는 디자이너였으나 미국에서 코카콜라를 만드는 매캔에릭슨 직원들이 와서 했던 프레젠테이션을 보며 영상제작물의 세계에 빠지게 되었다는 그는 광고제작자가 되고 나서 어떤 미련이나 후회도 없었다고 말한다. CF를 만들 때 즐겁고 행복했다는 것만 기억한다.

IMF사태로 광고 현장에서 떠날 수밖에 없었지만 그마저 긍정적으로 이야기한다. 세대교체라는 것이 항상 계획하고 예측한 대로 이루어지는 것은 아니라고. IMF는 후배들에게 바통을 넘기는 계기가 되었고 그 또한 자연스러웠던 것이라고. 그리고 지금까지 후배들이 광고계의 명맥을 잘 이어 주고 아이디어나 테크닉 등 제작물의 수준도 기대만큼 향상시켰다고 말한다.

그는 로맨티스트이다. 식품이나 제과 등의 CF도 만들어 봤지만 가장 자신 있게 만들고 찬사를 받은 광고는 화장품이나 패션과 같은 미(美)를 추구하는 광고였다. 사람마다 잘하는 것이 따로 있다며 영상에 자신만의 색을 담고 싶어 했다.

"요즘과 같이 마케팅이 모든 제작물의 방향까지 결정하는 광고 세계에서 용납되지 않을지도 모르겠지만 저는 제가 만드는 CF에 예술성이나 인간미 그리고 철학을 담고 싶었습니다."

CF감독이 되고 나서 선진국의 광고, 특히 일본의 광고를 많이 공부했다. 그 가운데 '더 반'이라는 신사복 광고를 잊지 못한다고 말한다.

"그 광고의 당시 모델은 알랭 들롱이었어요. 신사복 광고였는데 어두운 밤길을 멋진 신사가 걸어가고 오토바이 불빛 같은 것이 전면에서 후면으로 획획 지나가며 사라지는데, 이는 지금까지 그를 도와주었고 지금의 그를 만든 기억이나 사람을 상징하는 것이었습니다. 마지막에 '더 반'이라는 내레이션이 나오는 광고였는데 지금도 그 생각하면 가슴이 뭉클합니다. 그런 감동을 주는 광고를 만들고 싶었습니다."

그의 낭만적 성격을 보여 주는 답변은 또 있다. 많은 찬사를 받은 CF를 다수 제작한 만큼 수상경력도 화려할 것 같아서 수상기록을 묻자 그는 시원스레 답변한다.

"짝사랑하던 사람을 떠나보낼 때 관련된 물건도 다 떠나보내듯 두진 기획을 정리할 때 광고와 관련된 모든 것을 정리해서 기억에도 담아 두지 않았습니다. 가끔 아쉬움이 남지만 그게 맞다고 생각합니다."

현대의 광고가 과거와 비교할 수 없을 만큼 세련되고 향상되었다고 이야기하면서도 정성이나 세부적인 면에서 보면 과거의 광고물이 더 심혈을 기울였던 것 같다고 한다. 그는 요즘 전통 목공예에 빠져 있다. 가평 고향집에서 주로 목공예 작업을 하면서 새로운 아름다움을 추구하는 것이다. 그에게 어울리는 제2의 삶이라고 할 수 있다.

다시 광고를 제작하고 싶지 않느냐는 질문에 그다운 겸손한 답변이 돌아온다. 과거 그가 왕성하게 활동했던 화장품이나 패션 쪽에서 많은 광고주가 이제는 보이지 않듯, 본인 또한 흘러간 과거의 사람이기 때문에 이 시대의 요청에 응할 능력이 없다고. 하지만 광고계에 아쉬운 점은 있다고 한다. 그리고 제안한다. 광고계에도 '명예의 전당' 같은 것이 있으면 좋겠다고. 개인적으로 원로들이 소장한 광고계 자료들을 한곳에 모아 두고 전승하는 작업이 필요하고 광고인에 대해 체계적이고 꼼꼼하게 정리하는 작업도 의미 있지 않겠느냐는 것이다.

권오휴

1945년 출생
1970년 서울대 사회학과 졸업
1970년 〈코리아헤럴드〉, 〈서울신문〉 취재기자
1975년 (주)오리콤(전 합동통신 광고기획실) AE
1981년 플로리다대학 대학원 광고학 수료
1982년 (주)한국코카콜라 마케팅 상무, (주)한컴 상무이사,
　　　 (주)나라기획 대표이사 부사장
1990년 선연 부사장, 레오버넷코리아 대표이사 역임
1998년~2007년 (주)닐슨코리아 대표이사
2005년~2007년 한국마케팅여론조사협회 제6대 회장
현재　 한국여론방송 회장

수상 및 저서
아시아퍼시픽 최고경영자상 2회 수상

권오휴 회장은 합동통신이 만보사를 합병하고 코카콜라 광고의 AE가 되면서 광고계에 발을 딛는다. 당시 코카콜라는 국내 최대 광고주였다. 광고계의 전문 인력이 전무하던 시절, 신문기자였음에도 영어가 가능했기에 적임자로 발탁되었다. 코카콜라 광고의 AE를 담당한 것이 인연이 되어 1982년 코카콜라 마케팅 상무를 맡으며 광고주로 자리를 옮겼다. 그러나 자유로운 광고회사에서 일하던 그에게 광고주의 업무는 답답하고 재미없는 일이었다.

그러던 차에 마침 한국화약(현 한화)에서 광고회사(삼희기획, 현 한컴)를 설립함에 처음부터 끝까지 책임지고 기틀을 다질 사람을 찾던 중 그가 적임자로 발탁된다(1983). 이러한 경험을 바탕으로 1990년에는 김석년 사장과 함께 선연도 설립한다. 그러고 보면 그는 초창기 한국 광고계의 굵직한 광고회사를 두 개나 설립한 인물인 셈이다.

이후 레오버넷코리아의 사장을 거치면서 한국 광고와 마케팅에 탁월한 역량을 보이며 닐슨코리아의 대표이사 제의를 받게 된다. 처음에는 전혀 경험해 보지 않은 분야라 망설였지만 특유의 성격대로 새로운 도전을 받아들여 조사 업계로 진출한다.

닐슨코리아는 전 세계 백여 개국에 진출한 다국적 조사전문기업 AC Nielsen Corporation의 현지법인으로서 한국 내 시장조사 분야를 개척한 선도 기업이다. 소매유통조사 분야는 오늘의 닐슨코리아를 만든 최고의 히트상품으로 꼽힌다. 20년 이상 지속적으로 조사해 축적한 데이터와 백 개가 넘는 제품군에 대한 분야별 조사능력은 타의 추종을 불허한다는 평가를 받는다. 국내 유수의 기업이 최고가의 비용을 지불하면서까지 닐슨코리아를 이용하는 이유도 바로 여기에 있다.

그는 시장을 읽는 눈이 빠르고 합리적 의사결정을 내리는 것으로 유명하다. 그의 재직 시절 닐슨코리아는 '리서치사관학교'로 불렸다.

그가 가장 신경을 쓴 것도 인력을 최고 수준으로 향상시키는 것이었다. 직원들은 입사와 동시에 직책과 업무에 따른 다양한 교육과정을 소화해야 했고 해외교육과 외부기관 교육을 통해 최고의 인재로 성장함으로써 일반기업체의 마케팅 전문가로 스카우트되는 예가 많았다. 또한 전체 직원 중에서 여직원 수가 절반을 차지할 정도로 여성인력의 활용에서도 이름이 높았다. 그의 뒤를 이은 현재의 CEO도 여성이라는 점은 이를 잘 입증한다.

그의 인생을 돌아보면 1982년 코카콜라 상무가 되어 2007년 닐슨코리아 사장을 마칠 때까지 광고회사, 광고주, 조사 마케팅 분야에 이르기까지 두루 섭렵하면서 무려 25년을 임원으로 일한 셈이 된다. 이는 전무후무한 사례로서 그가 이렇게 성공하게 된 비결은 크게 세 가지로 보인다. 첫 번째, 마감시간의 엄수이다. 광고는 신뢰의 업무이고 약속의 업무이다. 그는 "데드라인(*deadline*)을 넘는 것은 곧 데드(*dead*)이다"라고 말한다. 데드라인을 목숨 걸고 지키며 만에 하나 마감시간까지 완성하지 못했더라도 일단 데드라인에 맞춰 그때까지의 결과물을 제시하고 보는 것이 그의 철학이다. 두 번째, 끊임없는 공부이다. 광고회사의 업무에서 출발해 광고주의 업무, 마케팅 조사의 업무까지 늘 새로운 일을 맡는 데 주저하지 않았다. 이는 평생 공부를 통해 준비된 인재였기 때문에 가능했을 것이다. 세 번째, 협동 정신이다. 그는 하나보다는 둘이 낫고, 둘보다는 셋이 낫다는 생각을 가졌다.

그는 닐슨코리아 사장 첫해에 AC Nielsen의 전 세계 지사 중 꼴찌였던 한국지사의 종업원 만족도를 5년 만에 국제기준으로 향상시킨 것으로 유명하다. 이는 AC Nielsen 본사에서도 기적이라 부르는 사건이다. 그는 이러한 성공의 바탕에는 AC Nielsen의 경영철학인 '서비스 이익 체인'(*service-profit chain*)이 크게 작용했다고 말한다. '서비스 이익 체인'이란 다름 아니라 직원이 만족해야 고객이 만족하고, 고객이 만족해야 주주가 만족해 재투자가 일어나며, 이는 다시 종업원이 만족하게 되는 선순환을 만들어 낸다는 것이다.

그의 경영지침 제 1조는 성실과 정직이다. 고객들에게 최선의 서비스를 제공한다는 방침 아래 조사의 정확성과 신뢰도를 높이는 데 한 치의 오차도 허용하지 않는다. 검증을 통해 조사 결과를 허위로 작성했다는 것이 밝혀지면 해당 조사원이 조사한 것은 모두 폐기하고 다음부터는 아예 조사에 참여시키지도 않았다. 그는 늘 "조사의 생명은 신뢰성이다. 이를 잃으면 존재가치 자체가 없어진다"고 말했다. 이런 원칙을 일관되게 지켜온 것이 1등 회사로 키운 원동력일 것이다.

닐슨코리아 재직 시절 그의 투철한 서비스 정신은 사장실의 위치에서도 알 수 있었다. 사장실은 누가 봐도 어울릴 것 같지 않은, 안내데스크 바로 뒤에 자리 잡았다. 이렇게 시끄럽고 번잡한 자리에 사장실을 둔 이유에 대해 고객의 불만을 가까이에서 직접 듣기 위해서였다고 한다. 당시 그의 명함에는 'CEO' 대신 'Chief Client Service Officer'라는 말이 새겨져 있었다. 사장부터 고객에게 봉사하는 마음가짐으로 일하겠다는 의지가 엿보이는 대목이다.

한국마케팅여론조사협회의 제 6대 회장으로 활동(2005~2007) 하는 동안에는 국내 조사시장 전반에 걸쳐 선의의 경쟁을 통해 발전할 수 있도록 친목도모와 정보교류의 활성화를 위해 노력했다. 모든 사업의 시작은 조사로부터 시작되며 불황을 타개하기 위해선 조사부터 늘려야 한다고 말하는 그에게서 영원한 리서치맨의 긍지가 느껴졌다.

권오휴 회장은 현재까지도 한국여론방송을 설립하고 미래 쌍방향 TV를 통한 여론 조사의 기틀을 마련하는 데 새로운 열정을 쏟는다. 참으로 열정이 식을 줄 모르는 젊은 노장임에 틀림없다.

김경택

1935년 출생
1957년 서울대 3년 중퇴
1964년~1995년 〈부산일보〉 입사, 광고국장 겸 서울지사장 정
        년퇴임
1985년 (주)쌍경 설립
        부산 버스외부광고 영업개시, 부산 지하철광고 영업개시
        (〈부산일보〉와 공동운영)
1985년~ (주)쌍경의 사명을 (주)애드21로 변경(부산법인)
1987년 건국대 경영대학원 수료
1993년 고려대 언론대학원 최고위과정 수료
1999년 고려대 컴퓨터정보통신대학원 ICP 수료
1993년~ (주)승보광고 회장

수상 및 저서
2010년 고려대 ICP 경영대상
2014년 유공광고인 산업포장

김경택 (주)승보 회장은 1964년 〈부산일보〉에 입사해 신문광고인으로서 30여 년을 회사 발전에 정진하다 정년퇴임했다. 〈부산일보〉광고국 재직 중 옥외광고에 관심을 가졌던 그는 1985년 부산에서 옥외광고회사를 설립, 지역 옥외광고 발전에 기여했다. 정년퇴직 즈음에는 서울 법인인 (주)승보를 설립해 옥외광고 사업에 본격적으로 뛰어들어 서울과 부산을 영업 기반으로 두고 옥외광고회사를 경영해 사세를 크게 확장했다.

　2015년 현재, 81세에도 불구하고 왕성한 활동력으로 회사 경영 일선에서 진두지휘한다. 이런 열정으로 옥외광고업계의 메이저 회사로 키워 냈다. 또한 회사 경영과 병행한 사회활동으로 고려대 ICP대학원 총교우회 회장을 맡아 교우들의 사회적 기여 활동을 주도하며 교우 상호 간의 인적 교류와 협력을 위한 촉매제 역할에 진력한다.

　1950년 6·25 전쟁 직후 대학에 진학해 폐허가 된 조국을 바라보면서 재건현장에 참여하고자 건설업에 진출할 계획을 세웠었다. 하지만 운명이라는 것이 늘 그렇듯 건설업계는 그를 비껴갔고 광고계가 그를 흡수했다. 1964년 〈부산일보〉에 입사해 광고부에 지원했고 광고국장 겸 서울지사 지사장에 이르기까지 31년 동안 줄곧 광고부에서만 일하며 정년퇴직을 맞이했다. 근무하는 내내 그 누구보다 탁월한 실적을 보여 주었기 때문에 줄곧 광고부에서 일할 수밖에 없었다.

　당시 K신문과 〈부산일보〉는 부산의 메이저 신문이었다. 두 신문은 경쟁관계에 있었지만 K신문은 발행부수가 40만 부에 달하며 구독자층은 강원도까지 넓혀져 있었기에 경쟁력 면에서 〈부산일보〉를 확실히 능가하는 지역의 진정한 메이저 신문이었다. 이에 비해 〈부산일보〉는 발행부수가 15만 부에 불과했으며 인지도 면에서도 K신문에 비하면 형편없이 떨어지는, 흔히 말하는 2등 매체에 지나지 않았다. 하지만 광고매출 부분에서는 유일하게 K신문을 능가했고 그 중심에 그가 있었다. 심지어 K신문에서 이런 상황을 역전시키고자 중앙 일간지 출신의 능력 있는 광고인까지 스카우트하며 반전을 노렸다. 그러나 그가 닦아 놓은 광고주와의 끈끈한 관계를 넘어설 수 없었고 〈부산일보〉의 일반 상식을 넘어선 광고매출은 계속 유지되었다.

그는 영업사원의 제일 덕목을 성실성으로 꼽았다. 평생 남들보다 훨씬 많은 시간 동안 근무했으며 업무시간 중에는 남들보다 더 집중해 일하고 영업현장에 모든 것을 쏟아 부었다. 오토바이를 구매해 하루에 광고주 수십 곳을 방문했으며 주말에는 광고주와 어울리기 위해 테니스를 배웠다. 그야말로 헌신적이었다. 이런 노력은 매출로 나타날 수밖에 없었다.

그에게 가장 기억에 남는 일화가 있다. 어떤 광고주가 〈부산일보〉의 라이벌인 K신문에 전면광고를 집행하기로 결정했다는 정보를 집행일 직전에 입수했다. 평소 친분이 있었던 사주(社主)를 직접 만나 설득한 끝에 광고 집행을 〈부산일보〉로 전환했다. 그의 승부욕과 광고주와의 끈끈한 유대관계를 잘 보여 준 사건이었다.

㈜쌍경을 설립하고 1985년부터 시작한 부산버스 외부광고대행을 지금까지 30여 년간 유지하며 ㈜승보광고 설립 후에는 서울과 부산의 지하철광고대행 등 그의 저력과 능력으로 옥외광고 시장에서 빅 3에 해당하는 회사로 성장시켰다.

그는 자사의 이익만 추구한 것이 아니라 광고계의 발전에도 기여하는 리더십을 발휘했다. 〈부산일보〉 재직 시절 '지방사광고협의회'를 창설해 초대 회장을 역임했고 '신문광고협의회' 시절에는 우리나라가 1984년 아시아광고대회 및 1996년 세계광고대회를 개최하는 데 일조했다. 특히, 세계광고대회 때는 신문협회 대표로 분과위원장을 맡으며 행사를 주도하기도 했다.

지방지 출신인 그가 〈조선일보〉, 〈동아일보〉 등 중앙 메이저 신문을 제치고 분과위원장을 맡은 것은 이례적인 일이었다. 이를 통해 그가 업계에서 얼마만큼 인정받는지 가늠할 수 있다. 그리고 광고협의회 회관 설립 시에는 신문협회의 각 협회사를 설득하고 독려해 5백만 원씩, 지금의 화폐가치로 치면 거의 억 단위의 거금에 해당하는 총 5천만 원을 모금해 회관 설립의 초석을 쌓았다.

그는 건설업 진출을 꿈꾸었으나 광고계에 진출해 광고영업에 헌신했고 광고계에서 사랑을 넘어 존경받는 위치까지 올랐기에 일말의 후회나 아쉬움도 없다. 그리고 광고의 중요성과 광고의 힘을 생각하면 다시 태어나더라도 광고인이 될 것이라고 단언한다. 광고가 정치보다 중요하고 다른 그 어떤 이데올로기보다도 힘이 있다고 믿기 때문이다. 예로서 과거 동서냉전 시절의 종식은 특정 정치인의 결단이 아니라 광고의 힘이라고 말한다.

"우리가 일상생활을 하면서 30초마다 접하는 것이 광고라고 합니다. 이는 의식하든 못하든 인간이 광고와 밀접한 관계를 가질 수밖에 없다는 뜻이지요. 광고는 현대사회의 대표적 문화이고 종교만큼 인간에게 영향을 줄 수 있는 힘을 가졌습니다."

그는 늦은 나이에도 학구열을 불태운다. 거의 컴맹이었던 그가 1999년 고려대 ICP대학원에서 최고위 과정을 수료하면서 실력을 키웠다. 뿐만 아니라 자신이 운영하는 ㈜승보의 임원들 5명도 모두 같은 교육에 참여시킬 정도로 배움을 중요시한다. 그는 이러한 학구열을 인정받아 2013년에는 고려대 컴퓨터정보통신대학원 ICP 총교우회 회장으로 추대되어 맡은 직책을 성실히 수행한다.

김경택 회장은 요즘 광고계 후배들에게 꼭 당부하고 싶은 것이 있다.

"모든 산업이 과학화, 합리화를 추구하는 현실에서 우리 광고인들도 추세에 뒤지지 않기 위해서는 끊임없이 공부해야 합니다. 학술적 뒷받침 없이는 광고계가 더 이상 성장할 수 없고 우리 광고인들이 전문가로 대우받을 수 없기 때문입니다. 물론 이런 과학적 토대 위에 과거 광고계에서 풍미했던 인간미, 즉 휴머니즘을 더할 수 있다면 더 이상 바랄 것이 없겠지요."

영업 현장에서 평생을 보내며 큰 획을 그은 광고계의 원로다운 바람이다.

1946년 출생
1972년 서강대 영어영문학과 졸업
1977년 로이터 통신 주한 특파원
1983년 〈코리아헤럴드〉 정치부, 경제부 부장
　　　　 Business Korea 발행인 겸 편집인
1987년~ 커뮤니케이션즈코리아 대표이사
1991년 서강대 언론대학원 졸업(언론학 석사)
1992년 한국PR협회 회장
1995년~ 국제PR협회 한국지부 회장

수상 및 저서
1999년 대통령 표창

김경해

김경해 대표는 홍보를 이렇게 정의한다. 원 액션(one action)으로 세상을 바꾸는 것. 단순히 '알리는 것'을 넘어 '세상을 바꾸는 것'이 홍보라는 것이다. 그렇다면 우리나라 최초의 종합홍보대행사를 28년째 이끌며 과연 어떻게 세상을 바꾸었을까? 그가 바꾼 세상 이야기를 들어 보자.

청송교도소. 한때는 명성이 자자했지만 지금은 들을 수 없는 이름이다. 경북북부교도소로 명칭이 바뀌었기 때문이다. 바뀐 것은 교도소의 이름만이 아니다. 청송교도소의 부정적 이미지 때문에 그간 어려움을 겪었던 청송군의 관광 산업과 사과를 비롯한 과수 산업이 활기를 띠며 청송군 전체가 큰 도약을 하게 되었다. 그가 언론 홍보활동 등을 통해 추진한 교도소 명칭 변경 하나가 청송군민의 세상을 바꾼 것이다.

세상이 바뀌는 것은 때론 작은 것에서부터 시작된다. 2005년 SC제일은행 직원들도 작은 계기 하나로 세상이 바뀌는 것을 경험했다. 달력의 그림 하나가 노사의 극한 대립을 잠시 가라앉히고 회사를 위기에서 구한 것이다. 달력 하면 유명 화가의 그림이 떠오른다. 특히나 은행의 달력이 그렇다. 그러나 그해 SC제일은행의 달력은 그렇지 않았다. 직원들의 어린 자녀들이 고사리 손으로 그린 그림으로 1월부터 12월까지 가득 채운 것이다. 때는 외국 자본이 제일은행을 인수하는 과정에서 노조의 반대운동이 극에 달했을 무렵이었다. 직원들의 자녀까지 배려한 회사의 마음 씀씀이에 노사 간 대립은 화해 국면으로 접어들었다. 그가 추진한 하나의 활동이 전 직원의 세상을 바꾼 것이다.

세상을 바꾸는 아이디어는 어디에서 나올까? 바로 '크게 생각하자'(big think)라는 홍보철학에서 나온다. 그의 이름을 일반인들에게도 널리 알린 책 《큰 생각 큰 PR》(커뮤니케이션즈코리아, 2004)에는 "크게 생각해야 세상을 바꿀 수 있다"라는 독특한 홍보철학이 잘 담겨 있다. 그는 이 한 생각에 몰두해 3년 동안 집필에 전념했다고 한다.

초 단위로 경쟁하는 기자 생활에 적응되었던 그가 "크게 생각하는 홍보", "세상을 바꾸는 홍보"에 매진하게 된 것은 단 한 사람과의 만남 때문이다. 바로 현대 PR의 아버지라고 일컬어지는 에드워드 버네이즈(Edward Bernays)였다. 1920년 뉴욕 5번가에서 여성들이 담배를 피우며 행진하는 캠페인을 벌여 뉴욕 극장에 처음으로 여성 흡연실을 만들게 한 사람, 여성이 부정적으로 여겼던 녹색을 유행으로 변화시킨 사람, 디저트로 초콜릿 대신 담배를 피우는 문화를 만든 사람이다.

홍보를 퍼블리시티로만 알던 그가 에드워드 버네이즈에게서 홍보는 유행을 바꾸는 것, 문화를 바꾸는 것, 세상을 바꾸는 것이라는 새로운 영감을 받으며 홍보의 매력에 푹 빠지게 된다. 남다른 홍보철학과 뚜렷한 직업관을 가진 그이기에 후배들에게 당부하는 말 또한 명확하다. 그가 홍보인들에게 당부하는 것은 두 가지이다.

첫째, 창의적 사고를 가져라. 광고주가 미처 생각하지 못했던 것을 생각하는 창의성을 가져야 홍보활동도 살아나고 결국은 비즈니스도 성공할 수 있다는 것이 그의 신념이다. 담배를 자유의 횃불에 비유하고, 담배를 디저트로 만들었던 에드워드의 창의성 말이다.

둘째, 윤리 의식을 가져라. 그는 판사나 의사처럼 홍보인도 존경받는 직업인이 되어야 한다고 주장한다. 그러기 위해서는 소비자에게 홍보가 과장이나 포장이 아니라는 생각을 심어 줄 필요가 있고 홍보인 스스로도 그런 윤리 의식을 가져야 한다고 강조한다. 그가 'PR기업협회' 윤리강령을 만든 것도 그러한 이유에서이다.

김광규

1943년 출생
1961년~1965년 서울대 미술대학 졸업
1967년~1969년 신한제분 선전과 디자이너
1969년~1974년 제일제당 광고선전과
1974년~1985년 한화그룹 빙그레 선전부장
1983년~1986년 단국대 교육대학원 졸업(미술교육전공)
1985년~1988년 한화종합화학 판촉실장
1987년~ 서울산업대, 인천대, 성균관대 대학원 등
          20여 개 대학 출강, 동덕여대 교수 역임
1995년~2007년 뉴욕아트디렉터즈클럽 국제정회원, 심사위원
2002년~2007년 뉴욕페스티벌 아시아지역 예심 심사위원
1999년~ 한국브랜드협회 회장

수상 및 저서
2001년 산업자원부 대한민국 브랜드공모부문 국무총리 표창
2004년 유공광고인 국민포장
《창조적인 아이디어 발상법》(정보여행, 1991)
《레이아웃 포인트》(동지, 1992)

1967년, 베트남에서 돌아온 대한민국 육군 김광규 소위는 제대하자마자 신문에 실린 신한제분의 신입사원 모집광고를 보고 응시해 합격했다. 이어서 광고선전과의 도안사로 들어간다. 디자이너란 이름으로 불리기 전 우리나라의 디자이너는 도안사로 불렀다. 도안사 1기로서의 생활은 그렇게 시작됐다. 사진식자도 없던 시절, TV 슬라이드도 손으로 그려서 만들던 시대였다. "닭이 운다, 꼬끼오~닭표 간장"의 CM송은 당시 진로소주의 "야야야, 야야야야 짠짠짠~"하던 노래와 국내 첫 CM송으로 기록된다. 닭은 아침에 울어서 해 뜨는 시각을 알린다고 알던 시절, 저녁에 라디오에서 닭 울음소리가 나오니까 재수 없다며 항의도 받던 그런 시절이었다.

　　1974년, 한화그룹 빙그레 선전과장으로 자리를 옮겨 수많은 제과 광고를 만들었다. 당시는 광고대행사의 분업화가 이루어지기 이전, 카피나 디자이너의 역할 또한 구별되기 이전이었다. 이것저것 닥치는 대로 해야 했다. 1987년에는 빙그레 이글스 창단 과정에 TF팀으로 참가해 광고와 홍보 모두 혼자 했다. 한컴이란 대행사를 설립하는 TF팀에도 참여했다. 그러던 중 꽃게랑, 싸만코, 비비빅 등 스낵과 아이스크림 광고를 제작했다. 빙그레 라면 광고모델로 개그맨 최병서와 탤런트 전인화를 발탁했던 기억이 새롭기만 하다.

　　국내에선 처음으로 밴 카 캠페인을 실행했다. 퍼모스트 아이스크림을 밴 카에 싣고 다니면서 거리에서 시식 캠페인을 한 것이다. 새로운 시도여서 반응이 좋았다. 퍼모스트의 슬로건을 '사주고 싶은 마음, 사먹고 싶은 마음'으로 만들면서, 앞의 '사'자를 뺐다. 한자의 '죽을 死'를 연상시켰기 때문이다. 병원 엘리베이터의 4층은 따로 표기하지 않을 정도로 금기시했던 사회상을 읽을 수 있는 대목이다. 그래서 정리된 카피 "주고 싶은 마음, 먹고 싶은 마음"은 지금도 사용되는 카피이다.

퍼모스트는 원래 미국의 군납 브랜드였다. 영화에서 알 카포네가 먹는 장면으로 유명해진 까닭에 거액의 로열티를 지불했다. 로열티를 더 올려 달라는 요구가 있었을 때 그는 대천 해수욕장의 판촉행사에 출장 중이었다. 그때 매점 네이밍이 눈에 번쩍 띄었다. 바로 '빙그레 하우스'. 곧바로 회사에 보고하고 빙그레라는 브랜드의 근거를 만들었다. 도산 안창호 어록에서 "겨레의 훈훈한 모습, 빙그레 웃는 모습"이란 말을 차용해 빙그레 정신을 찾아냈다. 퍼모스트에 로열티를 주지 않고 자체 브랜드 빙그레를 사용하게 된 것이다.

우리나라 아이스크림에 아직 '카톤팩'이 없던 시절, 일본 출장길에서 백화점 지하식당의 종이컵 밥을 발견했다. 종이에 밥을 담아 팔고 있었던 것으로 국내에 도입했다. 국내에 처음으로 종이컵에 아이스크림을 담아 팔게 된 첫 시작이었다.

당시 서울역 앞, 시경 근처 제과점에 음료수를 먹으러 들른 그의 눈에 '맛싸만'이란 제과점 이름이 확 들어왔다. 주인에게 뜻을 물으니, '맛있고, 싸고, 많고'의 첫 글자를 따서 지은 이름이라고 했다. 여기에서 김 부장은 앞 글자 '맛'을 빼고 '싸만코'라는 브랜드를 출시했다. 지금도 계속 팔리는 브랜드이다. '포미콘'이라는 브랜드의 경우 우유 대신 두유를 넣어 살이 찌지 않는 아이스크림으로 포지셔닝했다. 다이어트 추세에 맞춰 잘 팔릴 수 있는 제품이 필요해 우유 대신 콩을 넣어 만든 뒤에 출시한 제품이 '포미콘'이었던 것이다.

펠라비스는 아이스크림을 먹고 나면 프로펠러로 날릴 수 있도록 손잡이를 만들어 팔았다. 피렐리의 경우 피리 모양으로 만들어 손잡이를 피리로 불게 했다. 백화점 지하상가에서 판매하는 팥이 든 아이스크림에서 착안한 게 '키스파'였다. '키스 하고파'의 줄임말이다. 원통형 종이팩에 담긴 투게더 아이스크림은 송창식의 입으로 부르게 했다. 그렇게 태어난 CM송이 "엄마 아빠도 함께 투게더~"였다. 큰 통을 팔아야 마진이 컸다. 그래서 가족이 함께 먹는 아이스크림, "아빠, 일찍 들어오세요", 이어서 "아빠 함께 놀아 주세요"였다. 판매 아이디어가 끝없이 샘솟았다. 샘솟는 아이디어 하나하나가 히트치고 대중에게 사랑받을수록 즐거움과 보람도 커졌다. 그러나 이렇게 승승장구하던 그에게도 쓰라린 기억이 있다.

요플레 출시는 '이가 갈리는 기억'으로 남았다. 처음 먹어 보니 시큼털털한 게 영 팔리지 않을 것 같았다. '천사들의 식품'이란 헤드라인으로 3억 원의 광고비를 투여했는데 매출에서 2천4백만 원이라는 결과가 나왔다. 판매실적이 저조해 판매담당자들이 해고되는 모습을 보며 광고담당자로서 살아남은 것이 결코 편치 않았다.

또 하나는 게토레이 출시이다. 당시 미국 시장의 90%를 장악하던 빅 브랜드였으나 국내 시장에서는 잘 팔릴 것 같지 않아 빙그레에 들어온 판매 제의를 거절했다. 결국 제일제당에서 판매를 시작했으며 크게 성공해 씁쓸한 기억으로 남았다. 선전부장을 오래 하다 보니 어떤 일인들 없었으랴. 에피소드가 끝이 없다. 그러나 참 즐겁게 맘껏 일했다는 추억을 간직하고 있다.

한화종합화학에서는 바닥재 광고를 했다. 그 유명한 골드륨 광고이다. 서재식 사장이 직접 나와 회사의 명예를 걸고 최선을 다하겠다는 당시로서는 드문 모습으로 관심을 끌었던 광고였다.

광고주로 생활하며 맺은 대행사 직원들과의 인연도 각별하다. 좋은 관계를 유지하며 일하려고 노력했기에 한 번 만난 인연은 오랜 친분으로 이어졌다. 초기의 제일기획 그리고 한컴이 설립되면서 한컴 직원들과의 인연이 이어졌다. 역시 광고는 사람이 하는 것, 사람과의 관계가 가장 기억에 남는다.

디자인과 광고, 패키지와 이벤트는 물론 간판도 만들었다. 그러면서도 끊임없이 신제품을 출시했다. 브랜드와의 인연은 유난히도 깊어 1999년부터 현재까지 한국브랜드협회 회장으로서 한국브랜드협회를 이끈다. 세미나를 개최하고 회의도 열고 관련 자료를 발간하는 등 활발한 활동을 이어 간다. 이 밖에도 뉴욕아트디렉터즈클럽의 심사위원과 국내 유일의 정회원으로 활동했다. 뉴욕아트디렉터즈클럽상은 미국 최고의 광고대상이면서도 상금이 없다. 오직 메달의 명예만을 수여한다. 그 역시 여전히 명예직이란 자부심이 있다.

자부심과 동시에 아픔도 있다. 국내의 아트디렉터즈클럽을 만들어 수년간 이끌었는데 문화관광부에서 단체로서의 허가를 내어 주지 않아 결국 해산되었다. 광고인생에서 가장 안타까운 기억으로 남았다. 모든 일을 후회 없이 했다고 생각했는데 아트디렉터즈클럽의 해산은 잊을 수 없는 아픔으로 남았다.

셀 수 없이 많은 활동으로 광고계의 발전에 기여했지만 여기에 멈추지 않고 아이디어에 관한 책도 집필했다. 생산, 포장, 판매, 판촉, 이벤트 등의 전 과정에 걸쳐 일하다 보니 아이디어가 가장 중요하다는 생각이 절실해졌다. 칸 국제광고제, 클리오 광고제 등 세계적으로 유명한 해외 광고제도 종종 자비로 다녀왔다. 덴츠 광고상을 국내에 처음으로 소개하면서 글도 많이 썼다. 아이디어에 관한 글을 연재하면서 아이디어에 관한 자료들을 모으기 시작했고 어느 정도 분량이 되면 책으로 엮어냈다. 그렇게 13권을 냈다. 지금도 다음 책을 집필 중이다. 1987년생 제자들의 전시회에 작품도 출품하기로 했다. 김광규 회장의 꿈과 도전에는 아직 마침표가 찍히지 않았다.

1951년 출생
1976년 서강대 신문방송학과 졸업
1976년 제일기획 공채 2기로 입사
2002년 한양대 언론정보대학원 석사
2007년~2012년 제일기획 대표이사 사장
현재   제일기획 상담역

김
낙
회

수상 및 저서
1985년 클리오상
2006년 제 20회 언론문화상
2008년 CNBC 아시아비즈니스리더상
2012년 동탑산업훈장
《광고왕국, 일본》(진화, 1992)
《스포츠마케팅》(공역, 나남, 1999)
《브랜드마케팅》(공역, 굿모닝 미디어, 2001)

김낙회 사장은 제일기획에서 최초로 신입사원으로 입사해 CEO 자리까지 오른 입지적 인물로서 사장 선임 당시 '샐러리맨 신화'로 꼽힐 만큼 화제를 불러일으켰다. 하지만 그가 처음부터 탄탄대로를 걸었던 것은 아니다. 시골의 가난한 가정에서 태어나 서울로 유학을 왔지만 대학 시험에 떨어져 절망하기도 했다. 어렵게 들어간 대학에서는 학사경고를 받았고, 졸업 후 치른 기자시험에서 낙방했다.

지푸라기라도 잡는 심정으로 지원해 합격한 곳이 바로 제일기획이었다. 여기서 광고인의 길을 걷게 된다. 그러나 광고에 대해 잘 몰랐기에 신입사원 때는 갖은 수난을 겪었다. 그랬던 그가 열정적 아이디어맨으로 성장할 수 있었던 것은 성실함과 끈기 덕분이었다고 스스로 회상한다. 군대생활도 강원도 최전방에서 정말 어렵게 했다. 그러다 보니 어려운 일이 닥쳐도 잘 견디는 것이 자신의 경쟁력이 되었다.

그가 광고를 시작했던 때는 삼성 하이콜드 냉장고를 "서리가 없다"며 흑백으로 광고하던 시절이었다. 지금과 환경이 180도 달랐음은 두말할 필요가 없다. 흑백에서 컬러로, 아날로그에서 디지털로, 2D에서 3D로 모든 것이 진화할 무렵, 그는 성실한 충청도 촌놈에서 '세계 굴지의 광고회사' 사장이 되었다.

"하이콜드 냉장고, 이코노 TV, 은하 세탁기 광고를 만들었어요. 그때는 금성사, 대우전자가 쟁쟁했어요. 삼성이 후발주자였던 시절이죠. 토요일, 일요일이 없었어요. 통행금지 때문에 작업이 늦어지면 회사에서 밤을 새거나 근처 여관으로 갔습니다. 광고주 시사도 기억나네요. 영사기같이 큰 기자재를 직접 들고 가서 광고 시사를 했어요. 얼마나 무겁고 힘들었는지 모릅니다."

그런 시절을 겪으며 주옥같은 광고들이 탄생한 것이다. 그가 생각하는 좋은 광고란 "생활 주변에서 쉽게 볼 수 있는 그래서 공감 가는

광고"이다. 삼성 애니콜의 "한국 지형에 강하다" 광고나 KT 쇼 광고, 임신에서 출산까지를 과장 없이 보여 주는 다큐멘터리형 웅진 코웨이 광고를 좋은 광고로 꼽는다.

그는 삼성이 후원하는 대학생 강연회 '열정락(樂) 서'의 강연에서 "경쟁이 치열한 광고업계에서 지금까지 살아남을 수 있었던 출발점은 열등감이었다"고 말했다. 이날 그는 "여러분이 보시기엔 제가 아이디어가 샘솟는 능력자처럼 보이겠지만 시골 출신인 데다 재수해서 들어간 대학도 '스카이'(서울대, 고려대, 연세대)가 아니었다"며 "사내에서는 재능 없는 사원으로, 밖에서는 잡상인(광고영업) 취급을 받다 보니 열등감에 휩싸였다"고 했다. 하지만 자신이 열등감을 극복하고 사회에서 인정받을 수 있었던 것은 성실했기 때문이라고 말했다.

신입사원 때부터 매일 새벽 4시 30분에 일어나 자기 계발을 위해 1시간을 쓰고 일본과 미국의 광고 전문지를 정기 구독해 자료수집과 새로운 트렌드를 습득하는 데 힘썼다.

"친구 따라서 스펙을 쌓는 것이 중요한 것이 아니라 자신만의 방법으로 자기를 계발하는 것이 중요합니다."

또 다른 성공전략은 '내 편' 만들기였다. 광고주나 동료와 날 세워 경쟁하기보다 상대방이 잘하는 점을 인정하고 일을 함께해 나가려고 노력했다.

"성실함과 더불어 남을 인정하는 것을 배운 것이 성공의 주된 요인 이었습니다. 동료가 잘난 척한다고 생각하지 않고 인정하다 보니 내 편을 만들 수 있었고, 이것이 열등감을 극복하고 광고주나 동료와 소통하는 데 도움이 됐습니다."

골프 약속이 없을 땐 청계산이나 검단산에 가고, 영화관에서 영화도 보며, 아내가 쇼핑할 때 짐꾼 노릇도 마다하지 않는다. 제일기획 사진동호회 '결정적 순간' 회원이기도 한 그는 사진을 꼭 배우고 싶어서 입회원서를 냈다고 한다. 그런데 막상 동호회 활동을 해 보니 직원들과 소통하는 데 이만한 방법이 없다고 느껴졌다. 직급과 부서의 경계 없이 만나 이야기할 수 있으므로 다른 임원에게도 동호회에 꼭 들라고 추천한다. 또한 그는 블로그하는 사장님으로도 유명했다.

"통풍이 잘되는 회사가 바람직하다고 생각해요. 위의 생각이 아래까지 전달되고 아래의 생각이 위까지 왜곡되지 않고 전달되는 겁니다. 그래야 문제가 생겼을 때 서로 공유하고 쉽게 해결할 수 있죠."

통풍이 잘되기 위해서는 열린 마음으로 남을 인정하며 배려해야 한다고 말한다.

그의 휴대폰과 페이스북은 모두 24시간 온(on) 상태이다. 직원들에게 오는 연락을 모두 받는 것은 물론이거니와 최대한 빨리 답해 준다. 소통은 기브 앤 테이크(give & take)라는 믿음 때문이다.

"받기만 하고 주지 않으면 소통은 끊겨요. 반드시 받으면 답을 해야 합니다."

'결정적 순간' 동호회원들과 함께(2011, 가운데 김낙회 사장)

그가 생각하는 아이디어의 출발점은 "기존에 해 왔던 고정적 생각을 비틀어 보는 것"이다. 그가 사장으로 있을 당시 직원들 호칭을 모두 '프로'로 바꾸고, '노노'(no tie no title) 미팅을 도입한 것도 비틀어 보기의 일환이다. 광고회사 업의 본질은 아이디어이며, 아이디어가 용출될 수 있도록 크리에이티브한 분위기를 만드는 게 사장의 역할이라는 생각에서였다. 자유롭게 아이디어를 발산하려면 수직적 직급체계는 안 맞을 것 같았다는 것이었다. 자신을 사장님이라고 부르는 게 제일 싫다며 가장 좋은 건 선배, 그다음이 프로! 아이디어를 위해서라면 인사도 조직문화도 바꿔 보자는 생각에서였다. 그래서 그는 사장님이라는 호칭보다 프로라는 호칭을 더 좋아한다.

제일기획 직원들은 매달 1일 사장으로부터 '이달의 낙서'라는 제목의 편지를 받는다.

"사원들하고 소통하고 싶어서 매월 보내는데 어쩌다 보니 50회나 됐더라고요. 부끄럽지만 글을 잘 쓴다고 생각한 적은 없는데… 다만 낙서를 하려고 책이나 영화를 보다 좋은 글이 나오면 메모를 해요. 누가 좋은 이야기를 해 줘도 적어 놓고요. 그때 적어 놓지 않으면 감흥이 없어지더라고요. 가장 최근엔 차동엽 신부의 《바보 ZONE》(여백, 2010)이라는 책에 있는 말을 적었는데 '바보처럼 상상하고 바보처럼 모험하라'는 말이 굉장히 와 닿았어요."

김낙회 사장은 1995년부터 지금까지 하루도 거르지 않고 새벽 4시 반에 일어나 운동을 한다. 지금도 일어나기 싫지만 자신과의 약속을 지키기 위해 하루도 거르지 않는다는 것, 그 성실함이 분명 그의 성공에 가장 큰 밑바탕이 되었을 것이다.

1945년 출생
1968년 서라벌예대 연극영화과 졸업
1970년 남성그룹 투코리안스(Two Koreans)로 가수 데뷔
1973년 첫 CM송 오리온 제과 '줄줄이 사탕' 제작
1973년~ CM송 3천여 곡 작곡
1975년 서울 오디오 창립

수상 및 저서

1980, 1984, 1985, 1986년 클리오 파이널리스트
1989년 한국방송광고공사 방송광고대상 음악상, 공로상
2012년 유공광고인 문화체육관광부장관 표창
《마음으로 만나는 태교》(프리미엄북스, 1998)
《항문을 조입시다》(해윰, 1998)
《국민 여러분 조입시다》(잎파랑이, 2005)

김도향

광고음악가 김도향은 경기 중고등학교를 거쳐 1968년 중앙대(전 서라벌예대) 연극영화과를 졸업했다. 원래 영화감독이 꿈이었으나 '맨몸으로 할 수 있는 일'이라 가수로 먼저 나섰다. 가수 데뷔는 TBC PD이자 MC였던 이백천 선생의 힘이 컸다.

당시 이백천 선생은 PD로 일하며 '젊은이들을 위한 노래 광장'을 기치로 내건 청개구리집을 명동YWCA와 함께 운영했다. 그의 군부대 친구였던 손창철 씨와 함께 이 무대에 서면서 이백천 선생의 눈에 들었다. 이백천 선생은 〈신동아〉에 쓴 회고록에서 그의 데뷔에 대해 이렇게 이야기한 바 있다.

성량이 대단했다. … 방안을 쩌렁쩌렁 울리는 소리였다. 그리고 투코리안스의 대표곡 〈벽오동〉을 그곳에서 처음 들었다. G마이너 하나의 코드로만 진행되는 우리 가락이었다. 거의 천지개벽하는 소리였다. 나는 어느 날 광화문 지하도를 걷다가 '투코리안스'라는 듀엣 이름을 생각해냈다. 그리고 방송에 그들을 소개하기 위해 청개구리집에서 그들의 노래를 테이프에 녹음하고는 그것을 들고 방송PD들을 찾아 나서게 했다.

이백천 선생은 이후 그가 광고음악가로 활약하는 데도 큰 역할을 맡았다. 청개구리집 이후 충무로 쪽에서 르시랑스를 운영하다 대마초 파동에 휘말려 방송 출연 및 음악실 등을 접게 된 이백천 선생이 비프로 김영훈 감독과 함께 광고음악 작업을 시작하면서 그에게 CM송 작곡을 맡겼기 때문이다. 그가 기억하는 첫 CM송은 줄줄이 사탕이었다.

아빠 오실 때 줄줄이, 엄마 오실 때 줄줄이. 우리 집은 오리온, 줄줄이 사탕. 난 먹고 싶은 거야.

이 작품이 성공을 거둔 뒤 CM송 의뢰가 물밀 듯이 밀려왔다. 이백천 선생과 다른 음악가들이 합류하면서 1974년 한국 스튜디오가 문을 열었다. 그는 1975년에 윤형주 선생과 함께 독립해 서울 스튜디오를 열었다. 그때는 재미있는 CM송이 폭발적 인기를 끌던 시절이었다. 어린이들이 동요보다 CM송만 부른다 해서 사회문제가 되기도 했다. 기업들은 아직 브랜드 네임도 없는 제품을 들고 쫓아와 CM송을 만들어 달라며 스튜디오에 장사진을 쳤다.

집 한 채가 80만 원하던 시절에 CM송 한 곡당 50만 원을 받았다. CM송 작곡뿐만 아니라 제품 이름도 지어 주고 카피도 썼다. 그러면 그 작품에 영상이 입혀졌다. 코미디언 구봉서와 곽규석이 나와 "형님 먼저 드시오, 농심라면. 아우 먼저 들게나, 농심라면"하던 농심라면 광고도 CM송을 화면으로 재구성한 작품이었다. 하루 종일 CM송을 생각하고 작곡하다 보니 '시각적인 것들이 다 소리로 바뀌어서' 들렸고 곡을 쓰면 딱 20초에 맞춰 떨어졌다고 한다.

그는 "제품을 보면 떠오르는 대로 곡을 썼다. 이상하게, 만들면 다들 좋다고 해서 이게 왜 좋은지도 모르면서 계속 만들어 냈다"고 회고했다. 하지만 사람들에게 통할 수밖에 없는 나름의 원칙이 있었다. 먼저, 입에 딱 붙는 가사가 있다. 카피라이터가 카피를 써 오더라도 신문광고에 맞을 '글말'이어서 모두 '입말'로 직접 고쳤다. 새로 쓴 카피(가사)가 훨씬 좋다는 평가를 받았다. 곡은 쉬워야 했다. 너무 어려우면 대중성이 떨어졌다. 제품을 보면 느껴지는 자연스러운 감을 중시했다. 많을 때는 하루에 45곡까지 써낸 적도 있고 10곡 가까이 써낸 날도 많았다.

이렇게 쌓인 곡이 줄잡아 3천여 곡. 맛동산, 뽀삐, 아카시아껌 등 수차례 리메이크되며 지금까지 불리는 CM송도 백여 곡에 이른다. 상복도 적지 않게 누렸다. 반도패션, 뉴맨, 쌕쌕 오렌지, 휴먼테크 광고로 1980년부터 1986년까지 클리오 파이널리스트에 4차례나 이름을 올렸다. 한국방송광고공사(현 한국방송광고진흥공사)의 방송광고대상 음악상과 공로상도 여러 차례 수상했다.

그러나 1980년대 중반부터는 광고음악에 대한 관심이 조금씩 줄어들고 그 빈자리를 명상과 영성 공부 등으로 채웠다. 광고음악가로 정신없이 살아온 10년이 "바보처럼 살았군요"라는 탄식 같은 노래로 정리되고 "사랑해요, 사랑해요, 사랑해요, LG"라는 CM송을 끝으로 광고 일을 접었다. 그리고 지난 20여 년은 명상 및 마음수련 활동이 중심이었다.

영화음악 제작 및 음반 발표 등 대중음악 활동이 간간이 이어졌지만 주력은 명상음악에 있었다. 1991년에는 〈김도향의 한의학 원리를 이용한 명상음악〉, 〈태교명상음악 CD세트〉가 나왔고 〈김도향 5분 명상〉(1996), 〈마음을 다스리는 소리〉(1997), 〈Everybody 항문을 조입시다〉(2001~2002) 등이 줄을 이으며 관련 저서도 여럿 냈다. 1998년에는 《마음으로 만나는 태교》(프리미엄북스), 《항문을 조입시다》(해움)를, 2005년에는 《국민 여러분 조입시다》(잎파랑이)를 펴냈다.

2001년, 가수 활동을 재개하게 되는 계기를 만났다. 이백천 선생의 강권으로 제주도의 한 요양병원에서 재능 기부차 작은 콘서트를 열었다. 치매에 걸려 10여 년간 한마디 말도 없던 할머니가 그의 노랫소리를 듣고 "김도향이다!"라고 소리를 지른 것이다. 그는 이때 명상뿐 아니라 노래도 사람을 움직이고 치유하는 힘을 가졌다는 생각이 들었다.

이후 후배 가수들의 앨범에 피처링해 주기도 하고 자신의 새로운 음반〔〈Breath〉(2005)〕을 내기도 하면서 다시 대중문화 영역에 깊숙이 발을 들여놓았다. 드라마 〈안녕 프란체스카〉, 〈아현동 마님〉, 〈크크섬의 비밀〉에 출연했고 영화 〈이장과 군수〉, 뮤지컬 〈햄릿〉 등에서도 활약했다.

이전만큼 활발하게 CM송을 작곡하지는 않지만 광고 분야에서는 기업을 대표하는 독특한 사운드를 만드는 SI(*sound identity*)에 깊은 관심을 둔다. 20여 년 전부터 이미지보다 뇌리에 강력하게 남는 사운드로 고객에게 좋은 인상을 남기자는 주장을 펼쳐 왔지만 기업이 아직 긍정적으로 검토하지 않는 부분이 안타깝다고 한다.

정부는 한국 광고음악에 기여한 바를 기려 2012년 한국광고대회에서 김도향 선생에게 문화체육관광부장관 표창을 수여했다. 우리는 그를 통해 열린 광고음악의 천국에서 살기에.

김동현

1946년 출생
1969년~1975년 〈동아일보〉 기자
1970년 고려대 영문학과 졸업
1988년~1995년 쌍용그룹 종합조정실 상무이사
2002년~2011년 한국광고단체연합회 상근부회장
현재 레트로 사장

수상 및 저서

1994년 철탑산업훈장
2001년 민주화운동 유공자
2010년 제 22회 중앙언론문화상
《21세기 신유목시대를 가다》(에세이, 2006)
《광고를 통한 창의성 교육》(공저, 한국광고PR실학회, 2009)

김동현 부회장과 광고와의 운명적인 만남은 〈동아일보〉 기자로 직장생활을 시작하면서부터이다. 당시 젊은 기자를 중심으로 언론자유를 외치며 군사정권에 항의하는 사건이 일어났다. 그러자 정부는 광고주들을 압박해 광고게재를 중단시켰고 이러한 광고탄압에 결국 경영주는 언론자유 운동에 앞장선 기자들을 대량 해직시킴으로써 사태는 7개월 만에 종결되었다. 세상을 움직이는 것은 미디어지만 미디어를 움직이는 것은 광고라는 말이 허사가 아님을 절감한 계기가 되었다.

언론인 생활 6년 만에 해직당하고 한동안 낭인으로 생활하다가 얻은 두 번째 직장은 쌍용그룹 홍보실이었다. 그때부터는 광고주가 되어 광고를 직접 만드는 일에도 관여했다. 그의 업무는 사보제작과 홍보 그리고 가끔씩 광고카피를 쓰는 일이었다. 1990년부터는 홍보담당 임원이 되면서 광고주협회의 운영위원과 기획위원장을 맡는 등 자연스럽게 광고 관련 대외 봉사활동을 했다. 당시 광고주협회는 과당경쟁을 벌이는 신문사들의 실제 구독자조사를 실시, 이를 발표함으로써 일부 신문사들과 큰 마찰을 빚기도 했다. 광고주는 매체의 위상을 제대로 알아야 할 권리가 있는 데도 신문사들은 발행부수를 부풀리는 횡포가 일반화되어 있던 시절이었다.

그렇게 광고주로서 20여 년을 지낸 뒤 2002년 초 세 번째로 들어간 직장 한국광고단체연합회(현 한국광고총연합회)에서 맡게 된 직책은 상근부회장이었다. 이제는 광고산업 전체를 발전시키는 것이 그의 주된 업무가 되었다. 한국 광고산업 발전위원장을 맡은 그는 광고에 대한 국민들의 부정적 인식을 바로잡는 일이 가장 시급한 과제라고 생각했다. 우선 우리나라 초·중·고 교과서 350권과 교사용 지도서 330권에서 광고 관련 내용 5백여 개를 조사·분석한 결과, 광고를 왜곡하는 표현이나 광고의 부정적 기능만을 강조한 것이 14%에 달

태국 AD FEST 참가자 인솔
(2009, 맨 앞줄 왼쪽에서 3번째가 김동현 부회장)

했다. 학생들에게 자본주의 사회에서 광고의 역할을 제대로 가르치지 않고 "광고는 거짓투성이니 이에 속지 말라"는 등 소비자 보호 측면에서 광고교육이 이뤄지는 것을 바로잡아야 했다.

한국광고학회 정기총회 겸 학술대회 때 직접 '초·중·고 교과서 광고 관련 인식조사' 결과를 발표하는 한편, 언론매체에 투고나 기고하기도 했다. 그래서 시작한 것이 초·중·고 교사를 대상으로 하는 광고연수이며 2005년부터 광고활용교육(AIE: *Advertizing in Education*)을 본격적으로 실시했다. 특히, 광고만한 창의적 소산물이 없기 때문에 광고를 활용한 학교수업은 우리 시대가 가장 절실하게 필요로 하는 창의적 인재양성교육의 모범이 되어 일선 교사로부터 큰 호응을 받았다. 그는 이 교육프로그램을 제안, 출범시켰기에 1회부터 현재까지 강의를 맡으며 2012년에는 몇몇 강사와 함께 《광고로 맛있는 수업하기》(테크빌닷컴, 2011) 라는 지도서를 펴내기도 했다.

또한 광고를 전공하는 대학생들을 대상으로 하는 '대한민국 대학생 광고경진대회'(KOSAC: Korea Student Advertising Competition)를 신설했다. 매년 학기 초 테마를 선정해 대학생들에게 주면 각 대학에서 한 학기 동안 수업과 연계해 3~4명씩 소규모 팀을 구성해 실제로 광고를 제작, 발표하는 것이다. 학교에서 배운 기량을 기성 광고인들로부터 엄정하게 평가받는 교육적 의미도 크지만 발표장에는 광고회사 인사담당 간부들이 참석하므로 수상자들은 취업기회도 얻을 수 있으므로 갈수록 그 열기가 대단하다.

그는 글로벌 시대를 맞아 한국 경제의 높아진 위상에 걸맞게 우리 광고의 국제화에도 많은 노력을 기울였다. 우선 격년제로 열리는 '아시아광고대회'를 우리나라에 유치했다. 수년에 걸친 홍보와 준비 끝에 마침내 2007년 10월 21일부터 사흘간 '세계로 나아가는 아시아'라는 주제로 'AdAsia 2007 Jeju'가 열렸다. 장 마리 TBWA 회장을 비롯한 연사들의 격조 높은 발표, 행사를 뒷바라지하는 스태프들의 헌신적 봉사는 말할 것도 없고 여기에 제주의 아름답고 이색적인 풍광까지 더해져 대회를 성황리에 마쳤다. 제주광고대회 'AdAsia 2007 Jeju'는 '아시아광고연맹' 창립 50주년 기념행사를 겸한 것이어서 25회에 걸친 아시아광고대회의 발전상을 엮은 영문판 종합보고책자를 신인섭 교수와 공동으로 편집해 발간하기도 했다.

글로벌화의 연장선상에서 중국과 일본의 각국 광고대회나 국제 세미나에 참석, 한국 광고의 위상과 저력을 알리는 역할도 적극적으로 전개했다. 특히, 2006년 5월 중국 난징광고대회의 국제세미나에서 신라 최치원 선생의 〈토황소격문〉(討黃巢檄文)은 당나라의 사회혼란을 막아 준 훌륭한 광고문이라는 주장으로 큰 호응을 받기도 했다.

또한 한국광고단체연합회에 9년 동안 재직하면서 방송위원회와 한국광고자율심의기구, 한국간행물윤리위원회 등의 광고심의위원으로 활동했으며 동국대와 국민대, 고려대 언론대학원 등에 출강해 광고

부산국제광고제 (2010)
(왼쪽부터 안건희 광고산업협회장,
김동현 부회장, 이의자 집행위원장)

분야의 후학지도에도 힘썼다.

이외에도 디지털 시대에 걸맞게 전국에 산재해 있는 옥외전광 방송 광고 매체의 네트워크를 구축함으로써 국가나 지방자치단체의 긴급 홍보나 재난방송 매체로 활용할 수 있는 길도 열었다. 실제로 미국에서는 영상 빌보드를 통해 범죄사건이 일어난 바로 그 즉시 범인을 공개 수배함으로써 수십만 명의 시민을 수사관으로 활용해 범죄예방에 큰 성과를 보인다.

퇴직 후에는 서울시청 광장에 전광방송매체를 운영하는 레트로사의 경영을 맡으면서 한국전광방송협회 이사와 새로 출범한 전광방송 광고의 미디어렙인 오티비네트웍스의 감사를 맡고 있다.

김동현 부회장은 항상 희망한다. 광고는 국가 경제발전에 미치는 영향력이 서비스 업종 중 가장 강력하며 미디어 산업과 불가분의 연계성이 있기에 지식 기반 산업으로서 전략적 가치를 갖는다는 것을 국가와 사회가 제대로 인식하기를.

1938년 출생
1964년 고려대 경제학과 졸업
1964년~1970년 한독약품 광고부
1970년~1981년 해태제과 광고홍보실 실장,
　　　　　판매담당 이사, 총무, 홍보담당 이사
1981년 해태기획(코래드 전신) 창업
1981년~2002년 코래드 상무이사, 대표이사, 회장
1986년 중앙대 광고홍보대학원 졸업(석사)
1996년 성균관대 신문방송대학원 졸업 (박사)
2002년~ (주)Kim&aL 회장

수상 및 저서
1997년 국민훈장 목련장
1998년 국제광고협회(IAA) 광고인메달
2008년 한국광고주대회 공로상
《오길비의 광고》(공역, 평음사, 1984)
《오길비의 고백》(공역, 평음사, 1984)

김
명
하

김명하 회장은 광고주부터 광고회사 경영까지, '의약품 PR 구락부' 활동을 비롯해 한국ABC협회, 광고연구협의회, 광고업협회 회장, 국제광고협회(IAA) 서울 세계광고대회 조직위원장까지 한국의 광고가 산업의 모습을 갖춰가는 과정에서 다방면으로 활약했다.

그의 이력은 한국 광고산업의 약사(略史)를 읽는 듯한 인상을 준다. 1965년, 합격했던 여러 회사 가운데 한독약품 광고부에 입사한다. 한국 광고계가 현대적 의미의 모양새를 겨우 갖추기 시작했을 무렵, 한독약품은 가장 크고 중요한 광고주 중 하나였다. 광고직종으로서는 처음으로 공개채용을 실시한 한독약품 광고부의 경쟁률은 무려 90 대 1이었다. 광고기획, 제작, 매체 집행, 청구서 발행, 결산, 광고효과 조사까지 "광고에 관한 모든 일"을 해야 했던, 제일 많은 일을 했다고 술회하는 때가 한독약품 재직 시기였다.

이 시기에 기억나는 광고로 "훼스탈이 있으니 마음 놓고 잡수세요", "베토벤이 살아 있었다면 소화제로 훼스탈을 먹었을 것이다"와 같은 훼스탈 광고, 방한한 뤼브케 서독 대통령이 한독약품 사옥 앞을 지나갈 때 직원들을 동원해 독일 깃발을 흔들게 해 예정에 없던 한독약품 방문을 이끌어내고 그 보도사진을 썼던 광고 등을 꼽는다.

해태제과 홍보실로 옮겨간 1970년대에는 식품 업종의 광고량이 폭발적으로 늘었다. 그가 처음 해태제과로부터 광고과장 자리를 제안받았을 때 해태의 광고비는 제약사들의 절반에 머무르는 수준이었다. 그러나 이직 후 해태가 최신 외국 기계를 들여와 부라보콘 같은 아이스크림류, 훼미리 주스, 썬키스트 등 주스류를 생산하면서 제약사 광고비를 곧 따라잡았다. 광고하는 대로 판매 물량이 늘어나는 때였던지라 스낵, 음료, 아이스크림 등 품목별로 쇄도하는 광고비 증가 요청을 조율하는 일도 흥미로웠다고 한다.

대마초 파동으로 음악활동이 주춤했던 강근식, 김도향, 윤형주, 김세환 등을 기용해 만든 부라보콘, 맛동산, 누가바, 써니텐, 아카시아껌 CM송은 40여 년이 지난 아직도 회자되고 있다. 그가 이러한 광고들에 대해 특히 애착을 갖는 이유는 광고를 통해 소비자들의 라이프스타일을 바꿨다는 자부심 때문이다. 여름에만 먹던 아이스크림을 겨울에도 먹게 만든 점이라든가, 과즙이 가라앉아 소비자들의 불평을 듣던 써니텐의 약점을 "흔들어 주세요"라는 카피로 공세를 전환했던 일, 성인들도 먹는 간식으로 사탕을 어필하기 위해 고소한 알사탕을 만든 것 등이 그 예이다.

사회공헌사업에 대해 본격적으로 고민하고 실행했던 때도 이때다. 제과광고는 속칭 "아이들의 코 묻은 돈"을 겨냥하는 데다 제과 CM송을 따라 부르는 어린이가 늘어나는 등, 광고가 어린이에게 미치는 영향력이 큰 점을 감안한 것이다. 이러한 이유로 어린이를 위한 뮤지컬(〈피터팬〉)과 연극 무대 '해태명작극장'과 서울시 유휴지를 활용한 어린이를 위한 놀이터 '해태놀이동산' 40여 개를 설치하여 어린이의 꿈을 키웠다.

방송광고 산업이 급성장하면서 광고회사가 크게 늘어난 1980년대, 그는 해태기획 창립멤버로 광고대행업에 뛰어든다. 경영자이자 주주로서 코래드의 경영에 역점을 둔 부분은 글로벌 경쟁력 강화와 인력육성이었다. '광고회사의 중심은 인간경영'이라고 할 정도로 특별히 인재 선발과 육성에 힘을 기울였는데 소비자의 80%가 여성임을 감안한 여성광고인 선발, 광고대학 설립, 직원 해외 연수, 외국인 전문가 초빙 교육 등이 지속적으로 이루어졌다. 그 역시 중앙대 광고홍보대학원 1기로 석사과정을 밟고 성균관대에서 박사학위를 취득하는 등 광고 공부에 열의를 보였다.

한편, 후발주자로서의 약점 극복을 위해 미국식 광고회사 경영을 추진하면서, 1988년 오길비 앤 매더와의 업무제휴를 어렵사리 성사시키고 사명(社名)을 해태기획에서 '한국 광고'(Korea Advertising)를 줄인 코래드(KORAD)로 변경한다. 1969년 〈사상계〉에서 데이비드 오길비(David M. Ogilvy)의 《어느 광고인의 고백》을 읽으며 광고회사에 대한 첫 구상을 한 20여 년 후의 일이다(오길비에 대한 김명하 회장의 애착은 《오길비의 광고》, 《오길비의 고백》 등 오길비 서적의 번역으로도 이어졌다).

광고산업의 글로벌화에 대한 관심은 국제광고협회 세계광고대회 서울 유치로 이어져 한국 광고산업의 위상을 한 단계 끌어올리는 데 일조한다. 1996년 코엑스에서 열린 제35차 국제광고협회 세계광고대회는 참가 등록자가 49개국 2,385명, 연 관람인원 45만 명에 이를 정도로 성황을 이루었다. 그는 조직위원장으로서 대회를 성공적으로 이끈 점을 인정받아 1998년 카이로에서 열린 국제광고협회 세계광고대회에서 광고인메달을 수여받기에 이른다.

그의 광고인생이 한국 광고발달사의 궤적을 따르는 만큼 큰 위기도 있었다. 대기업들이 다수 쓰러지고 그에 따라 광고회사들이 연쇄부도를 일으키던 IMF 시절, 해태제과의 부도로 코래드 역시 부도 위기를 맞았다. 그는 500여억 원에 달하는 불량부채를 GMH 외국 자본 3천만 달러를 예치하여 해결한 뒤 2002년 코래드의 대표이사직에서 은퇴한다.

그러나 코래드에서의 은퇴가 광고업에서의 은퇴를 의미하는 것은 아니었다. 코래드에서 은퇴하고 1년이 지난 2003년, 김앤리커뮤니케이션(Kim&aL의 전신)을 창업하며 독립 광고회사 경영자로서 행보를 걷는다. 하우스에이전시 체제가 공고한 한국 광고계에서 독립 광고회사의 운영이 쉬울 수는 없으나 한국 광고산업의 국제경쟁력 강화와 전문성 제고에 독립 광고회사만이 할 수 있는 몫이 있다고 믿기에, 원로로서의 책무를 느끼며 독립 광고회사가 살아남을 수 있는 토양을 일구는 데 힘을 기울이는 중이다.

광고를 일생일업(一生一業)으로 삼아 "가족들에게 보여서 부끄럽지 않은 진실한 광고"를 50여 년간 만들어 온 김명하 회장에게서 우리가 아직도 눈을 뗄 수 없는 이유이다.

김민기

1952년 출생
1977년~1980년 중앙일보·동양방송 사회경제조사팀 근무
1978년 서울대 농업교육학과 졸업
1981년~1989년 한국방송광고공사 연구 2부 차장
1988년 연세대 행정대학원 언론홍보학 석사
1989년~1990년 코마코 기획본부장
1990년~1991년 KPR 상무
1991년~1997년 한국광고연구원 원장
1997년~2001년 경주대 광고홍보학과 교수
1999년 성균관대 대학원 신문방송학 박사
2001년~ 숭실대 사회과학대 언론홍보학과 교수
2010년~ 한국광고자율심의기구 회장
2013년~ 방송통신위원회 방송광고균형발전위원회 위원
2014년~ 숭실대 사회과학대학 학장

수상 및 저서
2001년 문화관광부장관 표창
2010년 숭실대 강의우수교수상
2012년 숭실대 Best Teacher상
2014년 숭실대 장학회 학술상
《광고산업의 이해》(나남, 2001)
《공익광고 연구》(역, 한국방송광고공사, 2005)
《신문의 기사형광고》(공저, 한국언론재단, 2006)

김민기 교수는 경남고를 거쳐 서울농대 졸업 후 1977년 중앙일보·동양방송에 입사해 〈중앙광고정보〉를 편집하면서 광고에 입문했다. 1980년 말 언론통폐합에 따라 한국방송광고공사로 옮긴 그는 〈광고정보〉 편집장(1981~1989)과 한국광고연구원의 〈월간 한국광고〉 편집주간(1991~1997) 등 광고 전문지를 편집하고 광고업계를 취재하면서 광고산업을 조감하는 눈을 떴다.

광고계 입문 20년 만인 1997년 경주대 교수가 되고 2001년 숭실대 교수로 자리를 옮기면서 학문의 세계로 들어섰다. 광고산업이 가장 큰 관심 분야였고 연구논문도 거시적인 것들이 많았다. "광고주-광고회사 상호평가 시스템의 도입에 관한 연구", "방송광고 미디어렙의 도입에 관한 연구", "광고회사 어카운트 플래닝 시스템의 채택과 평가에 관한 연구", "방송광고 정책, 과제와 대안: 미디어렙 도입의 현실적 수순", "광고산업 진흥방안에 관한 연구", "광고측면에서 본 미디어법안", "광고산업 공익기능의 발전방안에 관한 연구", "디지털 미디어 시대의 광고산업 진흥 전략", "스마트 미디어시대의 광고홍보정책 제안", "미디어렙 체제 변화에 따른 독립지역방송의 현안", "인터넷·모바일 광고 거래질서 개선 방안" 등이 그것이다. 특히, 2009년부터 2012년 사이의 미디어렙 법 제정 과정에서 세미나 발제와 토론, 언론에의 칼럼 기고 등 활발히 활동했다.

그의 두 번째 관심 분야는 공익광고였다. 그는 〈중앙광고정보〉를 편집하면서 공익광고를 많이 다뤘다. 일반적 상업광고와 달리 광고의 사회적 역할과 책임을 중시하며 감동적 크리에이티브를 통해 사회문제를 해결하려는 공익광고가 새로이 광고계에 입문한 젊은 눈에 신선하게 비쳤기 때문이었다. 그래서 한국방송광고공사 초창기인 1981년에 공익광고협의회의 전신인 '방송광고향상협의회'의 출범에 일조하고 1986년에는 '근대광고 100주년' 전시회에 '공익광고' 코너를 설치하는 업무도 맡았다. 그 밖에 공익광고 관련 자료를 번역해서 〈중앙광고정보〉에 기고하고 많은 특집기사와 기획기사를 쓰기도 했다.

숭실대에 자리 잡은 후 대학원에서 '공공광고 캠페인론', '비영리 광고론'을 강의했다. 2005년에는 한국방송광고공사의 지원에 힘입어 우에조 노리오(植條則夫) 교수의 《공익광고 연구》(한국방송공사 출판사업부, 2005)를 번역하고 "공익광고 발전방안에 관한 연구"를 수행하기도 했으며 "공익광고의 크리에이티브"를 집필하기도 했다. 또 "선거 관련 공익광고의 효율성 제고에 관한 연구", "공익성 정치광고의 크리에이티브 분석: 제 18대 국회의원선거 중앙선관위 광고를 중심으로", "우리나라 공익광고의 발전방안에 관한 연구", "21세기의 새로운 광고 패러다임: 사회적 광고의 가능성", "공익광고협의회의 과제와 전망" 등의 연구 결과를 발표했다.

2007년, 2010년, 2011년에는 공익광고협의회 위원 겸 기획분과위원회 위원장을 맡았고 한일공동캠페인 회의에 참석하기도 했다. 2012년, 2013년, 2014년에는 서울특별시 공익광고시민심의위원회 위원장으로 봉사했다.

그의 세 번째 관심 분야는 소비자를 보호하기 위한 광고 심의였다. 그가 한국방송광고공사 초창기에 근무하던 조사심의국은 조사부와 심의부로 구성되었으므로 광고표현의 허위·과장·오도·오인을 미연에 방지해 소비자를 보호하는 심의의 중요성을 인식하게 됐다. 그 후 1984년의 일본연수 과정에서 일본의 광고자율심의제도를 집중적으로 연구했으며 그 결과를 발표와 강의를 통해 널리 알리는 데 주력했다.

일본광고심의기구(JARO), 신문광고심사협회, 민간방송연맹 등에 대한 조사 결과를 〈중앙광고정보〉 1984년 월호에 "연수보고: 일본광고계의 자율규제"라는 제목으로 게재했다. 이 경험을 살려 1991년 한국광고연구원 원장이 되었을 때는 '광고심의'를 테마로 7년 동안 강의했고 대학으로 옮긴 후에는 '광고윤리법제' 분야를 연구했다.

"인쇄매체 광고심의의 문제점과 개선방안에 관한 연구", "광고윤리와 사회적 책임에 관한 연구", "주류 광고 심의 기준 및 제언", "광고 주장 관련법령과 입증", "광고심사제도 도입 필요성", "담배광고 규제의 흐름과 전망", "방송광고의 품위와 시청자정서", "인터넷 심의 규제에 대한 철학적 고찰", "드라마 음주장면, 간접광고 실태와 주류광고 규제방안", "스마트광고의 선정성에 관한 연구" 등의 논문과 칼럼을 발표했다.

그 연장선상에서 2004년부터 2008년까지 한국광고자율심의기구 제 1 (지상파방송) 광고심의위원회에서 심의위원장을 맡았으며 방송위원회 광고규정정비위원회 위원장 (2005) 과 방송광고심의제도개선위원회 위원 (2006), 신문발전위원회의 기사형광고심의자문위원회 위원장 (2007), 한국인터넷신문협회 광고가이드라인제정위원회 위원장 (2012) 으로 활동했다. 방송통신심의위원회 방송제 3분과특별위원회 위원 (2009~2010) 을 맡았고 한국광고자율심의기구 회장을 맡으면서 (2010~) 건강기능식품협회 표시광고심의위원회 위원과 위원장, 부위원장으로 활동한다 (2010~현재).

저·역서로는 《맥도날드 쿠데타》(역, 책과 길, 1996), 《광고산업의 이해》(나남, 2001), 《문화상품과 기독교적 문화읽기》(공저, 불과구름, 2003), 《공익광고 연구》(역, 한국방송공사 출판사업부, 2005), 《신문의 기사형광고》(공저, 한국언론재단, 2006), *Korean Advertising: Facts and Insights* (공저, 한국방송광고공사, 2007), 《미디어 공공성》(공저, 미디어 공공성포럼 엮음, 2009) 등이 있다.

또한 광고 연구에 기여한 바를 인정받아 문화관광부장관 표창(2001), 대구광역시장 표창(2002), 숭실대 강의우수교수상(2010), 중앙선거관리위원회 위원장 표창(2010), 숭실대 Best Teacher상(2012), 한국지방재정공제회 표창(2014), 숭실대 장학회 학술상(2014) 등의 상을 받았다.

그 밖에 연합뉴스 '뉴스 Y' 옴부즈맨(2011~), CBS 객원해설위원(2012), 경기방송시청자위원회 위원장(2012~2014), 한국케이블TV협회 케이블TV시청자협의회 위원(2012~), 기독교방송 시청자위원회 위원장(2013~), 서울특별시 홍보물·영상물 및 간행물심의위원회 부위원장(2013~), 한국사립대학주최연합회 이사장(2013~), 중앙선거관리위원회 선거자문위원(2014~), 국회방송 자문위원(2014~), 서울특별시 통합브랜드개발추진위원회 위원장(2014~) 등의 사회봉사 활동도 게을리하지 않았다.

김민기 교수의 연구 및 관심 분야는 그의 인생행로와 겹친다. 그는 학문적 목표와 삶의 목표를 일치시키려고 노력했고 그 과정에서 방송의 공공성 및 공익성 제고, 광고산업의 법제에 다소나마 이바지할 수 있었던 것, 사회문제를 해결하고 소외되고 약한 자를 배려하고 응원하는 공익광고를 연구하고 또 운영에 일조하게 된 것 그리고 광고심의를 통해 소비자를 보호하는 데 조금이나마 기여하게 된 것에 감사한다.

1934년 출생
1956년 서울대 미학과 졸업
1971년 합동통신사 광고기획실 입사
1979년 아시아광고연맹(AFAA) 부회장
1980년 오리콤 대표이사 사장
1981년 한국광고협의회(현 한국광고총연합회) 회장
1990년 선연 대표이사 회장
1996년 국제광고협회(IAA) 회장
2004년 아시아태평양 미디어포럼 회장

김 석 년

수상 및 저서
1992년 국민훈장 목련장, IAA 샤밀 파레스 상
2013년 IAA 공로상
2015년 아시아광고연맹(AFAA) 최고명예상(명예의 전당)

김석년 선생은 한국 광고의 초창기부터 성장기를 주도한 광고인이다. 인식조차 부족했던 광고를 하나의 산업으로 발전시키는 데 한몫하고 한국 광고계를 대표해 아시아와 세계 광고계에서 다양한 활동을 한 국제통이다.

　　그가 처음 광고에 뜻을 품은 것은 프랑스에서였다. 대학에서 미학을 전공하고 프랑스로 가서 국립인류박물관에서 연구원으로 일하며 광고를 만드는 친구들과 사귀게 되었는데 이들과 어울리고 작업현장을 따라다니며 한국으로 돌아가 이 일을 해 보고 싶다는 생각을 하게 됐다.

　　"상당히 크리에이티브한 일이어서 매력을 느꼈어요. 광고회사가 일을 펼쳐가는 과정 자체가 크리에이티브했어요."

　　하지만 막상 한국에 와보니 크리에이티브한 일은커녕 광고회사라는 개념조차 희박했다. 지인의 소개로 비슷한 일을 하던 합동통신사 광고기획실에서 부국장으로 일을 시작했다. 초창기에 광고인들이 주력했던 일은 광고대행 수수료를 인정받는 일이었다.

　　신문사나 방송국 같은 매체사들로 하여금 광고대행사의 역할을 인정하게끔 만들어 수수료를 지급하도록 해야 했다. 그런 노력으로 비록 낮긴 했지만 일정한 수수료율을 정착시켰다. 이를 두고 '산업 기반의 문을 열었다'고 평가한다.

　　또 한 가지 중요한 작업은 교육이었다. 초창기엔 분업이 이뤄지지 않아 크리에이티브, 기획, 그래픽, 카피라이팅, 광고주 면담, 경영까지 대부분의 일을 경계 없이 해야 했다. 점차 자리를 잡고 분업화가 진행되면서 각 분야에 대한 직원 교육도 자연스럽게 하게 됐다. 그러나 직원 교육보다 더 중요한 건 '광고주 교육'이었다. 당시 광고주들이 교육이 필요할 만큼 광고에 대한 이해가 낮았고 개인취향에 따라 중요한 결정을 내리는 경우가 많았기 때문이었다.

아시아 광고대회의 개회인사
(1984)

"합동통신사의 대주주가 동양맥주(두산그룹의 전신)였는데 우리에게 OB맥주 광고를 맡겼어요. 그런데 광고담당 중역과 자꾸 충돌이 생기니까 나중엔 양사 대표까지 알게 된 거에요. 그때 제가 전체 회의에 차트를 만들어가서 마케팅의 개념부터 광고의 역할, 진행과정 등을 다 프레젠테이션했어요. 당시 동양맥주 정수창 회장이 그 프레젠테이션을 보고 광고를 인정하며 중대결심을 했죠."

동양맥주는 사내 광고과를 없애고 합동통신사에 OB맥주 광고를 완전히 맡겼다. 오늘날과 같은 개념의 전면 대행이었다.

이처럼 1970년대가 광고업계의 기반을 다진 시기였다면 1980년대는 광고가 하나의 산업으로 발전한 시기였다. 1979년 합동통신사 광고기획실은 만보사와 통합했고 1979년부터는 오리콤이라는 이름으로 새 출범하게 된다. 그는 이듬해인 1980년부터 10년간 대표이사를 맡아 오리콤을 이끌었다. 1980년대는 경제발전과 더불어 광고시장의 규모도 커지고 유능한 인재도 많이 유입되었다. 주요 광고주라 할 수 있는 대기업이 너도나도 광고회사를 만들어 경쟁도 치열해진 시기였다.

오리콤은 '광고 사관학교'로 불릴 정도로 인력 교육과 훈련에 정평이 나며 업계 전체에 활력을 불어넣었다.

그는 이 시기에 오리콤의 발전뿐만 아니라 업계 전체의 발전을 위해 앞장섰다. 급변하는 상황 속에 광고계의 구심점 역할을 한 한국광고협의회(현 한국광고총연합회) 회장으로 일했고 국제 광고계와의 교류와 활동도 본격적으로 시작했다. 1978년 아시아광고연맹(AFAA)의 발기인으로 시작해 20년 가까이 부회장으로 일하며 아시아 광고계의 중추적 역할을 했고 국제광고협회(IAA) 한국지부 회장도 담당했다. 1984년에는 서울에서 아시아광고대회를 성공적으로 치러냈다.

"경험도 없는 국제대회를 치르려니 힘들었죠. 신인섭 씨, 윤석태 감독 등 업계와 학계, 매체를 총동원해서 대회를 준비했는데 가장 훌륭한 대회였다고 평가받아 뿌듯했죠."

아시아 14개국에서 온 1천여 명이 참석해 힐튼호텔에서 4일간 열린 아시아광고대회는 한국 광고계가 하나로 결속해 어떤 성과를 이룬 중요한 경험이자 우물 안을 벗어나 세계 광고인과 활발한 교류를 하게 되는 계기가 되었다. 당시 대회에 참석했던 IAA 의장단은 알찬 내용과 화기애애한 분위기에 놀라며 아시아의 역량을 다시 보게 되었다고 평했고 그해 IAA 세계대회에서 '올해의 인물'로 김석년 아시아광고대회 의장을 선정했다.

국제 광고계와 교류하며 얻은 것도 많았지만 '우루과이 라운드'로 대표되는 시장 개방의 압력도 거셌다. 당시 이 문제 때문에 문화공보부에 처음으로 '광고과'가 생겼다. 그는 이 일을 계기로 공무원과 교육 및 연구 활동을 하면서 업계와 정부의 상호 이해가 중요하다는 것을 절감했다. 그리고 오랜 연구와 협상 끝에 결국 광고시장은 단계적 개방을 시작했다.

IAA에서 그의 업적을 인정해 공로상을 수여했다.

"당시 미국 대표가 한국에서 가장 국제적 인물인 김 회장이 개방에 가장 반대하느냐며 '두 얼굴의 사나이'라고 하기도 했어요. 하지만 단계적으로 개방하지 않았다면 한국 광고시장은 외국계 회사가 독식했을 겁니다."

1990년 '내 사업'을 해야겠다는 생각에 오리콤을 떠나 본인의 영문이름을 딴 광고회사 '선연'을 설립한다. 선연은 다양한 광고 마케팅을 통해 중견 광고회사로 자리 잡았다. 선연 대표이사로, 또 외국회사와의 합작사 대표로 일하면서 국제 광고계 활동도 왕성하게 이어 나갔다. 특히, 미국 중심이던 IAA에서 아시아 업계의 목소리를 냈고 중국의 입회문제도 적극 추진했다. 미국 광고계에만 이익이 되는 조직이어서는 안 된다는 생각에서였다.

1996년 그는 IAA 회장에 선출됐다. 아시아 광고인으로는 처음이었다. 회장으로 활동하며 가장 힘쓴 일도 중동이나 유럽 등의 지역 조직을 연결해 이들이 국제 산업에서 한몫을 담당하도록 발전적 관계를 만드는 일이었다. 제35차 IAA 서울 세계광고대회도 성공적으로 치렀다. 아시아광고대회의 경험을 살려 역대 최대 규모이면서 동시에 흑자를 낸 대회로 만들었다.

그는 특별히 아시아 업계에 애정을 갖고 다양한 사업을 펼쳤다. AFAA를 통해 1998년에 아시아태평양 애드페스트(AdFest)를 만들어 크리에이티브를 나누는 축제의 장을 마련했고 2000년에는 다변하는 매체 문제에 대해 더 깊이 협의하는 자리가 필요하다는 생각에 아시아태평양 미디어 포럼(Media Forum)을 열었다. 이처럼 다양한 활동에 대한 포상도 많았다. 2013년 IAA 창립 75주년 기념식에서 받은 공로상이 대표적이다.

김석년 선생은 2004년 이후 현업에서 은퇴했다. 선연 대표이사로 일하면서 독립 광고회사가 성장하기 어려운 한국 시장의 현실에 자주 부딪혔다. 이에 대해 "선진 마케팅의 전제 조건인 자율 경쟁체제가 이뤄지지 않는"다는 점을 지적한다. 그는 근본적 변화가 쉽지 않은 현 상황에서 부티크 개념의 소규모 크리에이티브 업체들의 시도에 주목한다. 이런 도전의 성공으로 질적 크리에이티브 경쟁이 가능해졌으면 하는 바람이다.

"자기 사업이나 잘하지 왜 국제 광고계에 발을 들여 사서 고생하느냐는 말도 들었는데 광고인으로서 우리 수준을 높이려면 국제 산업에 관심을 안 가질 수가 없고 그러다 보면 우리 목소리를 안 낼 수가 없어요. 지금도 한국 광고업계는 광고인의 전문성이나 회사의 운영 실태에 발전의 여지도, 해결할 문제도 많은 상황입니다. 그걸 인식하고 넘어서는 노력을 해야 합니다."

광고계 대선배의 바람에서 업계와 후배들에 대한 깊은 애정이 듬뿍 묻어난다.

1919년 출생
1946년 일광전구 공업사 경영
1950년 조선 경금속 주식회사 대표이사
1958년 (주)제일네온전광사 설립(부산)
1965년 일본 (주)CLAUDE NEON(구로도)사와 기술제휴
1978년 한국광고사업협회 제5대 회장
1980년 (주)제일광고네온사(서울) 설립
1987년 (주)제일광고네온사 회장
2000년~2007년 (주)제일광고네온사 명예회장
2007년 작고

수상 및 저서
1993년 국무총리상

김
석
도

2007년에 작고한 김석도 회장은 우리나라 네온사인계의 역사 그 자체였다. 세계역사에서 네온사인이 처음 등장한 것은 1910년대였고 국내에서는 일제 강점기였던 1930년대에 부산 지역에 잠시 등장했던 것으로 추정된다. 네온사인이 국내에 본격적으로 유입된 것은 서울에 '한국네온', '대한네온' 등이 설립된 1956년이었다. 부산 지역에서는 김석도 회장이 1958년 '제일네온전광사'(현 제일광고네온)를 세우면서이다. 그 후 반세기가 흐른 오늘날까지도 유일하게 살아남은 (주)제일광고네온은 대한민국의 파란만장했던 네온사인 역사를 함께 썼다.

　　사실 우리나라에서 네온사인 광고계만큼 결정적 시련을 자주 겪은 업종도 없을 것이다. 전력을 많이 소비한다는 이유로 전력수급이 어려울 때마다 수차례에 걸쳐 네온사인 소등령이 시행됐기 때문이다. 호텔, 병원, 약국, 교회 등 몇 군데를 제외하고 짧게는 1년, 길게는 10년간 네온사인 광고가 금지되면서 대다수의 네온사인 업체는 폐업 또는 전업을 할 수밖에 없었고 네온사인업계는 암흑기를 맞게 되었다. 그러나 (주)제일광고네온만은 그 위기를 꿋꿋이 버텨 냈다. 많은 사람이 궁금해 하는 회사의 장수 비결은 바로 '가족 경영'과 '차별화된 기술력'이었다.

　　그는 일제 강점기 한 시골마을의 가난한 가정에서 태어났다. 받은 교육이라고는 9세 때까지 다닌 서당교육이 전부였다. 9세 이후 절박한 가난을 극복하기 위해 가족과 함께 도시로 진출하면서 생업전선에 나서게 된다. 점원, 목공, 재봉, 공사장 노역 등 생계를 위해 안 해 본 일이 없을 정도로 고생하며 어린 시절을 보냈다. 그러나 그때의 어려움은 삶의 열정과 불굴의 투지를 가르쳐 주었고 사업을 하는 데 소중한 원동력으로 작용했다.

　　그는 불혹의 나이가 다 되어 과감하게 네온사인 회사를 세우는데 그 배경에는 그의 터전인 부산이 가진 지리적 특징이 있었다. 예로부터 부산은 해외문물 교류의 메카로서 많은 외국문물이 서울보다 빠르게 전파되었고 일반 TV로도 일본의 TV 프로그램을 직접 시청할 수 있었다. 일본 프로그램에서 가끔씩 보았던 네온사인의 신기한 모습에 반해 서울에 네온사인 업체가 생기자 곧바로 부산에 제일네온전광사를 설립하며 업계에 뛰어들었다. 하지만 의욕과는 달리 국내의 열악한 소재와 기술은 적잖은 실망과 경영상의 어려움을 안겨 주었다.

그러던 중 1965년, 사업상 중요한 전환점을 맞이한다. 일본에서 발간되는 〈동양경제일보〉의 경영진으로 활동하던 재일동포의 주선으로 일본의 (주)CLAUDE NEON(이하 구로도) 사를 소개받은 그는 오랜 서신교환으로 신뢰를 쌓은 뒤 구로도사의 초대로 한 달간 연수를 받았다. 이를 계기로 구로도사와 기술제휴를 맺는다. 구로도사와의 기술제휴를 통해 당시 우리보다 한참 앞서 있었던 일본의 선진기술을 익힐 수 있었다. 앞선 기술력으로 건실해진 회사는 향후 국가적 차원에서 시행된 네온사인 소등령 기간 중에도 굳건히 버틸 수 있었다.

이후 (주)제일광고네온은 첨단의 기술력을 바탕으로 대형 철골 네온사인 등 고난이도 네온사인을 제작할 수 있게 되었고 부산 지역을 벗어나 서울에서도 주문받는 유명한 회사가 되었다. 서울의 경쟁업체들은 앞다투어 벤치마킹하느라 바빴다.

1976년 서울에 플라자호텔이 세워질 때 실내 사인물의 설계 및 감리를 일본 업체가 담당했다. 그들의 도면을 이해하고 준공할 수 있는 기술력을 갖춘 국내 업체는 (주)제일광고네온밖에 없었다. 이 일을 계기로 (주)제일광고네온은 그 이후에 준공되는 거의 모든 고급 호텔과 백화점의 주문 물량을 독점하게 되었다. 이런 공급 물량 덕분에 장기간의 소등령 조치에도 단 한 번도 공장을 닫지 않을 수 있었다.

이렇게 뛰어난 기술력 뒤에는 그의 열정과 깐깐한 일처리 그리고 인간미가 숨어 있었다. 일본의 구로도사는 국내 업체에 그들의 기술력을 전파하는 것에 대해 처음에는 미온적이었다. 그러나 그의 열정에 감동한 구로도사는 파격적 연수기회를 제공했다. 그는 한 달간의 일본 연수기간 동안 하루도 빠지지 않고 일기를 썼다. 그 내용을 살펴보면 선진기술을 배워 그들을 앞서고자 하는 열정 뒤에 애국심이 자리 잡았다. 그 열정은 드디어 기술제휴까지 이끌어냈다. 구로도사의 이와이 요시노리(岩井義則) 회장의 기나긴 우정과 기술 교류 사례는 일본 언론에서 소개되기도 했다. 그가 작고한 후에도 이와이 회장이 매년 그의 묘소를 방문할 정도로 두 사람의 우정이 두텁다.

또한 그는 깐깐하기로 정평이 났다. 부산공장 시절 서울에서 공사를 수주하더라도 모든 부품을 부산에서 직접 가져와 만들었다. 이는 자신의 손으로 만든 제품만을 신뢰할 수 있다는 깐깐함 때문이었다. 이처럼 열정적이면서도 깐깐하게 일을 처리했지만 냉정한 사람은 아니었다. 오히려 누구보다 인간미 넘치는 경영자였다. 아무리 회사 사정이 어려워도 사람을 내보내지 않았으며 하도급 업체에는 어음 대신 현금 결제만을 고집했다. 그리고 회사가 안정된 2000년대 초부터는 매년 직원 가족은 물론 협력업체 직원 가족도 초청해 해외 워크숍을 가져 업계의 부러움을 사기도 했다. 그는 직원은 물론이고 하도급 업체까지도 자신의 가족과 같이 생각했던 것이다. 이런 인간미 넘치는 경영마인드로 (주)제일광고네온은 60여 년간 사업체를 유지하는 차원을 넘어 업계 최고의 자리를 놓치지 않았던 것이다.

그가 사업 외에 몰두했던 다른 한 가지는 바로 그림 그리기였다. 그는 1966년부터 그림을 그리기 시작했다. 특히, 사업상 어려움을 겪을 때마다 그림을 그리며 마음을 달래곤 했다. 취미 수준을 넘어선 그림 실력

을 갖추고 자격심사가 엄격한 한국미술협회 회원으로 활동하면서 60여
회의 작품전에 참여했고 30여 차례나 수상, 입선하는 영예를 안았다.

2007년 세상을 떠나기 전까지 한결같이 네온사인 광고계에 헌신한
김석도 회장. 그는 떠났지만 그가 불을 밝힌 네온사인 광고들은 아직
도 밤하늘의 별처럼 밤거리를 수놓는다.

김용한

1933년 출생 [소설가 팔봉(八峰) 김기진 선생의 아들]
1960년 필립스주립대학 심리학과 졸업
1961년 컬럼비아대학 대학원 사회심리학과 수학
1968년 유신시장조사기획회사 이사
1971년 S/K 마켓리서치 대표
1973년~1979년 ASI Marketing Research 한국지사 사장
1980년~1998년 닐슨코리아 사장
1992년~1997년 한국마케팅여론조사협회(KOSOMAR) 회장
현재   링크아즈텍코리아 고문
          한국마케팅여론조사협회 명예회장

요즘 대선 등의 선거나 굵직한 정책결정 과정에서 무엇보다 사람들의 눈길을 끄는 것은 여론조사 결과이다. 그래서 시장조사에서 시작된 이 '조사'의 역할은 점점 더 커지고 중요해진다. 시장조사는 새로운 시장 개척을 위한 대규모 브랜드 론칭은 물론 신생기업의 제품 마케팅에도 빠지지 않고 등장해 지표 역할을 한다.

김용한 회장은 50년 전, 조사라는 개념조차 없어 불모지와 다름없었던 한국 시장에서 시장조사의 역사를 써내려 간 1세대 조사 전문가이다.

"정직과 성실, 나 자신을 포함해 누구도 속이지 말자는 게 내 평생의 소신이었어요. 양심에 어긋나는 건 내가 괴롭거든요. 조작해서는 안 된다는 건 전문가라면 누구나 아는 것이죠."

과거엔 조사를 하다 보면 관련자의 청탁이나 부탁이 있게 마련이었다. 가령 우리 상품이 압구정에서 잘나가니 그쪽에서 표본조사를 해달라는 식이다. 하지만 작은 것이라도 이런 것에 휘둘리면 조사는 엉뚱한 결과를 내놓게 된다. 그는 이런 점에서 소신을 지키며 새로운 길을 개척했다고 자부한다.

미국에서 사회심리학을 전공한 그는 대학원 시절 뉴욕의 조사회사에서 아르바이트를 자주 했다. 조사 인터뷰를 하고 자료를 집계하는 일이었다. 이 작은 경험은 조사업계로 들어서는 데 적지 않은 영향을 미쳤다. 1964년 귀국 후 유한양행에 입사해 유일선 부사장과 뜻이 맞아 시장조사를 시작했다. 회사 설립자 유일한 회장의 아들인 유일선 부사장은 당시 미국에서 막 귀국한 터라 한국어를 못했기 때문에 영어가 통하는 사람이 반가웠던 데다, 심리학을 공부했고 미국 조사회사에서 일한 경험이 있다는 점을 높게 사 그를 파트너로 삼았다. 둘은 조사작업을 진행했고 이 합리적 근거를 바탕으로 사업 결정을 내렸다. 광고조사부에 소비자 패널을 구축하고 전속 면접원 12명을 채용했다.

"1967년 당시 유한양행이 미국 킴벌리사와 합작 프로젝트를 진행 중이었습니다. 킴벌리사는 당연히 사업 본격화 전에 시장 잠재력이나 소비자 요구에 대한 마케팅 리서치를 해야 한다는 입장이었지요. 그래서 크리넥스 화장지와 코텍스 생리대에 대한 조사를 했어요."

생리대 시장이 없었던 당시 샘플을 싸들고 호텔 나이트클럽에서 일하는 아가씨들을 찾아가 만족도 조사를 하기도 했다.

1968년 그는 유일선 부사장과 '유신시장조사기획회사'를 열었다. 한국 최초의 조사회사였다고 할 수 있다. 펩시콜라와 코카콜라 등 외국계 회사의 조사용역이 있었지만 국내 기업을 상대로 한 제안은 가격 등의 이유로 잘 성사되지 않았다.

2년 만에 문을 닫고 홀로 일하던 중 광고대행사를 운영하던 존 스틱클러(John Stickler)를 만나 의기투합해 'S/K마켓리서치'라는 회사를 설립했다. 두 사람 이름의 머리글자를 따서 회사명을 지었다. 미국 대사관이나 시티뱅크, 질레트 같은 곳에서 조사를 의뢰했다. 질레트의 조사 용역은 FGI(Focus Group Interview)를 포함해 성인 남자 1,500명을 대상으로 면도습관조사를 실시했다. 호텔 사우나로 가서 손님들에게 면도날을 사용해 보고 평가를 부탁하는 등 당시로선 쉽지 않은, 그러나 의미 있는 FGI 시도였다. 시장조사 결과는 낙관적이었지만 질레트는 한국에 들어오지 않았다. 당시는 정부의 국내산업 보호육성 정책 때문에 외국계 기업의 한국 진출이 쉽지 않았기 때문이다.

1973년, 미국의 조사회사인 ASI(Audience Studies Incorporated)가 한국 시장 진출을 위해 S/K마켓리서치의 인수를 제안했고 ASI 코리아의 지사장으로 영입되었다. 그는 오일쇼크로 일거리가 없었던 당시 '매체 실태조사'라는 아이디어를 내서 실행에 옮겼다. ABC는 물론 구독률이나 시청률이라는 개념도 없던 때였지만 적절한 광고 매체 선정과 광고료 산출을 위해서는 꼭 필요한 작업이라는 생각이 들었다. 그래서 매체 및 각 칼럼, 프로그램의 열독률과 시청률을 조사해 책자로 묶은 뒤 15만 원에 판매했다.

반응은 대단했다. 결과가 잘 나온 〈조선일보〉는 반색했지만 인지도에 비해 결과가 별로였던 〈한국일보〉나 MBC 등에서는 영업 방해라며 크게 반발했다. 하지만 업체들이 목말라 하던 정보였기 때문에 이후로도 3년간 4호까지 발간했다.

"그때 혼쭐이 나긴 했지만 조사하며 겪은 고생은 훨씬 심했죠. 마케팅 조사에 대한 개념이 없던 때라 제안서를 보고는 고개를 끄덕이다가도 비용을 듣고는 고개를 돌리기 일쑤였습니다. 한마디로 대우를 못 받았어요."

조사 의뢰를 받고 제안 설명을 위해 걸어서 10번이나 망우리고개를 넘었다가 허탕치고 결국 뭉텅 깎인 금액으로 계약했던 일이나, 혼자 프로젝터와 스크린을 싸들고 다니며 제안 설명을 다니다 직급을 의심받고 홀대받았던 기억들도 이제는 웃으며 말할 수 있는 일화가 되었다. 그만큼 시장 환경이 변했기 때문이다. 그 변화의 선두에 섰던 업체가 바로 AC Nielsen이다.

세계 최대의 조사회사 AC Nielsen은 1980년 한국에 들어오면서 그를 파트너로 지목했다. 닐슨코리아는 조선호텔에 방 두 개를 빌려 시작했다. 미국인 사장이 다국적 기업을 전담하고 그가 부사장이 되어 한국 회사를 담당해 계약을 따왔다. 그는 혼자 발로 뛰며 모든 인맥을 동원해 담당자들을 만나고 설득해 계약을 성사시켰다. 힘겨웠던 경험을 토대로 한국의 기업문화에 대한 보고서를 작성해 사례발표를 하기도 했다.

닐슨코리아의 소매 인덱스는 점차 시장의 반응과 신뢰를 얻기 시작했고 1986년 들어 회사는 출범 6년 만에 손익분기점을 넘겼다. 그는 아태 지역 최초로 닐슨코리아의 현지인 지사장에 취임했다. 이후 1994년 정년퇴임할 때까지 18년간 닐슨코리아에서 일하며 한국 조사시장의 성장을 견인하고 고락을 함께했다.

"제가 조사업계에서 한 일이라면 조사 가격을 제대로 받았다는 것, 광고주 담당자와의 뇌물 거래를 일체 안 했다는 것 그리고 조사품질 보장을 위한 기본적 계약 조건을 정착시키려 노력했다는 걸 꼽을 수 있겠죠."

조사업계의 가격 덤핑 관행은 업계의 생존은 물론 조사의 질을 떨어 뜨린다는 점에서 심각한 문제였다. 그는 이런 출혈경쟁을 막고 업계의 친선 도모를 위해 1992년 12월 한국마케팅여론조사협회 (KOSOMAR) 를 발족했다. 협회는 10여 개 회원사로 출발해 현재 40여 개의 회원사 에 아태 지역 10여 개 협회와 교류하는 규모로 성장했다. 가격 담합이 란 문제가 발생하기도 했지만 조사의 질을 유지하고 높이기 위해 가격 덤핑 문제는 반드시 해결되어야 한다고 생각한다.

김용한 회장은 퇴임 후에도 대학에서 강의하고 소매 인덱스 분석회사 를 운영하면서 활발히 활동한다. 그는 지난 50여 년간 왕성한 활동으로 길을 닦으며 걸어온 '조사인'이란 이름을 자랑스러워한다.

1942년 출생
1968년 일본 상지대 경제학과 졸업
1968년 (주)삼학산업 입사
1974년 광인기업사 설립, 사장
1989년 고려대 경영대학원 최고경영자과정 수료
1990년 연세대 경영대학원 최고경영자과정 수료
1995년 한국광고사업협회 부회장
1997년~ (주)광인기업 회장
2001년 한국광고물제작공업협동조합 임원 선임

수상 및 저서
1982년 재무부장관 표창
1992년 재무부장관 표창
1998년 국민훈장 목련장

김
용
희

김용희 회장은 대학졸업 후 1968년 (주)삼학산업에 공채 2기로 입사했다. (주)삼학산업은 소주와 청주를 생산하며 진로(소주) 및 백화수복(청주)과 함께 업계 최고의 자리를 주고받으며 시장을 주도하던 전통적 주류업체였다. 하지만 광고비의 집행에서 광고계의 큰손이었던 (주)삼학산업이 정치적 탄압으로 갑자기 문을 닫게 되자 그는 광고계 동료들의 권유로 간판광고를 전문으로 하는 광인기업을 설립했다.

인생사 새옹지마(塞翁之馬)라고 했던가. 그의 능력은 이때부터 더욱 빛을 발했다. 그는 선진국의 사례를 연구해 옥외광고 시장에 새로운 제도를 도입함으로써 신선한 바람을 불러일으켰다. 야탑광고 시장에 렌탈 개념을 도입한 것이다. 당시의 야탑광고는 설치 및 제작비가 단발성 청구로 끝났다. 이후에 별도의 관리가 없었기에 시간이 지나면 광고물이 흉물로 변했고 최초 비용이 많이 들어 광고주가 기피했다. 그런데 야탑을 만들어 광고회사가 소유하고 거기에 광고를 걸어 관리비를 청구하는 새로운 제도를 통해 이 두 가지 문제를 획기적으로 해결하며 광고계에서 큰 환영을 받았다. 또한 국내 26개 모든 휴게소에 삼성그룹의 시계탑 광고를 설치하는 등 옥외광고의 새 역사를 써 가며 승승장구했다.

40년 가까이 옥외광고회사 (주)광인을 운영하면서 가장 큰 보람을 느낀 일은 서울올림픽 개최 당시 광고인으로서 올림픽의 성공적 개최에 기여한 것이다. 올림픽 개최에 필요한 재원이 부족해 정부가 어려움에 빠져 있을 때 외국의 선진 사례들을 참고해 올림픽 기간 중 옥외광고를 허용하면 상당한 수익이 발생할 수 있음을 정부에 제안했다. 정부는 인지도가 약한 그의 말을 신뢰하지 않았지만 포기하지 않고 광고계에서 가장 신뢰받는 조직인 제일기획을 설득해 그의 제안에 참여하도록 했다. 그리고 1984년 마침내 국회에서 〈옥외광고특별법〉이 통과되며 합법화되었고 그는 5개회사로 컨소시엄을 구성해 제일기획과의 경쟁입찰에서 승리해 서울올림픽 옥외광고를 대행했던 것이다.

이때를 계기로 우리나라 옥외광고 시장은 광고상품으로서 다시 평가받으며 성장할 수 있었고 지금의 번영을 누리게 되었다. 서울올림픽 옥외광고의 성공을 바탕으로 해외로 시선을 돌렸다. 업계에서 가장 먼저 중국에 진출해 만리장성 입구에 기아자동차 야립 광고를 설치했고 당시 중국으로 향하는 한국인들의 입국 루트였던 톈진과 베이징 공항로에도 국내 기업광고를 설치했다.

또한 1989년에는 러시아에도 진출해 비행장에서 시내로 진입하는 도로 양측에 국내 대기업의 옥외광고를 대대적으로 설치해 광고효과를 극대화했다. 그래서 당시 그 도로를 '코리아 로드'(Korea Road) 라고 불렀다. 시내 한복판을 가로지르는 다리에 LG의 깃발광고를 대대적으로 게재해 'LG Bridge'라고 불리기도 했다. 노태우 대통령이 러시아를 방문했을 때 그가 만들어 놓은 코리아 로드를 보고 "광고로 국위선양했다"라는 칭찬과 함께 청와대 감사패를 수여하기도 했다. 이 외에도 20여 개국에 진출해 국내 기업 홍보에 큰 역할을 했다.

㈜광인의 성공요인 중 하나는 가장 좋은 상품을 개발해 판매하는 것이다. 옥외광고의 성격상 사람들이 많이 다니는 곳, 눈에 가장 잘 띄는 좋은 자리를 선점하려 노력했다. 그러다 보니 광고주들이 그가 판매하는 상품을 사기 위해 로비까지 하는 진풍경이 벌어지기도 했다.

그는 대형 간판을 설치하고 나면 항상 고사를 지냈다. 이런 모습을 보고 업계에서는 한때 ㈜광인을 두고 입방아를 찧기도 했지만 그는 묵묵히 그 의식을 진행했다. 이유는 광고주의 성공이 본인의 발전이라고 생각했기 때문이다. 이런 그의 특별한 노력과 마음가짐이 지금의 ㈜광인을 만든 것이라 할 수 있다.

그가 광고인으로서 가장 중요시하는 점은 남들보다 앞서 가야 한다는 것이다. 국내 옥외업체로서는 남들이 감히 생각도 못할 때 가장 먼저 해외로 진출했고, 올림픽 개최 시 옥외광고 제안도 남들은 엄두도 못 낼 때 생각해냈던 것이다. 또한 1970년대 중반, 옥외광고의 관리를 통한 관리비 청구라는 운영방식은 현재까지도 통용되는 옥외광고비 산정 방식이다.

그는 스스로 이런 앞선 생각이 개인의 능력이 아니라 선진광고 시장에 대한 연구와 벤치마킹 덕분이라고 이야기한다. (주)광인이 "옥외광고 시장의 사관학교"라고 불리는 것도 그의 공부하는 자세 덕분이다. 그는 직원들을 매년 해외로 보내 선진 시장의 진화하는 옥외광고 시장을 배워오게 할 뿐만 아니라 본인도 또한 매년 2~3차례 해외 시장을 방문하는 노익장을 과시한다.

ICT(정보통신기술) 및 디지털 기술의 발전이 가속화되는 현시점을 어떤 이들은 옥외광고의 위기라고 말하지만 그는 동의하지 않는다. 광고가 첨단기술을 통해 "손안의 광고"라는 말이 나올 정도로 소비자에게 더욱 편하고 가깝게 다가갔다는 측면이 어쩌면 새로운 옥외광고의 길을 열어 줄 수 있다고 믿는 것이다. 그는 광고계 선구자로서 후배들에게 아래와 같이 당부한다.

"옥외광고가 안이하게 기존의 형식만을 고집한다면 지금의 상황은 위기이고 쇠락의 길을 걸을 수밖에 없겠지만 첨단기술의 발달에 적극적으로 대응하고 인터렉티브한 방법을 찾는다면 제2의 도약이 가능할 것입니다. 이미 우리보다 앞선 선진국에서는 이런 모색이 상당부분 진행되고 있습니다. 우리가 통찰력을 지닌 인류의 0.1%는 되지 못하더라도 그런 통찰력을 가장 먼저 알아보는 0.9%가 될 수 있도록 노력하고 준비해야 하는 이유입니다."

1942년 출생
중앙대 신문방송학과 졸업
서울대 문학 석사
제46차 세계광고주대회 집행위원장
1999년 한국홍보학회 부회장
성균관대 언론학 박사
롯데삼강, 동아생명 홍보실장, 연합통신 국장
아남반도체 사장
한국광고주협회 상근부회장
KBS, EBS, YTN 시청자위원, MBC 브랜드관리위원장
국제PR협회 한국 대표
중앙대 광고홍보학과 겸임교수 및 동 신문방송대학원 객원교수
사단법인 미디어영상교육진흥센터 이사장

수상 및 저서
1997년 매일경제 광고대상
1998년 광고홍보부문 중앙언론문화대상
1999년 한국PR협회 한국PR대상
2009년 화관문화훈장
《세상에서 가장 효과적인 101가지 PR전략》(공역, 진화기획, 1998)

김이환

김이환 이사장은 데이비드 오길비가 "광고는 복잡한 제품이다"라고 말했듯 광고는 종합예술이며 응용과학이라고 말한다. 그래서 광고는 깊이 있는 전문지식보다 깊은 지혜를 요구하므로 다양한 체험과 관계를 지향해야 한다. 이를 위해서는 원칙을 지키고 기본에 충실하면서 자제와 극기로서 항상 배우려는 자세로 노력하는 것이 정도라 할 수 있다. 건강과 공부는 남이 대신해 주지 않는다. 또한 기업이나 제품 서비스의 이미지나 브랜드는 가꾸어 갈 수 있지만, 개인의 평판과 명성은 업적으로 말한다. 그는 항상 광고·홍보인의 긍지와 자부심을 잊지 말아야 한다고 강조한다.

윈스턴 처칠은 "광고는 인류를 위해 보다 나은 생활수준을 창조한다"고 했다. 한국 광고산업이 국가경제나 국민생활 향상을 위해 지속가능한 발전을 하려면 광고의 자유와 권리는 확대 보장하되 광고의 사회적 책임과 윤리는 강화되어야 한다. 광고는 사회가 지향해야 할 방향성과 비전을 제시하고 사회적 공익을 실현해야 한다. 광고의 사회적, 경제적, 문화적 순기능을 선순환시키고 역기능은 최소화해야 한다는 것이다.

광고 규제는 자율이나 절충형으로 규제를 최소화하고 조화롭게 국제 표준체제로 가야 한다. 광고 규제가 사회적 책임을 위해 공정경쟁과 소비자 권익보호 및 시장질서 유지를 목적으로 하나, 과잉규제로 광고의 창의성을 저해하고 국민의 알 권리와 자율경쟁 및 기업경영을 간섭하고 제한해 헌법정신에 어긋난다는 지적도 있다. 한국광고주협회에서 헌법 소원해서 승소한 방송광고 사전심의와 방송광고 독점판매 같은 사례는 지금까지 과잉규제와 국제 표준에 맞지 않는 우리나라의 후진적 광고 제도였다. 방송광고총량제와 중간광고시행은 소비자의 광고반응과 미디어의 연동과 함께 주요 이슈로 등장할 것이며, 이

한국광고주협회가 조선호텔에서 주최한 '93 소비자가 뽑은 좋은 광고상' 시상식 (1993.12.3)
(조규하 회장은 뒷줄 오른쪽에서 세 번째, 김이환은 뒷줄 왼쪽에서 첫 번째)

를 위해 광고와 소비자의 소통, 합의, 접점이 더욱 강조될 것이다.

미디어와 소비자의 변화로 광고의 효율보다 낭비를 제거하는 문제가 더욱 중요하다. 이를 위해 광고주, 매체, 대행사는 상호 동반자 관계에서 출발해 협력 발전해야 한다. 프랑스 원로 광고인 로베르 궤링과 미국 알 리스 교수는 "현대사회는 광고홍수 속에서 살고 있으며 하루에 5천 개의 광고를 접한다"고 했다. 그러므로 현대의 광고인은 광고의 시대적 사명과 책임을 다하기 위해서 국가경제와 국민생활 향상에 이바지하며 광고 문화 산업 발전에 기여한다는 1986년에 제정한 한국광고윤리강령을 준수해야 한다.

영원한 광고인 데이비드 오길비가 "공허한 크리에이티브보다 제품을 팔아 주는 광고가 좋은 광고다"라고 말한 것처럼 잔꾀 부리는 광고, 환상적 나비효과, 과대망상의 거품현상은 오래가지 못한다. 광고는 소비자에겐 중요한 생활 정보요, 진실을 말하기 때문인 것이다.

진리와 정의가 영원한 승리자이듯 남양유업 재직 시절 보이지 않는

롯데공업(현 농심) 근무 시절 한국능률협회주관
광고전문가 코스 연수 수료증서 (1969)

국가권력이 관여한 〈동아일보〉 광고탄압 사건, 광고주협회 상근부
회장 재직 시절 특정 신문과 광고주에 대한 일부 소비자단체의 광고에
대한 압력 및 불매운동은 한국 광고 역사 백 년사의 치욕적 사건으로
기록될 것이다. 김이환 이사장은 이에 대한 적절한 대응이 미흡했거
나 외면했던 광고계의 책임과 반성도 함께해야 할 것이라고 말한다.

1923년 출생
1943년 평남 안주 공립중학교 졸업
1946년~1950년 〈동아일보〉 광고부 근무
1950년~1956년 6·25 전쟁 시 육군 소위 임관, 소령 예편
1956년~1961년 〈한국일보〉 광고국 근무
1961년~1980년 〈동아일보〉 광고국장, 사장실 기획위원
1980년~1982년 연합광고 이사
1985년~1998년 한국신문협회 광고협의회 사무국장
2008년~ (사)강우규 의사 기념사업회 이사

김인호

수상 및 저서
1995년 화랑무공훈장
2001년 국민훈장 모란장

김인호 선생은 해방 후 고향을 떠나 서울로 와 당시 〈동아일보〉에 영업국장으로 재직 중이던 백부(伯父) 김성문 씨의 권유로 〈동아일보〉 광고부에 입사하면서 광고계와 인연을 맺었다. 6·25 전쟁이 발발하자 육군 소위로 임관해 전쟁에 참여해 1956년 예편했지만 〈동아일보〉 내부 사정이 여의치 않아 〈한국일보〉 광고국으로 입사해 광고계에 돌아왔다. 〈한국일보〉에서 약 5년간 근무하면서 혁혁한 실적을 기록하자 1961년 〈동아일보〉에서 다시 그를 스카우트해 광고부 차장으로 복귀했다. 이후 1980년까지 〈동아일보〉 광고국장으로 지내며 〈동아일보〉 역사상 최고의 명암(明暗)을 함께하게 된다.

그의 광고인생에서 가장 드라마틱한 상황은 〈동아일보〉 '백지광고' 사태로 일컬어지는 〈동아일보〉 광고탄압 사건이다. 그는 그 사건을 두고 '질 수 없는 싸움'이었다고 회상한다. 군사정권하의 언론통제가 시발점이 되어 〈동아일보〉 기자들은 1974년 10월 18일 국가정보원 출입금지를 선언했다. 정권은 비밀리에 광고주들에게 압력을 행사해 〈동아일보〉에 광고물량을 주지 못하도록 조치했다.

당시 광고국장이었던 그는 이 사태를 피해가지 않고 용감하게 대응한다. 광고물량 부족으로 광고 면이 비어 나가게 될 위기에 처하자 처음에는 자사광고로 대응하다가 정면으로 이 사태를 비판하는 의견광고를 본인의 이름으로 게재한다. 그리고 기지를 발휘해 일반 국민을 대상으로 〈동아일보〉에 격려광고 게재를 요청하는 내용을 광고국장인 본인 명의로 내보낸다. 이때부터 국민들의 전폭적 참여가 이루어졌다. 당시 야당 지도자였던 김대중 전 대통령의 광고가 1호 격려광고였다. 그 이후에도 사회단체 및 국민들의 성원에 힘입어 수개월을 버텼지만 결국에는 경영진이 버티지 못하며 앞장섰던 기자들을 대거 해고함으로써 사태는 7개월 만에 일단락되기에 이르렀다. 그는 지금도 이를 매우 안타깝게 생각한다.

이 사태를 겪으면서 그의 아이디어와 창의력, 불의에 맞선 용기는 광고계에 드높았지만 개인적으로는 경영진과 불편한 관계가 되었고 안기부에 연행되어 조사를 받는 등 수난을 당하기도 했다. 경영진과의 깊어진 갈등으로 결국 1977년 광고국장직에서 물러나 사장실 기획위원으로 재직하다가 1980년 당시 〈동아일보〉의 관계 회사이던 연합광고 이사로 이직했고 1982년 퇴직하면서 광고계 현장에서 손을 떼게 되었다.

하지만 그의 명성은 동종업계의 후배들에게 깊이 인식되어 한국신문협회 광고협의회 사무국장으로 추대되어 1985년부터 1998년까지 업계의 발전을 위해 일하게 되었고 이후에는 독립투사 강우규 의사 기념사업회 이사로 일하며 노익장을 과시했다.

1970년대의 〈동아일보〉의 위상은 신문 시장에서 가히 독보적이었다. 언론의 비판적 역할을 충실히 수행하다 보니 정부입장에서는 눈엣가시였지만 국민에게는 절대적 신뢰를 받았기에 광고 매체로서도 시장을 이끌었다. 〈동아일보〉의 광고제도는 곧 신문광고 시장의 제도로 일반화되었고 그들이 제도를 변경하면 시장은 바로 따라왔다.

하지만 그가 광고국을 책임지기 전까지는 많은 불합리한 점이 신문광고 시장에서 관행으로 굳어져서 유지되었다. 대표적인 것이 면 구분 없는 광고요금이었다. 가령 1면이나 경제면, 문화면이 동일 규격일 때 동일 가격을 적용받았던 것이다. 그러다 보니 광고주는 광고국 책임자와의 개인적 친분을 앞세워 광고를 인기 있는 1면이나 사회면에 집행해 줄 것을 로비하는 상황이었고 광고책임자는 이를 즐기는 입장이었다.

그는 광고책임자로 부임하자마자 불합리한 관행을 타파하고 면당 차별화된 가격제를 도입했다. 면 지정 시 1면은 50% 할증, 사회면은 30% 할증 등이 그것이다. 로비에 의존하던 광고주는 반발했지만 합리적 제도인지라 수용할 수밖에 없었고 전 신문사로 제도가 확대되었다. 또한 1단 1행이라는 기준 때문에 광고규격 면에서도 신문사마다 통일되지 않은 상황에서 1단 1cm라는 미터법을 도입해 규격화시켰다. 이는 현재까지도 중요한 광고요금 기준으로 적용된다. 이외에도 1970년 ABC제도 도입에 결정적 역할을 했고 1976년 신문광고윤리강령을 제정할 때도 주도적 역할을 수행했다.

그는 광고인은 아이디어가 필수라고 생각한다. 물론 천재적 능력에서 나오는 아이디어야 일반인들이 생각해낼 수 없겠지만 문제의식과 그것에 대한 깊은 고민으로 일반인도 충분히 좋은 아이디어를 생각해낼 수 있다고 믿는다. 〈동아일보〉 광고탄압 사건이 있던 무렵의 격려광고 모집 발상도 며칠 밤을 고민한 끝에 생각해낸 것이었다. 또한 〈한국일보〉 근무 시절 혁혁한 성과를 올릴 수 있었던 비결도 그의 숙고하는 태도에 있었다. 이런 태도는 그의 영업 방법을 통해 알 수 있다. 우선 메이저 신문사에 낸 기업광고를 보고 그 광고의 문제점을 고민하고 분석해 대안을 찾는다. 그리고 며칠 뒤 광고주를 찾아가 조언함으로써 신뢰를 얻어 낸다. 그 대가로 광고를 유치하는 독특한 영업으로 유명했다.

일선에서 물러난 2010년에는 그의 고향과도 같았던 〈동아일보〉 인촌기념회에 공익사업으로 써 달라며 109만 원을 기탁했다. 이 기금의 액수는 '백 가지를 구하고 만 가지를 지원한다'(百求萬援)는 뜻으로 거금은 아니었지만 세간에 화제가 되었다.

김인호 선생은 한평생 오로지 정의로움을 추구하며 살았다. 그렇게 살아온 그이기에 요즘의 기업 관련 신문기사가 간혹 기업 PR성으로 변질되는 것에 대해 불편하다고 말한다. 광고는 광고의 영역에서 자리 잡을 때 의미 있다고 믿기 때문이다. 광고계 최고 원로의 아픈 지적이다.

1956년 출생
1982년 연세대 신문방송학과 졸업
1982년 (주)희성산업(HS애드의 전신) 매체과 입사
1989년 미주리대학 저널리즘 스쿨 연수
1998년 연세대 언론홍보대학원 언론학 석사
2002년 국제광고협회(IAA) 이사
2008년 LBEST 대표이사
2009년 HS애드 대표이사
2013년~ GⅡR, HS애드, LBEST 공동 대표

수상 및 저서

2007년 유공광고인 국민포장

김 종 립

광고란 매력을 파는 비즈니스이다. 김종립 대표의 광고론이다. 맞거나 틀리거나 하는 이야기가 아닌, 끌리는 이야기를 해 주는 것이 광고라는 말이다. 광고의 핵심을 꿰뚫는 통찰력이 역시 그다운 말이다.

그는 누구인가? 대학 졸업과 동시에 공채 사원으로 입사해 CEO의 자리에까지 오른 사람. 수많은 청춘들로 하여금 광고로 꿈을 꾸게 만들었던 사람. 수많은 광고인들로 하여금 그에 대한 질투로 밤을 지새우게 만들었던 사람. 한눈팔던 광고인들로 하여금 다시 광고로 돌아와 광고에서 답을 찾게 만들었던 사람.

이쯤 되면 광고에 대한 그의 정의가 거창할 법도 하고 광고에 대한 그의 지론이 장황할 법도 한데 의외로 그가 내놓는 말은 담백하고 간결하다. 대신 광고를 말할 때의 눈빛은 한없이 깊다. 그 깊은 눈빛에서 광고에 대한 순수한 열정과 묵직한 신념을 길어 낼 수 있었다.

광고에 대한 그의 열정은 "광고는 서비스업이 아니라 유통업"이라는 다소 엉뚱해 보이는 그의 말 속에 담겨 있다. 소비자의 생활 속에서 통찰력을 찾아내 광고에 담아내기 위해서는 광고인이 더 많이 보고 더 많이 찾아다녀야 한다는 말이다.

또한 광고에 대한 신념은 "광고는 경제적 효과를 넘어 사회적 책임"이라는 조금은 낯선 그의 말 속에 담겨 있다. 제품을 팔기 위해 광고를 하지만 그 아이디어가 사회적 책임과 맞닿아 있을 때 더욱더 빛을 발한다는 말이다. 여기까지는 누구나 할 수 있는 말이다. 그가 말하는 열정과 신념은 과연 광고의 성공, 광고주의 이익과 연결될 수 있을까? 답은 'Yes'이다. 그가 이끈 대표적 캠페인 몇 가지가 이를 뒷받침한다.

2009년 대한항공이 펼쳤던 "중국, 중원에서 답을 얻다" 캠페인은 직장에서, 가정에서, 친구 관계에서 어려움을 겪는 소비자에게 중국 여행을 통해 해결점을 찾을 것을 권하는 광고이다. 소비자 자신도 미처

위에서부터 유공광고인 국민포장 시상식(2007),
HS 애드 비전 선포식(2010), GⅡR 인도법인 개소식(2010).

자각하지 못한 숨은 것을 찾아내 광고를 통해 던져 줌으로써 소비자를 깊이 공감하게 만들었던 캠페인이다. 그가 말한 유통업으로서의 광고를 잘 보여 주는 사례이다.

1991년 수퍼타이가 펼쳤던 '미아 찾기' 캠페인. 세탁세제 패키지 뒷면에 실린 잃어버린 아이들의 얼굴을 눈여겨봐 달라고 호소하는 광고다. 이 광고 덕분에 엄마를 잃어버리고 천안의 한 보육원에 맡겨져 있던 7세의 문재현 어린이는 8개월 만에 그리운 엄마의 품으로 돌아갈 수 있었다. 광고를 본 후 세제 패키지를 눈여겨보던 보육원 보모가 문재현 어린이의 사진을 발견한 것이다. 하나의 광고 아이디어가 기업의 사회적 책임을 생각하게 만들었던 훌륭한 캠페인이었다.

광고가 작은 이슈를 던지면 그 파문이 소비자로, 사회로 잔잔하게 퍼져나가는 그런 캠페인, 바로 그가 하고픈 광고 캠페인이다. 욕심 없는 그가 유난히 욕심을 내는 광고 캠페인이다. 어쩌면 지금까지 우리에게 보여 준 김종립 대표의 삶과 닮아 있다는 생각이 든다.

1924년 출생
1951년 한국사진작가협회 창립회원
1959년 김한용사진연구소 설립
1969년 대한민국 상공미전 특선
1984년 제3회 대한민국사진전 심사위원장
1987년 제24회 서울올림픽 공식기록 사진촬영단 사진작가
현재   한국사진작가협회 자문위원
        대한사진예술연구회 회원

김한용

수상 및 저서
1992년 한국광고대회 대통령 표창
1999년 제1회 중구문화예술상 미술부문
《김한용 작품집》(월간사진출판사, 1984)
《얼》(호영, 1993)
《꿈의 공장》(눈빛출판사, 2011)
《김한용: 광고사진과 소비자의 탄생》(가현문화재단, 2011)

김한용 선생의 스튜디오는 벽이며 천장까지 온통 사진으로 빼곡하다. 하나하나 이어붙인 초기의 인물사진부터 최근의 기록사진까지 선생의 사진 작업이 오롯이 펼쳐져 있다.

"요즘엔 기념사진을 많이 찍습니다. 내 모습, 친구나 동료, 스튜디오 방문하는 손님의 사진을 찍어서 120장씩 붙여 인화합니다. 그게 역사가 되는 거잖아요."

그의 사진 작업은 보도사진으로 시작해 광고와 인물을 거쳐 이제 기록사진으로 수렴된다.

"한국 광고사진의 선구자"로 불리는 그가 처음 광고에 발을 들여놓은 것은 1959년에 '김한용사진연구소'를 열고 1961년에 잡지 〈여원〉의 표지사진을 찍으면서부터였다. 그는 이 시작을 두고 "시기가 좋았다"고 자평한다. 당시 한국에는 컬러 인쇄물이 없었다. 삼화인쇄소나 평화당 인쇄소 같은 큰 인쇄소에서 독일로 기술자를 보내 색분해 기술을 배워 와 오프셋 인쇄를 시작할 무렵이었다. 〈여원〉 표지는 그 첫 시도였다.

그 무렵 연구소를 내고 PX에서 약을 사다가 컬러 슬라이드 필름 현상을 시도했고 연구를 거듭해 성공했다. 컬러 현상은 하와이나 일본에 필름을 보내야 했던 시기였으니 그의 기술은 독보적이었다. 단지 시기가 좋았던 것만은 아니었다. 1시간 정도에 즉시 현상이 가능한 곳은 김한용사진연구소가 유일했던 것이다.

〈여원〉 사장이 찾아와 작업을 제안했고 1월부터 7월까지 표지사진과 내지 광고사진을 찍었다. 컬러화보에 대한 반응은 폭발적이어서 이후 광고사진 의뢰가 쏟아져 들어왔다. 그가 작업한 광고사진은 OB맥주, 코카콜라, 동아제약, 일동제약, 한국화장품, 경남모직, 해태제과, 금성전자 등 일일이 거명하기 힘들 정도로 많다. 그의 표현을 빌리자면 "정신없이 찍었던" 시기였다.

1960년대는 음료, 제약, 주류 등이 대량 생산되면서 비로소 광고시장이 형성되고 제조업체가 인쇄물 전면에 광고사진을 디자인해 시각적 효과를 높이기 시작한 시기이다. 이러한 시기에 홀로 광고사진을 찍다시피 하면서 최첨단 유행을 창조하고 새로운 소비 형태를 만들어 낸 셈이었다.

　"OB맥주 광고를 제가 처음 찍었습니다. 1963년에 사회 저명인사 16명의 얼굴 사진을 찍고 그들의 인사말을 몇 줄씩 싣는, 말하자면 기업광고였지요. 그걸 시작으로 OB맥주 광고는 다 제가 찍었어요."

　1968년 창립된 한국상업사진가협회에는 초대 총무로 참여하기도 했다. 당시 상업사진은 크게 광고 포스터, 신문 및 잡지 광고와 달력 작업이 있었다. 그는 모든 분야에서 왕성하게 활동했고 사정이 이렇다 보니 당대의 유명인 중에서 그의 스튜디오를 거치지 않은 이가 없을 정도였다. 최무룡, 남진, 남정임, 문희, 정윤희, 신성일 등 최고의 스타들은 물론 무용가, 화가, 작가, 음악인, 정치인까지 분야를 막론했다.

　그는 1924년 평남 성천에서 태어나 만주에서 자랐다. 그가 컬러 현상을 할 수 있었던 것은 봉천 제1공업학교 인쇄과에서 인쇄와 사진, 색분해 등을 공부했기 때문이었다. 초등학교 시절 선생님이 그림을 잘 그린다며 그에게 이 학교에 진학할 것을 권했다.

　1947년 을지로에 있었던 〈국제보도〉에 입사해 사진과 인쇄를 하며 일을 시작했다. 6·25 전쟁 발발 후에는 종군해 평양, 영변까지 서북 전선을 취재하기도 했다. 그에게는 '보도요원증'이 있었기 때문에 당시로는 드물게 항공사진도 많이 찍을 수 있었다. 1951년부터 〈부산일보〉에서 사진기자로 일했고 1959년에 충무로에 김한용사진연구소를 열었다. 처음엔 스튜디오도 없었는데 친구 소개로 영화 스틸사진을 찍으면서 자금을 마련해 조그마한 스튜디오를 마련할 수 있었다.

광고를 비롯한 상업사진을 찍기 시작하면서 일이 넘쳤지만 작업환경은 그리 녹록지 않았다. 롤라이코드 카메라 한 대와 조명 두 개로 사진을 찍었다. 당시엔 전기 수급이 불안정해 조명이 나가기 일쑤였다. 필름이나 현상액, 인화지는 모두 PX에서 흘러나온 것을 구입해 썼는데 기한이 지난 제품이 대부분이어서 꼭 시험 촬영과 현상을 해 보고 작업을 시작했다. 실수를 줄이기 위해서였다.

　"저는 사진을 많이 찍습니다. 광고사진 한 장을 위해 10롤, 20롤을 찍습니다. 조금 찍으면 성의가 없는 것 같고 또 많이 찍어서 보여 줘야 실수도 없고 퇴짜 맞지 않으니까요."

　그는 광고사진을 찍는 것이 굉장히 어렵다고 말한다. 단순히 모델을 찍는 것이 아니라 제품에 눈길이 가도록, 제품이 잘 팔리도록 찍어야 하기 때문이다. 초기에는 즉석에서 아이디어를 내고 구도를 잡아 찍으면 광고주가 현장에 나와 훈수를 두기도 하면서 주먹구구식으로 진행되었다. 그러다가 1980년대 광고회사가 등장하면서부터 제작 환경이 많이 달라졌다. 이때부터 그의 광고 작업도 조금씩 줄어갔다. 그럼에도 불구하고 그는 전문가들이 집결해 만드는 제작 방법이 더 좋다고 생각한다.

　"사람은 참되고 착하고 선해야 한다, 그러면 모든 일이 잘된다고 생각합니다. 그게 제 인생관이에요. 제가 살아온 게 늘 그랬습니다. 또 하나, 노력을 많이 해야 해요."

　남이 한 시간을 일하면 그는 두 시간을 한다는 자세로 늘 열심히, 많이, 쉬지 않고 일하며 살아왔기에 항상 즐겁고 행복하다고 자부한다. 이런 삶의 철학과 태도가 건강의 비결이기도 하다. 그의 아들(김대수)도 사진을 전공해 현재 홍익대 시각디자인과 교수로 재직하며 작품 활동을 한다. 그와는 전혀 다른 작업을 하지만 내심 든든하게 여긴다.

"제가 사진을 참 좋아합니다. 찍으면 신바람이 나거든요. 그 길을 아들도 가니 행복하지요."

1984년 환갑 때 《김한용 작품집》(월간사진출판사)을 출간하고 디자인포장센터에서 '김한용 사진전'을 열었다. 1994년에는 고희 기념으로 서울갤러리에서 '김한용 사진작품전'을 개최하고 《얼》(호영, 1993)을 출간했고, 80세 때는 조선일보미술관에서 '김한용 작품전'을 개최하고 동명의 작품집을 출판했다. 2011년에는 미수를 맞아 《꿈의 공장》(눈빛출판사)이란 책을 출간하고, 한미사진미술관에서 '김한용: 광고사진과 소비자의 탄생' 사진전을 열었다. 동명의 책 《김한용: 광고사진과 소비자의 탄생》(가현문화재단, 2011)도 출간했다. 한국 광고사의 중요한 자료집이라고 할 수 있다. 환갑 이후에도 이어진 꾸준하고 부지런한 작업 덕분에 그의 사진집은 그대로 한국 현대사의 기록이며 한국 광고의 역사로 남을 것이다.

김흥기

1957년 출생
동국대 언론정보대학원 신문방송학과(광고홍보전공) 졸업
1984년~1990년 삼진제약 광고부
1990년~1996년 대방기획 PR국, 프로모션국
1996년~1998년 AB코리아 홍보이사
1998년~2004년 (주)마인 대표이사
2002년~ 사단법인 한국사보협회 회장

수상 및 저서
1989년 제26회 조일광고대상 본상(카피부문)
1994년 공보처장관상
1996년 서울 세계광고대회 감사장(IAA 세계회장상)
《PR과 이벤트 마케팅》(한솔, 1998)
《PR실무론》(포럼, 1998)
《국정홍보 길라잡이》(국정홍보처 편, 국정홍보처, 1999)
《인쇄매체 헤드라인 카피의 이론과 실제》(마인, 1999)

대학에서 신문방송학을 전공한 김흥기의 첫 직장은 1984년도에 입사한 삼진제약 광고부다. 그 당시까지만 해도 제약광고는 업종 가운데 가장 큰 규모로 50대 광고주의 상당수가 제약회사였다. 중·고·대학교에서의 교지 편집장 경력 때문에 처음에는 삼진제약 창간 사보를 담당하여 편집장으로 회사 일을 시작했다. 그 후 홍보 업무, 매체관리 업무, 광고제작 업무 등을 통하여 세종문화 이강우 전무 그리고 김선식 감독과 함께 그 유명한 〈맞다 게보린!〉 시리즈를 6년간 담당했다. 그 밖에도 양미경 씨를 데뷔시킨 어린이용 소독 살균제 베이비 세이프와 윤일봉 씨를 모델로 한 로제톤 등의 CM을 제작했다.

　　1989년 제 26회 조일광고대상에서 코리아제록스 복사기 광고 카피로 전자·기기 부문 대상을 받았다. 특히, 대상 일보 직전까지 갔던 이 작품은 여러 심사위원으로부터 호평을 받았다.

　　기성인부의 본상 〈내가 너냐? 네가 나냐?〉라는 제록스 광고는 최우수 대상 후보작품이었으며 박력과 흥미로운 표현이 독자가 관심을 끌기에 충분한 작품이었다. 섬세한 일러스트레이션 표현과 레이아웃의 시선유도가 우수하며 메인타이틀의 내용과 도형의 표정이 잘 조화를 이루는 효과적인 광고라고 평가된다(총평: 김교만 서울대 미대교수, 심사위원장).

　　전자기기 부문의 코리아 제록스 광고는 재미있는 발상이었다. 광고의 생리에서 약간의 꾸밈은 어쩔 수 없는 일이지만 원본과 사본을 구분 못할 만큼 열대어 두 마리를 좌우로 배치하여 화면을 구성한 것이 효과적이었다(사진: 유경선 중앙대 예술대 교수).

　　대상 일보 전까지 진입한 〈내가 너냐? 네가 나냐?〉도 쟁점을 간결하고 명료하게 부각시킨다(카피: 원우현 고려대 신방과 교수).

상품광고의 경우는 사회적으로 큰 의의가 있는 운동과는 달리, 자기의 존재의의를 주장해야 하는 부담을 안고 출발해야 한다. 그럼에도 불구하고 코리아제록스의 복사선명도에 소구(訴求) 초점을 맞춘 광고는 시선을 끌어들이고 메시지를 전달시키는 힘이 큰 뛰어난 작품이라는 호평을 받았다(마케팅: 오인환 연세대 신방과 교수).

그는 1990년 6월부터 당시 일양약품 계열 광고회사인 대방기획 PR국으로 자리를 옮겨 사보·출판물·홍보물 제작·PR 등을 진행했다. 1996년 6월 대방기획 프로모션 부국장으로 퇴직하기까지 김민기 교수(숭실대)가 창립한 광고업계 홍보담당자와 광고매체 기자들의 모임인 광기회 회장으로 3년여 동안 활약하며 광기회 르네상스 시대를 열었다. 광기회 회장으로 재직 중일 때 광고계 10대 뉴스를 과학적 조사방법을 통해 발표하였고 로제타상을 제정했다.

특히, 1996년도 프로모션분과 위원으로 활동하며 서울에서 열린 IAA총회가 성공적으로 끝날 수 있도록 협조한 것도 기억할 만한 일이다. 1996년부터 외국계 회사인 AB코리아 한국지사의 홍보이사로 2년간 근무하고 1998년부터 2004년까지 종합 PR컨설팅 회사인 (주) 마인 대표이사로 재직한 바 있다. 그는 광고주, 광고회사, 종합PR 컨설팅 회사를 운영하며 수많은 기록과 성공 사례를 만들며 다수의 상과 감사패를 수상하는 영광을 안았다. 아울러 1999년부터는 단국대 신방과 출강을 시작으로 주요 대학에서 광고론, 홍보론, 국제 PR, 홍보물 제작론 등을 강의했다.

저서로는 《PR실무론》(포럼, 1998), 《PR과 이벤트 마케팅》(한솔, 1998), 《인쇄매체 헤드라인 카피의 이론과 실제》(마인, 1999), 《국정홍보 길라잡이》(국정홍보처 편, 국정홍보처, 1999) 등과 1989년에는 박목월 시인이 창간한 시 전문 월간지 〈심상〉으로 데뷔한 이래 시집 《어망》, 《어울림》 등을 문단에 상재했다. 그 밖에도 대한결핵협회, 환경부, 대통령 소속 사회통합위원회 홍보위원(차관보급)으로 활동했으며 교육과학기술부, 안정행정부, 환경부, 정보통신부 등의 정부부처 교육원 등에서도 정책 광고와 홍보 관련 특강을 진행한 바 있다.

그의 광고업계 활동 중에 함께 기억할 만한 몇 가지가 있다. 우선 부산국제광고제 초기에 NYF 아시아 컨설턴터인 고든탄, KCU 배석봉 상무와 함께 행사의 국제화를 위해 개인적으로 많은 지원을 했다. 두 번째는 LIA 한국 대표로 재임하면서 2013년부터 LIA Creative Conversation에 한국의 Young Creator를 두 명씩 선발하여 미국에 무료로 파견하여 젊은 광고인들의 창의력 제고에 기여한 점이다.

2007년부터 런던국제광고제(LIA) 한국 대표로 활동하며 현재에도 한국PR협회 고문, 한국국제PR협회 부회장, AP클럽 운영위원, 대한장애인체육회 마케팅·홍보자문위원, 도로교통공단 홍보자문위원, 국민권익위원회 광고홍보자문위원, 한국의료지원재단 홍보위원, 부산국제광고제 운영위원, NYF in 여주 운영위원, 국제미래학회 미래기업 홍보위원장 등으로 관련 전문 영역에서의 봉사활동으로 광고 발전에 부단한 노력을 기울인다. 또한 동국대 언론정보대학원 총동문회 회장과 사단법인 한국사보협회 회장으로 재직 중이며 광고, 홍보와 관련된 여러 분야에서 활발하게 활동한다.

남상조

1937년 출생
1964년 연세대 경영학과 졸업
1965년~1972년 〈중앙일보〉기획실장, 광고국장
1968년 연세대 경영전문대학원 경영학 석사
1973년~1978년 제일기획 상무이사
1979년 (주)삼성전자 상무이사
1987년 (주)대홍기획 사장
1996년~1999년 〈국제신문〉사장
2001년~ KADD 회장
2005년~2008년 아시아광고연맹 회장
2005년~2011년 한국광고단체연합회 회장

수상 및 저서
1989년 제16회 한국광고인대상
1994년 제6회 중앙언론문화상
1995년 국민훈장 모란장

남상조 회장은 연세대 경영학과에서 학사와 석사를 취득했다. 〈중앙일보〉, 제일기획 등을 거쳐 광고계와 인연을 맺으며, 대홍기획 탄생 이듬해인 1983년부터 부사장을, 1987년부터는 사장을 역임했다. 이후 한국광고단체연합회와 아시아광고연맹 회장직을 수행하면서 광고계 전반의 수준 향상에 기여했다.

그는 1967년 우리나라 회계사 실무시험 1기 합격자이지만 역설적이게도 이 자격을 한 번도 쓴 적이 없다. 뜻하지 않은 광고계와의 인연이 시작되었기 때문이다. 〈중앙일보〉가 창립된 후에도 광고 분야가 상위 그룹에 오르지 못함을 안타까워하던 삼성그룹 이병철 회장의 특명으로 광고국장이 되었다. 그 일을 계기로 제일기획의 설립에 기여한 것이다. 우리나라 광고회사 설립은 어쩔 수 없이 외국 회사를 모델로 시작해야 했다. 이병철 회장은 덴츠(Dentsu)를 창립했던 요시다 히데오 사장이 쓴 책을 사와서 광고회사를 만들어 보라고 주문했다. 이때 그가 본 광고회사의 갈 길은 "생산의 길도 아니고, 언론의 길도 아닌 묘한 것이었다"고 술회한다.

1982년 설립된 대홍기획은 조직이 모양을 갖추고 신입 및 경력사원의 대거 충원이 이루어졌다. 그러나 산업정보 시대의 선도적 역할을 수행하고 국제화 시대에 대응할 수 있는 기반을 마련하기 위해서는 구심점이 되어 회사를 끌어갈 전문경영인이 필요했다. 그는 실제로 광고회사를 창업하고 육성한 국내 유수의 광고회사 전문경영인으로서 대홍기획이 국내 정상의 종합광고대행사로 도약함은 물론, 우리나라 광고를 세계 수준으로 올려놓는 데 적합한 경영인으로서 인정받아 대홍기획에 영입되었다.

1987년 대홍기획 사장 취임식에서 "빠른 시일 내에 조직의 기반을 다져 우리나라에서 뿐만 아니라, 세계적으로도 알아주는 훌륭한 광고대행사를 만들 것"을 다짐한다. 이를 위해 과감한 전문 인력 채용으로 조직을 탄탄하게 구성함과 동시에 3D업무제휴를 통해 국제화 시대에 대비한 신속한 조치도 취했다.

3D업무제휴란 대홍기획이 미국의 DDB(Doyle Dale Bernbach International INC.)와 일본의 다이이치키가쿠(第一企劃, DIK)와 업무제휴를 맺고 해외유명 대행사들과의 연대를 모색하고 상호 기술을 지원하며 광고주를 유치함을 목적으로 한 것이다. 3D 3자는 업무제휴 기념패를 교환하고 정계, 재계, 학계, 광고계, 언론계 등 4백여 하객의 축하를 받으며 리셉션을 가졌으며 '대홍기획 창립 1주년 및 3D 제휴기념 미일(美日) 애드 크리에이티브 프레젠테이션'을 개최했다. 그는 이 프레젠테이션에서 DDB, DIK의 광고 제작물 및 공공광고 제작물을 해설과 함께 상영함으로써 광고계 및 광고학도의 갈증을 풀어 주는 시원한 청량제를 선물했다.

이 같은 노력은 당시 국내 광고회사로서 처음으로 세계로 향한 의지를 보여 준 것이라 할 수 있다. 이런 노력은 이후에도 계속되어 1985년에 유럽 제 1의 광고회사 영국의 사치앤사치(Saatchi & Saatchi Compton Worldwide)와 단독 업무제휴를 맺는다. 이는 향후 대홍기획의 업무방식과 크리에이티브 접근론에 매우 큰 영향을 미쳤다.

그는 부사장 취임 첫해인 1983년 그전까지 대부분 광고주가 롯데그룹 계열사였던 것을 확대해 기존의 동방유량 외에도 가양, 대웅, 영창, 백양, 쌍용제지, 일양약품(1983), 농심(1985) 등 굵직굵직한 외부 광고주들을 영입함으로써 진정한 종합광고회사의 면모를 만드는 데 기여했다. 이와 같은 눈부신 성과는 종전의 상투적 광고주 유치방법과는 달리 대홍기획이 나아갈 지표인 전략적 광고접근법, 참신한 크리에이티브, 논리적이고 독창적인 프레젠테이션 기법에 기인한 것으로 광고업계에서는 매우 놀라운 것으로 받아들여졌다.

창립 3년이 되던 해에는 '교육 대홍'의 초석 마련을 위해 해외 최신 광고이론 및 해외 광고계의 동향과 어학교육 등 직능별 교육에 열정을 쏟으며 과학적 광고이론의 실무적용과 크리에이티브 향상을 도모했다. 제작부문 교육투자도 계속해 일본 DIK 등으로 제작실무 연수팀을 파견, 선진 제작기법의 습득과 크리에이티브 접근방식을 익히도록 했다.

1984년에는 〈대홍보〉, 〈ADVANCE〉 등을 창간해 새로운 지식전달과 대행사와 광고주 간 가교역할을 위한 노력을 경주했다. 또한 사내 DCA(Daehong Creative Award)와 같은 사내 우수제작물 시상제도를 마련해 직원들의 사기를 높이고 크리에이티브의 질을 향상시켰다. 아울러 DCA 대학생 광고대상을 제정하고 광고대행사 중 처음으로 시행함으로써 산학협동의 정신 아래 광고산업 발전에 일익을 담당하기 위한 체제를 갖추었다. 이는 이후에 광고회사의 역할모델이 되었다.

또한 명목뿐이던 조사부의 기능을 정비해 자체 조사수행 능력을 갖추고 광고기획이나 프레젠테이션에 대규모 조사 결과 자료를 활용했다. 이는 다른 회사와 차별화되어 콘셉트가 돋보이는 대홍만의 독창적 제작물의 기반이 되었다. 나아가 크리에이티브 향상에도 기여함으로써 조일광고대상 등 국내 상은 물론 아시아광고회의 사우스광고상, 클리오 광고제와 뉴욕페스티벌 등 국제 상 수상의 영광을 가져 왔다.

1989년에는 더욱 치열해지는 경쟁구도 속에서 효율적 업무가 가능하도록 국내 최초로 CD(*creative director*) 시스템을 도입해 광고주의 제작물 질적 향상에 대한 욕구를 충족시키고 경쟁력을 높이는 데 중점을 두었다.

그는 조직혁신과 매출향상을 위해 매진하는 동시에 이 모두를 가능하게 하는 것은 직원들의 노력임을 잊지 않았다. 이는 대홍창립 5주년 기념사에도 잘 나타난다. 직원들에게 무조건 회사를 위해 봉사하라는 주문 대신, 각자 자신을 먼저 키우고 사랑하라고 주문했다. "회사가 대혁신하고 대약진하는 방법은 직원 각자가 자신의 장래를 위해 자기혁신을 하는 것이며 이를 위해 회사가 물질적, 정신적, 제도적 지원을 아끼지 않을 것"을 약속했다. 설악산에 여름 휴양소를 개설함으로써 남달리 바쁘고 스트레스에 시달리는 직원들을 위해 여름휴가 만이라도 동료나 가족들과 함께 푹 쉴 수 있도록 배려한 일이나, 대행사 처음으로 자기개발을 위해 야간 대학원을 다니는 직원들의 학자금을 지원한 일 등이 그 예이다.

광고산업은 광고회사와 광고주, 미디어 사이의 상호협조가 원활히 이루어질 때 발전할 수 있다. 광고대행사 시절 한국 광고의 과학화와 선진화의 초석을 다지는 데 기여한 그는 광고단체연합회 회장을 맡은 동안, 활동범위를 넓혀 광고산업을 구성하는 3자의 이해관계를 조율하고 상호 협력해 발전할 수 있는 조정자의 역할에 충실했다.

2006년 광고진흥법이 발의되면서 광고산업을 진흥시키는 길을 모색했고 한국지역광고협의회를 정식으로 출범시켜 중앙과 지역 광고산업의 균형적 발전을 위해 기여했다. 예비 광고인들의 채용기회 확대를 위한 국내 최대의 광고산업 산학협동 프로그램인 대한민국 대학생 광고경진대회를 통해 광고산업 활성화와 예비 광고인들은 광고계로 진출할 수 있는 발판을 마련해 주기도 했다.

척박한 현실 속에서도 우리나라 광고회사의 모범을 만들고 정착시킨 남상조 회장. 그는 '광고계의 개척자'로 광고사에 길이 남을 것이다.

1941년 출생
1964년 국민대 법학과 졸업
1965년~1992년 미원그룹 홍보실장 상무이사
1976년 고려대 경영대학원 마케팅 전공과정 수료
1985년 중앙대 신문방송대학원 석사
1993년~2000년 일양약품 홍보, 씨름단장 겸임 상무이사
1996년~1998년 한국광고단체협의회 감사,
            한국광고주협회 상임이사, 한국PR협회 상임이사,
            한국씨름연맹 부회장
2000년~2001년 일양약품 대표이사 전무

수상 및 저서
1977년 조선일보 조일광고대상 카피부문 금상
1988년 한국광고인대상

노
시
평

광고계 원로들은 노시평 이사를 두고 한결같이 '신사'라고 평한다. 평생을 광고주로 살다 보면 흔히 갑을(甲乙) 관계인 광고회사 사람들에게 상처를 줄 만한 일도 있었을 것이고 매체사 영업사원들에게는 어쩔 수 없는 서운함을 주었을 법도 한데 그들이 그의 이름 석 자를 들으면 떠올리는 첫 단어가 주저 없이 '신사이다', '점잖다' 등이니 신기한 일이다. 하지만 그가 지나온 삶의 궤적을 들여다보면 그럴 만도 하다는 것을 알 수 있다.

그의 희망직업은 신문기자였다. 하지만 상황이 여의치 않아 지인의 권유로 미원에 입사하게 되는데 그곳에서 영업을 선택하지 않고 선전과를 택한다. 신문기자로서 신문의 '윗단'을 채우지는 못하게 됐지만 신문의 '아랫단'을 채우기 위해서였다. 이후 그는 미원그룹에 재직했던 27년 동안 홍보와 광고를 떠나지 않는다. 단, 그를 임원으로 키우기 위해 회사에서 배려해 홍보실장과 영업부장을 2년간 겸직한 적이 있을 뿐이다.

그리고 이 2년간의 영업부장 경험은 그에게 광고담당으로서 한 단계 성장할 수 있는 소중한 계기를 제공했다. 즉, 영업환경과 시장을 제대로 이해해야만 회사에서 필요한 광고, 판매에 도움이 되는 광고를 만들 수 있다는 사실을 몸으로 인식하게 되었고 어느 회사에서든 존재하는 영업부서와 광고부서와의 갈등을 해결할 수 있는 이해도를 갖추게 된 것이다.

하지만 그는 27년을 근무하던 미원그룹을, 잘나가던 홍보담당 상무 자리를 내놓고 과감하게 떠난다. 결정적 이유는 창업주의 2세인 그룹 총수가 자사 계열 광고회사를 만들고자 했기 때문이었다. 개인적 욕심으로만 본다면 계열 광고회사를 만들고 사장으로 갈 수 있는 좋은 기회였으나 이를 몇 차례에 걸쳐 정면으로 반대했다. 미원그룹의 광고비 규모상 일류 광고회사를 설립하지 못할 것이고 이류 광고회사로는 질적 저하를 면할 길이 없기에 일류 광고회사를 이용하는 경쟁사를 결코 상대하지 못할 것이라는 생각에서였다. 그럼에도 불구하고 경영자는 그 의지를 굽히지 않았기에 드디어 떠날 때가 되었다고 판단했고 경영진의 만류에도 불구하고 사직서를 제출했다.

그에 대한 인간적 신뢰가 두터웠고 그의 충정을 잘 알던 그룹 총수가 그의 사직에 얼마나 아쉬워했는지 알 수 있는 일화가 있다. 그가 미원을 떠나고 일양약품으로 스카우트되어 홍보담당 상무와 씨름단장을 겸임했을 때 그가 책임지는 일양약품 씨름단 전원을 초대해 먹성 좋은 운동선수들에게 풍성한 고기파티를 열어 주었던 것이다.

아무튼 1993년 일양약품으로 옮겨서도 홍보담당 중역으로서 역할을 이어 갔다. 미원 시절과 다른 점은 그룹 총수의 요청으로 광고 및 홍보만이 아니라 회사 내 다른 중요한 일들을 끊임없이 겸임해야만 했다는 사실이다. 심지어 홍보담당 상무였으나 공장장까지 겸임한 적도 있었다. 그리고 2000년부터 2001년에는 대표이사 전무로 취임해 CEO로서의 역량을 펼쳤다. 한편 일양약품 재임시절 한국광고단체협의회 감사, 한국광고주협회 상임이사, 한국PR협회 상임이사, 한국씨름연맹 부회장 등의 직을 수행하면서 업계 발전에도 큰 기여를 했다.

그는 광고주로서 광고회사를 수평적 파트너로 인정했다. 광고회사를 전문가 그룹으로 기꺼이 예우했으며 대행 광고회사를 선정할 시에는 모든 정치적 관계를 떠나 크리에이티브의 질과 광고회사의 능력만을 보려고 노력했다. 하나의 예로, 오랜 파트너였던 연합광고의 크리에이티브 수준이 타성에 젖고 아이디어가 고갈되었다고 판단하자 그는 과감하게 공개 경쟁프레젠테이션을 선언했다.

하지만 미원그룹이 연합광고의 지분을 가져 유수의 광고회사는 '들러리' 역할밖에 하지 못할 것이라는 우려에 참여를 주저했다. 이때 그는 능력 있는 광고회사들의 참여를 직접 독려했으며 실제로 프레젠테이션 점수가 가장 우수했던 LG애드를 대행사로 선정했다. 이는 광고시장에 큰 반향을 몰고 왔으며 기존의 파트너였던 연합광고에게도 자극이 되어 서로 원윈(win-win)할 수 있는 계기가 되었다.

그는 지금도 광고주와 광고회사가 갑을의 수직관계가 되는 것은 광고주에게 결코 도움이 되지 못한다고 생각한다.

"일부 광고주가 예산 집행권을 가졌다고 해서 군림하는 경우가 있기도 하지만, 광고회사도 전문가로서 의견 개진을 소홀히 해서는 안 됩니다. 모든 결정을 광고주의 몫으로 넘기고 면피하려고 하거나, 광고주 설득이 어렵다고 포기해 좋은 아이디어가 사장된다면 이는 서로에게 불행한 결과를 초래합니다. 광고주 하나 설득하지 못하면서 어떻게 소비자를 설득할 수 있겠습니까?"

그에게 좋은 광고에 대한 정의를 물었을 때 그는 자신 있게 '진실한 광고'라고 말했다. 진실하지 못한 광고는 그 순간은 인기를 끌 수 있을지 모르지만 곧 밑천을 드러낸다고 믿는 것이다. 이는 그의 인생철학과도 밀접하다. 그가 살면서 금과옥조로 여긴 것이 '정직'과 '진실'이었기 때문이다. 특별한 이유가 있는지 물었을 때 그 특유의 부드러운 미소로 답했다.

"그게 건강에도 좋아요."

그의 부드러움 속에는 강인함이 숨어 있다. 거의 모든 운동을 즐겼으며 청년시절부터 단련해 왔던 합기도 실력은 이미 아마추어 실력을 넘어섰다. 믿어지지 않는다는 표정에 수줍게 보여 주는 지갑 속 신분증 사이에 합기도 유단자(7단)의 늠름한 사진이 자리했다. 외유내강(外柔內剛)의 전형(典型)이다.

1937년 출생
1963년 고려대 졸업
1963년 KBS, TBC TV드라마 PD
1974년 국제그룹 홍보부 차장
1988년 (주)가나애드컴 설립
2010년 (사)한국옥외광고대행사협회 초대 회장
현재   (주)가나애드컴 대표

독고 중 훈

수상 및 저서
2010년 4 · 19혁명 국가유공자 건국포장

고려대 극회에서 연출부로 활동한 경험이 독고중훈 대표를 방송사 드라마 PD로 만들었다. 군대를 제대하고 대학 극회의 선배를 만나러 KBS에 들렀다가 바로 채용된 것이다. 당시는 공영방송인 KBS만이 유일한 TV방송사로 개국한 시점이었고 편성도 외국영화가 50% 넘게 차지했지만 드라마가 전 국민의 관심을 얻기 시작하던 시대였다.

　　1967년 12월에 KBS가 상업광고 허가를 받으며 광고에 관심을 갖게 되었다. 광고주도 인기 드라마에 자신의 광고를 노출시키려고 했다. 그러다 보니 드라마 PD였던 그도 자연스럽게 광고주와의 교류를 시작했고 이는 광고와 처음 접하게 되는 계기가 되었다. 그 이후에도 특유의 친화력으로 광고주와 좋은 관계를 유지했는데 그것이 인연이 되어 계속해서 광고인으로서의 길을 걷게 되었다.

　　1974년 뜻한 바가 있어 10여 년의 방송사 PD생활을 접고 국제그룹 홍보부 차장으로 입사해 그곳에서 그룹 홍보와 광고를 담당했다. 국제그룹은 국제상사로 출범해 24개의 계열사를 거느린 중견그룹으로서 향후 스포츠화에 역점을 뒀다. 처음 맡은 분야였지만 특유의 성실함과 통찰력으로 몇 년이 지나지 않아 그룹 경영진의 절대적 신임을 받았다.

　　1980년대 초는 우리나라가 1986년 아시안게임, 1988년 서울올림픽 유치에 성공해 대회 준비에 한창일 때였다. 당시는 나이키, 아식스, 아디다스와 같은 국제적 브랜드가 세계 스포츠의 모든 제품을 독점했다. 그는 이런 세계적 브랜드들이 자국에서 올림픽을 개최할 때 폭발적으로 성장했다는 사실을 직시하고 우리나라도 자국의 스포츠 브랜드를 만들어 세계적 흐름에 동참해야 한다고 판단했다.

　　당시 국내 시장도 이미 이런 글로벌 브랜드들이 스포츠 시장을 장악했고 국제상사는 세계적 추세에 대해 아무런 준비 없이 '왕자표'라는 토종 브랜드의 신발만을 생산했다. 그는 경영진에게 애지중지하던 '왕자표'를 과감하게 버릴 것을 건의했고 '프로스펙스'라는 다소 생소하면 서도 긴 브랜드 명을 대안으로 제시했다. 프로스펙스란 'professional specification', 즉 전문 운동인이 신는 전문화(專門靴)라는 뜻이었다.

하지만 이에 대한 경영진의 거부감은 완강했다. 일단 그동안 '왕자 표'가 기여한 것에 대한 미련을 버리기 어려웠고 프로스펙스라는 이름 이 나이키나 아식스, 퓨마 등에 비해 너무 길다는 이유였다. 하지만 경영진의 절대적 신임, 과거 다른 글로벌 브랜드의 성공담과 향후 마 케팅까지 고려한 확고한 논리에 경영진도 따라갈 수밖에 없었다. 1982년 봄, 프로스펙스는 대대적 규모로 론칭한다.

그는 그룹 홍보부장 자리를 내놓고 1982년 2월 1일자로 프로스펙 스 영업부장으로 자리를 옮겨 그룹 차원의 사활을 건 신규 브랜드의 성공적인 론칭을 책임진다. 그는 이때를 두고 한마디로 "미쳐 있었 다"고 회상한다. 프로스펙스 엠블럼을 항상 몸에 지니고 다니며 눈에 띄는 곳에는 다 붙였다. 공항 화장실에서부터 주차장에 있는 차의 범 퍼, 아파트 입구까지 정말 미친 듯이 붙이고 다녔다.

이때 그에 의해 종합적 스포츠마케팅이라는 것이 처음 시도되었다. 종목별로 그 종목에 맞는 기능별 전문화를 제작해 선수들에게 무상으 로 제공했고, 유명인들을 쫓아다니며 프로스펙스를 신어 달라고 설득 했으며, 드라마 PD 출신답게 각종 드라마에 프로스펙스 로고가 노출 되도록 뛰어다녔다. 1983년 프로축구 출범식에는 소 12마리분의 대형 축구화를 만들고 그 안에서 가수가 노래 부르게 했다. 또한 각종 일간 지에서 나이키와 프로스펙스의 대결구도를 지속적으로 다루게 만들어 이슈 마케팅을 전개하며 인지도를 상승시켰다.

이러한 그의 노력에 힘입어 프로스펙스는 다윗과 골리앗의 싸움이라 고 표현되었던 국내 스포츠화 전쟁에서 2년 만에 세계 최고의 브랜드인

나이키를 누르고 시장점유율에서 1위로 올라서는 기염을 토한다. 이러한 국내 성공을 바탕으로 프로스펙스를 전 세계에 수출하려는 야심찬 계획을 세웠으나, 1988년 국제그룹이 해체되면서 안타깝게도 그의 의지는 좌절되었다. 그는 아직도 이을 두고두고 못내 아쉬워한다.

그는 국제그룹이 해체되자 1988년 현재의 가나애드컴을 창립해 지금까지 27년 동안이나 직접 경영해 왔다. 굳이 옥외광고 전문회사를 설립한 이유는 초기 투자비용이 적어도 가능하고 아이디어 하나로 무한한 가능성이 큰 매체이기 때문이었다. 사업을 하면서 어려움은 없었는지 질문하자 그는 몇 번의 위기가 있었다고 대답한다.

"고속도로 요금표지판 광고 721개, 터널광고 63개를 설립해 운영하다가 DJ 정부 시절에 갑자기 정부가 금지하기로 결정했어요. 눈앞이 깜깜했죠. 그리고 버스승차대 광고도 광고주들을 확보해 시작했는데 도와주기로 했던 광고주가 그쪽 사정으로 갑자기 취소하는 바람에 설치비를 다 날리기도 했죠."

하지만 그는 다시 일어났다. 그에게는 일어설 의지가 있었고 도와줄 오랜 벗들이 있었기 때문이었다. 그는 1973년 광고주들로 구성된 '애드텐'이라는 친목모임을 지금까지도 매달 운영하며 '동심회'라는 매체사, 광고회사, 광고주의 모임에서도 30년 넘게 주도적으로 활동한다. 지금도 그에게 가장 소중한 재산은 결국 사람이다. 이러한 사람에 대한 투자가 마케팅을 단 한 번도 학문적으로 배운 적 없는 그를 지금까지 마케팅 전문가, 광고 전문가로 있게 한 것이다. 마지막으로 그는 한국옥외광고대행사협회 초대 회장으로서의 바람을 이야기한다.

"옥외광고는 IT 등 기술과 사회가 발전할수록 같이 성장할 수 있는 매력적인 매체입니다. 하지만 업계 종사자가 과욕을 부려 도덕적 차원에서 문제가 생긴다면 이는 옥외광고계의 위기를 초래할 것입니다."

1941년 출생
1964년 중앙대 신문방송학과 졸업
1967년 중앙대 신문방송학 석사
한양대 광고학 전공 문학 박사
1968년 중앙대 신문방송학과 교수
1974년~2006년 중앙대 광고홍보학과 교수
　　　　중앙대 학생처장, 신문방송대학원장
　　　　〈동아일보〉, 제일기획, 웰콤 자문교수
　　　　한국광고학회장, 공익광고협의회 위원장
　　　　방송위원회 방송광고심의위원회 초대 위원장
　　　　대한민국광고대상 심사위원장
현재　　중앙대 광고홍보학과 명예교수

리
대
룡

수상 및 저서
《광고의 과학》(나남, 1990)
《광고 크리에이티브사》(한경사, 2005)

"자랑할 것이 없다."

광고학 강의로 38년을 달려온 리대룡 교수의 2006년 정년 소회였다. 그로부터 9년. 역시 그 생각은 변함없다. 정년 마지막 날까지 별일 없이 재직할 수 있었음은 하느님의 은총이었다는 것. 전공인 광고학의 세계도 급격히 변화해 이론이 복합적 구조를 띠며 방법론도 컴퓨터 중심으로 아주 정치(精緻)화해 따라잡기가 힘들었다는 것. 학자로서의 한계점을 인식하고 아직은 존경받을 때 물러나야 한다고 생각했고 그 무렵 학교를 떠나게 된 것이 다행이라는 이야기이다.

고별강의도 사양했고 기념논문집, 정년기념식도 모두 사양했다. 한 닷새 차분히 앉아서 살펴보니 쓸 만한 논문이나 책이 단 한 권도 없더라고 하며 정년과 함께 책도 절판했다. 갖고 있던 전공도서도 모두 후학을 위해 동업자 조합에 기증했다. 다만 명예교수로 추대된 이름에 만족했다. 후배 교수와 젊은 제자가 더 커져야 하고 본인은 더 작아져야 마땅하다는 생각. 광고학 강의로 지내온 세월을 하느님께 감사하며 마무리했다고 이야기한다.

그는 국내 최초로 중앙대에 광고전공학과를 만드는 중심에 있었다. 당시의 전공이름은 광보학과(廣報學科). 그리고 문교부에 보고된 광고학 교수 1호였다. 한국광고학회 학회장과 공익광고협의회 위원장을 지내고 방송광고심의위원회 초대 위원장을 역임했다. 〈광고연구〉, 〈광고학연구〉와 〈광고문화론집〉의 편집위원장도 여러 해 동안 맡았다. 그런 까닭에 광고계에서는 한국광고학의 아버지라 칭하고 광고회사들은 어려운 일이 생기면 자문을 요청했다.

그러나 본인은 스스로 자아비판을 가한다. 솔직히 말해서 광고학의 대표 교수로 자임하며 헛된 자만심과 교만으로 살았다는 것, 후학들에게는 당혹스러울 수밖에 없는 이야기가 거침없다. 그런 생각으로

광고대상 심사장(각 사진 왼쪽 두 번째가 리대룡 교수)

책도 개정판을 내지 않고 절판했다는 것이다. 자신에 대한 실망이 비판으로 이어지기 전에 정년을 맞았다는 것이 행운이라는 생각, 그만큼 그의 어깨는 무거웠던 것 같다. 먼저 시작했다는 부담감 때문이었을까? 한국 광고학의 첫걸음을 시작해 끌어 왔으니 정신적 부담감이 오죽했으랴. 그의 자아비판은 정년기념 논문으로 이어진다.

정년을 기념해 근사한 논문 한 편을 쓸 생각이었다고 한다. 논문제목을 "한국적 소비자 기반 브랜드 자산척도의 개발과 타당화에 관한 연구"로 잡아 이상빈 교수(전북대 언론심리학부)와 함께 연구해 정년 전에 〈광고연구〉에 발표할 작정이었다.

여러 편의 연구논문과 과제논문을 〈광고연구〉에 게재했던 터라 '무수정 게재'를 자신하며 연구논문을 제출했다. 그런데 '수정 후 재심사'에 걸려 여러 번 고치게 되었다. '한국적'이란 말을 삭제하라고 해서 수정하기도 했다. 수모를 당한다는 생각도 들고 나름대로 사유도 있었지만 심사결과에 불복하지 않고 통과될 때까지 수정을 거듭해 정년 후에 겨우 게재되었다(〈광고연구〉, 2006년 가을, 72호). 이를 두고 그는 정년의 시기에도 본인의 한계점이 여지없이 노출된 셈이라고 스스로 말한다. 광고 연구의 미련을 겸손히 접겠다는 의지를 실천한 셈이었다.

광고학자로서의 고민 역시 늘 머리를 떠나지 않았다. 그는 늘 '광고의 사회적 책임과 광고윤리'를 걱정했다. 오늘날 우리의 광고교육은 광고기술이랄 수 있는 광고실무에 중점을 둔다. 그는 이 기술적 이성의 광고에 도덕성을 부여해 광고를 하나의 학문, 과학의 레벨로 끌어올려야 한다고 믿는다. 여기에는 시장에서의 윤리, 환경에 대한 봉사, 공익광고, 문화적 다양성(다문화적 광고) 등이 포함된다고 생각한다. 광고 환경이 달라졌기 때문이다.

기업이 의사결정을 할 때 회사의 경제적 이익뿐만 아니라 전체 사회의 이익을 함께 고려해야 한다는 것, 광고가 당연히 판매에 기여를 해야 하는 것 외에 사회적 이익을 함께 실현하는 윤리와 사회적 책임, 환경 파수꾼의 역할과 문화적 다양성, 대외 마케팅까지를 감안해야 한다는 것이다. 또한 광고교육에 '광고이데올로기론'이 포함되어야 하는데 교과목에 넣지도 못하고 물러났다는 아쉬움이 남았다. 광고인이라면 누구나 광고에 관한 비판에 이데올로기적 무력감과 불만감을 가진 경험이 있을 것이고 학자든 실무자든 광고 비판에 대해 이론적, 합리적으로 방어하고 변호하고 이해시킬 능력, 즉 광고이데올로기로 무장되어야 한다는 생각이다. 이것 역시 교과목으로 실현하지 못한 아쉬움으로 남았다.

교재 개발에 관한 연구 역시 아쉬운 부분이 있다. 광고 크리에이티브 전략, 부유층 마케팅, 세대 마케팅, 노인 마케팅 외에 한국 광고론에 대한 연구가 아쉽다고 한다. 미국과 일본, 유럽의 광고학을 도입하고 소개했지만 이것을 우리 광고학으로 삼을 수는 없다는 생각이다. 외국의 광고학을 한국사회에 융통자재하게 구체적으로 적용하는 문제가 그것인데, 일찍이 1988년 3월호 〈광고정보〉에 "한국 광고학의 정립이 시급하다"는 글을 통해 이 문제를 제기하고 꾸준히 관심을 가졌으나 지금껏 결실은 없었다는 것이다. 이는 후학의 몫으로 넘기게 되었다는 아쉬움을 토로한다. 그에게서 국내에 처음으로 광고학을 도입하고 소개해 오면서 느꼈던 외로움마저 묻어난다.

논문 2백여 편, 책 29권, 광고학자 리대룡 교수는 어떻게 광고를 시작했을까. 선생님들이 하지 않는 강의를 맡다 보니 주로 광고론이나 PR론 쪽으로 강의하게 되었다. 강의를 할수록 광고 쪽이 좋아 보이고 매력적으로, 성장과 발전 가능성이 큰 분야로 느껴졌다. 무엇보다 재미가 있어 계속 광고학을 연구, 강의하게 됐다.

그렇다면 광고 연구의 흐름에 관한 그의 생각은 무엇일까. 그는 광고학 연구는 커뮤니케이션 쪽에서의 연구가 중심이 되어야 한다고 생각한다. 마케팅적인 것이 필요 없다는 것이 아니라 마케팅적 접근 방법이 충분히 고려된 커뮤니케이션 지향적 연구가 중심이 되어야 한다는 것이다. 이어서 대인커뮤니케이션의 변화에 관한 그의 견해를 들려줬다. 근대 매체가 생기면서 매체광고가 생겨나고 여기서 판매촉진이 붙으면서 통합적 마케팅인 IMC가 등장했다. 그 이후 IMC보다 IBP(Integrated Brand Promotion)로 변한다. 마케팅이 관계 마케팅, 데이터 마케팅으로 변하며 이전의 마케팅으로는 그 역할을 할 수 없다는 이야기이다. 따라서 광고계도 크게 변할 수밖에 없으니 언제까지나 예전의 방식을 고수해서는 안 된다는 경고의 메시지이다.

크리에이티브 전략 교육에서도 표준을 세워야 한다는 리대룡 교수, 모든 걸 내려놓고 광고계를 떠났다고 "광고여 안녕(!)"을 선언했지만 여전히 광고학에 관한 열정과 힘이 주변을 장악한다. 지적 호기심은 있었지만 전공의 뒤편으로 늘 미뤄 놓았던 여러 가지를 보고 듣고 느끼고 싶다는 그는 오늘도 열심히 놀겠다고 다짐한다. 발자크와 디킨스, 렘브란트와 마티스, 셰익스피어와 괴테, 모차르트와 슈만, 이집트에서 시나이 반도에 이르는 모세의 탈출로, 터키에서 그리스에 이르는 바오로의 여정, 예수가 거닐던 이스라엘 광야 등이 그의 놀이와 함께 한다. 7남매의 맏이에게 시집와서 고생한 아내 역시 남은 시간 동안 함께 놀아야 할 동지이다.

1953년 출생
1974년 제일기획 공채 카피라이터 입사
1976년 서강대 신문방송학과 졸업
1978년~1981년 태평양화학 홍보실
1981년~1987년 코래드 제작기획팀장
1983년 중앙대 광고홍보대학원 졸업
1987년~2011년 웰콤 창립 및 웰콤 대표,
　　　　　 퍼블리시스 웰콤 대표이사 사장
2006년~2012년 한국컴패션 최고운영책임자
2013년~ G&M 글로벌문화재단 대표

수상 및 저서
2005년 중앙대 중앙언론문화상
2006년 국민훈장 동백장

문
애
란

광고대행사 웰콤(Welcomm)의 문애란 전 대표에게는 따라다니는 수식어는 '국내 여성 카피라이터 1호', '히트카피 제조기', '악바리', '영원한 현역' 등 수없이 많다. 서강대 신문방송학과 졸업을 앞두고 1975년 제일기획 공채 카피라이터 모집에 응시한 것을 계기로 여성으로서는 처음으로 정식 카피라이터의 길을 걷는다. 이후 코래드를 거쳐 웰콤의 창립멤버로 일하면서 숱한 화제작을 만들어 냈다.

"열심히 일한 당신, 떠나라!", "정복할 것인가, 정복당할 것인가", "못생겨도 맛은 좋아", "막 사 입어도 1년 된 듯한 옷, 10년을 입어도 1년 된 듯한 옷", "미인은 잠꾸러기" 등 그녀가 만든 카피는 광고인들 사이에 오늘날에도 유행어처럼 회자된다.

그녀가 광고인의 길을 걷게 된 동기는 의외로 단순했다.

"대학 졸업을 앞두고 언론사 시험을 쳤는데 시험을 같이 본 3명은 다 붙고 저만 떨어졌어요. 상심하고 있던 차에 제일기획에서 카피라이터를 뽑는다는 공고가 났어요. 지도교수의 조언도 있고 해서 시험을 봤죠. 최종합격자를 발표했는데 남자 8명에 여자는 저 혼자였습니다."

남자들 사이에서 힘들지 않았냐는 질문에 대해 그런 것은 없었을 뿐 아니라 오히려 여자라서 더욱 빛을 발할 수 있었던 것 같다고 말한다. 이런 평등의식은 아버지의 영향이 컸다. 아버지는 자녀들을 평등하게 가르쳤으며 그 덕에 애초부터 '여자니까' 하는 피해의식은 그녀 사전에 없었다는 것이다.

얼떨결(?)에 들어간 제일기획에서 광고의 매력에 흠뻑 빠졌다. 광고장이를 '딴따라'로 여긴 부친께선 혀를 끌끌 차며 못마땅해 했지만 아랑곳하지 않았다. 처음 맡은 광고는 제과회사의 아이스크림이었다.

"그때는 자나 깨나 아이스크림 생각뿐이었습니다. 집에 돌아와서도 조카들에게 아이스크림을 나눠 주며 맛이나 향에 대한 의견을 물었어요. 지금 생각해 보면 일종의 소비자 조사를 한 셈이었죠."

일이 쉽게만 풀린 것은 아니었다. 너무 힘들어 광고 일을 때려치울까 하는 생각도 수차례 했다.

"어느 날 프레젠테이션을 마치고 집으로 돌아가는데, 너무 힘들어 차를 길거리에 세워 놓고 택시를 타고 집에 도착해 현관에서 바로 쓰러졌습니다. 며칠 앓아누웠죠. '왜 내가 이런 고생을 사서 하나' 하는 생각이 들었습니다. 그러나 광고 외에 내가 뭐 다른 일을 더 잘할 수 있다고는 생각한 적이 없습니다."

그녀는 광고인은 혼자 걷지 않는다고 말한다. 힘들 때마다 함께했던 사람들의 응원 덕에 다시 힘을 낼 수 있었다. '광고인'의 외길을 걸을 수 있었던 데는 광고주의 격려도 적지 않은 힘이 됐다. 제일기획 시절에는 모 제과회사의 담당상무가 그녀의 재능을 높이 사 전폭적인 격려를 보냈다. 코래드를 거쳐 박우덕 사장, 김태형 고문과 함께 웰콤을 공동 창업할 때도 그녀를 지탱해 준 것은 광고주였다. 광고주가 그녀를 믿고 아낌없는 신뢰를 보내는 데는 나름의 이유가 있다.

그녀는 광고주의 회사와 제품을 끔찍이 사랑한다. 르노삼성자동차를 광고주로 영입하면서 가장 먼저 한 일이 BMW에서 SM5로 승용차를 바꾸는 일이었다. 그도 모자라 만나는 사람마다 붙잡고는 르노삼성자동차에 대해 입에 침이 마르도록 칭찬하고 다녔다.

그렇다고 '돈이 된다고 해서' 광고주를 모두 환영하는 것은 아니었다. 무리한 요구를 하거나 제작비를 깎으려는 광고주와는 함께 일하지 않았다. 그녀는 광고주와의 '궁합'을 중요하게 여긴다. 1990년대 말에 불어 닥친 정보기술(IT) 붐이 한창일 때 그 흔한 IT 회사와는 단한 번도 일하지 않은 것도 체질에 맞지 않았기 때문이다.

그녀는 한 번 맺은 인연을 결코 가볍게 여기지 않는다. 박우덕 사장과의 인연에 대해서 이렇게 말했다. 웰콤을 창업해 일하기 전까지 같은 직장인 코래드에서 일했는데 당시에는 서로를 잘 몰라서 많이 다투기도 했다. 그런데 웰콤을 창립해 이른 아침부터 밤늦게까지 함께 일하면서 그의 광고철학과 열정, 고집 등이 자신의 DNA를 새로운 DNA로 바꾸었다고 말한다.

광고주를 대할 때도 마찬가지이다. 그녀의 성실성과 끈끈함 때문인지 웰콤에는 한 번 떠났다가 다시 돌아오는 광고주가 적지 않았다. 신세계백화점과 현대카드가 대표적 사례이다. 헤어질 때도 감사 표시를 잊지 않아 광고주가 오히려 미안한 생각을 할 정도이다.

그녀는 사람관리에 확고한 철학이 있다. 기본적으로 인재중시 형이다. 일단 재능이 보이면 아낌없이 지원한다.

"머리 좋은 사람 한 명이 엄청난 시간과 노력을 아껴 줍니다. 특히, 광고처럼 판단력과 논리력, 번뜩이는 아이디어가 필요한 업종에는 더욱 그런 인물이 필요합니다."

그렇다고 한 명의 천재를 위해 모든 것을 희생하지는 않는다. 외환위기 시절 웰콤도 위기를 맞아 정리해고의 필요성을 느끼고 있었다. 하지만 단 한 명도 해고하지 않았다. 어렵더라도 함께 '끌고 가 보자'라는 생각이 우선했기 때문이다.

"당시 잘 아는 사람으로부터 컨설팅을 받았는데 20명을 정리해고 해야 한다는 충고였어요. 공동창업자 박우덕 사장과 고민에 고민을 거듭한 끝에 결국 한 명도 자르지 않고 '다 같이 해보자'고 결심했죠. 지금도 그 결심이 옳았다는 데는 의심의 여지가 없습니다."

그녀는 40대 후반부터 은퇴 후 삶에 대해 많은 생각을 했다. 크리스천인 그녀에게 주님의 뜻이 있었던 걸까? 우연한 계기로 국제 어린이 양육기구인 컴패션을 알게 되었다. 그리고 그 일을 하기 위해 광고라

는 정말 아끼던 일도, 너무나 소중했던 웰콤도 그만뒀다. 컴패션을
통해 세계 극빈국의 아이들, 또 그들을 돌보는 많은 분을 만났다. 그
과정에서 만난 스완슨 목사님을 멘토로 삼아 살아간다.

그녀는 전형적인 아침형 인간이다. 새벽 4시 30분이면 어김없이 일
어나 헬스와 수영으로 건강을 다진다. 가끔 골프도 다니지만 주로 아
침운동을 통해 체력을 유지한다. 광고계에서의 삶이 치열했던 만큼
은퇴 후의 삶도 치열하게 펼쳐지리라 기대한다.

민병수

1944년 출생
1973년 고려대 수학과 졸업
1982년 선더버드 국제경영대학원 마케팅 석사
1992년 하와이대학 최고경영자과정 수료
1994년~1996년 국제광고협회 한국지부 이사
　　　　　한국광고업협회 이사
1994년~1997년 (주)오리콤 이사, 상무, 대표이사, 고문
1997년~1998년 선연 부사장
선우엔터테인먼트 사장
외국어대, 한양대, 서울대, 한동대, 상지대 강사
경주대, 상지대 방송언론광고학부 초빙교수

수상 및 저서
1994년 제22회 광고의 날 국무총리 표창

"절대 소비자를 잊지 말아야 해요. 광고는 모든 출발점을 소비자에게 초점을 맞춰야 합니다. 광고기획자는 소비자가 어떤 상품을 자기 패턴으로 받아들이도록 하는 중개인의 성격이 커요. 광고는 중매 역할을 한다고 보면 됩니다."

화장을 잘 시켜 줘야 하고 진실이 뭔지 소비자에게 알려 줘야 하고 그래서 마음에 들게 해 주는 것이 광고라는 것이다. 광고기획 현장에서 수많은 나날을 보내고 오리콤 대표까지 지냈던 민병수 대표의 광고관이다. 상품과 소비자가 서로 만날 마음이 생기도록 해 주고 중매에 성공하면 제 역할을 다했다고 보고 기획의 포인트도 여기에 맞춰야 한다는 것이다.

언제나 일류 브랜드만 맡으면 좋겠지만 늘 그렇게만 할 수는 없으니까 이류, 삼류 브랜드를 맡을 때는 일류보다 떨어지는 점을 잘 파악해서 진솔하게 전달할 때 소비자의 생각과 맞아떨어지는 중매가 될 수 있다는 논리이다.

관계를 중시하는 광고관 덕분인지 그는 광고주와 광고를 잇는 프레젠테이션의 성과도 항상 좋다는 평가를 받는다. 그 노하우가 뭘까?

"노하우는 따로 없고 항상 준비하고 연습했어요. 서둘러 가면 깨진다는 것이 제 경험에서 나온 철칙입니다. 언제나 하루나 한나절이 모자라니까 미리미리 준비하는 것이 가장 중요해요. 준비가 철저하게 잘 되어 있으면 프레젠테이션에 갈 때 일단 발표자나 참여하는 사람 스스로 자신감이 생겨요.

반대로 어딘가 미흡한 점이 있는데 시간 다 됐으니까 그냥 어쩔 수 없어서 가면 말이 엉키고 잘 안되지요. 그래서 리허설을 많이 하면 훨씬 잘할 수 있어요. 프레젠테이션에서 결과에 대한 불안을 가질 수도 있겠지만 프레젠테이션의 내용에 대해서 불안감이 있으면 그만큼 실패 확률이 높아요.

항상 자신감이 넘치고 준비만 철저하게 하면 충분하지 무슨 테크닉이 따로 있겠어요? 제 경험으로 보면 프레젠테이션 내용을 자꾸 뜯어 고치다 보면 핵심에서 빗나가는 말들이 많아지고 어느 부분에서 자세하게 설명하다 보면 가는 길을 잃어버리는 경우가 많아요. 자꾸 장황해지면 초점에서 멀어지니까 그것을 놓치지 않도록 핵심 초점을 정확히 전달하는 것이 중요해요."

진리는 단순한 데 있다지 않은가? 그의 노하우가 곧 진리이다.

대학은 수학과를 졸업하고 광고 공부는 오리콤에서 했다. 각종 교육과 세미나 외에 유학도 오리콤에서 보내줬다. 오리콤 수습사원 1기였다. 입사 이듬해에 제일기획이 생겼고 이후에 LG애드가 생겼다. 오리콤은 광고교육에 많은 투자를 했다. 그 시절 광고에 대해 공부하며 같이 일했던 동료 가운데 많은 사람이 대학교수가 된 연유가 설명되는 대목이다.

많은 외국 기업이 한국시장으로 들어오려고 애쓰던 시절, 그의 담당 광고주는 외국 브랜드가 많았다. 영어 실력을 바탕으로 국제광고의 초창기를 이끈 주인공인 셈이다. 그래서 해외 출장이 잦았다. '존슨앤존슨 미팅하러 마닐라에 갔다가 서울 들어와서 3일 있다가 코닥과 아멕스 때문에 다시 출장을 가는 일정'이 다반사였던 그는 거의 연중 3분의 2는 출장길에서 살았다.

영어가 좀 된다고 해서 외국 광고주 담당으로 뽑혔지만 늘 언어가 문제였고 곧 스트레스였다. 광고주 브리핑이나 회의가 있으면 며칠 전부터 항상 영어 대본을 짜서 외워야 한다는 부담이 컸다.

"쓸데없는 말을 해서 초점을 흐리지 말아야 하고 꼭 하고자 하는 말을 빠트리지도 말아야 하고 하려고 하는 말을 결론으로 깨끗하게 유도하고 넘어가야 했기 때문에 늘 긴장의 연속이었어요. 대본을 써서 영어로 다 외우고 나서도 외워서 하는 것처럼 보이지 않게, 자연스럽게 해야 하니까 하나 준비하는 데 7~8시간은 보통이었지요."

그때부터 녹음한 테이프가 수십여 개. 인상적인 프레젠테이션을 하려고 하다 보니까 광고주 데이터를 보충해 줘야 하고 그러다 보면 밤을 지새우기가 다반사였다. 그런 일이 한 달이면 두세 번씩, 냉탕과 온탕을 넘나드는 생활이었다. 외국계 광고주들과 많이 일하는 그는 어떻게 그들을 설득하는 말하기를 했을까?

"저는 실무자로 일할 때 크리에이티브 가이드라인을 늘 중요시했고 광고주 비위를 맞추지 않고 소비자 비위를 맞추려고 노력했어요. 소비자 심리를 열심히 조사해서 논리적으로 정리하면 그 자료가 창작의 시발점이 되고 리뷰의 포인트가 돼요.

자료가 없으면 광고주 설득이 안 되니까 포커스그룹 인터뷰도 하고 인덱스도 제시하면서 정기적으로 광고주 가이드를 해 주면 결국 설득이 돼요. 먼저 조사나 논리에 의해 방향을 광고주에게 제시하며 크리에이티브를 보는 시각을 만들어 주고 그다음에는 가이드라인에 얼마만큼 부합되느냐에 따라 리뷰에서 걸러내면 대개는 정확해요."

AE 역할에 관한 그의 경험담이다.

기억에 가장 강하게 남는 광고는 가장 오래 했고 가장 많이 배운 광고로 코카콜라와 아메리칸 익스프레스를 꼽는다. 특히, 아멕스는 론칭 처음부터 맡았고 당시 외국계 카드가 한국 시장에 처음 들어온 시점이었는데 아멕스로 인해 오리콤이 처음 다이렉트마케팅을 시작한 계기가 되었다. 보스턴의 다이렉트마케팅협회에 가서 공부하고 온 기억이 아직도 생생하다.

민병수 대표는 일찍부터 대학 강단에 섰다. 강의를 시작한 동기는 강의를 할 사람이 마땅히 없어서라고 겸손하게 말하지만 그가 살아온 광고인생은 우리나라 광고의 초창기 역사를 실감케 하는 좋은 사례이다. 한국외대에서 처음으로 시작한 광고강의는 회사생활을 퇴직하고는 매주 새로운 곳을 여행하는 듯한 설렘을 주는 생활의 활력소가 되었다. 그리고 또 하나의 보람이 되었다.

박
광
순

1948년 출생
1974년 고려대 졸업, 〈중앙일보〉 입사
1983년 (주)대홍기획 매체국장, 매체본부장
1987년 (주)대홍기획 국제본부장
2004년 경인방송 경영본부장
2007년 (주)대홍기획 대표
2008년 제 17대 한국광고업협회 회장
2010년 한국광고업협회 고문
2010년~ (주)대홍기획 고문

수상 및 저서
2002년 한국광고대회 국민포장

박광순 고문은 삼성그룹에 입사해 〈중앙일보〉와 삼성계열사를 거쳐 대홍기획이 생길 때 합류했다. 언론사 출신의 경력을 인정받아 매체부장으로 광고계와의 인연을 맺었다. 1990년, 광고시장이 개방되면서 대홍기획에 의해 DDK가 설립됐고 창립멤버로 본부장을 맡았다. 우리나라 광고대행사 역사상 외국계 회사와의 첫 합자회사였다. 외국 광고주와 광고회사들이 여러 경로를 통해 국내 시장으로의 진입을 시도하던 때 DDK가 첫 주자였다. DDK는 대홍기획과 미국의 DDB니드햄과 일본의 다이이치키가쿠와의 합자로 탄생한 회사로 광고주도 모두 외국계 회사였다.

　당시는 자동차와 담배회사가 주요 광고주였다. 윈스톤과 말보로 담배로 유명한 R. J. 레이놀즈가 이때 처음으로 국내 시장에 론칭했다. 당연히 첫 광고부터 DDK에서 집행을 했다. 이 브랜드는 그 이전에도 국내에서 워낙 유명했으나 국내 광고를 통해 정식으로 판매를 시작한 것이다.

　우리나라에 BMW를 광고하면서 판매하기 시작한 것도 바로 이때였다. 당시만 해도 외국의 고급 자동차라면 누구나 벤츠를 먼저 떠올리던 때였다. 대부분 그렇게 알고 있었다는 표현이 옳을 것이다. 그러던 한국 시장에 BMW를 소개했다. 먼저 타블로이드판 주간 시사지부터 광고를 내기 시작했다. 광고는 신문의 인기 연재만화였던 〈고바우 영감〉에 거론될 만큼 꽤 큰 역할을 했다. 한국에서의 BMW 판매량은 독일 본사가 놀랄 정도로 크게 신장됐다. 광고의 역할만은 아니겠지만 성공적 론칭을 통해 제품력만큼 강하게 국내 시장에 진입하며 자리를 잡았다. 거리에서 BMW를 흔히 볼 수 있게 된 것도 이때부터의 일이다. 미쉐린타이어도 이 무렵의 광고주였다. 그는 DDK의 크리에이티브가 글로벌 기업들의 광고에서 한창 빛을 발하던 시기로 기억한다.

우리나라 최초의 합작투자 광고회사 DDK 설립 시 업무회의 중 (1991)

그 이후 외국계 광고대행사인 하쿠호도와 사치앤사치가 국내에 진입한다. 당시, DDK 주주인 미국 DDB니드햄의 광고주 중에 맥도날드가 있었지만 대홍기획에서 광고대행을 맡은 롯데리아와 경쟁관계에 있는 회사였기에 광고주 영입에서 제외되었다. 경쟁상황에서 이기기 위해 광고전략을 짜내야 하는 광고대행사 특성상 두 라이벌 회사 중에서 한 회사를 선택하는 것이 맞다고 생각했기 때문이다.

그는 매체를 담당하면서 네트워킹이 넓어진 것을 최고의 자산으로 꼽는다. 친구란 비즈니스는 물론, 삶에도 큰 영향을 미치는 존재라고 생각한다. 그는 대화를 많이 즐기는 편이다. 상대방과 편하게 대화하는 도중에 자연스럽게 나오는 이야기를 놓치지 않고 활용하려고 한다. 어떤 업무를 하더라도 판에 박힌 건 누구라도 할 수 있으므로 변화를 통해 새로운 것을 찾고자 한다.

"취업문이 좁다면 그 산업은 위축될 수밖에 없어요. 광고비가 늘어나서 시장이 커지는 건 별개 문제이고 취업문이 좁고 머무는 기간이 짧다면 인력 수급 문제에서 위축되는 게 사실입니다."

빠른 속도로 변하는 시대의 흐름 속에서 광고의 트렌드도 많이 변화했다. 1980년대 광고가 소비자에게 "나도 저렇게 되고 싶다"는 식의 보여 주는 광고였다면, 이후에는 소비자가 직접 광고모델로 등장해 공감대를 극대화시킨 참여 광고가 눈에 띈다. 그는 이런 변화를 광고에 대한 소비자의 인식 변화와 관심 증대 그리고 인터넷 및 UCC 광고 등장이라는 매체환경 변화의 결과로 풀이했다.

"20~30년 전에 광고와 요즘 광고에는 분명한 차이가 있죠. 제가 광고회사에 막 입사했을 때만 해도 제품, 상품이 주체가 되어서 나를 나타내는 '소구형'이었다면 지금은 소비자가 직접 참여하는 '동참형' 광고로 변했다고 볼 수 있습니다. UCC 광고가 인기 있는 이유도 소비자가 광고나 캠페인에 직접 참여하고자 하는 역동성과 적극성이 반영되기 때문이겠죠.

예전 광고가 일방적으로 소비자에게 메시지를 전하는 광고였다면 요즘은 투웨이, 즉 소비자도 광고에 대해서 의견을 제시하고 주장을 표현하는 형식으로 더 적극적으로 변했다고 할 수 있습니다."

대홍기획 대표 시절에 한 인터뷰 가운데 다음과 같은 말을 했다.

"제가 근무하던 광고대행사 시절이 호황기였고, 저는 그 혜택을 받은 세대라고 생각합니다. 1980~1990년대의 광고시장은 급팽창 시기였기 때문이지요."

그만큼 아쉬움도 적지 않다. 호황기였던 만큼 인력이동이 심했다. 이유는 연봉과 직급 상승이었고 이때부터 머잖아 닥쳐올 어려운 시기를 걱정했다. 스스로 발등 찍는 결과가 곧 올 것이고 제 수명을 단축시키는 때가 다가올 것이라고 이야기했다. 심각한 인력이동과 유출을 광고대행사 경영현장에서 겪었던 까닭이다.

한국 광고계의 격변기를 함께한 박광순
고문은 늘 광고계의 미래를 생각한다.

　그는 기업의 지불능력과 경쟁관계를 따져 보고 차후를 예측해 보
면, 그런 고연봉과 조기진급 현상은 오래가지 못할 것이라고 생각한
다. 철새와 같은 인력이동 현상은 결과적으로 광고 현장의 조로화를
불러올 것이라는 분석이다. 외국의, 특히 일본의 광고인을 보면 나이
가 들어서도 그 경력을 활용하면서 현역으로 활동하는 것을 당연시하
는데 우리나라가 일본과 같지 않은 이유 가운데 하나가 바로 여기에
있다는 것이다. 연봉과 직급 경쟁으로 인해, 광고 인력시장은 포화상
태이고 광고가 직업으로서도 전공으로서도 인기가 시들해진다는 논
지이다. 따라서 자부심 역시 줄어들 수밖에 없다는 것.

　그는 내친김에 한마디 덧붙였다. 지금 광고대행사가 일하는 모습을
보면 광고주보다 앞서 가지 못한다. 1980~1990년대에는 광고대행사
직원들이 광고주를 리드했다면 지금은 광고주가 대행사보다 더 앞서
가는 형국이다. 연구도 부족하고 공부도 부족하고 자부심이 뒤지다
보니 나타나는 현상이 아니겠냐는 것이다. 명쾌한 소리이다.

그렇다면 해결방안은 무엇일까? 박광순 고문의 결론은 광고회사가 정예화되어 위기를 헤쳐 나가는 전환점을 만들어야 한다는 것. 즉, 답답한 현실을 타개할 길은 광고인 스스로 찾아내야 하고 공동선을 위한 결속의 필요성 또한 공감대를 형성하면서 새로운 돌파구를 모색해야 한다는 것이다. 광고대행사의 현장을 떠났어도 머릿속에는 늘 광고계 걱정이 가득하다.

1943년 출생
1966년 서울대 철학과 졸업
1970년 서울대 대학원 경영학 석사
1970년~ 1971년 금성사 선전사업부
1974년~ 한국갤럽조사연구소 회장
1979년~ 갤럽 국제위원
1980년~ 갤럽인터내셔널 이사,
　　　　세계여론조사협회 회원(WAPOR)
1982년~ ESOMAR 위원
2007년~ (사)한국조사연구학회 이사

박
무
익

수상 및 저서
2013년 동탑산업훈장

박무익 회장은 1970년 1월 금성사(현 LG전자) 선전사업부(당시 문달부 부장, 한상신 과장 등 15명 정도 근무)에 입사해 광고카피 쓰는 일을 맡았다. "안방의 태양", "The Silk Road has been changed into a highway" 등 꽤나 회자된 카피를 남겼다. 금성사를 그만둔 후에는 잠시 대한항공, 근화제약 등의 카피를 쓰며 프리랜서로 활동했다.

지금까지 잘 알려지지 않은 사실 중 하나는 그가 1972년부터 1년간 광고 AE 겸 카피라이터로 삼성전자 광고제작 대행을 맡은 일이다. 당시 삼성전자 광고는 〈중앙일보〉 산하 광고대행사 현대기획(대표 이현우)이 대행했다. 1969년 삼성전자 설립 후 처음 영업부를 맡은 손경식 차장(현 대한상공회의소 회장)이 "광고카피는 박무익이 아니면 절대 안 된다"고 주장해 그가 신문과 라디오 광고를 맡게 됐다.

그즈음 삼성그룹 과장 월급이 3만 원 정도였는데 30초짜리 라디오 CM에 5만 원을 받았으니 카피라이터로서는 최고 대우였다. 이런 인연으로 잠시 현대기획을 거쳐 1973년 제일기획 창립멤버로 합류했다가 6개월 만에 그만두고 이듬해인 1974년 6월 조사회사를 설립했다.

그의 광고인생은 광고 카피라이터로 4년, 조사회사 설립 후 광고 관련 조사 프로젝트로 40여 년간 이어진다. 광고와의 긴 인연 중 가장 기억에 남는다고 꼽은 세 가지를 소개해 보고자 한다.

첫째, 조사 업계로 옮긴 후 그의 첫 프로젝트는 세탁기에 대한 것이었고 다음 프로젝트는 "가정 전기제품에 대한 소비자 행동조사"였다. 이후 금성사와는 20년간, 럭키화학(현 LG생활건강)과는 15년간 주요 제품 마케팅 지표와 광고효과 측정조사를 독점 수행했다. 특히, 럭키화학과는 연 4회씩 10년 동안 샴푸, 비누 등 각 제품군별 광고효과 조사를 실시했다.

그때의 조사는 "현재 나가는 광고가 경쟁사와 비교해 얼마나 효과가

1970년대 초 함께 일한 디자이너
(왼쪽부터 나재오, 박재진, 박무익)

있는가?", "효과가 없다면 왜 없는가?"를 밝히는 일이었고 "앞으로의
광고 방향과 콘셉트는 어떤 것이어야 하는가?"를 제시하는 일종의 컨
설팅 업무였다.

　당시 프레젠테이션에는 럭키화학의 마케팅 책임 임원인 최영재 부
사장이, 그 후임으로는 조명재 전무가 꼭 참석했다. 광고주와 광고대
행사 담당자가 참석한 프레젠테이션에서 집행된 광고의 효과 여부를
다루는 이슈로 뜨거운 설전과 공방이 오가던 모습이 지금도 눈에 선하
다. 경쟁이 한층 더 치열해진 요즘, 엄청난 광고비를 쓰면서도 그 효과
측정은 제대로 하지 않는 기업이 많다. 그런 의미에서 럭키화학은 조사
결과에 근거한 과학적 광고 관리를 일찍이 시작한 기업 사례이다.

　둘째, 광고에 대한 관심은 사후 광고효과 측정에서 한층 더 나아가
사전 광고효과 측정으로 이어졌다. 1987년 국내 최초로 TV광고물에
대한 소비자의 반응을 초 단위로 측정하는 AD-Score 시스템을 개발

해 사전 광고효과 측정의 기반을 다졌다. 실내에 모인 30명에게 TV CF를 보여 주면서 매 순간 마음에 들면 측정기의 (+)키를, 마음에 들지 않으면 (-)키를 누르도록 해 그 반응을 초 단위로 실시간 측정하는 기계식 장비였다.

경쟁사의 광고와도 손쉽게 비교됐고 광고 시안의 미흡한 부분이 어디인지도 명확히 알 수 있었다. 미국, 일본 비디오 리서치에서 갓 도입했을 정도로 당시로서는 최신 방식이었다. 그러나 광고주 측의 광고부서나 광고대행사 측은 AD-Score 사용을 꺼려했다. 광고 시안 평가가 낮게 나올 경우 광고를 다시 제작해야 하는 번거로움과 추가 경비 소요 등이 이유였다. 결국 꽤 많은 투자로 개발한 AD-Score 시스템은 국내 최초의 시도라는 의미만 남기고 흐지부지 사라졌다.

셋째, AD-Score 개발 경험은 이후 효율적인 TV광고 집행 시간대를 파악하는 데 필요한 피플미터, 즉 TV시청률 측정 시스템 개발로 이어졌다. 1987년 가을, 예비조사를 실시하고 시스템 개발에 착수했다. 1988년 4월에는 매일 저녁 시간대 전화조사로 TV시청률을 조사해 다음 날 〈조선일보〉 조간에 보도하는 새로운 포맷을 선보였다.

피플미터는 가구 구성원 개인별 TV시청률을 측정하는 방식으로 가구 단위 TV시청률을 측정하는 TV미터보다 진일보한 방식이었다. 그러나 국내 기술로 개발하는 과정은 순탄치 않아 1990년 6월에야 세상에 내놓을 수 있었다.

TV시청률 사업부를 별도 법인으로 만들어 야심에 찬 출발을 했으나 비슷한 시기에 출현한 경쟁사의 로비와 가격경쟁 등에 밀려 사업을 접었다. 막대한 투자 손실을 감수해야 했고 직원 15명과는 생이별할 수밖에 없었던 경험은 그의 인생에 아픈 상처를 남겼다.

"광고는 예술(art)인가, 과학(science)인가?"

요즘도 이어지는 논쟁거리이다. 창의적 표현을 중시하는 디자이너나 카피라이터는 광고를 독창적 예술이라고 보며 그 효과 측정에 대해서는 관심이 없는 경우가 많다. 그는 조사 경험 40년에 비추어 볼 때 '광고는 과학'이라고 생각한다. 광고효과는 정밀하게 측정할 수 있고 경쟁사의 광고와 상호 비교함으로써 광고 콘셉트와 표현에 대한 올바른 의사결정을 내릴 수 있다.

이와 관련해 우리 광고사에 남을 한 사례를 들었다. 지금은 생산되지 않는 추억의 술 진로 '길벗 위스키'와 백화양조 '베리나인 위스키'의 1977년에 벌어진 대결이다. 그때의 대결은 가히 전쟁이라 할 정도로 치열했다. 진로가 6개월간 '길벗'에 쏟은 광고비는 요즘 돈으로 치자면 4백억 원을 웃돌았다. 광고전이 한참 치러진 후, 당시 진로 홍보실의 이병인 홍보담당이사와 최학래 부장(전 〈한겨레신문〉 사장)이 그에게 광고효과 측정용역을 의뢰했다. 그런데 놀랍게도 측정 결과 그 효과는 '제로'였다. 수백억 원대 광고의 효과가 왜 '0'이었을까?

첫째, 상표선호도는 길벗 20%, 베리나인 80%였다. 둘째, 위스키 M/S, 즉 가장 최근에 마신 위스키 상표(stomach market share)는 길벗 32%, 베리나인 68%였다. 당시 프레젠테이션 장소의 분위기는 살벌했다. 장익용 사장과 영업 임원들이 참석했는데 장 사장은 "우리 M/S 자료에 의하면 길벗 45%, 베리나인 55%이다. 나는 이 조사를 믿지 못하겠다"며 불쾌감을 나타냈다. 아마도 영업 쪽에서 믿던 그 M/S는 그들이 유통점에 밀어낸 물량까지 포함한 전표발행 기준이었을 것이다. 그들이 생각하는 M/S가 맞다고 하기에는 길벗 상표선호도가 너무 낮았기 때문에 그는 조사 결과가 정확하다고 자신했다.

"광고는 왜 하는가? 상표선호도 향상에 있지 아니한가!"

그로부터 몇 년 후 진로는 결국 길벗 브랜드를 포기했다. 한때 그와 소주잔을 기울인 적이 있는 이병인, 최학래 두 분이 회사를 떠났다는 소식을 접하며 '사실'을 차갑게 전해야만 하는 조사인으로서 인간적 고뇌를 느꼈다. 지금도 수많은 광고효과 측정 프로젝트를 진행하면서 괴로울 때가 많다.

박무익 회장은 오늘의 광고인에게 묻는다.

"광고는 예술이기에 효과를 측정할 수 없다고 생각하는가?"

그는 조사인의 한 사람으로서 말한다.

"광고주의 돈은 귀중하다."

박
수
부

1945년 출생
중앙대 국어국문학과 졸업
MBC CM 제작부 PD, 차장
홍익대, 청운대 겸임교수 역임
현재   씨엠파크(광고녹음회사) 대표

우리나라 방송의 역사를 알면 방송광고의 역사도 함께 가늠할 수 있다. KBS 국영방송 시대에 최초의 라디오 민간방송은 1958년 부산 문화방송의 개국과 함께 시작되었다. 그 후 1961년 서울 종로 인사동 네거리에 서울문화방송, 즉 MBC가 민간방송의 시대를 열었다.

당시 주 광고 품목은 ABC화장품, 두루라 크림, 혼수 1호인 아이디 알미싱, 부라더미싱, 금성라디오 등이었고, 종근당, 유한양행, 동아제약, 한독약품, 일동제약, 한일약품, 동화약품, 대웅제약, 일양약품 등 제약 광고가 주종을 이루었다. 진로소주, 삼학소주, 대선소주, 경월소주, 해태, 오리온과자, 칠성사이다, 삼천리 자전거 등 이제는 잊혀 가는 이 상품 광고들은 바로 박수부 대표 시절보다 1세대 앞선 선배들의 광고 제작품이었다. 제작 테크닉이라고 하면 기껏해야 남녀 성우가 상품명을 번갈아서 외치고 기계조작으로 에코를 넣어 상품을 알리는 것이 고작이었다.

1960년대 중반 이후에 한일협정으로 일본 문물이 소개되면서 일본식 CM송이 등장하기도 했다. 지금과 달리 방송사 경음악단이 작곡하고 연주하는 1, 2절 대중가요풍의 CM송이 대부분이었다. 당시는 민요와 트로트풍의 가요 밖에 없었던 시절이라 빠른 박자의 광고 CM송이 대중의 주목을 끌었다. 샘표간장, 닭표간장, 조미료인 미원, 미풍 광고도 인기를 끌었다. 특히, "샘, 샘이 나서 샘표간장", "닭이 운다 꼬끼오, 밥상에 꼭 긴다고 꼬끼오~"와 같은 광고 CM송이 라디오 청취자들 사이에 즐겨 불리기도 하던 시절이었다.

1970년대에는 광고전문 대행사가 생기고 매체 주도의 CM 제작에 전문 카피라이터가 참여하면서 광고카피가 순화되고 반복 외침이 점점 사라졌다. 그리고 방송사 라이브러리에서 제품에 어울리는 음악이 선택하고 제품에 맞는 카피가 성우에 의해 절묘하게 연출되는 시대를 맞았다.

박수부 대표와 같은 길을 걷는 아들 박순 PD
(사진: 레이디경향 안진형 작가)

1970년대 중반에 포크송 가수가 직접 작곡하고 부른 CM송은 정서
적으로 순화된 라디오 CM으로 사랑받았고 시간대별 주 청취자를 의
식한 광고가 제작되었다. 1960년대식 상품의 연호 광고와 큰 회사임
을 강조하던 광고에서 1980년대 FM시대를 맞으면서 따뜻하고 감성
적인 광고로 청취자에게 다가간 것이다. 또한 MBC, TBC, DBS,
CBS 등 다양한 라디오 매체와 컬러 TV의 보급으로 광고량도 많아지
고 질 높은 광고 제작물이 쏟아졌다. 이때부터 제작 크리에이티브 담
당, 카피라이터, PD, AE 등 전문직의 종사자가 인기 직업으로 부상
되고 대학에서도 최초로 중앙대, 한양대, 서울예대 등에 광고학과가
개설되어 경쟁률 높은, 상당히 인기 있는 학과로 부상했다.

1981년 3월 1일 흑백 TV의 방송이 종료되고 컬러 TV의 방송 시작
과 더불어 컬러 TV광고가 시작되었다. TV광고가 늘어나는 반면 라디
오 광고는 위축되었다. 하지만 TV 방송에서 오디오가 중요함을 인식
함에 따라 오디오 PD의 역할이 커졌다. 한편 광고산업의 성장 속에
1977년 MBC가 전국 매체에 광고상 제도를 신설하고 운영하다가
1981년 한국방송광고공사로 이관되기도 했다.

광고 녹음 회사 씨엠파크의 박수부 대표는 이러한 우리나라 라디오 광고 제작의 역사를 만든 광고계 원로이다. 1971년 CM 제작 전문 PD로 MBC에 입사해 무수히 많은 라디오 CM을 만들었다. 광고와 함께 한 지 어느덧 40년이 넘는 세월, 그간 국내외 큰 상도 많이 받았다. 그 시절 동료 중에는 이제 후배들에게 자리를 물려주고 다시 제자리, 제 역할을 찾아 대학교수가 된 이도 있고 회사고문이 되거나 전업을 시도해 성공한 이도 있다.

그는 지금 20년째 국제적 NGO단체인 로터리언 생활을 한다. 국제 로터리클럽에서 전 세계 220여 개국에 125만 로터리클럽 회원들과 함께 국내와 세계 도처에서 봉사활동을 펼치는 중이다. 우선 국내에서 어려운 이웃과 장애우를 돌보고 다문화 가정과 새터민 가정을 지원한다. 해외 활동으로 몽골에 우물을 파고, 네팔의 심장병 어린이 수술과 인도의 소아마비 예방접종, 베트남의 언청이 수술을 후원하며 라오스와 캄보디아의 학교 개·보수 신축을 지원하며 형편이 이들을 돕는다. 해방둥이인 그는 6·25 전쟁 후 해외 우방국으로부터 도움을 받던 우리나라가 이제 초일류 국가를 지향하는 현실에 늘 감사하며 어려운 이웃을 배려하는 마음으로 이제 이웃을 위해 봉사해야 한다고 생각한다.

이러한 맥락에서 그간 제작한 광고물들은 후학을 위해 학교와 영상광고박물관에 기증했지만 지금도 집의 창고에 있는 광고 녹음테이프와 비디오테이프를 버릴 수 없어 끼고 산다. 광고인으로 40년. 그때의 선후배가 그리워하던 차에 경조사로 연락이 오면 무척이나 반갑다. 나이가 들수록 그리움은 짙어져만 간다.

"끼가 넘쳤던 그 많은 명함의 주인공들이 지금은 어디에서 뭘 하며 계실까 보고 싶습니다. 한 시대, 모두가 귀중한 사람들이었기에 …."

1953년 출생
1979년 서울대 교육학과 졸업
1979년~1981년 오리콤 입사
1981년~1984년 대우조선 홍보과장
1984년~2001년 삼희기획, 한컴 광고본부장
2001년~2002년 오리콤 전략1부문 상무
2002년~ 유니기획 대표이사 사장

박
용
형

수상 및 저서
국무총리 표창

박용형 사장은 삼희기획 창립멤버로 2001년까지 재직하면서 대교 '눈높이 수학' 캠페인, 대우 '세계경영' 기업PR 등을 진행해 큰 화제를 낳은 인물이다. 그는 제대 후 일자리를 알아볼 겸해서 창립 멤버로 몸 담았던 '연우무대'의 선배들이 있던 회사를 찾아갔다. 회사는 창의적 이고 자유로운 분위기였고 급여 조건도 괜찮았다. 선배들은 '그냥 근무해'라고 잡아끌었고 바로 입사가 결정되었다. 그의 '광고와의 첫 만남', 오리콤 입사는 이렇게 이루어졌다. 오리콤에서 초짜 AE로 맡았던 광고주는 피어리스와 신도리코였다. 특히, 피어리스는 처음 GRP, CPM이라는 용어를 가져와서 썼던 만큼 기억에 많이 남는 광고주이기도 하다.

"당시에 〈야, 곰례야〉라는, 요즘으로 치자면 시청률 40% 정도 나오는 엄청 유명한 드라마가 있었어요. 피어리스가 여기에 광고를 내고 싶어 했는데 경쟁이 워낙 치열하다보니 시간대를 못 잡은 거죠. 김성봉이라는 매체 담당자와 '이걸 어떻게 변명하나'라며 함께 고민하다가 GRP, CPM을 사용해 타깃에 맞는 정확한 프로그램을 구매해서 집행했을 때 효율이 높다고 설득했어요. 그 설득이 통했고 오리콤은 피어리스랑 재계약했죠."

하지만 지방출장, 방문판매원 교육 등 피어리스 뒤치다꺼리에 지쳐 결국 이직을 결심했다. 피어리스가 있던 대우빌딩에서 고등학교 친구인 대우조선 인사담당 대리를 만나 대우조선 홍보과로 옮긴 것이었다. 당시 대우조선은 제 1호 건조선박을 막 내놓은 때였다. 해외 유수의 조선업 전문지에 관련 퍼블리시티를 지속적으로 송부한 결과 그 잡지가 뽑은 세계 최우수 선박 중 하나가 되는 쾌거를 거뒀다.

이후 삼성이나 현대에서도 유사한 홍보 전략을 취하면서 한국 조선업이 널리 알려지는 계기가 되었다. 이런 성과에 힘입어 국무총리 표창을 받기도 했다. 이후 MBA 유학을 고민하던 무렵, 다시 광고계로 돌아오는 계기가 생겼다. 오리콤으로 끌어들였던 고등학교 선배, 연우무대 선배였던 정한룡 선생이 삼희기획 창립 멤버로 가면서 다시 불러들인 것이다.

"정한룡 선배와 술을 마시다 '너 차장 줄 테니 와'라고 해서 그냥 '알았어요'라고 했어요. 생각해 보면 광고회사 차장이라는 직책이 광고주 과장이랑 똑같은 건데 잘 몰랐던 거죠(웃음). 삼희기획이 처음 시작하던 때라 일도 정말 많이 했어요."

삼희기획은 한국화약 그룹이 "한국플라스틱 사장 서재식입니다"라는 광고로 항상 열세이던 모노륨과의 싸움에서 반전의 계기를 잡게 되며 광고의 중요성을 깨닫고 1984년 설립한 회사다. 오리콤에서 주요 인사를 스카우트해 시작했고 그 덕분인지 창립 초기에는 경쟁프레젠테이션에서 연전연승을 거뒀다. 삼희기획에서 그가 담당한 광고주는 많지만 그중 가장 뇌리에 남은 브랜드는 빙그레 바나나 우유와 대교 '눈높이 수학'이라고 한다.

"바나나 우유는 초기에 팔리질 않아서 빙그레에서 없애 버릴까 고민하던 품목이었어요. 개인적으로는 바나나 우유가 맛있고 좋았거든요. 알아보니까 고속버스터미널, 이런 데서 많이 팔리고 일반 소매점에선 나가지 않는 겁니다. 그래서 여행 갈 때 마시는 특별한 음료수 같은 콘셉트로 인쇄광고를 조금 했는데 매출이 쭉 오른 거죠. 그다음 달에도 광고했는데 매출이 더 올랐죠. 그래서 살려둔 게 오늘날 장수 브랜드가 됐어요.

거기다 의도치 않게 〈토마토〉라는 드라마에 노출되었어요. 김희선 씨가 그 드라마에서 들장미 소녀 캔디 같은 캐릭터로 나와요. 어려운 처지인데 매일 바나나 우유를 마시고 그 패키지에 희망의 상징인 토마토를 키우는 거죠. 그러면서 소비자의 뇌리에 남아 큰 인기를 누렸습니다."

대교 '눈높이 수학' 캠페인은 더 드라마틱하다. 삼희기획을 찾아왔을 무렵, 학습지 〈공문수학〉을 펴내던 대교는 유치원 건물 한 층을 사무실로 쓰는 조그만 회사였다.

"그런데 가 보니 창틀도 낮고 의자도 낮은 겁니다. '왜 이렇게 낮게 쓰세요?'라고 물었더니 '아이들 눈높이에 맞추려고요'라고 대답하더군요."

카피라이터들이 여러 의견을 내놨지만, 결국 '눈높이'가 광고 콘셉트로 낙점되었다. '눈높이'라는 단어를 넣는 조건으로 어린이날 무렵 어린이와 관련된 갤럽 조사 결과를 넣어 퍼블리시티하고, 스미소니언 박물관에서 어린이의 눈높이에 맞게 쭈그려 앉아 아이들을 가르치는 눈높이 선생님 광고를 같이 내보냈다.

매출은 급속도로 올라갔고 〈공문수학〉의 원전인 일본 구몬 측과의 소송 무렵에 이름을 아예 눈높이 수학으로 바꾸면서 교육기업으로서 확고한 입지를 다졌다. 교육기업 대교의 가치를 '눈높이'라는 브랜드와 광고가 쌓아 올린 것이다. 브랜드와 광고의 힘을 다시금 인식시켜 준 캠페인이었다.

그러나 IMF 경제위기가 닥치면서 성장세를 구가하던 광고산업도 격랑에 휩쓸린다. 어려움을 겪던 한컴에 일찍이 사이버 트레블 에이전시를 제안하고 오리콤으로 옮긴 뒤에는 컨벤션 사업을 구상하는 등 새로움에 민감한 광고업의 특성을 반영해 신사업을 펼치고자 했으나 모두 좌절을 겪었다. 이후 2002년 유니기획으로 옮겨 오늘에 이르렀다.

"작금의 광고산업을 보면 안타깝죠. 광고회사끼리 이전투구에 광고인들은 교육도 제대로 받지 못하고 회사는 수익이 있어도 신규 사업으로 투자하지 않아요. 광고업이 3D 업종이 됐어요. 옛날엔 안 그랬거든요. 자유롭고 창의적인 직업이었는데…. 광고업도 기존의 광고제작에만 머물지 말고 새로운 사업을 해야 해요. 예전에 컨벤션 사업을 구상했던 건, 한 분야의 최신 트렌드를 아는 방법이 바로 컨벤션이었기 때문이에요. 다양한 직종의 창의적 인력이 동력원인 산업 분야이고 광고를 하면서 탄력적으로 인원을 동원할 수 있어요. 그런데 못하더라고요."

그래서 후배들이 항상 새로운 것에 대한 호기심을 잃지 않았으면 좋겠다고 당부한다. 아울러 광고 수주하고 제작하는 일에 머무르지 않고 신규 사업 기회를 포착하길 바란다고도 당부한다. 이것이 광고산업의 흥망성쇠를 온몸으로 모두 겪어 내고 살아남은 박용형 사장이 미래의 광고인에게 남기는 전언(傳言)이다.

박우덕

1953년 출생
1977년 중앙대 산업디자인학과 졸업
해태제과, 코래드 아트디렉터
1987년~2013년 웰콤 대표이사

수상 및 저서
1998년 칸 국제광고제 은사자상
2000년 국민포장

사람들은 그에 대해 한마디로 "광고 말고는 할 줄 아는 게 아무것도 없는 사람"이라 말한다. 나이와 업적이 무색할 만큼 스스로도 "난 참 바보처럼 살았군요"라고 말하는 게 조금의 과장도 없다고 말 할 수 있을 만큼 오로지 광고만 아는 사람, 바로 박우덕 대표이다.

밤새도록 이어진 아이디어 회의에 지친 직원이 매일 밤을 지새우는 게 너무 힘들어 그만두고 집에 가려 회의실을 나서는데 그가 "컵라면 사러 가냐? 내 것도 사와라"라고 한 일화는 한때 온 광고계를 휩쓸었다. 웰콤이 경쟁에서 이겨 광고주를 데려갈 때면 라이벌 업체에서는 우리도 나름 열심히 했지만 그처럼 열심히 하지는 못했으니 당연하다고 여기기도 했다.

그는 "광고가 무엇이냐"는 질문에 "광고는 사람에게 욕구, 즉 꿈을 일깨우고 그 꿈을 이루기 위해 일을 하게 한다. 그래서 광고인은 사람에게 꿈을 주는 사람이다"라고 말한다.

함께 웰콤을 이끌었던 김태형 선생과 문애란 대표가 없었다면 지금의 그가 없었을 것이라고 말한다. 모두 개성이 강했지만 서로에 대한 믿음과 존경심이 더 강했기에 회사를 성공적으로 이끌 수 있었다는 것이다. 김태형 선생의 카피를 보면 "어떻게 이런 글이 나올 수 있나?"하는 존경심이 생겼고, 카피라이터로서 기획자로서 남다른 역량을 발휘하는 문애란 대표를 보면 든든한 지원군 같은 느낌이 들었다.

그는 광고인의 인생은 누구와 만나느냐가 정말 중요하다고 말한다. 아무리 천재라 할지라도 주변에 좋은 사람이 없다면 좋은 광고를 만들 수 없다는 것이다. 셋은 긴 시간을 함께하며 잠시 갈등도 있었지만 서로에게 시스템이 되어 든든한 버팀목이 되었다. 특히, 김태형 선생과는 해태제과 시절부터 함께했으며 그의 광고인생은 김태형 선생과 함께 시작해서 함께 끝난다고 할 정도로 특별한 인연이라고 말한다.

문애란 대표는 그에 대해 이렇게 말한다.

"그는 드러나기를 좋아하지 않습니다. 그러나 한시도 쉬지 않고 새로움에 대한 엔진을 돌리는 사람이죠. 광고인으로서의 천재성뿐 아니라 삶의 곳곳에서 천재성을 가졌습니다. 함께 일하는 파트너로서는 도전의식을 갖게 했고 삶의 동반자로서는 나 자신의 한계를 돌아보게 하면서 나를 낮추게 한 사람이죠. 광고의 크리에이티브를 생명처럼 여기며 아무리 큰 광고주라도 제작비를 지나치게 깎으면 과감히 포기했습니다. 광고주와 대면하며 일하는 저로서는 비굴하지 않을 수 있어 행복했습니다."

그의 이러한 경험은 직원들에게도 항상 시스템으로 일하게 하는 바탕이 된다. 그는 아트와 기획자, 카피라이터를 함께 묶어서 일하도록 했다. 이는 한 사람의 천재 광고인도 있을 수 있지만 광고에서는 팀 작업이 매우 중요하다는 경험에서 나온 것이다. 아무리 힘든 일이 있더라도 참아 내고 서로 존경하면 헤어지기 어렵다는 것이다.

웰콤이 결정적으로 도약하게 된 계기는 1994년 삼성전자에서 처음으로 냉장고 경쟁 프레젠테이션을 실시했을 때이다. 당시 웰콤은 업계에서 32위 정도였다. 업계 순위로 보자면 경쟁에 끼기도 힘든 위치였는데 제일기획, 오리콤, 대홍기획 등을 제치고 삼선전자를 광고주로 유치함으로써 비약적 도약의 발판을 마련했다.

웰콤은 이 프레젠테이션에서 달랑 TV광고 하나와 신문광고 하나를 제시했다. 다른 경쟁사들이 안전장치로 세 가지 종류의 안(내부적으로 지지하는 안, 절충안, 광고주의 요구에 맞춘 안)을 가져온 것과는 반대였다. "정말 좋은 답은 하나밖에 없다"는 생각과 자신감의 반영이었다.

초반에는 회사를 키우는 것도 중요하지만 그보다 더 중요하게 여긴 것은 광고주 영입을 위한 원칙을 지키는 것이었다. 그것은 "절대 광고주를 먼저 찾아가지 않는다. 제작비를 깎으면 절대 안한다. 표현 아이디어를 자꾸 고치면 차라리 안 하는 게 낫다"이다. 이는 당시 갑을 관계의 속성이 강한 광고계에서 정말 꿈같은 일이었다. 다른 대행사들은 이런 원칙을 고수하면서도 승승장구하는 웰콤을 보며 "어떻게 저렇게 도도한 자세로 광고주를 설득하고 유치할 수 있을까?"하고 감탄을 금치 못했다.

이로 인해 웰콤 프레젠테이션 자료들은 업계의 교과서처럼 광고인들이 돌려보고, 학습하고, 따라하는 모범 사례가 될 정도였다. 그는 이 과정에서 제일 기억나는 인물로 LEE&DDB의 이용찬 사장을 든다. 그에게 많이 배웠고 회사를 키우는 데도 공을 많이 세웠다는 것이다.

그는 광고기획과 창작에서 반드시 전략의 창의성이 선행되어야 한다는 원칙을 가졌으며 거꾸로 제작에 맞춰가는 광고기획자는 사표를 내게 했다. 어떤 물건을 팔거나 어떤 브랜드 이미지를 쌓으려면 처음부터 창의적 생각을 해야 한다는 것이다. 브랜드 네임이나 시장진입 전략 등 모든 것이 창의적이어야지 표현물 하나만 돋보인다고 해서 캠페인이 성공할 수는 없다는 것이다.

그의 아트워크(artwork)의 원칙은 "버려라. 버리면 얻는다"이다. 같은 아이디어라도 어떻게 마무리하느냐에 따라서 확 달라지는데 평소에 완성도를 높이기 위해서는 많이 버릴 줄 알아야 더 많은 소비자를 설득할 수 있다는 것이다. 디자인 분야에서 출발한 그는 광고디자이너는 대개 비주얼 위주로 생각하는데 이것이 장점도 되지만 장애 요인도 된다고 말한다. 언어에 약하기 때문에 시야가 좁아질 때도 많다는 것이다. 그는 직원들에게 "헤드라인이 비주얼이다"라는 말을 많이 한다. 좋은 카피 하나로도 충분할 때는 굳이 그림을 넣을 필요도 없다는 것이다.

최종적으로 아이디어를 결정하는 기준으로는 두 가지이다. 하나는 "브랜드를 사랑하게 하는 부분을 건드렸는가"와 "어떤 새로운 시도가 있는가"이다. 이렇게 해서 나온 것이 트롬 세탁기의 "오래오래 입고 싶어서", 현대카드의 "떠나라, 열심히 일한 당신", SM5의 "누구시길래" 캠페인들이다. 그는 가장 애착이 가는 작품으로 프로스펙스 정신대 광고와 대우자동차 레간자 광고를 든다.

대학 시절 순수미술과 상업미술 사이에서 많이 갈등했기에 진로를 상업미술로 결정한 후 의도적으로 전시회도 가지 않을 정도로 순수미술을 멀리했다. 하지만 시간은 그를 성숙하게 만들었고 이제는 그런 부분도 광고에 도움이 된다는 생각에 일부러 찾아다니기도 한다.

광고에 대한 지고지순한 사랑을 간직하고 광고인으로서 자존심을 지키며 살아온 박우덕 대표. 그는 광고가 우리의 문화를 살찌우는 데 중요한 역할을 한다고 믿는다. 광고 하나가 세상을 바꾸는 큰 울림이 될 수 있다고 믿는 것이다.

1964년 출생
1986년 연세대 국어국문학과 졸업
1986년~1988년 대우 기획조정실 제작부 근무
1988년~1995년 LG애드 Copywriter 차장
1991년 중앙대 대학원 PR광고 석사
1998년 뉴스쿨대학 대학원 석사 (Media Studies 전공)
1998년~1999년 다이아몬드베이츠 사치앤사치 코리아 CR팀 부장
1999년~2006년 LG애드 박혜란CD팀 부장(크리에이티브 디렉터), 국장, 상무
2007년 SK텔레콤 브랜드전략실장 상무
현재 SK텔레콤 마케팅 Communication실장 임원

박혜란

수상 및 저서
한국방송광고대상
뉴욕페스티벌 파이널리스트
칸 국제광고제 쇼트리스트
《빵이요, 꿈이로다》(운정출판사, 1992)
《프로냐 포로냐》(삶과 꿈, 1995)

박혜란 상무는 1985년 여대생 공채로는 최초로 (주) 대우 기획조정실 제작부에 입사했다. 그곳에서 카피라이터로 일하며 광고와 인연을 맺었고 대우의 광고업무가 광고대행사로 넘어가면서 직장생활 2년 6개월 차에 LG애드 광고팀으로 들어간다. 답이 없는 광고에 대해 끊임없이 공부하는 게 좋았다며 자신의 성공 동력은 '남에게 지기 싫은 근성'이라고 말한다. 야근도 즐겁고 일하는 게 좋다며 조직의 차장, 부장, 팀장으로 일했지 '여자'로서 일한 적은 없다고 한다.

광고대행사에서 일하다 대형 광고주 회사의 임원으로 옮기는 일은 남자로서도 매우 힘들고 드문 일이기에 그녀의 이직은 업계에서 대단한 화제였다. 그러나 정작 당사자는 담담하게 말한다. SK텔레콤으로의 이직은 인생의 큰 도전이자 기회였다. 변한 것이 있다면 광고회사 크리에이티브장이에서 시각이 좀더 넓어져 광고주 입장에서 브랜드 전략과 방향을 구상하게 된 것이라고 한다.

광고대행사 시절은 감성을 자극하는 작품이 많았다. "언젠가 먹고 말거야"(치토스), "가끔은 주목받는 생이고 싶다"(슈발리에), "볼수록 빠져듭니다"(엑스캔버스) 등이 대표작이다. 일하면서 가장 중요하게 생각하는 것은 '크리에이티브'라고 말하면서 자신의 유학 시절 이야기를 꺼냈다.

"미국 유학 시절 교수가 TV, 매거진, 사진, 신문 등 미디어 매체별 강의 뒤 학생들에게 나머지 하나를 정해 내용을 채워 오라고 했어요. 저를 비롯한 한국 학생들은 약속이라도 한 듯 주제를 '인터넷'으로 정해 제출했죠. 그런데 중국, 대만, 미국 등 외국 학생들은 달랐어요. 대화(conversation), 기호(taste), 섹슈얼리티(sexuality) 등 생각도 못한 주제를 들고 나온 거예요. 그때 정말 우리가 얼마나 천편일률적으로 생각하는지 반성했죠."

광고주의 상무로 가서 가장 먼저 성공시킨 것이 1.7초의 멜로디 '생각대로 T~' 캠페인이다. 소비자의 눈과 귀를 사로잡은 〈되고송〉과 마법의 주문 '비비디바비디부'로 'T'를 국민 브랜드 반열에 올려놓는 데 성공한 것이다.

SK텔레콤에 오기 전까지 그녀는 자신이 속한 회사의 상품인 LG텔레콤을 쓰고 있었고 SK텔레콤은 부러운 브랜드였다. 1등이기 때문에 차갑게 느껴졌고 따라가야 하는 브랜드였다. 하지만 소유하고 싶은 자부심이었던 '011'은 '010'으로 바뀌면서 소유하고 싶은 브랜드가 아니라 사용가치가 있는 브랜드로 전환되어야 했고 자부심 이상의 가치와 명분을 주어야 했다.

이런 상황에서 이 제품이 고객의 생활, 문화 브랜드로 자리 잡아야 한다는 생각에 '광고의 화법'을 바꾸자고 결심했다. 그 결과 탄생한 것이 무거운 느낌을 주는 브랜드 T에 '생각대로'를 붙인 것이었다. 이전의 기술지향적 브랜드에서 고객의 삶과 문화 속에서 성장하는 문화 브랜드(culture brand)로 바꾼 것이다. 기업에서 고객 중심으로 시각을 전환함으로써 성공할 수 있었던 것이다.

그녀는 광고회사에 있을 때는 좋은 크리에이티브만을 고민했는데 광고주에 와서 브랜딩을 하다 보니 '좋은 광고'를 생각하게 되었다고 말한다. 〈되고송〉의 경우 브랜드의 방향성을 보여 준 좋은 사례로서, 좋은 광고란 그 광고를 통해 브랜드가 파워를 갖고 지속 성장할 수 있는 방향을 갖는 것이라 말한다.

자신이 여자라서 특별한 건 없지만 여성은 두 배로 노력해야 한다고 강조한다. 남자 직원에게 일을 시키다 보면 결혼, 육아를 배려해야 한다는 생각을 하지 않지만 여직원은 하게 된다. 그런 생각이 전혀 들지 않는 여직원도 있는데 그런 마음가짐을 보여 줄 수 있는 노력이 정말 필요하다. 두 개를 다 잘해야겠다는 생각은 버리는 게 좋다고 말하면서 가정과 일, 둘 다 비중을 둘 수 없다면 엄마 역할을 잘할 수 있는 사람, 시스템을 찾는 것이 현명하다고 말한다.

어떤 일을 하더라도 "좋은 실적은 열정대로 살아온 시간의 선물"이라는 생각을 잊지 않는다. 현재 SK텔레콤의 유일한 여성 임원이기에 어쩔 수 없이 '여성'이라는 꼬리표가 따라붙는다. "여성이기에 어려운 점도 있지만 유리한 점도 많이 있다"며 "후배들에게 좋은 선례를 보여주기 위해 늘 노력한다"고 덧붙였다.

여성 임원으로서의 바람이 있다면 임원이라기보다 리더이고 싶다는 것이다. 임원이라고 하면 문턱이 높고 어려운 사람, 보고해야 할 사람으로 생각한다. 그러나 자신은 더 높은 자리에 가더라도 같이 상의하고 의견을 나누는 사람이고 싶다고 말한다. 그녀가 생각하는 리더란 결정을 잘하고 책임을 지는 사람이다. 실제로 그녀는 '리더십이란 1%의 결정과 99%의 눈물이다'라는 카피를 쓴 적도 있는데, "리더는 1%의 결정을 위해 99%의 외로움을 견뎌야 하는 일 같다"고 말한다.

박혜란 상무는 내일을 위해 오늘의 에너지를 아끼는 것은 부끄러운 일이기에 미래에 대해 그려 본 적이 없다고 한다. 오늘의 시간에서 최고를 찾기 위한 일을 좋아하고 즐기다 보니 여기까지 왔다며 후배들에게 미련하게 일하라고 조언한다. 자신이 어떤 브랜드로 커갈지 고민해야 하지만 너무 욕심을 내면 빨리 좌절하고 실망할 수도 있다. 그러므로 꿈은 크게 가질지라도 욕심은 내지 말아야 한다고 말한다. 그녀에게서 본연의 업무에 최선을 다해 차곡차곡 계단을 밟아간 사람에게서 느껴지는 자부심이 전해졌다.

1957년 출생
1981년 코래드 공채 1기 입사, 기획부 부장, 광고5본부장 수석국장
1982년 서강대 신문방송학과 졸업
1997년 코래드 광고 1팀장 이사 대우
1999년~2001년 코래드 대표이사 사장
2002년~ Saatchi 웰콤 AE 대표이사
2006년~2014년 상암커뮤니케이션즈 대표이사

백승화

수상 및 저서
1992년 한국방송광고대상 최우수상
1993년 한국방송광고대상 대상

대학 4학년 여름방학 때, 도서관에서 공부하던 중 친구들끼리 모여 광고회사에 가 보자는 이야기를 했다. 그래서 4명이 면접을 보러 갔고 곧바로 합격했다. 코래드 공채 1기. 백승화 대표가 광고인의 길을 걷게 된 시작이었다. 4학년 2학기 내내 학업과 회사 일을 병행했다. 대학은 취업을 이유로 학업을 봐주지 않았고 코래드도 그런 사정을 이해해 주었기에 학교와 회사를 번갈아 다녔다.

대학 입학 당시, 다른 전공보다 좀더 새로운 학문을 하고 싶다는 생각에 신문방송학과를 택했다. 재학 무렵은 시위와 투쟁으로 대학가와 사회의 분위기가 어수선하던 유신 시절이었다. 투쟁에 나서는 투사 스타일은 아니었기에 자연스럽게 광고의 길을 택했다. 부전공으로 경영학을 공부하면서 사례연구하고 발표하는 재미에 푹 빠졌다. 프레젠테이션을 접한 첫 경험이었다. 그렇게 시작된 30년 넘는 광고인생이 지금도 이어진다.

그는 코래드의 대표적 광고주였던 대우전자를 담당했다. AE로서 광고를 이끌었던 대우전자의 '탱크주의 캠페인'이 가장 기억에 남는다. 1950년대에 설립되어 가장 오랜 기술의 역사를 자랑하던 LG전자(당시 금성전자)와 그보다 10여 년 늦게 시작한 삼성전자는 애프터서비스의 강점을 내세우던 때였다. 전자회사가 일단 제품을 팔고, 고장 날 때마다 무료로 수리를 해 주러 다니는 것은 당시로선 인력과 비용 면에서 대단한 투자였다. 그보다 더 후발주자로 나선 대우전자가 강점으로 내세울 수 있는 방법은 어찌 보면 튼튼한 제품을 만든다는 것뿐이었으리라. 'Back to the basic', 전자제품 본연의 기본에 충실한 전략으로 고장이 없어 애프터서비스가 필요 없는 튼튼한 제품을 만든다고 광고했다. 그렇게 시작한 캠페인이 '탱크주의'였다.

당시 대우전자의 배순훈 사장이 직접 모델로 나섰다. 수재형의 친근한 인상으로 고장 없는 튼튼한 제품을 만들었다는 대사로 소비자에게 다가갔다. 신뢰감을 주는 이미지를 가진 탤런트 유인촌이 모델로 함께 발탁되었다. 1993년부터 연기자와 전문경영인이 짝을 이루어 자연스럽게 대화를 주고받으며 눈길을 끌었다. 연말에는 그해의 광고대상을 받기도 했다. 무엇보다 기업 이미지도 높이고 매출도 끌어올리는 성과를 보였다. 1993년 시작된 탱크주의 캠페인은 그렇게 6~7년 동안 성공리에 이어졌다. 두 모델은 후에 앞서거니 뒤서거니 정보통신부장관과 문화체육부장관을 지내는 인연을 이어 갔다.

그는 코래드 공채 1기로 입사해 대표이사까지 오르면서 코래드의 역사와 함께했다. 20여 년 세월 동안 수많은 광고 캠페인을 이끌었다. 2002년 웰콤 대표로 자리를 옮긴 후에도 수많은 성공캠페인과 함께했다. 웰콤의 성공캠페인과 그의 수완이 만나며 엄청난 시너지 효과가 나타난 시기였다. SM시리즈, OB맥주, 하나로통신 광고를 이때 집행했다.

상암기획 대표가 되어서는 아시아나항공과 금호타이어 그리고 청정원 광고 캠페인을 지휘했다. 그 가운데서도 청정원 광고가 가장 기억에 새롭다고 꼽는다. 2008년 대표적 여성품목인 식품광고에 남성 모델인 장동건을 기용한 결과 시장의 큰 반응을 끌어냈다. 농심의 강부자, 제일제당(CJ)의 김혜자, 당시까지 대상의 모델을 이어온 고두심, 이렇게 식품광고는 여성 모델의 전유물로 여겼던 시기였다. 주 사용자가 주부이므로 신뢰감을 주는 엄마 모델을 내세우는 것이 광고계의 상식이었다. 바로 이 상식을 뒤집은 것이다.

세상이 달라지고 주부의 생각도 달라지니 상식을 벗어나보자는 의도가 세상의 반응을 불러일으켰다. 주부들의 로망인 장동건을 모델로 내세워 제품의 호감도를 높일 수 있었다. 밥의 중요성을 강조하면서 청정원이란 브랜드를 의인화해 "정원아, 결혼해 줄래?"라는 말이 곁들여진 캠페인이 브랜드의 이미지를 젊고 고급스럽게 바꾸는 데 성공적으로 작용했다. 세상이 변하고 있음을 광고를 통해 시장에서 확인한 계기였다.

당시로서는 광고주 설득이 가장 버거웠으나 거액의 모델료에도 불구하고 오너의 결정을 받아낼 수 있었다. 성공한 광고는 대행사와 광고주의 호흡이 맞아야 나올 수 있음을 또한 확인한 기회였다. 이후에도 장동건에 이어 정우성, 이정재, 이승기로 이어지면서 성공캠페인 시리즈를 이어 간다.

승승장구의 길처럼만 보이는 백승화 대표에게도 어려운 시절이 있었다. 대한민국 사람들 대부분이 어려움을 겪었던 IMF가 역시 그에게도 끔찍한 시기였다. 모기업인 해태그룹의 부도 그리고 대우그룹이 기울기 시작할 때부터 더 이상 광고인으로서의 생활을 유지할 수 없었다. 광고는 뒷전이고 주주와의 관계와 매일매일 결제해야 할 돈 문제로 "정말 이거 뭐하는 건가"하는 생각을 수도 없이 할 수밖에 없었다. 그렇게 당시의 대부분 사람들처럼 다시는 생각하고 싶지 않은 시간을 보냈고 한참 후에야 비로소 광고인의 생활로 돌아가 광고 이야기를 할 수 있었다.

그는 광고장이는 갈구하는 게 있어야 한다고 생각한다. 뭔가 새로운 것을 추구하는 도전 정신이 매혹적인 아이디어를 낸다고 믿는다. 그런데 점점 아쉬운 것은 광고인이 조직의 안락함에 머물려 한다는 점, 점점 봉급쟁이가 되어가는 점이다. 새로움을 추구하기보다는 적절히 안주하려는 경향이 크리에이티브에도 묻어나는 느낌이다. 광고주를 올바른 길로 설득하기보다는 광고주의 입맛과 생각을 읽어 내고 그에 맞춰려는 것 같다는 생각, 재주 부리는 곰처럼 그저 재주나 부리는 크리에이티브로 광고인의 위상을 스스로 낮추는 게 아닌가 하는 생각마저 든다.

결과적으로 큰 성공을 거두는 광고도 드물고 시장점유율(*market share*)을 뒤바꾸는 사례도 적어지는 결과가 나타나는 것이 아닐까. 광고주를 올바로 인도하는 파워도 약해지는 게 아닌가, 광고회사가 광고주의 소모품이 되지나 않은지 하는 생각이다. 광고주를 위해 꼭 필요한 마케팅 파트너가 되도록, 스스로의 위상을 세우기 위해 광고인 모두가 함께 노력하자는 이야기이다.

백제열

1955년 출생
1979년 샌디에이고대학 정치학석사
1981년 뉴욕공대 MBA
1984년 해태그룹 종합조정실 입사
1987년~1998년 코래드 국제기획국 이사로 근무
1995년~1996년 IAA 한국지부 사무국장
2000년~2005년 오길비앤매더 코리아 사장
2005년 서울대 환경대학원 수료
2006년~ 금강오길비 대표이사
2014년~ 한국광고산업협회 수석부회장

"한국의 브랜드 전도사"라는 말은 백제열 대표의 30여 년의 광고인생을 잘 함축한 말이다. 브랜드의 중요성을 어느 누구보다 먼저 발견하고 주창했던 현대 광고의 아버지이자 오길비앤매더의 창업자인 데이비드 오길비의 철학에 고무된 그의 브랜드에 대한 신념은 남달랐다.

초등학교에 다닐 때 미국으로 유학을 떠나 샌디에이고대학에서 정치학을 전공하고 뉴욕공대에서 MBA 코스를 통해 글로벌 비즈니스 마인드로 무장했다. 그 후 한국으로 돌아와 해태그룹 국제부에서 경력을 쌓기 시작했다.

코래드와 합작을 통해 국내 진출을 꾀한 세계 최고의 광고회사 오길비앤매더 코리아로 자리를 옮겨 본격적인 광고인으로 출사표를 던졌다. 2001년 오길비앤매더 코리아 대표이사로 취임했고 2006년 국내 최고의 광고대행사 금강기획과의 합병을 통해 새롭게 태어난 금강오길비그룹의 대표이사로 쉼 없는 광고인생을 이어 왔다.

한국 광고계와 기업이 '브랜드'라는 개념의 중요성이 희박할 때부터 브랜드의 중요성을 전파했다. 세계적인 브랜드들의 역사가 이미 적게는 50년 많게는 백 년이 넘는다는 것을 주지하고 한국에서도 일회성 광고 만들기가 아닌 장기적이고 체계적인 브랜드 구축의 필요성을 절감했다.

결국 그가 진두지휘했던 광고주의 캠페인은 한때 반짝하는 일회성 광고에서 벗어나 보다 일관되고 장기적인 캠페인으로 승화될 수 있었다. 그중 다수는 해외로 수출되는 등 바야흐로 '한국의 성공 브랜드'를 창조하기에 이르렀다.

대우를 대표적인 예로 들 수 있다. 1980년대 후반, 당시 각개의 개별적 제품광고에 치중하던 대우전자를 위해 '신 대우 가족'이란 콘셉트의 브랜드 캠페인 아이디어를 개발했다. 파격적인 연속극 형식의 광고캠페인으로 주인공 가정에 대우전자의 가전제품을 자연스럽게 소개하여 강한 브랜드를 구축했다.

또한 1990년 중반 경쟁사 P&G 위스퍼에 시장을 빼앗겨 고심 중이던 유한킴벌리의 여성용품을 위한 '화이트' 광고캠페인에 소비자 증언 방식 광고를 채택하여 전체 여성 생리대 시장 점유율을 60% 이상으로 끌어올리는 쾌거를 달성했다. 현재까지 20년이 넘는 기간 동안 '깨끗함이 달라요!'라는 일관된 브랜드 스토리로 장기 성공 캠페인 신화를 일궈 냈다. 유한킴벌리는 이 캠페인으로 엄청난 브랜드 가치를 창출했을 뿐 아니라 홍콩, 필리핀 등 해외까지 제품과 광고캠페인을 수출하여 좋은 반응을 불러일으켰다.

2000년대 들어 자연주의를 표방한 '더 페이스샵' 화장품의 광고 캠페인을 시작해 시장 진입 1년도 되지 않아 인지도 45%를 기록했다. '더 페이스샵'은 현재까지 강력한 브랜드로 자리매김하여 국내는 물론 해외에서까지 최고의 브랜드로 각광받는다. 이 캠페인 역시 인도네시아, 홍콩 등에 수출하여 제품의 해외 진출에 또 한 번 큰 기여를 했다.

그는 지금껏 브랜드 광고뿐만 아니라 광고대행사 경영 전반에서도 발군의 수완을 보여줬다. 1998년 IMF 당시 코래드가 재정난을 겪으면서 국제국을 독립시켜 오길비앤매더와의 연합으로 새로운 형태의 합자법인(금강오길비그룹의 전신)을 시작하는 데 중추 역할을 했다. 이후 서구 광고시장의 패러다임이 이미 IMC(통합마케팅커뮤니케이션) 형태로 전환된 것을 벤치마킹하여 조직을 광고뿐만 아니라 디지털과 PR 영역 등으로 확장해 명실 공히 '360도 브랜드 스튜어드 십'을 위한 조직으로 갖추었다.

2006년에는 세계 최대 커뮤니케이션 지주사 WPP의 전략적 방침에 따라 오길비앤매더 코리아와 현대그룹의 광고회사 금강기획의 전략적 인수합병 절차를 밟게 된다.

당시 규모나 회사의 지명도, 세계적 광고사의 한국 법인과 국내 굴지의 광고대행사의 합병인 만큼 세간의 이목을 집중시켰던 일련의 과정을 성공적으로 안착시켰던 일은 광고인으로서가 아닌 경영인으로서의 경영수완을 입증하기에 부족함이 없다.

오길비앤매더 코리아가 가진 세계적 브랜드 포트폴리오에 금강기획이 보유한 외환은행, 러시앤캐시, 스킨푸드와 같은 유수의 브랜드가 더해지면서 회사의 외적 성장은 물론, 다양한 성격의 브랜드를 이끌어 갈 수 있는 역량의 회사로서 내적 기반을 좀더 확실히 다져갈 수 있게 되었다.

그가 내실 있는 광고대행사를 만들기 위해 힘썼던 큰 축 가운데 하나는 다름 아닌 '직원 교육'이었다. 해외 광고 회사 가운데서도 특히 탄탄한 전략 모델과 탁월한 교육 프로그램으로 정평이 난 오길비의 철학과 문화를 국내에도 적극적으로 도입하여 경쟁력 있는 인재를 키워 내자는 것은 그가 바라본 가장 이상적인 광고회사에 대한 확고한 철학과 신념에서 비롯된 것이다.

현재 금강오길비그룹은 회사와 광고주에게 오길비 본사의 선진 노하우를 적극적으로 전수한다. 특히, 직원들은 연중 체계화된 트레이닝 가이드에 맞춰 글로벌 캠페인 사례와 최신 트렌드를 수시로 전수받고 전 세계 오길비인과 교류의 장을 통해 더 큰 세계에 눈과 귀를 열수 있도록 실질적 환경을 제공받는다.

이의 일환으로 아직 한국광고시장에서 약한 플래닝 기능을 강화하기 위해 외국의 일류 플래너를 지속적으로 영입하여 회사의 직원에게 생각의 기술을 전수시킨다. 뿐만 아니라 국내 광고주를 대상으로 '브랜드 포럼'을 수차례 열어 광고주들로부터 글로벌 브랜드들의 다양하고 선진적인 브랜드 구축사례와 세계적 브랜드의 트렌드 등을 소개 받을 수 있는 자리를 만들어 큰 호응을 얻어 냈다.

30여 년 광고인생을 잠시 술회한 그는 한국 광고업계는 우리 민족 성만큼이나 빠르게 양적, 질적 성장을 했지만 아직까지 광고업의 종사자인 광고인이 전문가로서 사회와, 특히 광고주들로부터 얼마만큼 인정받고 존경받는지에 대해 아쉬움을 토로했다.

결국, 철저히 사람이 만들어내고 일궈 내야 하는 업(業)인 광고업에서 믿을 것은 인재와 인재 육성이고 광고인 스스로 존경 받을 수 있는 토양을 만들어 내는 것이 한국 광고업이 현재 안고 있는 가장 큰 숙제가 아니겠냐며 여운을 남겼다.

그의 한국광고업계 발전 공헌은, 특히 '한국 광고계의 국제 위상 제고'에 초점이 맞춰진다. 지난 1996년 세계광고대회(IAA)를 한국에 유치하기 위해 관련 해외 인사들에게 로비하고 해외에서 진행된 각종 프레젠테이션 등을 직접 준비해서 발표를 진행했다.

이의 일환으로 1994년 약 2천여 명이 참석한 칸쿤 IAA 행사에서 한국을 홍보하는 '한국의 밤' 메인 MC를 맡아 호응을 얻어 냈고 결국 1996년 IAA 한국대회를 성공적으로 유치해 한국 광고산업의 위상을 몇 단계 올리는데 일조했다.

또한, 그는 어린 시절부터 기부 습관이 몸에 배어 해마다 상당한 금액을 기부하고 간혹 그에게 들어오는 광고모델비의 대부분도 크고 작은 기부를 위해 환원했다. 2002년 오세훈 전 서울시장 등 사회 각계 인사가 참여한 향수 광고의 경우 수익금 전액을 아름다운 재단에, 지난해 레이크 힐스 골프장 모델을 하면서 받은 모델료 전액도 그 자리에서 선뜻 기부해 노블레스 오블리주를 실천하는 삶을 보여주었다.

기부에 대한 그의 철학은 기업 차원의 노력에서도 강조된다. 매년 직원들을 대상으로 한 바자회 등으로 성금을 모금하여 도움이 필요한 단체에 기부하고 본사 오길비앤매더와 함께 9 · 11 테러 당시 공익 광고를 무료로 제작하는 방식으로 CSR 활동을 펼친 바 있다.

서범석

1955년 출생
1980년 중앙대 정경대학 광고홍보학과 졸업(학사)
1981년~1990년 (주)LG화학 광고과장, 마케팅부장
1983년 중앙대 신문방송대학원 PR광고전공 졸업(석사)
1995년 경희대 대학원 신문방송학과 공고홍보전공 졸업(박사)
1995년~ 세명대 광고홍보학과 교수
2000년~2004년 (사)한국옥외광고학회 초대회장
2004년~2005년 (사)한국광고학회 회장
2007년 중국 북경대 신문방송학원 광고전공 초빙교수 역임

수상 및 저서

1988년 (주)LG화학 우수사원 상
1998년 매일경제신문사 광고대상 학술공로상
2006년 대한민국근정포장
2014년 (사)한국광고학회 올해의 논문상(제일기획 학술상)
《광고와 소비자》(나남, 1997)
《눈으로 보는 한국광고사》(공저, 나남, 2001)
《옥외광고학원론》(워드북스, 2004)
《현대사회와 광고》(공저, 한경사, 2008)
《광고라 하는 것은》(공저, 커뮤니케이션북스, 2009)
《현대광고기획론》(나남, 2010)

서범석 교수의 광고인생은 일찍 시작되었다. 대학 졸업 전 대웅제약 광고과에 입사하면서 광고계에 입문해 럭키화학(현 LG화학) 광고담당으로 특채되었다. 그 후 LG화학에서 광고과장, 마케팅부장으로 일하며 수많은 광고를 만들어 승승장구했다. 재직 당시 다양한 생활용품 광고에 참여했으며 소피 마르소가 광고 모델로 활동한 드봉화장품의 광고 등을 주관해 기업 이미지 및 매출 기여를 인정받아 우수사원상을 수상하기도 했다.

그 후 광주대 출판광고학과 교수로 채용되어 교직생활을 시작해 현재는 세명대 광고홍보학과 교수로 재직 중이다. 그의 학계활동을 보면 한국언론학회 광고홍보연구회 회장으로 활동했고 옥외광고 산업의 과학화와 전문화를 위해 한국옥외광고학회를 창립해 초대 회장을 역임했으며 그 후 한국광고학회 회장직을 지냈다. 최근 들어 광고학 연구 분야 중 한국 광고사의 인물사 연구로 광고학회 올해의 논문상인 제일기획 학술상을 수상하기도 했다.

또한 다양한 산학협력 활동을 수행했다. 대한펄프 마케팅 고문, 서울지하철공사 고문, 서울시 마케팅 자문교수, 타이거풀스 자문교수 등을 지냈으며 대한민국광고대상 심사위원장, 〈매일경제〉 광고대상 심사위원장, 〈경인일보〉 히트상품 심사위원장, 〈스포츠서울〉, 〈세계일보〉 광고심사와 더불어 수많은 기업의 광고자문 역할을 했다. 이러한 학계 및 광고산업을 위한 노력을 인정받아 〈매일경제신문〉 학술부분 광고공로상을 받았으며 대한민국 근정포장을 수상했다.

그는 후학을 위해 저술활동도 게을리하지 않았다. 《광고와 소비자》(나남, 1997), 《옥외광고학원론》(워드북스, 2004), 《현대사회와 광고》(공저, 한경사, 2008), 《광고라 하는 것은》(공저, 커뮤니케이션북스, 2009), 《현대광고기획론》(나남, 2010), 《눈으로 보는 한국광고

베이징대 한중광고 국제학술심포지엄 주제발표
(2011.6.28)

사》(공저, 나남, 2001) 등 다수의 학술서적을 출판했으며 다양하고 수준 높은 학술논문을 발표하기도 했다. 특히, 《광고기획론》(나남, 1990)은 광고 기본서적으로 지난 수십 년간 후학들에게 높이 평가받았다.

또한 광고산업의 비합리적이고 모순된 제도 개혁을 위해서도 노력했다. 특히, 방송광고 사전심의제도, 독점적 방송광고판매제도, 대기업 계열광고회사의 문제점 등에 관심을 가지고 광고 거래질서에 대한 다수의 논문 발표와 더불어 제도개선에 직접 참여했다. 그 결과 방송광고 사전심의제도의 철폐, 제한적 미디어렙 제도 실시, 경제민주화와 관련된 광고 일감 몰아주기의 개선에 기여했다. 이러한 도전적이고 혁신적인 활동으로 광고학계 및 산업계에서는 광고민주화를 위한 독립군이라 이야기한다.

무엇보다도 광고를 사랑하고 광고밖에 모르는 진정한 광고인이며 대학에서 광고홍보학과를 졸업한 1세대 순수 광고인이다. 최근에는 중국과 티베트를 좋아해 수차례 방문하며 이를 사진에 담아 대한항공사진전에서 여러 차례 입선하기도 했다. 또한 중국 보이차에 심취해 중국 국가자격증인 다예사, 고급품평원이란 자격증을 따기도 했다. 그는 "보이차는 사람과 사람의 마음을 소통하는 것이며, 느림과 기다림의 미학"이라고 표현하면서 광고도 마찬가지라고 했다(茶禪一如, 廣禪一如). 트렌드와 속도를 중시하는 현대 광고계의 풍토에서 서범석 교수가 말하는 느림의 미학은 하나의 쉼표가 될 수 있을 것이다.

서병호

1938년 출생
1961년 서울대 사회학과 졸업
1964년~1968년 동양통신, 〈중앙일보〉외신부 기자
1968년~1973년 중앙개발 과장
1973년~1976년 〈코리아헤럴드〉기획실 실장
1976년~1996년 공보처 종합홍보실장 등
1996년~1998년 한국방송광고공사 사장
1999년~2002년 목원대 광고홍보학과 객원교수
2003년~2009년 재능방송 부회장
2006년~2009년 방송채널사용사업자협의회 회장

수상 및 저서

1986년 사회유공표창
1993년 홍조근정훈장
1996년 한국PR협회 공로패
《기차는 8시에 떠나네》(황금어장, 2007)

서병호 회장은 시원스레 인정한다. 본인이 잘 적응하지 못해서 여러 직장으로 옮길 수밖에 없었다고. 자신은 성공한 직장인은 아니라고. 그래서 언론인에서 광고인이 된 셈이라고. 누가 보더라도 성공한 인물이지만 스스로 미화(美化)시키지 않는다. 그는 그런 사람이다.

그는 군 제대 후 1964년 높은 경쟁률을 뚫고 동양통신에 입사하며 기자의 길을 걷는다. 이후 〈중앙일보〉의 창간과 함께 스카우트되어 외신부의 기자로 있다가 1967년 중앙개발이라는 그룹 계열 골프장으로 옮겼다.

그런데 그 시절 재벌총수와 관련해 전혀 예측하지 못한 사건이 발생했다. 총수가 타야 할 골프카트에 펑크가 났던 것이다. 이 사건으로 그룹 내의 인식이 부정적으로 바뀌면서 쫓겨나듯 나오게 되었다. 그리고 1972년, 지금의 제일기획의 전신인 현대기획에서 일하게 되며 광고계에 발을 담그는 인연이 되었다.

그곳에서 영업부장이라는 직함을 들고 난생처음으로 험난한 광고 영업을 시작했다. 어렵사리 한국냉장이라는 광고주를 연간으로 유치하기도 했다. 하지만 골프장 사건의 재벌총수와 다시 재회했다. 연말 순시 중이던 재벌총수 일행의 눈에 띈 것이다. 그룹 임원진은 여전히 골프장 사건을 잊지 않았다. 그 결과 현대기획에서조차도 계속 근무할 수 없었다. 그렇게 현대기획을 나온 뒤 월간지 〈세대〉의 최진우 사장과 함께 종합광고회사를 만들어 본격적으로 광고계에 투신했다.

크라운맥주를 영입해 인쇄광고는 물론 새로운 CF를 만들어 야심차게 TV광고를 집행했지만 불운은 계속되었다. 방송사로부터 대행 광고회사로 인정받지 못해 수수료를 한 푼도 받지 못한 것이다. 인쇄 매체 수수료만으로는 사무실 운영이 어려웠다. 결국 1년도 버티지 못하고 광고계 입문에 대한 쓰라린 기억만을 안고 물러날 수밖에 없었다.

그는 다시 언론계로 돌아가 〈코리아헤럴드〉 기획실장까지 근무했다. 그러다가 우연한 기회에 지인의 추천으로 문화공보부장관 비서관으로 발탁되어 공직에 나서게 되었다. 그때가 1976년 7월이었는데 우연히 들어선 공직생활이 공보처 종합홍보실장으로 퇴직할 때까지 20년이나 지속될 줄은 전혀 예상하지 못했다. 그가 공직에 있을 때 맡은 일의 대부분은 정부와 국가정책의 홍보를 담당하는 것이었으므로 명실상부한 홍보전문가의 길을 걷게 된 것이다.

1996년 5월 약 20년간의 홍보전문가의 일을 마치고 마침내 그는 한국방송광고공사 사장으로 다시 광고계로 돌아온다. 한국방송광고공사는 그전까지 부임한 사장들이 방송계나 정부쪽 출신이 대부분이었다. 그처럼 광고회사 근무 경험이 있고 직접 광고주를 유치해 본 사람이 없었다.

그는 취임하자마자 과거의 공사 사장들의 행보와는 달리 방송사나 광고주 외에 광고회사를 방문해 광고업계의 실정과 애로사항을 직접 청취하고 문제점을 해결하려고 했다. 직원들에게는 공기업의 한계를 벗어나야 함을 역설하고 '고객'과 '마케팅'이라는 개념을 강조했다. 직원들의 반발이 없었던 것은 아니었지만 굴하지 않고 회사조직을 마케팅 위주로 바꾸었고 정부의 승인을 얻어 판매촉진비를 신설, 지급함으로써 광고영업을 활성화하는 데 주력했다.

과거 목에 힘을 주고 광고회사나 방송사 실무자들을 대해 온 공기업 직원들에게 고객에 대한 서비스를 강조한 시도는 얼마 가지 않아 객관적 영업실적으로 효과가 입증되었다. 그러자 처음에는 그의 진실성을 의심하던 직원들로부터 '광고를 아는 사장'이라는 평가를 받으며 점차 조직 분위기가 영업하는 회사로 바뀌게 되었다.

그는 한국방송광고공사 사장으로 임기를 마치고 광고에 대한 학문적 욕구와 필요성을 느껴 연세대에서 수학했다.

그 뒤 목원대, 인하대 등에서 객원교수로 광고실무론과 국제광고론 그리고 홍보론을 강의하면서 후학양성에 힘쓰는 한편, 2003년에는 재능방송 부회장으로 취임해 양질의 방송콘텐츠 제작을 위해 노력했다. 그리고 2006년부터 2009년까지 방송채널사용사업자협의회(PP협의회) 회장으로 추대되어 주로 중소 PP사의 입장을 대변하는데 힘썼다.

그의 표현대로라면 그는 실패한 신문기자이다. 신문기자로서의 욕심이 부족했고 흔히 하는 말로 기자로서 '잘나갈 수 있는' 몇 번의 좋은 기회를 포기했다. 이는 그가 치열한 경쟁에는 어울리지 않는 사람임을 보여 준다. 배려와 양보는 끝없는 경쟁을 필요로 하는 신문기자에게는 불필요한 덕목이기 때문이다. 하지만 그의 업무능력은 탁월했으며 심성과 태도에서는 섬세하고 겸손했기에 공직자로 근무하며 승승장구할 수 있었다. 그런 이유로 한국방송광고공사 사장 시절에도 방송사, 광고회사 등 고객과 직원에게 인정받을 수 있었다.

영국 공보관 시절, 당시 이홍구 대사는 "서 공보관이 하자는 대로 하면 과오가 없었다"고 공개적으로 말할 정도로 능력을 인정받았다. 그가 한국방송광고공사 사장 퇴직 후 대학에서 후학을 양성하면서 학생들에게 항상 했던 말이 있다.

"제품을 파는 것은 삼류, 지식을 파는 것은 이류, 감동을 파는 것이 일류입니다."

서병호 회장은 말한다. 광고는 자신의 삶에서 보면 질긴 인연이라고. 하지만 후회는 없다. 아쉬움이 없기에 본의 아니게 그를 광고계에 입문시킨 당사자들까지도 원망하지 않는다.

"덕분에 광고계에 입문하게 되고 후에 한국방송광고공사 사장, 대

학에서 후학을 양성으로까지 이어졌으니 인생사 새옹지마(塞翁之馬)
이고 모두가 마음먹기 나름 아니겠습니까?"

그가 지닌 삶의 지혜가 아름답다.

1953년 출생
1980년 한양대 무기재료공학과 졸업
1982년 서진프로덕션 설립
1987년 서진기획 대표이사 사장
1988년 중앙대 신문방송대학원 PR광고 석사
1989년 플로리다대학 대학원 미디어믹스과정 수료
1994년 프로비젼 대표이사
1996년 한국광고업협회 이사
2006년 한양대 대학원 광고홍보학 박사
2003년~ S&D 대표이사 회장

서상열

지방 광고산업의 발전과 지역 광고인의 위상을 위해 30여 넌이 넘는 세월을 뜨거운 가슴으로 달려온 서상열 사장. 그의 이름 앞에는 항상 지방 최초, 최고, 최대라는 수식어가 붙는다. 그럼에도 그는 명예롭지만 과분한 수식어라며 겸손해 한다.

　그는 대구에서 태어났다. 자라서 대학에 진학해 재료공학을 전공한 평범한 공학도였다. 사회생활은 졸업 후 집안에서 운영하는 기계공장의 평범한 직장인으로 시작했다. 그러나 숨은 끼를 버리지 못하고 29세의 젊은 나이에 지방 최초로 비디오 제작 및 배포를 전문으로 하는 '서진 프로덕션'을 설립했다. 그 시대 사람들은 다 아는 〈씨받이〉, 〈뿅〉, 〈의천도룡기〉, 〈영웅문〉, 〈삼국지〉 등을 대표작으로 국내외 비디오테이프를 배포하며 회사 규모는 급속도로 커졌다. 회사가 성장하며 자사의 광고 양이 증가함에 따라 자연스럽게 광고부서와 영상제작 배포부서의 분리가 이뤄졌고 영상부서의 서울 진출을 시작으로 광고부서를 독립시켜 대구에서 지방 최초의 종합광고대행사 서진기획을 출범시켰다.

　서진기획은 부동산 호황과 지역에 자리 잡은 전국 굴지의 아파트건설 브랜드 덕분에 부동산광고 전문회사로 특화되어 승승장구했다. 1990년도 후반에는 대구와 서울지사를 합쳐 총 120여 명의 사원이 근무했으며 독립광고회사 중 전국 2위의 매출을 기록하기도 했다. 그러나 얼마 지나지 않아 IMF의 파고를 넘지 못하고 회사가 도산하는 큰 아픔도 겪었다. 그로 인해 직원들이 직장을 잃고 전국 각지로 뿔뿔이 흩어지게 했다는 죄의식을 아직까지도 갖고 있다.

　남은 직원들이 회사의 경영을 맡았다. 본인은 광고연구소를 운영하며 현장에서는 멀어졌으나 광고계를 떠나지는 못했다. 2003년 그리던 광고계로 다시 돌아와 대구에 광고회사 에스앤디(S&D)를 설립하고 현재까지 후배들과 현장에서 함께 뛴다.

그는 늦은 나이에 9년에 걸쳐 서울을 오가며 광고 관련 학과 석·박사 학위를 취득한 광고이론가이기도 하다. 그의 강의는 이론과 현장을 넘나드는 해박한 지식으로 광고학도와 예비 광고인에게 큰 공감을 준다는 평가를 받는다.

그의 광고철학은 크게 두 가지로 나눌 수 있다. 하나는 사람냄새 나는 격(格)이 있는 메시지이다. 광고란 상품 이해도와 아이디어를 도출하는 이론적 배경은 물론 사람 사는 이야기가 담긴 메시지, 즉 상품 정보를 제공하는 광고 고유의 기능과 함께 사람과 사람 사이를 연결하고 인류를 보다 풍요롭게 만드는 따뜻한 가치관이 녹아 있는 메시지여야 한다는 것이다. 또 하나는 뺄셈의 제작물이다. 많이 넣어도 안 지저분한 사람이 고수이듯, 많이 빼도 안 비어 보이는 사람도 고수이다. 하지만 메시지가 범람하는 지금의 시대적 흐름에서 더 이상 뺄 게 없을 때까지 빼는 뺄셈의 디자인이 광고에서는 더욱 효과적이라고 주장한다. 가장 좋은 시안은 더 빼려 해도 뺄 게 없고, 더 넣으려 해도 넣을 게 없는 함축과 응집의 디자인이라고 말한다.

광고제작에 대한 그의 관심은 지나칠 정도로 열정적이다. 그는 경쟁 프레젠테이션에서 전 직원들에게 독하게 리뷰하는 것으로 유명하다. 프레젠테이션의 생명은 자신감과 여유인데 이는 완벽한 준비에서 나온다는 것이 평소 지론이기에 기획서 암기, 30회의 리허설은 기본이다. 백 장짜리 기획서가 절반이 되고 또 절반으로 접히는 과정이 반복되고 제작물의 컬러가 정제 과정을 거쳐 최소화된다. 이론과 정제, 절제를 거쳐 격과 빼기의 광고가 탄생된다. 격렬한 논쟁을 거쳐 시안이 결정된 후에도 "내 이론과 아이디어의 안목이 잘못됐을 수도 있다. 조금이라도 다른 주장과 반론이 있을 때에는 주저 없이 사장실로 찾아와 토론하자"

는 말에서 평생을 광고 현장에서 보낸 자신감과 깊이가 느껴진다.

에스앤디의 직원은 정년퇴직이 없다. 1990년대 초반 뉴욕의 광고회사에서 실무 연수를 하던 중 직원들의 평균연령이 60대 중반이라는 사실을 접한 것이 정년퇴직에 대한 고정관념을 바꾸는 계기였다. 이에 한국 광고계의 훌륭한 인력이 젊은 나이에 현장을 떠나는 안타까운 현실 앞에 노사가 윈윈하는 제도적 장치를 마련하려 했으나 당시 업계의 관행이나 실태 속에서는 현실화하는 데 어려움이 많았다. 고심 끝에 2013년에 이르러서 광고회사 최초로 정년퇴직을 사규에서 제외시키고 자기 분야에서 최선의 능력만 갖추면 건강이 허락하는 한, 은퇴 걱정 없이 평생 광고인으로 지낼 수 있는 새로운 노사 패러다임을 도입시켰다.

나아가 지방 광고 인재양성을 위한 장치로 '서진기획 광고대상'의 부활에 노력을 기울인다. 과거 서진기획은 지방대 학생들만을 대상으로 논문 부분과 작품 부분으로 나눈 공모전을 개최했다. 상금도 제일기획이나 중앙광고대상과 똑같은 액수였다. 안타깝게 사세가 기울어 4회에 그쳤지만 광고를 전공하는 지방 학생들에게 자긍심과 기회를 제공하는 행사를 다시 시작하겠다는 굳은 의지를 갖고 있다.

지방 광고를 위해서 달려온 30여 년의 세월. 그리고 크리에이터로서 맞이하는 한국 최초의 광고인 100세 시대. "광고 아이디어 별다른 것 있나? 전부 세상 사람들 사는 이야기에서 나오는 거 아이가?"라고 오늘도 입버릇처럼 이야기하는 그의 소망은 세상에서 광고 만들기를 가장 행복해하는 직원들과 사람 냄새나는 광고를 만들며 격 있게 늙는 것이다. 그리고 광고인만을 위한 무료카페를 열어 일과 후에도 후배 동료 광고인들과 술잔을 기울이며 폼 나게 사는 것이다.

서상열 사장의 나이도 어느덧 60대이다. 하지만 광고 창작자로서의 서상열은 두 번째로 맞는 30대이다. 그의 열정에 은퇴란 없다.

1933년 출생
대구대 동양철학과 졸업
1967년~1968년 한국ABC협회 연구실장
1968년~1971년 〈중앙일보〉 광고부장
1971년~1977년 〈동아일보〉 광고영업부장
1977년~1981년 제일기획 기획위원
1981년~1989년 한국ABC연구소 소장
국제정보산업 대표
(주)이스디(ISDI) 대표

서
순
일

오늘날 광고업계에서 시장 질서를 위해서 가장 당연하게 받아들이는 ABC(Audit Bureau of Circulations: 신문·잡지발행부수공사기구) 제도는 한국에 정착하기까지 꽤 지난한 과정을 거쳤다. 매체 쪽이나 광고주 쪽 모두 필요성을 인식하고 받아들이는 데는 성숙의 시간이 필요했기 때문이다. 이 과정에서 초창기부터 한국의 ABC제도 정착을 위해 지속적으로 노력하고 큰 역할을 한 이가 바로 서순일 선생이다.

"1960년대에도 선전부 사람들은 그 필요성을 절실히 느끼고 있었어요. 학계에서도 필요성을 주장한 이가 있었지만 그 일을 조직적으로 전개한 건 제가 처음이었지요."

1960년대까지만 해도 광고업계는 광고를 내고 현금거래를 할 정도로 제대로 자리 잡지 못한 산업 분야였다. 광고는 절반 가까이를 제약업계가 차지했고 각 제약회사에서는 선전부 직원 한두 명이 그 업무를 담당하던 시절이었다. 그는 당시 (주)제일광고에서 일했다. 동아제약 유충식 사장(당시 과장)과 대화를 나누고 혼자 책을 찾아 공부하는 과정에서 비로소 광고에 대해 깊이 생각하게 되었다.

"ABC가 아주 중요한 역할을 하는 세계적 기구라는 것도 알게 되었어요. 그래서 일본 덴츠와 미국, 유럽, 캐나다 등에 ABC 자료를 요청했는데 19개국에서 자료가 왔죠."

이때부터 그의 ABC운동이 본격적으로 시작된다. 서울대 김원수 교수, 동국대 황창규 교수 등 ABC제도에 대한 인식을 학계와 공유하는 한편, 20여 개 제약회사 선전부 실무자들과 함께 1966년에 '의약품 PR 구락부'를 만든다. 실무자 모임이긴 했지만 한국 최초의 광고주협회였던 셈이다.

여기에서 1968년 최초의 매체조사 실시 결과를 발표하는 사고(?)를 친다. 물론 정확한 조사방법을 쓰기 어려웠고 신문사의 동의도 얻지

244

못한 채 실시한 것이었지만 무작위 추출로 직접 방문, 조사하는 방법으로 신문 구독실태 조사 결과를 출판해 광고주 회사에게 돌렸다. 파장은 엄청났다. 〈동아일보〉는 압도적 우위에 선 결과로 엄청난 광고 이득을 본 반면 다른 신문사들은 충격을 받고 불평을 쏟아 냈다. 공보부 신문과장에게서도 연락이 왔다. 그럴 때마다 그는 "ABC는 광고뿐 아니라 사회 발전의 기초"라는 점을 역설했다.

하지만 한국의 ABC제도 정착은 순조롭지 않았다. 매체들은 부수를 공개할 생각도, 준비도 되어 있지 않았고 광고 집행을 대행할 변변한 광고대행사도 없는 상황이었다. 일본의 경우 매체에도 영향을 미칠 정도로 강력한 광고대행사인 '덴츠'가 존재해 일본 ABC협회의 창설을 주도했다. 한국에서도 몇 번의 시도가 있었지만 대부분 매체 중심이었기 때문에 제대로 진행되지 못했다.

1981년 그는 ABC협회 창립을 목표로 한국ABC연구소를 설립, 국제ABC연맹의 활동을 소개하고 일본에서 열린 국제ABC연맹 총회에 참석하는 등 다방면의 노력을 했다. 여기에 정부의 관심이 더해지면서 1988년 한국광고협의회(현 한국광고단체연합회)에서 ABC소위원회를 구성해 협회 설립을 위한 구체적인 작업을 하게 된다. 서정우, 송석환, 신인섭, 임응배 위원과 함께 소위원회 위원으로 활동하며 해외 ABC제도 운영 실태를 조사하고 자료를 번역해 출판하는 등 협회 탄생을 위해 앞장서 일했다.

"당시는 올림픽의 영향으로 외국계 회사가 한국에 대거 진출하기 시작할 때였는데 한국의 광고시장은 ABC와 같은 기초 자료도 없는 상황이어서 오히려 크게 이슈가 될 수 있었어요."

마침내 1989년 매체 발행사 34개사, 광고주 27개사, 광고회사 14개사, 조사회사 3개사가 창립회원으로 참석한 가운데 '한국ABC협회'

사단법인 한국ABC협회(가칭) 창립 발기인 대회(1989.4.12)
(가장 오른쪽이 서순일 선생)

가 창립총회를 개최하게 되었다. 이는 아시아에서 5번째, 세계에서 23번째였다.

그는 17세에 홀로 피난을 떠나 대구에 정착했다. 지인의 회사 제품에 옥외광고를 부착하는 일을 기획하면서 광고와 인연을 맺어 서울로 올라와 '제일광고주식회사'라는 옥외광고 전문 회사에서 일을 시작했다. 늘 성실하게 공부하고 연구하는 태도는 일찍부터 몸에 배어 그의 일생을 관통하는 습관이 되었다.

국제회의에 가 보니 영어가 꼭 필요하다는 생각이 들었다. 그때부터 밤새워 공부했다. 광고의 과학화에 대한 세미나를 듣고는 컴퓨터와 소프트웨어에 대해 공부했다. 국내엔 컴퓨터조차 거의 없던 시절이었다. 중국과의 수교가 없던 때부터 양국의 교류를 주장하고 중국어를 배우기 시작했다.

"광고계에서 일하다 보니 시장을 읽고 시대를 앞서 생각할 수 있었던 것 같아요. ABC제도도 그런 맥락에서 인식했던 거였고요."

그는 1967년부터 〈중앙일보〉 광고부장으로 일했고 1971년부터는 당시 최고의 광고효과를 자랑하던 〈동아일보〉 광고영업부로 옮겼다.

"그때는 저녁이면 수금한 광고대금을 은행에 넣질 못해서 어디에다 보관하나 고민해야 할 정도로 광고가 잘됐어요."

〈동아일보〉의 광고부는 광고주들이 광고 동판을 가져와 제발 넣어 달라고 사정할 정도로 승승장구였다. 그러던 〈동아일보〉가 광고 면을 백지로 내보내는 사건이 벌어졌다. 1974년 12월 〈동아일보〉 광고탄압 사건이다. 그는 이 일을 직접 겪었다.

"유신체제의 언론탄압에 걸린 거지요. 그때 김인호 씨가 광고부장이었는데 저와도 뜻이 잘 맞았어요. 어떻게든 신문을 내야 하니까 내부광고 같은 걸로 버티다가 결국엔 '백지광고'라는 전면 저항을 결정한 겁니다."

당시 중앙정보부는 10월 유신(1972)에 비판적인 언론을 통제하기 위해 비판적인 언론에는 광고를 내보내지 못하도록 광고주에게 압력을 넣었다. 10월 24일 기자들의 자유언론실천선언 이후 광고주들이 예정된 광고를 취소하고 동판을 회수해 가는 사태가 벌어졌고 〈동아일보〉는 결국 12월 26일 광고지면을 모두 비운 채 신문을 발행했다. 이 초유의 사태로 독자와 국민은 언론에 대한 광고탄압을 확실하게 인지하게 됐고 각계각층의 격려광고가 답지했다.

"위험했죠. 당시 송건호 국장을 비롯한 기자들을 믿었으니까 할 수 있는 일이었지만 집안에서는 걱정이 대단했거든요. 하루는 〈동아일보〉가 포위되어서 뒷길로 빠져나가 지인의 집을 찾아갔어요. 그 길로 지리산 옆에 가서 숨어 있다가 긴박한 상황이 수습된 뒤에 내려오기도 했죠."

이처럼 초창기 광고계를 몸으로 겪으며 ABC제도의 도입과 정착을 이끌어낸 서순일 선생은 1977년 〈동아일보〉 사직 후에도 옥외광고,

미디어렙, 정보 관련 소프트웨어 개발 등 광고 관련 사업과 함께 중국과의 교류 추진사업을 꾸준히 진행했다. 한중문화예술교류협의회를 창설하고 활발히 활동하는 한편, 협회 부설로 '한중문화MICE협회'를 만들어 또 다른 세계로 나가는 돛을 올렸다. 서순일 선생의 미답지 탐구는 여전히 진행 중이다.

1937년 출생
1963년 연세대 영문학과 졸업
1964년~1965년 〈한국일보〉, 〈코리아타임즈〉 기자
1967년 미네소타대학 언론대학원 석사
1970년 미네소타대학 언론대학원 박사
1972년~2002년 연세대 신문방송학과 교수
1972년~2002년 〈팬아시아타임즈〉(미국) 편집인
1983년~1984년 한국신문학회 회장
1984년~1985년 스탠퍼드대학 객원교수
            미주리대학 객원교수
1988년 방송위원회 부위원장
1989년~1995년 공익광고협의회 위원장
1998년~2000년 연세대 언론홍보대학원 초대 원장
2001년 한국ABC협회 회장, 한국PR협회 회장

수상 및 저서

1987년 국민훈장 목련장
1988년 서울올림픽 기장
2000년 홍조근정훈장
《한국 언론 100년사》(한국언론인연합회 편, 한국언론문화사, 2006)
《언론자유와 사회윤리》(나남, 2010)
《현대사회와 언론학》(범우, 2011)

서
정
우

서정우 교수는 대학 졸업 후 신문기자로 언론계와 인연을 맺었다. 뉴욕 특파원이 되어 취재 틈틈이 컬럼비아대학의 도서관도 가고 강의도 들어 보곤 했다. 1964년 미국은 커뮤니케이션, 언론, 미디어 등의 연구에서 굉장히 앞서 있었다. 그는 체계적 언론학의 필요성을 느꼈고 1965년 미네소타대학 언론대학원에 입학해 1970년 해외 특파원 연구로 박사학위를 받는다. 이것이 서정우 교수와 언론학과의 인연이다.

1972년 연세대에 신문방송학과를 설립하고 8년간의 학과장, 1992년 연세대 언론홍보대학원 설립 후 6년간의 원장, 2006년 연세대 영상대학원 설립과 초대 원장 등을 역임하며 늘 연세대 언론학 발자취의 선두였다. 최고위 과정까지 항상 새로운 기구를 만드는 역할을 했다. 한국 커뮤니케이션 연구의 텃밭을 일군 자타가 공인하는 학자였다.

언론홍보대학원 창설 때 명칭이 고민이었다. 언론대학원, 커뮤니케이션대학원, 언론정보대학원, 언론영상대학원 등의 논의를 거쳐 언론홍보대학원으로 결정했다. 그는 곧 홍보의 시대가 올 것이고 학문의 길 이외에도 학생들의 사회진출에 도움이 클 것이라는 판단으로 언론홍보를 주장했고 그 생각은 지금도 변함이 없다. 커뮤니케이션의 가장 중요한 분야가 홍보라고 생각하는 것이다.

'한국언론인연합회' 명예회장인 그의 사무실에는 지금도 오래된 현판 하나가 보관되어 있다. 현판에는 '홍보산학개발원'이라고 쓰였다. 오래 묵혀 뒀던 현판을 보면서 연구소를 만들었던 당시의 기억이 되살아난다. 왜 그랬을까?

"그때가 미국 유학에서 돌아와 연세대 신문방송학과를 설립한 이듬해인 1973년의 일이었습니다. 아마 머잖아 홍보 분야의 산학협력 연구가 반드시 필요하리라고 판단했지요."

학과도 연구소도 대학원도 모두 선구적 창설, 운영을 거듭한 학자임을 보여 주는 일면이다.

한국 언론학 역사의 1세대가 독일, 일본으로부터 영향을 받은 학자였다면 그는 미국 유학파 중심의 2세대로 꼽힌다. 1세대가 인문학적 연구 전통이 강했다면 그를 비롯한 2세대는 사회과학으로서의 매스커뮤니케이션 연구를 확산하기 시작한 선두주자이다. 차배근 교수와 한태열 교수 등 연구 전통이 같았던 사람들과 함께 《언론통제이론》(법문사, 1989), 《신문학이론》(박영사, 1990), 《비교신문학》(법문사, 1986) 등의 집필을 시작했다. 국내에는 아직 그런 류의 책들이 없던 시절이었다. 연구와 강의, 집필, 모두 선구적 역할이었다.

그는 이외에도 방송위원회 부위원장, 공익광고협의회 위원장, 한국홍보협회 회장, 한국언론학회 회장, ABC협회 회장, 한국PR협회 회장 등을 역임하면서 언론실무와의 인연 역시 오랜 기간 이어 갔다. 공익광고협의회 위원장으로서는 1989년부터 1995년까지 광고, 홍보, 심사, 정책 등의 실무를 맡았다. 학문의 사회적 기여를 경험한 기간이었다.

또한 그는 '한국언론학회' 회장을 맡으며 신문방송 중심이던 학회를 'Study of Mass Communication'이라는 학회 이름에 걸맞게 신문, 방송, 잡지, 통신, 광고, 홍보, 출판까지 과감하게 확장한다. 인문학적, 정신과학적 성격이 강했던 언론학 분야에 사회과학으로서의 매스커뮤니케이션 개념과 연구를 도입하기 시작한 것도 그 무렵이었다. 독립학문으로서, 사회과학으로서의 매스커뮤니케이션 연구가 시작된 계기를 마련한 시기 역시 그 무렵이었다.

영어의 PR을 우리말로 '홍보'라는 말로 지칭하고 이를 확산시키자는 주장 역시 그의 노력이다. 한글로 '피알'이라고 쓴 행사와 단체가 있는 것을 보고 놀란 경험이 있었다. 이러한 상황을 안타까워하며 더이상 혼란 없이 PR은 홍보라는 용어로 정착하기를 바란다는 입장이며 '한국PR협회' 회장을 역임한 그의 바람이다.

디지털 시대, 뉴미디어의 등장 이후 나타나는 사회 현상과 우려에 대한 그의 생각은 어떨까? 뉴미디어가 등장하면 올드미디어가 위축되는 것은 계속 반복돼 온 현상이다. 즉, 라디오가 등장하니 신문이 위축되고, TV가 등장하니 라디오가 망할 것 같다고 하고, 인터넷과 컴퓨터가 등장하니 방송이 어렵다고 하는 현상이다. 그러나 그렇다고 올드미디어가 절대로 사라지지는 않는다는 것 그리고 없어져서도 안 된다는 것이 그의 생각이다.

요즈음 학자로서 마음 아픈 점은 사람들이 점차 책과 신문을 읽지 않는다는 점이다. 그는 '보고 느끼는 민족'보다는 '읽고 생각하는 민족'의 장래가 밝다고 확신한다. 현대인은 다른 미디어, 인터넷이나 스마트폰으로 읽는다고는 하지만 엄밀히 말해 그건 '리딩'(reading)이 아닌 '뷰잉'(viewing)이라고 생각한다. 문명사적으로 신문, 잡지, 책 등 인쇄매체가 심각하게 위축된 것이 나중에 큰 문제로 드러날 것이라고 예상한다. 그렇기 때문에 국가, 혹은 정부가 나서서 전 국민이 신문과 책을 많이 읽도록 정책적으로 지속적인 캠페인을 벌여야 한다는 것이 그의 주장이다.

신문, 방송, 잡지, 통신, 인터넷 등 분야는 각각이지만 본질은 모두 소통이고 커뮤니케이션이다. 소통을 중심으로 쓰고 말하고 발표하는 능력이 디지털 시대에도 지속적으로 힘을 얻을 것이고 소통의 교육은 말하기와 쓰기가 핵심이라는 이야기이다. 민주화가 지속 발전되면서 홍보의 중요성이 점차 커진다. 홍보의 영역이 커뮤니케이션에서 점차 확장된다는 그의 예상이 실제로 나타나는 것이다.

몇 년 전 국방대학에서 그에게 홍보에 대한 강의 의뢰가 있었다. 사상 처음 국방대학에 홍보라는 교과과정이 생겨난 것이다. 천안함 사건의 영향이었을까? 사회 전반에 홍보의 필요성이 커진 것을 새삼 실감하게 된 사례였다.

그 외에 가슴 아픈 일로 저널리즘의 몰락을 지적한다. 언론, 저널리즘은 기본적으로 사회 환경을 감시하는 역할이 있는데 영화 〈도가니〉와 이를 둘러싼 현상들을 보면서 그곳이 그렇게 썩어문드러질 때까지 언론이 제 역할을 하지 못했다고 생각한다.

학교를 퇴직한 후에도 명예교수로서의 활동 이외에 100인의 언론전문가가 기획, 집필, 제작한 《한국 언론 100년사》(한국언론인연합회 편, 한국언론문화사, 2006)를 발간하고 《현대사회와 언론학》(범우, 2011), 《언론자유와 사회윤리》(나남, 2010) 등의 책을 출판하는 활동을 지속한다.

마지막으로, 서정우 교수는 앞으로 꼭 하고 싶은 일들로 손자와 함께 히말라야나 킬리만자로 같은 명산을 트레킹하는 것, 자신의 언론학 반세기를 에세이로 발표하는 것, 부인의 이름으로 캄보디아에 우물을 만들어 주는 것 등을 꼽았다. 따뜻한 인간애가 밴 소망이었다.

신 승 훈

1940년 출생
1965년 성균관대 정치학과 졸업
롱비치주립대학 정치학과 수료
1965년~1969년 고려여행사 부지배인
1969년~1979년 MBC 차장
1979년~1981년 CBS 광고대행 세기광고 대표이사 상무
1982년~ (주)보성콤 대표이사

수상 및 저서
1987년 국무총리 표창

신승훈 대표의 삶은 자신의 계획대로, 희망대로 산다는 것이 얼마나 쉽지 않은지 보여 준다. 성균관대 정치학과에 입학했으나 영화감독의 꿈을 버리지 못해 영화감독의 꿈을 안고 미국행 비행기에 올랐다. 하지만 상황은 여의치 않았고 롱비치주립대학의 정치학도가 된다. 잠시 귀국했을 때 어머니가 편찮으셔서 미국으로 돌아가지 못했다.

이후 비행기 표 값이나 벌자고 시작했던 아르바이트(고려여행사)에서 성실함을 인정받으면서 부지배인까지 승진하며 발이 묶여버렸다. 그러던 중 그의 능력을 알아본 MBC에서 영업사원으로 스카우트했다. 전혀 생각하지 않았던 광고계에서 운명처럼 그를 받아들였다.

MBC에서도 그는 성실한 영업 자세로 주목받으며 눈에 띄는 실적을 기록해 회사에서는 능력 있는 직원으로 선배들에게는 착실한 후배로 인정받았다. 아르헨티나에서 세계광고대회가 개최되었을 때 평사원 신분임에도 불구하고 상무이사를 수행해 참석하는 영광을 얻기도 했다. 이는 기존 관례에는 없던 파격으로 회사의 신뢰가 얼마나 큰지 보여 주는 예이다.

1979년, 그는 만 10년의 MBC 생활을 마치고 CBS 광고영업 담당 상무이사로 전격 스카우트되었다. 그러나 안타깝게도 1981년 언론통폐합이 이루어지면서 개별 방송사의 광고영업이 금지되었다. 업무 이관에 따라 그도 한국방송광고공사로 옮길 것을 제안받았으나 자신의 책임하에 다양한 광고영업을 하겠다는 뜻을 품고 현재의 (주)보성콤을 설립하고 대표이사로 취임한다.

보성콤 설립 후 옥외광고를 포함한 광고 매체 대행에서 CF 제작, 문화이벤트 사업까지 업무의 영역을 넓혔다. 처음 해 보는 업무였지만 특유의 성실함과 학구열로 무난한 성과를 기록했다. 특히, 서울올림픽 개최 시 번뜩이는 아이디어로 물방울 화가 김창렬 씨 등 세계의 유명 화가들과 손잡고 포스터를 제작해 판매했고 해외에서 인기를 끌었던 로즈 페스티벌을 국내에 도입하는 등 문화이벤트를 성공시켜 그의 역량을 보여 주었다. 지금까지도 그때 광고인으로서 문화발전에 작으나마 기여한 것에 대해 보람과 긍지를 느낀다.

그는 광고계의 멋쟁이로 통하지만 평생 '을'의 자세로 영업했다. 첫 직장이었던 고려여행사 시절부터 MBC에 입사해 라디오광고를 판매할 때도 그랬고 CBS 광고영업 시절 그리고 자신의 회사를 차려 영업할 때도 물론이었다. 사실 MBC 라디오광고가 잘나가던 시절에는 이른바 '갑'의 지위를 누릴 수도 있었지만 그가 지향하는 영업은 항상 스스로를 낮추는 영업이었기 때문에 기꺼이 '을'로서의 역할을 즐겼다.

그렇다고 그가 지향하는 영업방식이 '을'로서의 비굴한 영업방식을 의미하지는 않는다. 오히려 그는 선비 같은, 점잖은 영업방식을 선호했으며 인간관계를 빌미로 무리한 부탁이나 청탁을 좋아하지 않았다. 그에게 있어 '을'의 영업방식이란 상대방 입장이 되어 최대한 상대방을 존중하는 자세를 말하는 것이다. 나아가 스스로 세일즈 엔지니어가 되어 자기 상품에 대한 완벽한 이해를 바탕으로 광고주에게 어떤 이익을 얻을 수 있는지 설득하는 것을 궁극적으로 지향했다.

이러한 자세는 단순히 영업뿐만 아니라 개인적 인간관계와 직장 내에서의 상하관계에서도 마찬가지였다. 요즘은 스스로를 잘 포장하고 잘 팔아야 하는 시대라고 하지만 그는 공(功)을 자신의 몫으로 앞세우지 않는다. 자신의 아이디어로 성과를 얻더라도 상사에게 그 명예를 돌렸고 동료들과 보람을 나누었다. 말하기보다는 듣기를 즐겼고 눈에 띄는 사람이었지만 뒷자리를 기꺼이 찾으며 한편으로 기본을 지키려 노력했다. 그는 기본에 충실하기 위해서는 무엇보다도 전문성을 갖추는 것이 필수라고 이야기한다.

전문성을 갖추기 위한 노력은 CBS 재직 시절의 일화를 통해 알 수 있다. 갑자기 중역으로 발탁된 그는 중역이 반드시 갖추어야 자격 중 하나가 경리 관련 지식이라 판단하고 늦은 나이에 3개월간 경리학원을 다니면서 전문성을 갖추었다. 덕분에 당시 어려운 회사 사정에 대한 한 가지 개선책으로 세무서장을 만나 방송사가 기타서비스업에 분류되었지만 업무의 일부는 제조업이라고 설득해 결제방식인 어음의 할인율을 상당 폭 개선시킬 수 있었다. 경리를 몰랐다면 생각할 수 없는 일이었다.

영업의 달인인 그에게 성공의 비결을 물었을 때에도 그는 기본에 충실할 뿐 영업에는 왕도가 없다고 답했다.

"전화하고 편지하고 발품을 팔아 자주 만나는 것이 전부입니다. 특히, 업무 관련 협의는 단 1분짜리 미팅이라도 전화로 설명하지 않고 직접 만나서 얼굴을 마주하고 대화를 나누어야 합니다."

다시 삶을 시작한다면 젊은 시절 꿈이었던 영화감독의 길을 갈 것인지 아니면 다시 광고인의 길을 택할 것인지 묻는 질문에 주저 없이 광고인의 길을 걸을 것이라고 말한다.

"많은 시절 저를 힘들게도 했지만 다이내믹한 광고계를, 광고를 사랑합니다. 전 반드시 광고인이 될 것입니다."

하지만 그에게도 요즘 광고계에 대한 아쉬움은 있다. 너무 각박하다는 것이다. 경쟁은 불가피하지만 예전에는 경쟁하면서도 정보를 나누고, 서로를 이해하고 격려하는 인간적인 '정'이 있었다고 회상한다. 그런 모임 중에 하나가 '동심회'로서 지금까지 30여 년간 유지해 온다. 그는 만사를 제쳐두고 이 모임에 참석한다. 그는 후배들에게 당부한다.

"시간을 아껴야 합니다. 하지만 서로 사랑하는 시간은 넉넉히 가져야합니다."

요즘 광고시장이 힘들지만 그는 행복하다. 이유는 그의 두 아들이 그를 이어 광고계에 입문해서 굳건하게 자리 잡았기 때문이다. 장남인 용욱 씨가 유진메트로 상무로 근무하고 차남인 용중 씨는 (주)보성콤 이사로 재직하며 광고인의 길을 걷는다. 지금 대한민국 광고계에는 행복한 삼부자가 일한다.

1947년 출생
성균관대 경제학과 졸업
성균관대 광고홍보학 석사
1978년~1980년 제일기획 부장
1988년~ 신즈카피 설립, 프리랜서 카피라이터로 활동
2001년~2003년 성균관대, 부산대, 동아대 출강
2002년~ 서울카피라이터즈클럽 회장
2004년 고려대, 경성대 출강
2007년 홍익대 광고홍보학부 겸임교수 출강

신용삼

수상 및 저서
1969년 〈중앙일보〉 신춘문예 당선
1977년 〈동아일보〉 신춘문예 당선
1978년 〈서울신문〉 신춘문예 당선
《광고카피론》(공저, 참미디어, 1999)
《카피라이팅》(공저, 한국방송대 출판부, 2000)

신용삼. 1947년생이니 2015년 지금 나이로 만 68세. 우리나라 현역에서 활동하는 거의 최고령 카피라이터라고 할 수 있다. 하지만 그는 지금도 TV나 라디오를 통해 좋은 카피가 흘러나오면 자다가도 벌떡 일어나 메모하는 열정을 가졌다. 조로(早老) 현상이 두드러진 우리 광고계에서 나이는 숫자에 불과하다는 사실을 몸으로 증명한다.

그는 대학에서 경제학을 공부한 경제학도로서 카피라이터라는 직업을 택해 대홍기획을 거쳐 제일기획에서 근무했다. 1988년부터는 프리랜서 카피라이터로 독립해 많은 카피를 쓰며 현재까지 현장을 지킨다. 특히, 프리랜서 시절 정치광고에 수없이 참여했다. 제 14대, 15대 대통령선거에 특정 후보의 수석 카피라이터로서 광고 캠페인을 총괄했고 그의 명성이 퍼지면서 국회의원선거에도 10여 회, 2006년 지방선거 및 2008년 총선에도 참여했다. 총선뿐만 아니라 각종 지방자치단체의 요청으로 크리에이티브 능력을 발휘하기도 했다. 또한 그는 2002년 서울카피라이터즈클럽(SCC) 회장을 맡아 카피라이터들의 발전을 도모하는 데 기여했다. 그리고 자신은 허허벌판에서 시작했지만 《향기가 넘치는 광고》(한국광고연구원, 1994), 《광고카피론》(참미디어, 1999) 등 수많은 저서를 집필해 뒤를 걷는 후학에게 도움이 되도록 노력했다.

수많은 성공작을 만들었지만 그의 기준에서 자신의 대표작은 없다고 단언한다. "카피는 카피라이터가 쓰는 것이 아니고 팀에서 쓰는 것이다"라는 생각으로 일했기 때문이다. 그래서 그는 대표 카피 대신에 기억에 남는 광고 프로젝트를 이야기한다. 그가 떠올리는 광고 프로젝트는 "왜 모두 다른 나라 사람들이 발명했을까?"라는 헤드카피로 유명한 1980년대의 삼성그룹 광고 캠페인, 맥스웰하우스 광고 캠페인, "물은 가려 마시면서 맥주는 왜 가려 마시지 않습니까?"라는 유명한 카피를 남긴 1990년대의 하이트맥주 광고 캠페인, 남양유업 제품들의 네이밍과 광고 프로젝트들 그리고 011 광고 캠페인을 비롯한 여러 통신제품 광고이다. 그중에서도 가장 아끼는 카피는 맥스웰하우스 신문광고 카피이다.

> 사랑, 대화, 진실, 情, 친구, 커뮤니케이션, 아름다움, 정성, 휴머니티, 창조, 구원, 화해, 오늘과 내일, 공감, 이해, 철학, 음악, 운명 ─ 오늘 당신이 마시는 커피 한잔에 이 모든 것이 담겨 있습니다.

그가 수많은 히트 카피를 제치고 소박해 보이는 이 카피에 애착을 갖는 데는 이유가 있다.

"긴 헤드라인에 바디카피가 없는 이 광고의 비주얼은 달랑 커피 한잔이었습니다. 당시의 모든 커피광고가 분위기 중심의 감성적 광고들이었던 것에 비하면 참 무미건조하고 차별화된 광고였지요. 커피 한잔을 통해 일어날 수 있는 모든 것을 표현해 보고자 시도한 카피였습니다."

그는 지금까지 우리나라 광고의 헤드라인 카피 6만 개 이상을 정리해 놓았다. 일상에서 좋은 광고를 접하면 때와 장소를 불문하고 기록해 놓기 때문이다. 또한 각종 카피 및 캠페인 관련 자료도 엄청나다. 방대한 자료 집성에 놀라는 사람들에게 "카피라이터로서 당연한 의무 및 자세라고 생각하기에 대수롭지 않다"고 말한다.

광고에 대한 열정을 보여 주는 또 다른 사례가 있다. 1997년 IMF 외환위기가 찾아오자 그도 많은 프리랜서 광고인들처럼 일거리가 없어서 궁지에 몰리게 되었다. 많은 원로가 이 시기에 광고계를 떠났지만 광고에 대한 애정을 포기할 수 없어 스스로 묘수를 생각해냈다. 좋아하는 광고의 끈을 놓지 않고 생계를 유지하겠다는 생각으로 신촌에 '애드캠프'라는 카페를 차린 것이다.

광고를 공부하는 학생들에게 부담 없는 공간을 제공하겠다는 취지로 1인당 3천 원에 무제한 커피 및 음료를 제공하고 스터디 공간을 마련했으며 광고특강 및 토론 등을 통한 인재육성을 계획했다. 광고학도들에게 좋은 반응을 얻으며 화제가 되었지만 영업차원에서는 실패했다. 결국 많은 빚을 지면서 2년을 버티지 못하고 문을 닫았다. 그나마 한 가지 위안으로 삼을 것은 그 카페에 출입하던 스터디 그룹 여학생 중 한 명이 훗날 며느리가 되었다는 것이다.

그는 삶에서 가장 기뻤던 순간이 자신의 카피가 성공해서 광고주의 상품이 많이 팔렸을 때라고 말할 정도로 철저한 프로페셔널 카피라이터이다. 물론 가장 슬플 때는 심혈을 기울인 광고가 매출로 연결이 안 됐을 때이며 이런 프로의식은 아직도 변함없다.

요즘 가장 서운한 것은 열정, 능력과 상관없이 단지 나이를 이유로 광고시장에서 원로 취급하며 현장의 카피라이터로 부르지 않으려 한다는 것이다. 정작 원하는 것은 지자체 전문위원도 정치광고 전문가도 아니다. 멋진 프레젠테이션을 통해 상품과 브랜드를 시장에 성공적으로 소개하는 광고 프로젝트. 이것이 그의 영원한 꿈이다. '프리랜서 카피라이터 신용삼', 그가 그야말로 뼛속까지 카피라이터인 이유이다.

1929년 출생
1949년 평양교원대 국문과 졸업
1965년 〈현대경제일보〉, 〈일요신문〉 광고부장
1970년 호남정유 영업부 광고담당 차장
1976년 서울카피라이터즈클럽 초대 회장
1977년 금성사 선전본부장
1978년 희성산업(현 HS애드) 이사
1984년 제 14차 아시아광고회의 사무총장
1985년 코래드 고문(상담역)
1989년 한국ABC협회 전무이사
1996년 제 35차 국제광고협회 세계광고대회 사무총장
1998년~2010년 한림대, 중앙대 초빙교수
현재   중앙대 광고홍보대학원 초빙교수

수상 및 저서

1996년 국민포장
2007년 아시아광고연맹 제 1회 Hall of Fame상
2014년 서울AP클럽 특별공로상
Advertising in Korea(시사영어사, 1974)
《한국광고사》(공저, 나남, 1998)

신
인
섭

신인섭 교수는 6·25 전쟁만 아니었으면 국어학자로 평생을 살았을 것이라고 회상한다. 그만큼 대학 시절 국어학자 이승용 선생 등 교수의 총애를 받았고 본인 또한 연구를 좋아했다. 하지만 전쟁은 그의 삶을 광고계로 인도했다.

그는 1963년 육군소령으로 전역 후 국제관광공사에서 해외관광과장으로 일하며 능력을 인정받았지만 공조직의 관료주의에 실망하고 1965년 〈현대경제일보〉(〈한국경제신문〉의 전신)에 입사해 광고부장으로 일한다.

그곳에서 횡행하던 리베이트 제도를 과감히 척결하고 광고부장으로서 직접 광고주를 만나고 다니며 신규 광고주를 개척하는 모범을 보인다. 또한 탁월한 외국어 실력은 그를 항상 돋보이게 했다. 당시로서는 다른 언론사에서는 생각지도 못한 영어 요금설명서를 만들어 타이항공의 연간광고를 수주하는 실적을 올리기도 했다.

특히, 타이항공의 연간광고를 따내는 과정에서 광고인생 전환점이 된 두 가지의 사건을 경험하게 된다. 하나는 정기 주간지인 *Advertising Age*와 월간지인 *Marketing Communication*과의 조우이며, 다른 하나는 결제수단으로 받은 비행기 표로 1968년에 말레이시아에서 열린 아시아광고대회에 참석한 경험이다.

당시 후진적이고도 열악한 국내 광고시장에 적잖이 실망했던지라 선진국에서 발행되는 두 광고 관련 잡지의 내용과 아시아광고대회에서 눈으로 직접 본 광고 선진국들의 광고수준은 그에게 "광고를 해야겠다"는 확신을 불어넣었다.

이후 미국 및 일본 광고시장과 선진 광고기법을 본격적으로 공부한다. 국내에 수입되지 않는 잡지의 정기구독을 위해 직접 본사로 편지를 보내 유네스코 쿠폰으로 결제하고 선박우편으로 받는 번거로운 수

2012 부산국제광고제(AD STARS 2012)에서
열정적으로 강연하는 신인섭 교수(2012.8)

고를 마다하지 않던 일화는 광고에 대한 그의 열의가 얼마나 대단했는지 보여 준다. 1972년까지도 *Advertising Age*의 국내 정기구독자는 그를 포함해 단 4명뿐이었다.

1970년 외국계 합작법인인 호남정유가 생기면서 직장을 옮겼다. 그곳에서 약 7년간 근무하면서 외국 광고주를 경험한 적이 없는 국내 광고회사에 풍부한 광고지식과 선진 크리에이티브 기법을 전달해 국내에도 현대적 광고회사가 생겨나는 데 큰 기여를 한다.

특히, 호남정유 재직 시절 펩시콜라가 국내에 들어와 광고회사에서 광고주에게 프레젠테이션을 해야 하는 상황에서 적임자로 추천받아 국내 최초로 영어 프레젠테이션을 실시할 정도로 탁월한 광고지식과 영어실력을 업계에서 인정받기도 했다.

이후 금성사 선전본부장을 거쳐 1978년에는 LG그룹 계열 광고회사인 희성산업(현 HS애드) 초대 광고이사로 근무한다. 이때 개인적 친분이 있는 JWT 일본지사로 과장급 직원들을 5차례에 걸쳐 연수를 보

신인섭 교수는 국내 최초로 신문과 잡지에 광고에 관한 글을 기고하면서
광고의 사회적 위상을 높이는 데 기여했다.

내 선진 광고기법을 배워오게 했을 정도로 직원들의 실력 향상에 각
별히 신경 썼다. 광고계에 종사하면서 해박한 광고지식으로 대학 강
단에서 수차례 강의하기도 했던 그는, 1998년 이후에는 광고 현장을
떠나 한림대와 중앙대에서 후학 양성에 전념했다.

　그는 국내 광고계에서 선구자로서 최초로 이룩한 업적들이 너무나
많다. 1968년 당시 광고에 대한 사회 인식이 부족할 때 *Korea Times*에
광고에 관한 글을 기고해 세상의 관심을 불러일으켰다. 또한 1970년 국
내에 처음으로 클리오를 소개해 국내 크리에이터들에게 경각심과 동기
를 부여했으며 광고에 관한 기사는 아예 싣지 않았던 잡지 〈신문평
론〉(新聞評論, 현 〈신문과 방송〉)의 광고 관련 기사의 첫 필자로서 언론
인들 사이에 광고에 대한 논란을 일으켰다.

　또한 1973년에는 *Advertising Age*에서 한국 광고시장에 대해 왜곡된
기사를 싣자 편집자에게 이를 반박하는 편지를 보내 사과를 받아내기

도 했다. 1974년에는 국내 광고인으로서는 최초로 클리오상을 수상해 대한민국 광고의 위상을 드높였으며 1976년에는 서울카피라이터즈클럽을 결성해 초대 회장으로 추대되기도 했다.

이외에도 우리나라에서 최초로 열린 아시아광고회의(1984), 국제광고협회 세계광고대회(1996)의 사무총장을 맡아 행사가 성공적으로 개최에 기여했다. *Advertising in Korea*, 《한국광고사》(공저, 나남, 1998) 등 대한민국 광고계를 위해 저술한 굵직굵직한 저서도 수십 권에 이른다. 또한 〈동아일보〉 광고탄압 사건 때 서슬이 시퍼런 상황임에도 불구하고 〈동아일보〉에 "광고할 자유 없이 자유란 있을 수 없다"라는 글을 기고해 광고인으로서 기상을 드높이기도 했다.

이렇듯 국내 광고계에서 신인섭 교수가 이룩한 업적을 기술하자면 지면이 모자랄 정도이며 혹자는 그가 없었다면 지금과 같은 광고계의 발전은 상상할 수 없다고 할 정도이다. 그런 면에서 6·25 전쟁은 우리 민족사에서 가장 극심한 아픔이었지만 대한민국 광고계는 신인섭이라는 큰 인재를 얻을 수 있는 계기였다.

인생철학을 묻는 말에 다소 엉뚱하게도 성경에 나오는 달란트 이야기를 꺼낸다. 그는 사람들마다 자신이 믿는 만큼의 달란트를 가지고 있고 그 달란트를 사용하면 각자 어느 분야에서든지 재능을 발휘할 수 있다고 말한다. 자신에게 주어진 달란트를 모두 사용하며 대한민국 광고업계에 기여한 한 원로의 삶의 모습이 아름답다.

심

인

1946년 출생
1972년 고려대 경제학과 졸업
1995년 전국경제인연합회 홍보실장(이사)
1997년~ 〈밀레니엄〉(현 *KOREA PR Review*) 발행인
1997년~ 서강엔터프라이즈 대표이사
2000년 서강대 언론대학원 언론학 석사
2000년~2002년 한국PR협회 회장
2009년~ 한국PR협회 사무총장
2011년 성균관대 대학원 언론학 박사

수상 및 저서
2008년 문화체육관광부장관상

운명. 심인 대표는 홍보와의 인연을 이렇게 표현했다. 그는 애초에 경제학도였다. 경제학 교수를 거쳐 영국 수상이 된 헤럴드 윌슨(Harold Wilson)과 같은 길을 걷고 싶었다. 고려대 경제학과를 졸업한 후 전경련 산업분석가(industrial analyst)로 일하면서 그 꿈을 구체화시키고 있었다. 전기, 전자, 반도체, 중공업 등 우리나라 산업을 분석하는 것이 그의 일이었다. 그러던 어느 날 그는 홍보실로 '징발'된다. 경제와 산업을 아는 사람이 홍보업무를 맡아야 한다는 이유에서였다. 그의 표현을 빌리자면 운명이 바뀌는 순간이었다. 홍보업무를 한 지 몇 년이 지나고 본인의 희망에 따라 원래의 부서로 복귀했지만 결국 다시 홍보실로 호출되고 만다. 그의 말대로 그것이 그의 '운명'이었으니까.

홍보는 포장에 불과하다. 그것이 본래 홍보에 대한 그의 생각이었다. 홍보실에 근무하면서도 그 생각은 바뀌지 않았다. 그러나 1983년, 그 생각을 바꾸는 중요한 계기를 맞는다. 바로 우리나라 최초의 경제의식조사 '국민경제의식동향조사'를 진행하면서이다. 이 조사를 진행하면서 기업인에 대한 국민들의 인식에 대해 관심을 갖게 되었고 인식을 바로잡는 것이 무엇보다 중요함을 깨닫는다. 늦게 배운 도둑질에 날 새는 줄 모른다고 했던가? 그 참에 조사회사를 차리기로 마음먹고 사표를 던진다. 그러나 가족들의 강한 만류에 계획을 접고 다시 전경련 홍보업무로 돌아간다. 홍보실 발령이 운명을 바꾸는 순간이었다면 조사회사 설립은 운명이 확정되는 순간이 아니었을까?

홍보인으로서의 운명을 증명해 주는 사례가 더 있다. 바로 홍보 전문지〈밀레니엄〉의 창간이다. 2007년 제호를 KOREA PR Review로 바꿔 지금까지 이어지는 이 잡지는 홍보 전문지라는 잡지사적 의미 외에도 잡지인들에게 또 다른 중요한 의미를 갖는다. 바로 편집방식의 혁신이다. 당시 대부분의 잡지는 글씨를 빽빽하게 채우고 늘 같은 위치에 사

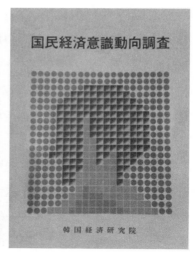

홍보전문 격월간지 〈밀레니엄〉 창간호(1997)와 〈국민경제의식동향조사〉 보고서 (1983)

진을 넣는 천편일률적인 편집방식을 고수했다. 이때 〈밀레니엄〉이 자유로운 사진 배치, 위아래로 여백을 충분히 살린 시원스러운 편집으로 대변혁을 일으킨 것이다. 한국잡지협회 감사라는 그의 직함에 고개가 끄덕여질 수밖에 없는 이유이다.

이어서 그를 홍보 전문가로서 깊이 각인시켜 준 것은 2011년 세상에 내놓은 박사학위 논문이다. "대통령의 평판 요인에 관한 연구". 제목만 봐도 쉽게 접할 수 없는 논문임을 알 수 있다. 그가 제시한 '평판을 결정짓는 5가지 요소'는 홍보 실무자들에게 중요한 통찰력을 제공했다.

홍보와의 인연을 온몸으로 거부했던 그였다. 홍보는 포장에 불과하다는 편견을 가졌었던 그였다. 하지만 그는 운명처럼 다가온 홍보라는 업에 중요한 획을 하나둘 그어나갔다.

그가 홍보를 업으로 삼는 후배들에게 해 주고 싶은 말은 "허장성세 (虛張聲勢) 하지 말고 공부하라"는 것이다. 그가 물었다. 홍보인들이 현재 일반 기업에서 어디까지 올라가는가? 대부분 부사장에서 그치는 경우가 많다는 것이 그의 지적이다. 왜 홍보인들이 CEO에 오르지 못하는지 스스로 냉철히 생각할 필요가 있다고 강조한다. 혹 사람 만나고 어울리는 것에 매몰되어 한 조직을 책임지고 이끄는 데는 역부족이라는 인식을 주지는 않은지 홍보인 스스로 짚어 볼 필요가 있다. 홍보하는 사람들도 최종 목표를 CEO에 두고 꾸준히 준비하고 공부하라. 사람들과의 관계에만 집착하지 말고 자기 실력을 쌓아라. 이것이 후배들에게 보내는 그 심인 대표의 당부이다.

엄하용

1945년 출생
1972년 한양대 신문학과 졸업
1972년 합동통신(현 오리콤) 입사
1989년~2002년 오리콤 이사, 상무, 전무, 부사장
2002년~2005년 DY&R코리아 대표

수상 및 저서
1997년 대통령 표창

1972년 대학 졸업 후 오리콤의 전신인 합동통신사 광고기획실에 입사하며 시작된 엄하용 대표의 AE생활은 2005년 DY&R코리아 대표를 퇴직할 때까지 이어졌다. 경력이 아주 심플하다. 1967년에 설립된 오리콤의 1972년 첫 대졸 신입사원 공채로 입사한 그는 오리콤으로 시작해 오리콤이 합자해 설립한 회사의 대표를 지낼 때까지 줄곧 AE였고 오리콤 맨이었다.

그는 민병수 대표와 오리콤 입사동기이고 조병량 교수와는 대학동기이다. 1975년 조 교수를 광고계에 입문시킨 것도 바로 그였다. 1975년 당시 제작국에 윤호섭 차장, 이인구 부장, 윤석태 부국장 그리고 그가 있던 기획실에는 김석년 광고기획실장, 이병인 기획국장, 김염제 기획부국장 등이 함께 근무했다. 광고계의 알 만한 유명인물이 함께 근무했던 것이다. 초창기 우리나라 광고계의 인물사가 나열된다.

초창기였던 만큼 자료 또한 흔치 않아 김석년 국장이 굉장히 열심히 공부시켰던 것이 함께 근무했던 동료들의 기억에 남아 있다. 김 국장은 직원을 불러 자신이 공부한 내용을 강의하기도 했고 조금 지나면서 후배들에게 직접 사내 강사가 되도록 지시한 까닭에 자연스럽게 공부가 늘었고 그만큼 교육 자료가 쌓여 갔다. 이는 앞서 열거한 이름 가운데 몇몇이 학계로 진출하는 계기가 되기도 했다. 이런 전통은 오리콤의 후배들을 통해서도 지금까지 이어진다.

광고자료는 오리콤 신서로도 출판되어 다른 회사 사람들과 학생들의 광고교재로 활용되는 계기가 되었다. 오리콤 크리덴셜을 만들 때의 기억도 새롭다. 성공캠페인의 사례를 연구 분석해서 발표하기도 했고 OB맥주와 코오롱 등 광고 사례집을 만들어 직원들과 공유하기도 했다. 오리콤이 광고사관학교라고 불리게 된 것도 이때부터다. 교육프로그램을 활발히 진행하는 오리콤의 문화가 광고업계의 모범이 되기 시작한 것이다. 교육프로그램이 다른 광고대행사로도 많이 흘러들어 교육에 활용되는 모태가 되었다는 것이 당시 함께 근무했던 사람들의 공통된 의견이며 그도 같은 생각이다. 광고 공부를 참 많이 한 시기였다.

오리콤 입사 후 기억에 남는 첫 광고는 맥스웰하우스의 "우리는 커피를 마십니다"라는 광고이다. 오래도록 진행된 캠페인으로 기억에 남는다. 1977년 우리나라 광고로서는 처음으로 클리오 파이널리스트에 오르기도 했다. 아울러 첫 입상 기억이다. 두산 계열의 광고회사였기에 당연히 여러 해 동안 했던 OB맥주 광고도 기억에 남고 에이스침대 광고 또한 애착이 많이 가는 광고로 기억한다.

조동원 카피라이터가 쓴 "침대는 가구가 아닙니다"라는 카피로 유명한 에이스침대 광고가 탄생했을 때 그는 기획책임자로서 아주 신나게 일했다. 매출이 1천억 대 이상으로 늘어나는 계기가 된 광고이기에 광고인으로서 보람도 느꼈다. 그런데 당시 초등학교 시험에 가구가 아닌 것을 선택하는 문제가 출제되었는데 이에 침대라고 답하는 경우가 발생해 광고 이외의 문제가 대두되었다.

언론에서는 우스갯소리처럼 다루기도 했으나 교육에 좋지 않은 영향을 미친다는 이유로 정부에서 방송광고를 중지하라는 압력이 있었다. 광고 캠페인은 적어도 5년은 이어 가야 하는데 3년 만에 접는 것은 부당하다고 광고주를 설득하기도 했으나 결국 외압에 의해 방송광고를 내리는 사태가 벌어졌다.

그는 코엑스의 가구전시장에서 침대의 과학적 제조과정을 시연하기도 했고 설비와 설계가 과학적임을 입증하려 노력하기도 했다. 그러나 더 좋은 캠페인을 내놓으라는 압력과 함께 결국 광고주는 경쟁 프레젠테이션을 실시했다. 이후 제일기획과 동방기획 그리고 오리콤이 경쟁을 벌이면서 여러 광고회사를 옮겨 다니는 모습을 지켜봐야 했다.

하나 더 기억에 남는 것은 론칭부터 10여 년을 담당한 광고주인 데이콤의 〈002〉 광고이다. 이 광고를 통해 전원주 씨는 CF스타로 발돋움했고 언론의 입소문을 많이 타기도 했지만 참 말도 많이 따랐다. 전원주 씨가 지붕을 뛰어다니며 국제전화를 할 때는 002 서비스를 이용하라는 광고였는데 국제전화와 모델의 이미지와 어울리지 않는다는 의견이 있었던 것이다. 국제전화에 맞지 않는 듯한 모델의 시골스러운 이미지를 문제 삼았다.

그는 데이터를 근거로 광고주를 설득했다. 국제전화의 사용료가 비싼 까닭에 주로 직장에서 국제전화를 사용하는 실태조사 결과를 들고 설득에 들어갔다. 집에서 국제전화를 쓰는 경우는 주로 외국으로 유학을 떠난 자녀들이 있는 경우였고 국제전화 시장에 론칭하면서 파고들 시장 역시 그쪽이니 쉽게 접근해야 하고 친근감이 우선이라는 논리로 설득했고 참 어렵게 결정을 이끌어 냈다. 브랜드 인지도를 높이는 게 우선이기에 적합한 광고라는 설득으로 여러 과정을 거쳤다. 방송될 수 있기까지에는 시간이 꽤 걸렸다. 광고주 실무진을 설득한 다음, CEO의 가족들까지 설득해야 했다. CEO의 딸들에게 시사를 하고 설득을 거친 다음 천신만고 끝에 방송을 시작했다. 결과는 대성공이었다. 브랜드를 성공적으로 정착시킨 광고가 됐던 것이다.

30여 년 광고인 생활에서 가장 기억에 남는 일은 바로 경쟁 프레젠테이션이다. 나중에 생각하니 결과적으로 경쟁력이 강해질 수 있는 계기였지만 당시는 많이 힘들었던 게 경쟁 프레젠테이션이었다. 선배 경영진이 경쟁력 강화를 위해 광고주가 요청하지 않아도 매년 애뉴얼 프레젠테이션을 하도록 했다. 매년 현황을 조사하고 분석해서 프레젠테이션을 했다. OB맥주와 코카콜라 등의 상품 프레젠테이션도 있었지만 대한항공과 대우전자 등의 광고주 프레젠테이션이 더 생생하다. 프레젠테이션을 한 광고시안과 똑같이 실행한 적이 거의 없는 것도 기억에 남는다. 후발주자였던 대우전자의 경우, 일주일에 몇 번씩 신제품이 쏟아져 나오는 까닭에 프레젠테이션 역시 일주일에 몇 번씩이나 이어졌다. 당시 시장의 경쟁이 워낙 치열했던 까닭이었다.

광고시장 개방에 대비해서 시대의 운명처럼 출범한 회사가 DY&R이었다. 그는 첫 대표로 취임했고 큰 무리 없이 초기의 DY&R을 운영했다. AE 인생 엄하용의 광고인 생활은 30여 년 이렇게 이어졌다.

엄하용 대표는 최근 광고를 보면 영상기법의 엄청난 발달에 이따금 놀랄 때가 있다. 거기에 덧붙여 광고장이 기질이 점차 사라지는 것 아닌가 생각할 때도 있다. 그림은 보기 좋은데 카피는 "글쎄, 이게 최선일까"하는 생각이 들 때가 있다는 것이다. 좋은 카피는 보이지 않고 현란한 그림만 보이는 게 아닐까 하는 아쉬움이다.

1938년 출생
1962년 서울대 상과대학 상학과(마케팅 전공) 졸업
1964년~1968년 영진약품 선전과 선전과장
1968년~1970년 호남정유 광고과장
1971년~1995년 유한킴벌리 부사장
1983년 서울대 경영대학원 최고경영자과정 수료
1985년 한국마케팅클럽 창설 (초대, 2대, 3대 회장 역임)
1989년 연세대 경영대학원 석사과정(마케팅 전공) 수료
1989년~1991년 한국광고협의회 회장
1995년~1997년 디비엠 코리아 대표이사
1997년~ 코래드 상임고문

수상 및 저서
1983년 한국광고인대상
1984년 킴벌리클라크사 아시아 마케팅상

오인현

오인현 회장은 국내에 마케팅이라는 용어조차 전무하던 시절, 광고 및 마케팅 전문가로서 신입사원에서 CEO에 이르기까지 광고계에 큰 족적을 남겼다.

그는 1964년 영진약품 선전과에 입사하며 광고와 인연을 맺었다. 영진약품 시절 창의적 아이디어로 주요 제품을 히트상품으로 끌어올리며 입사 3년 만에 부서장으로 특진해 혁혁한 공을 세우다가 한국 최초의 다국적기업인 호남정유로 이직해 광고업무를 담당한다.

그는 최초의 산업재 광고를 담당하며 호남정유가 자리 잡는 데 기여한다. 그러나 자신에게 어울리는 업무는 석유화학 같은 산업재가 아니라 소비재임을 깨닫고 최고의 직장이던 호남정유를 과감하게 나와 1971년 국내에 진출한 유한킴벌리로 옮긴다. 하지만 그가 입사했던 당시 유한킴벌리의 상황은 최악이었다. 그해 5월 '크리넥스'를 출시했으나 반응이 그리 좋지 않았던 것이다. 크리넥스는 1924년 출품되어 세계적 리딩 브랜드로 자리 잡은 미용화장지 (*facial tissue*) 였으나 아직 국내 시장에서는 생소할 때라 국내 소비자들에게 철저히 외면받았고 공장가동비는 물론 직원들 월급마저도 걱정해야 하는 상황이었다.

그는 이러한 상황에서 과감한 재도전을 제안한다. 6월에 입사하자마자 손해를 보더라도 모든 광고의 집행을 중지하고 시장을 철저히 분석해 다시 론칭할 것을 제안한 것이다. 그의 제안은 CEO에게 받아들여졌고 재론칭의 모든 책임과 권한을 부여받아 8월 1일, 파격적인 광고 한 편을 내놓는다.

그는 시장조사를 통해 경제가 아무리 어렵더라도 상류층 여성의 소비는 줄어들지 않는다는 것과 이들은 콜드크림을 클렌징이나 마사지 용도로 사용하지만 정작 콜드크림을 지울 때는 거친 거즈를 사용한다는 사실을 알게 되었다. 이러한 사실에 착안해 크리넥스의 용도를 콜

드크림을 지울 때 사용하는 고급 미용화장지로 명시한 광고를 선보인
다. 이는 확실한 소비자층 확보 차원에서의 접근이었고 로컬 마케팅
의 일환이었다. 또한 신생 광고주임에도 불구하고 8단통 컬러로 신문
광고를 집행해 시사성과 주목도를 높였다. 당시 모기업인 유한양행은
물론 대형 광고주들도 5단통 흑백광고가 고작이었다는 점을 감안하면
실로 혁명적 매체 집행이었다.

시장에 대한 정확한 분석과 발상전환으로 탄생한 광고가 대성공을
거두었다. 출시 이후 8월까지 바닥을 보이던 판매 곡선은 광고 집행
후 9월부터 45도의 기울기로 가파르게 반등하는 반전을 이루었다.

하지만 이렇게 호전되던 크리넥스의 판매는 자사 내 다른 상품인
화장실용 두루마리 휴지의 영향 때문에 성장이 둔화되기 시작하면서
새로운 고민에 빠졌다. 많은 소비자가 비싼 크리넥스 대신 저렴하고
품질에서 큰 차이가 없는 두루마리 휴지를 사용했기 때문이다.

그는 이 사태를 해결하기 위해 소비자를 철저히 분석해 1972년 2월
재미있는 광고 한 편을 내놓는다. "당신의 체면문제 한 가지"란 제목의
이 광고는 두루마리 화장지를 화장실이 아닌 곳에서 쓰는 것은 예절에

어긋나고 체면이 깎이는 일이라는 요지의 일종의 '비난광고'(stigma-tizing advertising)로 우리 국민의 체면문화를 자극했다. 그의 의도대로 논란과 설득을 거쳐 점차 화장지의 기능은 정착되었고 유한킴벌리의 티슈는 국내 시장에 빠르게 자리 잡았다. 이후에도 보급형 두루마리 휴지인 '뽀삐'를 출시해 대성공을 거두었다. 네이밍과 애니메이션 모델, 광고 콘셉트까지 그의 손과 머리로 이루어낸 결과였다.

여기에서 멈추지 않고 여성생리대 '코텍스'를 출시하며 다시 도전했다. 이 역시 초창기의 어려움을 정확한 시장분석과 효과적 광고전략을 통해 극복했다. 이후 기능성을 더한 제품 '뉴후리덤'과 '니나'까지 특유의 아이디어로 성공적인 광고 캠페인을 이끌어 냈다. 1980년대 들어서는 아기 기저귀인 '크린베베', '하기스'도 다른 제품들과 마찬가지로 효과적인 광고와 마케팅을 통해 성공적으로 론칭했으며, 1984년부터는 기업의 이미지 제고를 위해 "우리 강산 푸르게 푸르게"라는 환경캠페인을 선도적이고 효과적으로 전개했다. 이를 통해 유한킴벌리는 국내에서 국민들에게 가장 존경받는 기업으로 자리 잡는다.

그에게는 흔히 선구자들의 특징이라고 하는 통찰력이 있다. 광고 콘셉트를 설정할 때 그는 시장을 분석하고 소비자들의 반응을 고민했다. 그러나 당시에는 마케팅 전문 업체는 물론이고 조사업체 또한 변변히 없을 시기여서 철저히 본인의 직감과 통찰력으로 판단했고 결과는 항상 성공이었다.

사회적 관심을 끄는 이벤트가 있을 땐 이를 놓치지 않고 자사 광고와 연결시켰다. 〈경향신문〉에서 주최한 〈춘희〉(La traviata) 오페라 공연 때 기획한 이벤트가 대표적인 사례이다. 이탈리아어 'la traviata'가 '길을 잘못 든 여인'이라는 뜻임에 착안해 화장실에서 써야 할 두루마리 휴지가 안방이나 응접실에 존재한다면 이는 길을 잘못 든 상황이라는

「라・트라비아타」는 이태리말로「길을 잘못든 여
인」이란 뜻입니다.
사람이나 물건이나 대개 길을 잘못 드는데서 비
극은 시작되지요. 만일 댁의 안방에 두루말이화
장지가 놓여있다면 그것은 분명히 길을 잘 못든
것입니다. 두루말이화장지는 화장실
용입니다. 화장실용화장지가 길을
잘못 들어서 화장실아닌
안방에 놓여있다고 해서
무슨 비극이야 일어나겠
읍니까만, 댁의 점 잖은
문화생활에 하나의 오점
(汚点)임엔 틀림없읍니다. 더구나 그런 화장실용
화장지 (휴지) 로 얼굴을 닦는다는 건………
두루말이화장지는 화장실로 돌아내고, 안방에선
꼭 크리넥스티슈를 써주십시오, 그것이 바른길
입니다.

안방・응접실・사무실에
골드크림을 닦을 때─

크리넥스 티슈

유한・킴벌리

〈경향신문〉 1면에 실린 크리넥스 광고 (1972.4.13)

내용의 광고를 구상했다. 그는 이 광고를 행사 당일에 이르러 〈경향신
문〉 1면에 게재해 무료로 배포했고 이날 공연장 입장객들에게 그 어떤
광고보다 더 깊은 인상을 남겼다.

오인현 회장은 후배에게도 같은 맥락에서 당부한다.

"우리 광고업계도 선진화되어 시스템과 정교한 메커니즘에 맞춰 일
하게 되었지만 그럼에도 불구하고 처음과 끝은 사람이 할 수밖에 없
습니다. 그래서 우리 광고인은 통찰력을 키우려 끊임없이 노력해야
합니다."

광고주로 평생을 보냈지만 광고제작자이기도 했으며 아직까지도
자사의 광고카피를 줄줄 암기하는 거장의 한마디이다.

오인환

1935년 출생
1961년 합동통신 외신부 기자
1965년 서울대 문리과대학 사회학과 졸업
1969년 서울대 대학원 사회학과 석사
1969년 하와이대학 대학원 사회학과 사회학 석사
1969년 하와이대학 대학원 사회학과 사회학 박사
1977년 연세대 사회과학대 신문방송학과 교수
연세대 언론연구소 소장
연세대 사회과학대 학장
연세대 대학원 원장
한국광고자율심의기구 심의위원, 한국광고학회 부회장
한국방송학회 회장
IPRA 한국협회 회장
한국홍보학회 회장

수상 및 저서
《사회조사 방법론: 오차요인 집중연구》(나남, 1992)
《현대광고론》(나남, 2001)
《100년 전 한성을 누비다: 신문사 사옥 터를 찾아》(한국학술정보, 2008)

합동통신 외신부에서 근무할 때였다. 그때 막 설치된 광고기획실이 유공의 광고대행 업무를 유치하기 위한 기초 작업 중 하나로 택시 기사들을 상대로 설문조사를 하게 되었다. 사회학 전공으로 사회조사를 공부했고 사회조사에 참여해 실제훈련도 받았던 터라 설문조사를 맡았다. 이것이 오인환 교수가 광고와 인연을 맺게 된 첫 계기였다. 오인환과 사회과학으로서의 광고가 처음 만난 것이다.

광고가 사회상을 반영한다는 사실을 과학으로 입증하는 계기가 있다. 지금으로서야 누구나 당연하게 생각하는 일이지만 당시로서는 그렇게 당연한 사실로 받아들이지는 못하던 때였다. 사회학적 '서베이'가 본격 활용된 것이다.

이어서 그는 1968년 12월 "한국 개화기 신문의 광고"라는 논문으로 학문으로서의 광고와 본격적으로 만나게 된다. 그 후 미국 하와이대학 유학으로 학문으로서의 광고·홍보와 두 번째로 만나게 된다. 그리고는 대학교수로서 광고·홍보와 평생을 함께했다.

경희대 신문방송학과와 연세대 신문방송학과에서 광고PR론과 광고론, PR론, 대학원과 특수대학원(행정대학원, 언론홍보대학원)에서의 광고론, 광고홍보론, 광고PR론 특강 등으로 이어진다. 사회학과 광고, 조사와 심리학 등 관련 과목이 늘 그와 함께했다.

학교 강의 이외에 한국광고자율심의기구 심의위원, 한국광고학회 부회장, 방송위원회 재심의위원회 위원, 한국방송학회 회장, IPRA 한국협회 회장(IPRA: 국제PR협회), 한국홍보학회 회장, 한국산업영상전 심사위원장 등의 왕성한 활동을 통해 늘 광고·홍보의 현장에 있었다. 현재도 언론학회, 방송학회, 광고학회, 홍보학회 회원이다.

지금은 많은 제자가 그의 뒤를 이어 신문과 방송, 광고, 학계, 협회 회장, 방송사 사장 등 여러 현장에서 활발하게 활동한다. 이는 곧 교수로서의 보람이다.

그러면서도 딱히 내세울 것이 없다고 말한다. 그에게 광고에 대한 기억을 물었더니 "크리에이티브는 아무나 하는 게 아니더라"는 엄청 단순한 답이 돌아왔다. 여러 해 동안 조일광고 심사위원을 하고 난 소회였다.

하나 더, 그는 경계의 문제를 꼽는다. 정보제공과 선전의 경계가 어려운데 광고 실무자들이 고생이 많다는 것이다. 어디까지가 정보 제공이고 어디까지가 장삿속이냐의 문제일 텐데 그 경계를 지키면서 또 넘나들면서 광고를 만드는 노고가 크다는 이야기이다.

그래도 정보 영역과 오도 유발 가능 영역, 그 경계 영역에 대해 각별히 신경 써야 할 것이라는 당부를 덧붙인다. 무척 어려운 일일 것이라는 단서를 뒤에 붙이면서 말이다. 이것 역시 어쩔 수 없는 바로 오늘날의 현실이다.

그는 "우리나라의 광고업계와 광고학계가 획기적으로 발전 성장하던 초창기에 업계와 학계의 선도자 분들과 함께 그 과정에 미력이나마 참여할 수 있었던 것이 삶의 큰 보람"이라며 다만 감사할 따름이라고 회고한다.

오인환 교수는 지난 2008년 〈독립신문〉과 〈한성순보·주보〉, 〈매일신문〉, 〈황성신문〉, 〈제국신문〉 등 구한말 발행된 신문들의 사옥 터를 찾아 묶은 《100년 전 한성을 누비다: 신문사 사옥 터를 찾아》(한국학술정보, 2008)라는 책을 펴냈다. 대학 정년퇴직 후 취미 삼아 시작한 탐구의 결과물이다.

과거의 광고회사들이 있던 자리나 광고 현장을 찾아내 기록으로 남기는 것도 생각 중이다. 부인과 함께 노래를 만들어 함께 불러보는 것도 새로 찾아낸 또 하나의 취미 활동이다.

1934년 출생
1958년 중앙대 경영학과 졸업
1959년 〈한국일보〉 업무과장
1961년 MBC 업무과장
1974년 문화방송·경향신문 전무이사
1978년 MBC 애드컴 대표이사 사장
1987년 CBS 사업단 대표이사
1992년 서울컨트리클럽 전무이사, 한양컨트리클럽 대표이사 사장
이북도민회중앙연합회 회장

수상 및 저서
1997년 공보처장관상

우 윤 근

매체영업 전문가인 우윤근 선생은 MBC 개국 당시 업무과장으로 참여해 광고요금 책정, 방송 약관 제정, 광고청약서 마련 등 초기 상업방송광고판매의 기틀을 만드는 데 기여했다. 이후 MBC의 안정적 재원 마련을 위해 힘쓰며 상무이사, 전무이사 등을 역임했다. 삼촌의 소개로 〈한국일보〉에 입사한 것은 1958년이었다. 입사 후 세계 아이스쇼를 성공시키며 업무과장으로 정식 발령받은 것이 1959년 3월, MBC 개국 전 업무과장으로 이직한 것이 1961년이니 그의 광고계 행보는 시작부터 남다르게 빨랐다. 그 추동력에 대해 스스로 이르길, "연꽃이 되고 싶은 마음"이라고 설명한다.

16세에 입대해 6개월 만에 상이군인이 된 후 고아로서 상이군인 수용시설 정양원에서 생활하면서 "이 펄에 주저앉지 않고, 혼탁한 물에서 피어나는 연꽃과 같은 삶을 살겠다"고 다짐했다. 성공적으로 안착해 안정적 수입을 보장해 주던 〈한국일보〉 업무과장 자리를 내려놓고 개국간부로 MBC에 합류했던 것도 저돌적인 추진력과 현재에 안주하지 않겠다는 마음의 발로였다.

1961년은 부산문화방송이 서울지사를 해산하고 서울에 새로운 방송국을 설립하기 위해 분주하던 때였다. 편성표도 없고 광고요금 책정도 안 된 상태에서 자금부족 문제를 타개하기 위해 방송 극작가를 대동하고 다니면서 선매(先賣)를 시도했으나 방송실무자와 사전협의 없이 이루어진 탓에 최창봉 방송부장과 영업담당자가 일시에 퇴사하는 혼란을 겪던 터였다.

이때 광고량 조사 등을 체계적으로 실시한 경험을 바탕으로 상업방송의 경영 전망을 예측하고 신탁을 제시한 우윤근 선생을 비롯한 〈한국일보〉 광고국 이수홍 기획조사실장, 이해천 과장 등이 MBC로 이직하면서 MBC의 영업조직은 모양새를 갖추기 시작한다. 방송 약관을 제정하고 광고방송 청약서 등의 서식과 사무체계를 확립한 뒤 전파료를 책정해 본격적인 영업을 시작한 것이 1961년 9월이었다. 그해 12월 개국 첫 달에 광고주 92개사, 2천 46만 8천 1백 환의 신탁고를 올리는 성과를 거둔다.

광고영업뿐만 아니라 필요하면 카피를 쓰는 것도 마다하지 않았다. 그는 개국 전 광고를 의뢰한 삼진제약을 위해 '카바마인'이라는 위장약의 CM송을 제작해 당시 소녀 가수였던 윤복희 씨에게 부르게 했던 일, "철로를 달리는 힘! 힘! 힘을 주는 헤모그론"이라는 카피로 종근당의 철분보충제 헤모그론 광고를 만들고 당시 유행하던 〈인목대비〉, 〈장희빈〉 등의 드라마 방영 전후로 광고를 내보내며 헤모그론을 종근당의 수익창출원(cash cow)으로 만들었던 일이 특히 기억에 남는다고 한다.

스포츠 이벤트 역시 공들였던 일 가운데 하나이다. 권투선수 김기수 선수는 선생이 직접 발굴해 매니저로 활동하면서 세계 챔피언으로 키워 낸 사례다. 그 덕에 MBC는 1966년 장충체육관에서 한국 최초로 세계 주니어미들급 챔피언이 탄생하는 역사적 순간을 독점 중계할 수 있었다.

1960년대 초반 일본에서는 한창 프로레슬링이 인기를 끌었다. 이를 한국에 들여와 유행을 선도하고자 일본 프로레슬링 선수들을 데려와 경기 중계방송을 추진하며 시청자들의 반응을 살피던 중이었다. 그때 김일 선수가 MBC에 먼저 접촉해 오면서 김일 선수의 후원회 이사장이 되었다.

그 뒤 정동에 문화체육관을 건립하고 김일 선수를 상대할 외국 선수들을 불러 경기를 치르면서 프로레슬링 붐을 일으켰다. 김일 선수도 인터내셔널 헤비급 챔피언에 오르면서 세계적 스타로 떠올랐다.

우윤근 선생은 스포츠에 관심이 많아 다양한 후원 활동을 펼쳤다.

　1978년에는 MBC애드컴의 전신인 연합광고 대표이사로 자리를 옮겼다. 자리를 옮겼다고는 하지만 연합광고는 원래 우윤근 선생이 관리하던 업무국을 모체로 발족했던 회사였다. 1969년 MBC의 지방 가맹사들이 설립과 함께 영업을 개시하면서 신탁 제고와 영업조직 일원화를 기하기 위해 만들어졌던 것이다. 기본적으로 MBC의 방송광고를 판매하면서 광고도 만드는, 미디어렙과 광고회사가 혼재된 형태였다. 그러나 오리콤, 제일기획 등 광고대행업이 발아해 성장하기 시작하고 연합광고가 MBC의 판매를 맡는 상황에서 광고주에게 제한적으로 대응할 수밖에 없는 한계를 드러내자 1974년 광고판매 조직은 문화방송 광고주식회사로, 광고대행 조직은 한국연합광고주식회사로 분리 운영되었다(이후 문화방송광고는 다시 MBC에 흡수 합병된다).

　그는 1969년에는 상무, 1974년 설립된 연합광고에서는 이사를 맡고 사장 재직 중에 연합광고의 자본금을 증자하며 사세를 키워갔다. 그러나 그의 방송광고 경력은 타의에 의해 일찍 끊어지게 된다. 1981년 언론통폐합으로 사표를 내고 연합광고 사장을 끝으로 MBC를 떠나야만 했던 것이다.

아내는 대책 없이 자리에서 내몰린 억울함에 그가 마음 편히 있을 사무실 하나 마련하겠다며 설립한 예식장의 이름을 '백악관'이라고 지었다. '남편을 밀어낸 청와대보다 더 큰 힘'을 생각하다 나온 이름이었다.

'아직도 하고 싶고 해야 할 일이 많은' MBC를 그렇게 그만둔 후에도 경주조선호텔·경주조선컨트리클럽 대표이사, 동아생명보험 대표이사, CBS 사업단 대표이사 등을 역임하며 활발하게 사회활동을 이어 갔고, 특히 이북도민회 중앙연합회 회장 등을 맡으며 실향민의 아픔을 보듬는 일을 지속했다.

광고주를 모셔야만 하는 광고영업과 광고주를 적으로 돌릴 수도 있는 보도 기능 사이에서 아슬아슬한 줄타기를 지속하며 MBC를 키웠던 그 힘은, 작은 인연 하나라도 소중히 하고 성실히 대하는 자세에서 자라났을 터. 그 자세는 단순한 영업 전략이 아니라 우윤근 선생이 지닌 삶의 철학이었다.

우
혜
령

1954년 출생
1976년 서울대 응용미술과 졸업
1976년~1979년 동아제약
1982년 논노패션 광고실
1983년~1990년 대우그룹 기조실
1991년~2013년 레오버넷코리아 전무 및 고문

레오버넷코리아의 우혜령 전무는 전직과 이직이 심한 광고업계에서 22년 동안 한 직장에서 근무한 회귀한 경력의 소유자이다. 레오버넷코리아는 전 세계에 120개의 자회사를 가진 다국적 광고대행사로 그녀가 근무하는 기간 동안 사장은 한국인, 외국인을 합쳐 9번이나 바뀌었다. 그녀는 사장이 늘 바뀌는 상황에서 직원을 다독이며 실질적 대표의 역할을 한 것이다.

　　서울대 응용미술과를 졸업한 후 광고업계에 발을 디딘 것은 1976년 동아제약에서 오란씨 광고를 맡으면서이다. 그러나 근무기간은 그리 길지 않았다.

　　"입사할 때 결혼하면 퇴직한다는 각서를 쓰는 것은 아니지만 결혼하면 퇴직하는 분위기여서 동아제약에서 3년 근무하고 결혼과 동시에 그만두었습니다."

　　3년간 육아에 전념하다가 1982년 다시 취직을 결행했다. 논노패션에서 1년, 대우그룹에서 7년을 근무한 후 광고대행사인 레오버넷코리아에 아트디렉터로 들어갔다. 국내 기업에 근무하다가 외국계 광고회사인 레오버넷코리아에 갔을 때의 경험을 이렇게 말한다.

　　"처음 입사해서는 너무 신기했어요. 정말이지 남녀 간 차별이 거의 없었습니다. 국내 기업에서 근무하다가 전직하고 보니 신선한 충격으로 다가왔습니다. 남녀평등을 넘어 여성이 리드하더군요. 무척 공정했고요. 그래서 회사 자체를 무척 좋아하게 됐습니다."

　　레오버넷코리아에서 22년간 근무할 수 있었던 배경에 대해 일이 좋아서이기도 하지만 그보다는 오히려 여성에게 공정한 외국계 회사였기에 가능했다고 말한다.

　　그녀는 항상 최초라는 수식어가 따라붙는다. 맨 먼저 대우그룹 최초의 기혼 여직원이었다. 당시 김우중 회장은 여성인력개발이라는 명분하에 거의 국내 최초로 기혼녀 공채를 실시하겠노라고 밝혔다. 이는 매우 획기적인 일이었다. 기혼녀가 취직한다는 것은 불가능에 가깝던 시절이어서 3년간 육아에 전념하다가 새롭게 도전하려는 그녀를 받아주는 회사는 아무 데도 없었다.

서류를 백여 군데 가까이 넣고 탈락하길 반복하던 그녀에게 대우그룹 기조실 공채채용이라는 기회가 주어진 것이다. 그러나 회사생활은 녹록지 않았다. 남자가 3년 만에 대리로 진급할 때, 그녀는 6년 만에 대리로 진급했다. 그러나 대우그룹 최초의 여성 대리였다. 그러던 차에 국내에도 광고대행사 도입이 시작되었다. 국내에 첫발은 내딛은 광고대행사는 레오버넷코리아였다. 그녀는 창립멤버로 입사했다.

레오버넷코리아에서 아트디렉터, 크리에이티브 디렉터(CD)를 거치며 크리에이티브의 개념과 원칙, 자세 등 많은 것을 배울 수 있었다. 그러나 당시 레오버넷은 한국이라는 곳을 광고의 미개국으로 봤던 터라 수석 크리에이티브 디렉터(ECD)는 무조건 영국이나 미국에서 데려와야 한다는 생각이었다. 그러나 그녀는 맥도날드 론칭 광고를 비롯해, P&G, 필립모리스, 켈로그 등을 성공시키면서 최초의 한국인 수석 크리에이티브 디렉터가 된다.

그 후 이직이 심한 광고업계에서 레오버넷코리아의 터줏대감으로서 3년 임기의 외국인 사장과 내국인 사장이 수없이 교체되는 중에도 든든하게 자리를 지켰다. 후배 사원은 그녀가 있어 흔들리지 않고 일할 수 있었으며 신임 사장은 사실상 실질적 대표인 그녀에게 끊임없는 조언과 역할을 요구했다. 이렇게 자신의 자리를 지키며 남자도 40대 중반을 넘기기 어렵다는 광고계에서 60세까지 전무, 고문까지 종사하는 기록을 세운다.

그녀는 사내에서 사심이 없는 인물이라 평가받는다. 그래서인지

현지 사정을 잘 모르는 신임 사장은 그녀의 도움을 바란다. 그녀에게서 정확한 사내 정보를 얻을 수 있었고 그녀가 중심을 잡으면 회사가 원활하게 돌아갔기 때문이다. 로컬의 리더였던 셈이다.

"부하 직원 입장을 잘 생각해 주는 편입니다. 저는 수직관계를 싫어합니다. 구속과 권위도 역시 싫어합니다. 그래서 부하 직원과도 자유롭게 지냅니다. 그러다 보니 새 사장이 믿고 맡길 만한 인물로 평가한 것 같습니다."

그녀의 부군은 제일기획 이재철 부사장으로 같은 업계에서 선의의 경쟁을 벌였다고 볼 수 있다. 부군과는 서울대 응용미술과(현 시각디자인과) 선후배 사이이며 외동아들도 서울대 시각디자인과를 졸업했다. 한 집안이 모두 동문인 셈이다.

그녀는 회사의 창업자인 레오 버넷이 40여 년 전에 직원들에게 했던 연설을 늘 가슴에 새긴다고 한다. '내 이름을 문에서 떼어낼 때'라는 제목으로 레오버넷에 근무하는 광고인으로서 가져야 할 자세를 설파한 것이다.

> 자신이 만든 광고에 스스로 만족하지 못해 어쩔 줄 모르고 전전긍긍하는 고통을 잊어버렸을 때 … 철저함을 추구하는 열정을 잃어버렸을 때 … 힘 있고 살아 숨 쉬는 아이디어를 만들어 내기보다 공장에서 찍어 내듯 틀에 박힌 광고를 만들어 내기 시작할 때 … 가진 능력 이상으로 건방져져서 인간적인 면을 잃어버렸을 때 … 일에 대해서가 아니라 사람에 대한 불만을 나타내거나 비난할 때 … 너희들이 그 지경이 된다면 레오버넷이란 회사명조차 부끄러우니 자기 이름을 떼어내고 회사 이름을 다른 것으로 바꾸어야 할 것.

그녀에게 광고란 단지 직업 이상의 의미가 있다.

"20년 이상 광고 일을 하던 친구가 광고계를 떠나며 자조적으로 했던 말이 생각나요. 밥 먹듯 하는 야근에, 광고주 때문에 언제나 전전긍긍해야 하고 위로 올라갈수록 편해지기는커녕 몸과 마음은 더 고달파지기만 하는데 그 대가로 떼돈을 버는 것도 아니고 그렇다고 사회적으로 존경을 받는 것도 아니고 도대체 뭐가 좋다고 20년을 매달려 이 짓을 해 왔나, 하더군요."

그러나 그녀는 광고가 왜 좋은지 알고 있다. 광고를 좋아하는 이유에 대해 다음과 같이 이야기한다.

"광고주 때문이 아니라 자신이 만족할 때까지 아이디어를 파느라 밤샘도 마다 않는 만삭의 카피라이터, 고개를 갸웃하는 나에게 자신의 레이아웃이 왜 좋은지 목에 핏대까지 세우며 설명하려 애쓰는 아트 디렉터, 며칠씩 집에 못 들어가 쉰내가 풀풀 나는 머리를 감추느라 모자를 눌러 쓰고 나타나선 새로운 패션이라고 능청을 떠는 FD, 광고물의 결과가 좋아 광고주의 칭찬이라도 쏟아질라치면 눈물까지 글썽이며 달려오는 AE…. 그들과 함께 일하는 것만으로도 광고를 사랑하지 않을 수 없습니다."

때론 자기 브랜드가 가야 할 방향도 모르는 광고주 때문에 속이 상하고 가끔 찬물을 끼얹는 심의실 때문에 피가 말라도 '이 짓'을 지금까지 계속할 수 있었던 것은 순전히 광고를 사랑하는 열정적인 사람들과 함께하는 시간이 행복했기 때문이었다고 말하는 그녀.

이러한 그녀의 모습에서 왜 그렇게 후배들이 그녀를 따르고 존경하는지, 광고주마저도 회사를 그만두거나 개인적인 문제가 있을 때 그녀를 멘토로 찾는지에 대한 이유를 알 수 있었다.

1941년 출생
성균관대 경제학과 졸업
1969년~ 삼양식품 선전실장
1982년~ 아남전자 판촉영업부장
1991년, 1994년, 1998년 한국실업탁구 U.S. Open 한국대표팀 단장
1992년~ 한국도자기 상무이사
2002년 고려대 언론홍보대학원 최고위과정 16기 수료
2006년~ 성균관대 총동창회 상임이사

유
대
치

유대치의 광고인생은 그가 이룬 업적들을 통해 설명할 수 있다. 첫 번째는 삼양라면 CM송의 전략적 운영 사례이다. 삼양라면 CM송은 1960년대 말에 여러 사람에게 불려졌다. 당시는 매체기획이 없던 시절이었기에 이곳저곳에서 전략 없이 광고가 집행되던 상황이었다. 그는 1969년 합류한 삼양식품 선전실에서 KBS PD에게 의뢰해 CM송을 제작했다. 그 뒤 고정적으로 라디오 시간대를 구입한 뒤 전략적으로 CM송을 전파했다.

　　거기에서 멈추지 않고 현재까지 왕성하게 활동하는 송도순 씨를 비롯해 유명인 30~40명을 섭외해 성우 녹음에 참여시켜 7년간 삼양라면 CM을 국민에게 각인시키는 데 노력했다. 당시 삼양라면의 시장 점유율은 85%에 육박할 정도로 인기가 많았다. 지금 30대 후반에서 50대들은 모두 당시의 삼양라면 CM을 기억할 것이다.

　　두 번째는 〈동아일보〉 광고탄압 사건 당시 소신 있는 광고 집행 사

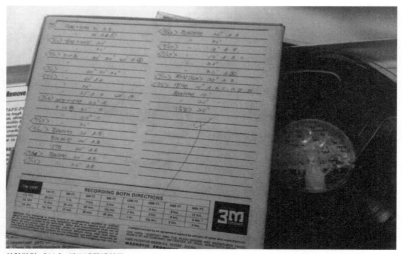

삼양라면 CM송 마그네틱테이프

感謝文

키하 귀하

키하께서 동아일보사의
언론자유수호를 지원하기 위
한 격려금을 보내주신데 대
하여 뜨거운 감사를 드립니다

1975년 월 일

東亞日報社

사장 金相万

〈동아일보〉로부터 수여받은 메달과 감사장

례이다. 1974년 10월 국가비상사태 보도통제 상황이었다. 〈동아일
보〉와 DBS에서 '서울농대생 데모사태'를 보도함에 따라 편집국 간부
들이 수사기관에 연행되었고 젊은 기자들은 '자유언론실천선언'을 했
다. 당시 광고주에 대한 수사기관의 압력으로 많은 기업이 〈동아일
보〉와 DBS의 광고를 무더기로 해약하는 사태가 발생했다.

　그런데 아이러니하게도 광고를 집행하던 삼양라면에는 광고해지 압력
이 없었다. 수사기관 담당자가 〈동아일보〉와 관련된 삼양그룹(삼양식품
과는 이름만 유사할 뿐 관련이 없음)과 삼양식품을 관계사로 착각해 그냥 넘
어갔기 때문이었다. 덕분에 삼양라면 광고는 자연스럽게 방송되었다.
이에 삼양라면은 소신 있는 광고 집행을 이유로 수사기관에 불려갔다.
전후관계는 해명되었고 소신 있게 광고 집행을 한 그는 〈동아일보〉로부
터 감사문과 감사메달을 수여받았다. 담당자 입장에서 봤을 때 하나의
광고만 전파를 탔기 때문에 효과는 좋았던 것으로 기억된다고 한다.

　마지막으로 금성(현 LG)통신에서 스포츠마케팅의 시초를 다진 사
례이다. 1970년대 말 금성통신은 금성배구단을 창단했다. 지금은 대

기업들이 스포츠 구단을 조직적으로 운영하지만 당시에는 사장이 단장을 맡고 실무담당자 한 명이 이를 추진하고 보고하는 방식이었다. 그는 실무담당자로 활동하며 금성통신의 스포츠마케팅 시초가 되었다. 지금 돌이켜보면 스포츠마케팅이지만 그때는 단순히 뉴스라든지, 대외적으로 브랜드를 노출하는 데 의의가 있는 단순 판촉활동 정도로 보는 시각도 있었지만 이에 개의치 않고 꾸준히 노력했다.

그는 한양대를 거쳐 군복무 중이었던 강만수 선수(전 국가대표선수 및 감독, 현 국민생활체육 전국비치발리볼연합회 부회장)를 제대와 동시에 고액에 영입하는 데 성공(당시는 스카우트 개념이 없었음)하는 등 초기에 자리 잡는 데 크게 기여했다. 선수들과 함께 지방 전지훈련을 떠난 기억이 새록새록 난다고 한다.

그가 광고, 홍보에 대해 가진 철학은 기본적으로 '지속성'이다. 많은 CEO나 의사결정권자가 범하는 실수는 캠페인이나 프로젝트를 너무 짧게 진행한다는 것이다. 물론 시의성 있게 대응하거나 추진해야 할 사항도 분명 있다. 하지만 기본적으로 많은 사람들의 뇌리 속에 자리 잡기 위해서는 꾸준히 지속하는 것보다 나은 방법이 없다고 본다.

그는 개인적으로 유한킴벌리의 '푸르게 푸르게'나 LG그룹의 '사랑해요' 같은 광고 캠페인을 좋아한다. 우리나라는 아직 몇백 년 된 기업이 없지만 기업의 명성과 가치를 높이고 제품의 수명을 늘리기 위해서 반드시 지속적인 측면을 고려하고 되새김질해야 하기 때문이다.

다른 한 가지로는 다양한 의견에 대한 수용이다. 우리나라는 독특하게도 광고, 홍보 실무자 혹은 광고, 홍보 회사 사람이 의사결정권자의 취향에 따라서 프로젝트를 진행한다. 고객의 입장을 전혀 고려하지 않는 경우도 비일비재하다. 하지만 신입사원부터 의사결정권자, 소비자, 에이전시까지 다양한 의견들을 대상으로 모아져 나온 결

298

정체가 바로 광고, 홍보 캠페인이다. 그는 최적화를 무시하는 것은 기업을 망치는 지름길이라고 생각한다.

그는 "나는 카피라이터나 크리에이티브디렉터 (CD) 가 아니니까" 라는 생각을 가진 광고, 홍보인이 많은 것 같다며 커뮤니케이션, 마케팅의 기본은 창의성이라고 말한다. 진부한 말이긴 하지만 반드시 기억해야 한다. 광고업계는 치열한 경쟁이고 그 경쟁에서 살아남기 위해서는 독특해야 하며 창의적이고 독특한 방법으로 업무를 추진해야만 경쟁에서 뒤처지지 않을 것이다. 그는 〈프로젝트 런웨이 코리아〉에서 MC 이소라가 말한 것처럼 "진보한 디자인은 박수를 받지만, 진부한 디자인은 외면을 당합니다"라는 말을 기억하기를 당부한다.

또한 광고, 홍보를 하는 사람이 반드시 들어야 할 말이 있다면 '팔방미인'이라고 말한다. 다양한 분야에 대해서 깊게는 아니더라도 넓은 지식을 소유해야 함을 강조하는 것이다. 다양한 커뮤니케이션 환경에서 기업을 살리는 최전방에 있는 것이 광고, 홍보인이기 때문이다. 이에 대응하기 위해서 필요한 것이 다양한 분야의 지식이다.

다양한 분야의 지식을 쌓기 위해서 최신 트렌드에 대한 탐색 노력해야 한다. 과거에는 신문, 책 등에서 많은 지식을 얻는 데 힘들고 제약이 많았지만 지금은 인터넷이 발달해 보다 많은 지식을 보다 수월하게 얻을 수 있다. 작은 노력이 전혀 다른 결과를 가져옴을 기억해야 한다.

유대치는 마지막으로 성실과 정직을 강조한다. 그는 40년 넘게 이 분야 있으며 동료, 선후배가 좋지 않게 짐을 싼 경우를 많이 보았다. 영업과 접대, 인간관계 등 다양한 연결고리로 인해 유혹이 많은 분야가 바로 광고, 홍보 분야이다. 본인뿐 아니라 가족을 위해서 그리고 지금같이 취업이 어려운 시기일수록 '성실과 정직'을 꼭 마음속에 깊게 새기길 바란다.

유충식

1936년 출생
1961년 서울대 상학과 졸업
1961년 동아제약 입사
1974년 한국광고협의회 회장
1993년 한국광고주협회 부회장
1993년~2002년 동아제약 대표이사 사장
2003년~2007년 동아제약 부회장
2007년~ 동아제약 이사

수상 및 저서
1996년 국민훈장 동백장
1999년 동암 약의상
2005년 한국광고주대회 KAA어워드 공로상

서울대 상대 출신의 유충식 부회장은 동아제약 공채 2기 출신으로 광고·홍보 분야의 팔방미인이었다. 당시 광고시장은 MBC가 상업 방송을 시작하면서 신문, 잡지에서 벗어나 새로운 감각의 효과로 선풍적인 인기를 끌었다. 따라서 반복되는 멘트로 소비자의 잠재의식 속에 파고드는 캐치프레이즈는 광고의 생명이나 다름없었다.

그가 속했던 광고팀은 박카스 광고의 "활력을 마시자"라는 유명한 광고카피를 탄생시켰다. 효과는 거짓말처럼 즉각적으로 나타났다. 월 백만 병이었던 생산목표가 1963년 해를 넘기기도 전에 2백만 병을 돌파했다. 공장은 시설을 늘리고 사원은 매일같이 야근해야 했다.

초창기 방송광고는 의약품이라고 해서 내용에서 특별한 규제를 받지 않았고 길이도 길어서 소비자들에게 크게 어필했다. CM의 시간이 무려 1분 30초나 됐기 때문에 CM송과 배경음악, 효과를 충분히 살리고도 남았다. 광고상품의 이름을 내건 쇼 프로그램이 골든아워를 점령하고 쇼의 사회자가 광고주의 상품명을 말해도 괜찮은 그런 분위기였다. 따라서 "광고주가 방송 프로그램을 이끌어 간다"는 말이 나올 정도였다. 후에 외화 가운데 가장 높은 시청률을 기록했던 〈전투〉(Combat, 1968년, 1976년 KBS TV에서 방영한 미국 전쟁영화 시리즈)의 앞뒤 광고를 동아제약이 독점한 것은 동아광고팀의 위력을 말해 주는 것이었다.

박카스D는 발매 1년 만에 드링크제 시장을 절반 이상 석권했다. 동아제약이 부도를 딛고 일어서는 순간이었다. 업계는 물론 경제계도 작은 제약사의 극적인 소생을 경이적인 눈으로 지켜봤다. 한 해 평균 7억 병 내외가 팔려나간 점을 감안하면 전 국민이 1년에 평균 15병을 마신 셈이다. 해외 시장도 개척하기 시작해 지금은 25개 국가로 수출되며, 특히 미국과 베트남에서는 캔 모양의 박카스가 인기를 끈다. 가요계에 국민가수 '조용필'이 있는 것처럼 드링크 시장에는 국민음료

'박카스'가 있는 셈이다.

유충식 부회장(당시 광고과장)은 공격적 광고전략으로 동아제약의 박카스 매출을 끌어올린 주역이다. 박카스는 1963년 동아제약이 생산을 시작한 이래, 40년간 기능성 음료시장에서 1위를 지켜왔다. 가히 국민음료라 할 수 있다. 동아제약이 제약업계 1위 자리를 지키는 것도 박카스가 없었다면 사실상 불가능했다. 그가 당시 TV광고를 독점하다시피 하는 대량 광고전략을 쓰며 박카스D는 발매 1년 만에 제약업계 매출 1위로 뛰어올랐고 이에 힘입어 1967년부터 동아제약이 제약업계 1위 기업으로 성장할 수 있었기 때문이다.

매출이 떨어지던 1993년 '새 한국인 시리즈' 광고로 판매 추세를 뒤집은 것도 유충식 부회장이었다. '박카스 신화'로 불리는 이 같은 성공의 밑바탕에는 뛰어난 광고가 있었던 것이다. 박카스는 40대와 50대에게 "활력을 마시자", "승리는 체력에서"라는 광고카피로 기억된다. 한편 "지킬 것은 지킨다", "젊은 날의 선택" 등의 콘셉트로 젊은 층을 공략했다.

공익성을 강조하는 박카스의 독특한 광고마케팅을 통해서 박카스는 단순한 상품 이상의 의미를 지니게 됐다. 그중에서도 1등공신은 '새 한국인 시리즈' 광고였다. 그의 주도로 만들어진 카피 "그날의 피로는 그날에 푼다", "젊음은 나약하지 않다", "지킬 것은 지킨다" 등은 사회적 유행어가 되었다. 특히, 전철 안의 노약자 편은 우리의 전철 이용문화를 바꿔놓을 만큼 위력이 컸고 그 공로로 2000년에 도시철도공사로부터 감사패를 받기도 했다.

이러한 일련의 캠페인은 동아제약 주최 대학생 국토 대장정 등으로 이어지면서 박카스는 1990년대 초 7백억 원대의 매출에서 10년 만에 2천 억 넘게 성장했다. 이런 업적들을 인정받아 2005년에는 광고주의 권익보호와 광고의 자유 신장, 광고산업 발전에 기여한 이에게 한국광고주협회(KAA)가 주는 KAA 어워드 공로상을 수상하기도 했다.

박카스는 우리 이웃이 사는 진솔한 모습을 광고로 담아냄으로써 친근감을 주었다. 서민적이면서 대중적인 드링크로 입지를 굳히는 한편, 공익적 내용으로 캠페인을 한 것이다. 의약품임에도 효능, 효과에 대한 광고는 피하는 대신 감성에 호소하는 광고를 펼침으로써 제품이미지를 건전하게 유지하고 시간이 흘러도 변하지 않는 브랜드로 자리매김한 것이다.

유독 제약업계에는 40~50년간 줄곧 한 회사에서만 근무한 장수 기업인이 많다. 이들은 대부분 기업 오너의 오른팔로 회사를 함께 키운 공로를 인정받아 CEO 자리까지 올랐다. 회사 오너는 아니지만 내가 이 회사의 오너라는 주인 의식을 가졌기에 가능한 일이었을 것이다. 이들의 평균 연령은 60대 중후반에서 70대 후반으로 일반적인 은퇴 시점을 훌쩍 넘겼지만 경영 일선을 활발하게 챙긴다. 이는 일반 산업군에 비해 제약업의 업력이 오래된 데다 보수적 분위기가 짙기 때문이다. 유충식 부회장의 재직기간은 51년으로 오너인 강신호 회장에 비해 불과 2년 짧다. 특히, 유충식 부회장은 1978년 동아제약 이사로 선임된 이후 36년 이상 이사직을 유지했으며 1993년부터 2002년까지 약 10년간 동아제약 대표이사 사장으로 활동했다.

이제는 현업에서 물러나 있지만 이사로서 회사 경영에 관여한다. 제약업계 장수 기업인들은 어려운 시절부터 오너와 함께 회사를 일으킨 창업공신으로 통한다. 영업이나 상품개발 등에서 혁혁한 공로를 세웠다는 공통점도 있다.

그는 항상 광고의 시작은 제품에 있음을 강조한다.

"혹자는 크리에이티브를 강조하는 경향도 있지만 보다 중요한 건

진실성입니다. 광고전략이나 광고표현의 기본은 진실성에 두고 만들어야 하며, 과장된 광고는 일시적으로는 소비자를 현혹시킬지 모르지만 언젠가는 외면당합니다."

오늘의 한국 광고의 발판을 마련한 원로 광고인들은 대부분 한 번쯤은 동아제약을 거쳤거나 한 번쯤은 동아제약의 광고를 해 봤을 정도이다.

고도성장의 배고픈 시대에서 시작한 우리 광고도 이제 서구의 영향에서 벗어나 우리만의 독특한 광고 표현기법이나 학문으로서 정립할 수 있게 된 것은 뿌듯한 일이다. 그리고 이는 광고의 힘을 믿고 사명감을 가지고 일했던 유충식 부회장과 같은 인물이 있었기에 가능했을 것이다. 그는 광고는 산업 발전의 밑거름이라면서, 광고인의 책임을 강조한다. 광고인의 꾸준한 학술적, 인적 교류가 필요하며 낭비 없는 효과적 광고를 위한 광고의 과학화와 한국 광고산업의 발전을 위해 사명감을 갖고 노력해 줄 것을 당부했다.

윤 동 현

윤동현은 1956년에 〈조선일보〉 광고국에 입사해 서울약품 광고를 담당하는 영업사원으로 일하면서 광고와 인연을 맺었다. 그 당시 서울약품 상무이며 일본의 선진 광고산업을 경험한 후 귀국해 〈한국일보〉 광고 고문으로 활동하던 장상홍을 만난다. 그의 추천으로 〈한국일보〉에 입사했다. 그 후 마케팅 감각이 뛰어난 〈한국일보〉 장기영 사장과 만나면서 도전적이고 창의적인 광고활동을 한다. 《한국일보 20년사》에는 그에 대해 이렇게 쓰여 있다.

윤동현을 지렛대로 광고부는 착착 조직화되어 사원 모집광고(5. 31)를 내었다. 〈한국일보〉와 TV 방송사 대리 업무를 취급할 남자 외근 사원과 여자 내근 사원을 모집하되 자격은 영어를 하고 나이는 30세 전후의 남자와 출판 업무에 경험이 있는 20~30세의 여자였다. 그 당시 윤동현은 미국에 있는 국제광고대행기구에 가입하려고 준비를 서두르고 있었다. 당시 광고부 직원은 17명뿐이었으며 젊은 사원으로 이창영도 있었다.
그는 1931년 충북 음성 태생으로 선린상고를 나와 1957년 한국방송주식회사(TV 방송사와는 다름) 문예부장을 거쳐 그해 〈한국일보〉 본사에 입사했다. 윤동현은 장차 지방지 광고대행도 맡을 양으로 1957년 8월 15일 본사 내에 광고국을 신설하고 초대 광고국장직을 맡게 된다. 그는 〈한국일보〉에 게재된 전체 광고(11. 16~12. 15)에 대한 독자들의 평과 감상을 모집할 정도로 자신만만했다.
광고국은 〈한국일보〉 본사와 청약계약을 맺고 제판부를 나중의 〈소년한국〉 자리에 따로 신설, 이용우 등이 이를 맡고 도안사도 따로 10명가량 모집해 광고대행사로서의 면모를 갖추어 나갔다. 지방신문 중에서 〈국제신보〉, 〈중부일보〉, 〈대구매일신문〉, 〈전북일보〉, 〈전남일보〉 등이 광고부원을 2명씩 차출해 〈한국일보〉 광고국에서 국제 수준의 업무를 익힌 일은 특기(特記)라고 할 수 있다.
당시만 해도 미, 일 두 나라와 같은 선진국의 신문 운영은 대체로 광고 수입 6에 지대 수입 4의 비율을 차지하고 있어 장차 한국에서도 광고 분야의 개발이 상당한 비중과 발언권을 갖게 되리라는 전망이 밝았다. 〈한국일보〉 장기영 사장은 10년이 지나자 광고부 출신의 윤동현을 부사장으로 임명했다.

1957년 8월 15일 〈한국일보〉 광고국 초대 국장을 맡으면서 〈한국일보〉 및 자매회사와 6개의 지방신문사의 광고판매를 대행했다. 그리고 1957년부터 KORCAD-TV의 광고영업을 맡으면서 실제적으로 신문과 TV광고를 판매하는 종합광고회사의 형식을 갖추기 시작했다. 중소 규모 광고주의 광고는 〈한국일보〉 광고국에서 기획, 제작, 집행을 대행했다. 그는 지방신문의 광고담당자를 〈한국일보〉 광고국에 불러 국제 수준의 광고업무에 대한 교육을 실시하기도 했다.

1958년 12월 8일 〈한국일보〉에 광고윤리요강 및 게재기준을 제안하는 '올바른 사회적 반향을 위한 바른 광고'를 게재하고 6개 항목의 〈한국일보〉 광고게재 기준을 제시했다. 또한 1959년 신년호 광고계의 악습인 무단광고 게재를 없애기로 하고 명함광고와 신년축하광고를 사절하겠다고 선언했다. 광고주의 편의를 돕기 위해 야간 광고 접수계를 설치하기도 했다.

영어와 일어에 능통한 직원을 두고 세계 광고계의 동향을 파악하고 국제광고협회와의 교류로 광고의 새로운 경향을 파악하는 데 게으르지 않았다. 부지런함에 더해 타고난 직관력도 좋았을 뿐만 아니라 크리에이티브에도 뛰어난 능력을 보여 줬다. 광고를 보고 퀴즈에 응답한 구독자를 추첨해 사람 키만큼 동전을 지급한다는 공모를 내고 실제로 실행에 옮기는 등 다양한 광고이벤트를 통해 효과를 입증했다.

1959년 9월 9일에는 '홀리데이 온 아이스쇼'단을 초빙해 중앙청 앞특설 아이스팰리스에서 3일간 야간 대공연을 개최해 큰 인기를 끌기도 했다. 그에 대한 광고주들의 신뢰도 남달랐다. 그 당시 광고계의 중심을 이루던 제약과 출판광고의 광고주 가운데 종근당, 대풍 등 많은 광고주와 개인적 친분을 쌓았고 그의 의견을 따르는 일이 많았다.

한국광고사는 〈한국일보〉 및 지방신문사로부터 국제수준의 대행수수료 이상을 받았으며 이러한 수익을 원천으로 한국광고사를 독자적으로 운영했다. 한국광고사는 1959년 8월 한국광고작품상을 만들었으며 이와 더불어 광고상품에 대한 비평도 모집했다.

1959년에 장상홍과 함께 국내 최초로 국제광고협회 회원으로 가입해 세계 광고인과의 교류도 진행했으며 한국광고사 직원을 일본 덴츠 등으로 해외 연수를 보내 선진 광고전략을 습득하도록 했다.

1960년 9월 5일에는 국내 최초의 광고전문 잡지인 〈새광고〉를 창간했다. 〈새광고〉 편집인은 한국광고사 기획조사부장인 이수홍에게 맡겨 수행하도록 했다. 〈새광고〉 창간호에는 세계광고협회 회장, 미국광고회사협회 회장의 축하 기고문 등이 실렸다.

역사, 정치적 불안정과 열악한 경제 상황에서도 광고인 윤동현이 보여 준 도전적 광고활동을 정리해 보면 첫째, 국내 최초의 광고회사인 '한국광고사'를 창설해 광고전문 시대를 열었으며 광고대행수수료 제도를 실시했다. 둘째, 국내 최초 광고전문 잡지 〈새광고〉를 창간해 선진 광고교육을 통해 광고인의 전문성을 높였다. 셋째, 광고윤리 요강 및 게재기준을 만들어 광고의 사회적 책임을 수행하려 했다. 넷째, 명함광고 및 신년축하광고를 사절하는 등 광고산업의 악습을 단절하려고 노력했다. 다섯째, 광고작품상 및 광고비평 공모전을 열어 소비자들의 광고에 대한 관심과 참여를 유도했다. 여섯째, 국제광고협회의 가입 및 국제 광고인과의 교류 및 외국 광고계 견학 등을 통해 광고의 국제화에 기여했다. 그리고 마지막으로 고려대 상과대학 기업 경영연구소와 공동으로 광고량 조사를 실시해 광고의 과학화를 위한 기초를 만들었다.

1968년에 〈한국일보〉를 끝으로 미국 LA로 떠난 그는 열악한 광고 현실에서도 광고의 과학화와 광고의 사회적 책임, 광고의 국제화에 기여하고자 노력했던 광고인으로 기억될 것이다.

윤명의

1912년 출생
충남 덕산공립보통학교 졸업
1961년 대지문화사 설립
1982년~2000년 (주)대홍기획 회장
2009년 작고

윤명의 전 대홍기획 회장은 2009년 1월 8일 오전 서울 서초구 방배동 자택에서 향년 97세로 작고했다. 충남 예산 출신인 고인은 독립운동가인 윤봉길 의사의 6촌 동생으로 한국 광고계의 부침(浮沈)을 지켜본 산증인이다.

1961년 대지문화사를 설립해 광고계에 첫발을 내디뎠으며 전신주에 붙이는 홍보물로 광고를 시작했다. 1982년 신격호 롯데그룹회장이 설립한 계열사인 대홍기획의 초대 회장으로 선임되었으며 이후 88세인 2000년까지 대홍기획 회장을 지냄으로써 국내 최고령 CEO 기록을 세우기도 했다. 아직도 직원들은 평소 직원들의 건강과 생활까지 세세히 챙겼던 그를 친할아버지와 같이 인자한 인물로 기억한다. 그가 20여 년간 광고회사를 운영하는 동안 초창기 광고계의 발판을 구축하는 데 크게 기여했다고 평가받는다.

1980년대 초 우리나라의 산업은 점점 다양화, 전문화되고 경제규모가 확대되며 세계경제는 국제화 시대로 접어들면서 마케팅의 개념 역시 달라져야 한다는 인식이 확산되었다. 산업은 기술의 시대로, 시장은 소비자의 시대, 글로벌 마케팅의 시대로 진입하기 시작한 것이다. 그는 이러한 시대적 요구에 부응해 독자적 산업 분야로 인정받기 어려운 불모지나 다름없었던 광고업을 전문적이고 창의적인 분야로 발전시키는 데 기여했다. 학문적, 체계적으로 연구한 학자나 외국의 선진기법을 습득한 전문 인력도 부족하고 소비자나 광고주의 광고에 대한 인식도 부족했던 상황에서 미지의 세계를 개척해 보겠다는 열정과 의욕으로 새 역사를 만든 것이다.

1982년 5월 24일 각계의 관심 속에서 대홍이 출범했고 6월 1일 그가 대표이사 회장으로 취임했다. 이후 조직의 충실화를 꾀하고 영업 준비에 박차를 가하기 위해 연내에 세 차례나 조직을 개편했다. 1차로 부과(部課) 제도를 광고계의 현실에 맞게 국(局) 제도로 개선해 1급을(乙)을 부국장으로 2급갑(甲)을 부장으로 칭하고 차장 호칭을 없앴으며 기획국과 관리국을 두어 두 축을 중심으로 운영하는 2국·3부·7과·4팀으로 개편했다. 기획부의 업무 조정과 함께 인력을 재배치했으며 관리직 인력도 제자리를 찾았다.

그는 광고대행사의 운영 및 기획 능력을 높이기 위해서 계속 우수한 인력을 스카우트했다. 그해 9월 5일 광고계의 중진 이병인 씨를 영입해 조직의 활력을 불어넣었다. 이때부터 이병인 이사가 영업기획을 전담하고 관리 부문은 전무영 이사가 전담했다. 이에 영업기획을 담당한 이병인 이사는 최초로 제작물의 리뷰 제도를 도입했고, 콘택트 리포트(contact report)를 인쇄해 배포하고 적극적으로 활용하도록 했다.

그러나 이 모두가 오랫동안 잘 지켜지지 못했다. 기본 골격은 갖추었다고 하지만 당시 업계는 광고대행사를 신설하려는 움직임들이 활발했고 급여 조정에 어려움이 있었다. 전문 인력을 확보하고 조직을 확장해 제대로 된 광고대행사의 면모를 갖추기에는 모든 면에서 미흡했다. 그를 비롯한 경영진은 이러한 난관을 타개하고 보다 활력 있는 조직을 갖추기 위해 경영진을 보좌할 기획조사실을 신설하는 안을 중심으로 조직 개편을 단행했다.

제3차 조직개편의 특징은 기획조사실이 경영 관리, 조직 관리를 포함한 회사의 장단기 전략을 수립토록 했으며, 1실·3국·9부·4팀의 편제였다. 특히, 국제광고부가 신설되어 제작팀 중에서 카피팀이 분리되었다. 기획조사실이 중심이 되어 조직을 이처럼 개편한 배경에는 회사의 성장을 위해서는 '선조직 후충원'의 전략이 필요하다는 판단 때문이었다. 이때 기획조사실은 10월 11일 입사한 강정문 실장(후에 대표이사)이 이끌었다.

1983년 초부터 대대적인 인력을 영입해 조직을 짜 맞추어 감으로써 대홍기획은 처음으로 조직다운 모습을 갖춘다. 남상조 대표가 대표이사를 맡음으로써 그와 함께 더욱 체계적인 광고대행사 설립을 위해 매진하게 되었다.

그는 대홍기획 원년이 되던 해, 시스템 미비와 전문 인력 부족이라는 이중의 어려움 속에서도 기존의 롯데그룹 광고주를 중심으로 착실한 영업활동을 함으로써 종합광고대행사로 출범한 이래 한 달 만인 6월 1일, 롯데그룹의 모든 회사와 광고대행계약을 체결했다. 그리고 8월 1일에는 한국신문광고협의회로부터 신문광고대행사 자격을 인정받아 최초로 영업수익의 발판을 만들었다.

이 당시 주요 광고주는 롯데제과, 롯데삼강, 롯데칠성, 롯데쇼핑, 후지필름, 롯데 파이오니아, 롯데햄우유, 롯데주조 등 모두가 롯데 계열사였다. 12월 1일엔 프레젠테이션을 통해 동방유량 주식회사와 광고대행을 체결함으로써 최초의 비계열 광고주를 영입해 직원들의 사기를 드높인다. 이를 위해 12월 6일에는 참신한 애드맨을 찾는 경력 및 신입사원을 모집 광고를 집행함으로써 대대적 인력 충원을 진행한다. 이 광고에서 "황금알을 낳는 거위가 있습니다"라는 헤드라인을 통해 광고업계는 물론 광고주의 열렬한 반응을 얻기도 했다.

이처럼 초창기 시절 전문광고의 정석을 보여 주겠다는 결심하에 새로운 시스템을 구축해 조직의 사기를 높임은 물론, '광고주 제일주의', '판매에 기여하는 광고' 철학을 천명함으로써 우리나라 대행사에서 처음으로 광고대행사, 광고주, 소비자 3자 모두를 향해 광고가 나아갈 꿈, 광고의 양심을 천명한 것으로 평가한다.

1980년대를 마감하고 20세기의 마지막 10년으로 진입하는 첫해인 1990년, 광고산업은 새로 마련된 시험대 앞에서 몸을 추슬러야 했다.

윤명의 회장은 신년사에서 그 어느 해보다도 여건이 악화된 상황을
돌파하기 위해 "스스로를 존엄하게 생각하고 스스로 주인의식을 갖는
자애(自愛)정신을 가질 것"을 강조했다. 오랜 경험을 살려 주식회사
대홍이 '광고주의 판매를 제일 먼저 염두에 두는 회사'이자 '33인의 두
뇌집단'임을 강조했고 이는 오늘까지도 대홍기획의 핵심전략이다.

1941년 출생
1960년 홍익대 서양화과 입학
KBS, TBC, 〈경향신문〉 근무
제일기획 CF감독
제일프로덕션 설립, 대표
현재　동화작가 겸 화가로 활동

수상 및 저서
1960년　제9회 국전 입선
제5회 홍익대 미술대전 최우수상
1992년　제1회 MBC영상문화제 대상
《우리 독도에서 온 편지》(계수나무, 2007)

윤 문 영

윤문영 감독은 일제 강점기에 만주에서 태어나 해방이 되자 교육자이신 부모님을 따라 조국의 품으로 돌아왔다. 어릴 적부터 그림에 재능이 많아 자연스럽게 홍익대 서양화과에 입학하고 국전(대한민국 미술 전람회)에 입선하기도 했다. 하지만 순수회화로는 먹고살기가 힘든 시대이기에 취직해서 돈을 벌어야 했다. KBS와 TBC, 〈경향신문〉에서 무대 그래픽, 화보담당, 애니메이션 등을 담당하다가 제일기획으로 입사하면서 CF감독으로서 첫 인연을 맺는다.

제일기획에서 6년간 제일제당을 전담하는 동안 걸쭉한 히트작들을 내놓으며 실력을 인정받았다. 8년간의 제일기획 근무를 끝으로 제일프로덕션이라는 독립 CF프로덕션을 차리고 나와 오로지 실력으로 먹고살아야 하는 길을 걷는다. 이때 오란씨, 맥스웰커피, 고래밥 등의 당대 최고의 CF 성공작을 내놓으며 승승장구, 최고의 CF감독으로서 입지를 굳혔다. 하지만 갑자기 찾아온 IMF 외환위기를 맞으면서 경영난에 봉착하자 제일프로덕션을 접고 광고계를 떠나게 된다.

영상에 대한 탁월한 재능은 독립영화 제작에도 발휘되었다. 영화에 대한 미련을 떨어버리기 위해 자비 6천만 원을 들여 제작한 독립영화 〈산이 높아 못 떠나요〉는 1992년 제1회 MBC영상문화제에서 대상을 수상, 2천만 원의 상금을 받았다. 빠른 컷과 따뜻하고 세련된 영상미는 당시 영화계에서 화제가 되었다.

광고업계를 떠난 이후 그림에 대한 그의 재능을 알아보는 사람들에 의해 출판계로 진출하게 된다. 주로 소설의 삽화와 잡지 표지를 그렸고, 특히 70여 편의 동화책과 그림책의 그림을 그리며 일러스트레이터로서의 확고한 입지를 구축하게 된다. 최근에는 여성인물화 위주로 그리면서 순수화가로서도 활발한 활동을 이어 간다.

충무로에서는 CF감독으로서 그에 대해 그가 전공했던 회화에 대한 감각 때문인지 참신한 구도와 컬러에 대한 안목이 탁월했다고 평가한다. 그림 속의 인물이 실제 인물로 변하는 시도는 당시 아무도 시도하지 못했던 것으로 그만이 생각해낼 수 있는 매우 혁신적 기법이었으며 실제로 그는 직접 인물을 그리기도 했다.

그는 필름도 적게 쓰고 쉽게 오케이 하는 감독, 한 달에 12편도 넘게 CF를 만들어 내는 감독 등 기인처럼 회자되기도 했다. 그러나 이러한 평가의 이면에는 항상 프로로서 제품의 핵심을 명확하게 잡아 광고주를 만족시키고 소비자의 마음을 사로잡는 통찰력과 철저한 준비 그리고 고도의 집중력이 자리 잡았다. 다산(多産)만이 아니라 오란씨, 고래밥 등 당대 최고의 인기상품 제작자로 유명하며 광고 관련 시상식에서 수많은 상을 휩쓴 사실도 이를 뒷받침한다.

그는 말주변이 없다는 콤플렉스를 가졌다. 실제로 말로 하는 프레젠테이션에서는 손해를 보기도 했다. 그럼에도 불구하고 잘 짜인 콘티와 아이디어로 인정받았다. 제일프로덕션 대표 시절 어떤 제약회사 신제품 론칭 관련 프레젠테이션에서 메이저 광고회사들과 경쟁하게 되었는데 스스로 생각해도 프레젠테이션이 어눌했다는 생각에 주눅이 들어 말미에 광고주에게 죄송하다고 사과했다. 그랬더니 사주인 최고위 임원이 했던 말을 지금도 가슴 깊이 기억한다.

"예술가가 말까지 잘하면 사기꾼 아닌가요? 저는 다 이해했는걸요?"

결국 그는 다음 날 확정 통보를 받았다.

그가 광고업계를 떠난 지도 20여 년이 되었다. 본인이 떠난 최근 CF계에 대해 그는 어떻게 생각할까? 의외로 주저 없이 광고 심의의 유연함에 대해 말했다.

"당시에 심의문제는 정말 이루 말할 수가 없었어요. 남녀 모델이 손만 잡아도 문제가 되고 어깨가 드러나는 옷만 입어도 선정적이라는 이유로 제재를 받았어요. 또 외래어 사용에 대한 지나친 규제로 황당한 일을 겪을 때도 있었어요.

"제가 정철 영어 카세트 광고를 맡았을 때, '아이 러브 정철'(I Love 정철)이라는 CM송을 만들었어요. 광고주는 너무 맘에 들어 했는데 심의에서 문제가 발생했어요. '아이 러브'(I love)라는 말을 못 쓰게 한 거죠. 이제야 하는 얘기지만 화가 나는 걸 참고 심의 담당자들을 불러내 거하게 접대해서 겨우겨우 심의를 통과시켰는데 나중에 그 담당자들이 저 때문에 징계를 받았다고 하더라고요. 웃지 못할 현실이었죠."

윤문영 감독에게 마지막으로 하고 싶은 말이 있는지 물어보았다.

"이상하죠? 저는 잊었다고 생각하는데 지금도 가끔 꿈을 꾼단 말이에요. 광고를 제작하는 꿈. 광고를 찍으려고 하는데 사전준비가 잘 안되어서 쩔쩔매는 꿈. 근데 그게 너무 생생합니다."

그는 영원한 CF감독이었다.

1938년 출생
1968년 중앙대 서양화과 졸업
1969년 만보사 입사
1978년 (주)오리콤 제작국장 역임 후 퇴사, 세종문화 설립
2000년 세종문화 해산
경주대 석좌 교수 및 광고영상박물관장

윤석태

수상 및 저서
1981년 대한민국방송광고대상 대상(1999년까지 5회 수상)
1986년 대통령 표창
1992년 국민포장
2013년 서울AP클럽 특별공로상

커머셜 디렉터로 1970년대부터 2000년까지 한국 TV광고의 중흥기를 이끈 광고감독 윤석태. 그는 휴머니즘과 리얼리즘에 기초를 둔 광고들로 큰 화제를 모았을 뿐 아니라 한국광고영상제작사협회를 이끌며 클리오 광고제와 칸 국제광고제 등을 한국에 소개, 한국 광고의 선진화에 기여하기도 했다.

그의 광고작품집 《윤석태 TV-CF 작품집 Q-30》(호미, 2001)은 다음과 같은 구절로 시작한다.

나의 꿈은 화가였다. 고향 충북 괴산을 떠나 맨손으로 겁 없이 서울로 올라온 것도 화가가 되기 위해서였다.

그러나 '맨손으로' 홀로서기는 쉽지 않았고 먹고사는 문제를 해결하기 위해 '어쩔 수 없이 상업 디자인'을 선택한다. 초등학교 환경미화 작업, 브리핑 차트와 슬라이드 제작 등 여러 일을 했지만 수입이 가장 좋았던 일은 각종 공모전 응모였다. 당시 성행했던 정부, 공공단체의 포스터 공모에 응모하면 거의 매번 당선작이나 가작에 올라 가계와 학업에 보탬이 되었다. 그러나 예기치 않게 통혁당 사건에 휘말리고 신분이 보증되는 직장인이 되어야 할 필요가 생기면서, 유철종 씨(당시 만보사 AE였으며 후에 KBS〈이산가족 찾기〉사회자로 유명세를 얻음)의 제안을 받아들여 1969년 만보사에 입사한다.

비록 광고회사 입사가 그의 '꿈'은 아니었지만 그렇다고 그저 돈벌이이기만 했던 것도 아니었다. 1965년경 친구로부터 로저 리브스(Rosser Reeves)의 책 《광고의 실체》(*Reality in Advertising*, 1961)를 받아 읽고 광고에 흥미를 느꼈기 때문이다. 이러한 흥미가 씨앗이었다면 만보사는 광고인으로서의 성장에 더할 나위 없이 좋은 토양이었다.

1969년 당시 만보사는 기획, 조사, 매체 등 분업화된 조직을 갖고 전문가를 육성하고 있었으며 매캔에릭슨과의 업무제휴를 통해 국제적 광고기법을 한창 들여올 때였다. 그는 1970년 우리나라 최초의 스틸 CF를 찍으며 코카콜라와 인연을 맺은 뒤, '현지화된 TV광고'를 만들려던 매캔에릭슨의 설득으로 TV광고 감독의 길로 들어선다. 이에 따라 일본 매캔에릭슨 해외연수를 포함, 만보사와 코카콜라의 전폭적 지원을 받으며 우리나라 초창기 TV광고의 전범이 된 코카콜라 광고를 제작하게 된다. 1978년 오리콤을 그만두기까지 만든 작품은 코카콜라 22편을 비롯해 OB, 화이자, 남영나이론, 서울식품 등 총 69편에 이른다.

1978년 안정된 광고회사 제작국장의 자리를 버리고 상대적으로 거친 프로덕션 창업의 길로 들어선다. 회사를 그만둔 이유는 여러 가지가 있었겠지만 가장 큰 이유는 '현장에서 일하고 싶다'는 열망 때문이었다. 직급이 상승하면서 '관리'에 할애해야 하는 시간이 늘고 직접 연출할 수 있는 기회가 줄어드는 상황을 견디지 못한 것이다.

신영필름에 이름을 걸어 두고 이제까지 만든 작품을 포트폴리오로 만들어 영업하며 태평양 남성화장품 쾌남 광고 제작을 의뢰받는 등 애써 홀로서기에 힘썼다. 그러던 중 제 2기 광고인생의 새로운 동반자 이강우 선생을 만난다. 당시 이강우 선생도 이지송 감독과 함께 세종문화에 적을 두고 그보다 조금 앞서 프로덕션 업무를 시작했던 터였다. 서로 다른 회사였지만 함께 제작안을 놓고 문제를 풀었고 "오랜 친구처럼 이상하리만치 호흡이 잘 맞았다". 두 거장이 회사를 합치기까지는 그리 오랜 시간이 걸리지 않았다. 세종문화 시대의 개막이었다.

광고산업은 1970년대 후반에서 1980년대까지 경제성장과 TV광고의 컬러화가 맞물리면서 폭발적 성장세를 맞는다. 세종문화는 이 시기의 상징과도 같았다. 1978년 창립 첫해 40편의 광고를 제작한 이후 8년 차에 연간 제작편수가 1백 편을 넘었고 이후로 매년 1백여 편 이상 제작하며 세종문화가 폐업할 때까지 업계 1위를 유지했다. 23년간 세종문화가 제작한 작품 수는 총 2,320편에 달했고 그중 40%인 588편이 그의 손을 거쳤다고 한다.

당시 한국 광고작품의 10%에 달하는 작품을 만들어 낸 저력은 기술 분야의 인적 자원 투자에 기인한 바도 컸다. 방송광고의 컬러화에 따라 필름에서 VTR로 광고제작 시스템이 변화하던 때 관련 세미나를 세종문화의 이름으로 개최한 것은 물론, 1991년 제작시장 개방에 앞서 조명부문과 촬영부문 해외 연사를 초빙해 해외 세미나를 개최하기도 했다.

광고 크리에이티브의 국제 경쟁력 강화를 위해 칸 국제광고제와 클리오 광고제 등을 국내에 소개한 것도 그였다. 한국CF제작자협의회 창립을 주도하고 초대 회장이 된 것은 물론, 한국CF제작자협의회가 한국광고영상제작사협회로 개편된 뒤에도 오랜 기간 회장을 맡아 광고영상 제작 산업의 발전에 기여하기도 했다. 1984년 애드아시아 당시에는 변변한 컨벤션 산업이 없는 상황에서 AV분과 위원장으로 활약했고 1996년 국제광고협회(IAA) 서울 세계광고대회 당시에도 유치위원으로, AV분과 위원장으로 혼신의 힘을 다했다.

광고산업 발전에 힘을 크게 기울인 만큼 상복도 많았다. 1986년에는 공익광고에 기여한 공로로 대통령 표창을, 1992년에는 광고계에 기여한 공로로 국민포장을 받았다. 작품이 받은 상을 더하면 그 리스트는 더욱 길어진다. 한국방송광고공사에 의해 우리나라에 처음 방송광고대상이 도입된 1981년 이래 1999년까지 대한민국광고대상에서 거둔 트로피는 총 43개에 이른다. 이 중 대상만 5개이다. 대우 로얄피아노의 〈물방울〉편, 대우 마제스타 〈사물놀이〉편, 제일제당의 다시다 〈황해도〉편과 다시다 〈즉석 북엇국〉편, SK텔레콤 〈사슴〉편이 그것이다. 해외 수상 실적도 9편에 달한다.

사실 그의 촬영 스타일은 무척 거친 것으로 알려졌다. 그가 현장에서 큰소리를 쳤다거나 스태프들과 충돌했다는 이야기가 심심치 않게 전해진다. 고집불통이고 무지막지하다는 소리도 있다. 이러한 평판이 그의 완벽주의와 연결되어 있다면, 그가 정도 눈물도 많으며 뜻밖의 여린 면이 있다는 증언은 피사체를 바라보는 따뜻한 시선과 광고의 휴머니즘을 설명해 준다.

그는 "영상은 찍는 것이 아니라 담는 것이다"라고 한다. 그는 사람, 동물, 곤충, 풍경으로부터 색채, 소리, 빛까지 피사체의 마음속으로 들어가 그들의 이야기를 들어야 한다고 이른다. 인구에 회자된 그의 작품은 사람들이 무심코 지나치는 나무 한 그루, 풀 한 포기, 평범한 사람들의 땀방울, 눈에 보이는 곳 너머를 세심하게 비춘다는 특징이 있다.

윤석태 감독의 광고를 향한 열정은 2000년 3월 세종문화 폐업 후 광고박물관 건설로 이어졌다. 이제껏 무심할 정도로 버려졌던 광고사료들은 광고박물관에서 한국 광고사의 산증인으로 탈바꿈했다. 처음 박물관 건설에 힘을 보탰던 경주대의 배덕(背德)으로 갈 곳을 잃은 사료들이 빨리 제자리를 찾기를 소망한다.

윤세일

1944년 출생
1967년 연세대 졸업
1970년 〈한국일보〉입사
1975년 연세대 경영대학원 수료
1984년 〈한국일보〉광고부 부장, 광고국 영업1부장,
　　　 광고국 부국장, 광고국 국장
1995년 〈서울경제신문〉광고국 국장
1996년 〈한국일보〉광고국 국장, 이사 대우
1998년 〈서울경제신문〉광고국 국장, 광고국장 이사
　　　 출판국장 이사
2003년 〈한국일보〉광고본부장 이사
2004년 한국종합미디어 사장
2004년 〈스포츠한국〉창간준비 위원장
2005년 〈스포츠한국〉대표이사 사장(발행인 겸 편집인)
2007년 〈스포츠한국〉고문
2014년 법률방송 대표

"법 없이도 사는 아름다운 세상, 사람의 정이 흠뻑 녹아 있는 살맛 나는 세상을 만들어가고 싶습니다."

〈한국일보〉에서 줄곧 광고업무로 잔뼈가 굵은 윤세일 대표에게는 다소 생소한 분야이지만 의욕적으로 새롭게 이끌어 가는 법률방송은 국내에서 유일하게 법률전문 프로그램을 제작, 송출하는 케이블TV 방송사이다.

서울 서초구 서초동 법원 맞은편에 위치한 법률방송은 딱딱한 법률 분야를 부드러운 내용으로 만들어 일반 시청자에게 법을 쉽게 이해할 수 있도록 도와주는 공익방송이며, 이를 인정받아 2013년 사회복지 분야 공익채널로 선정되기도 했다.

〈한국일보〉에 입사해서 지금까지 45년이라는 동안 광고영업사원으로 출발해 〈한국일보〉, 〈서울경제신문〉 이사, 광고본부장, 〈스포츠한국〉 사장, 현재 케이블TV 법률방송 사장으로 염치도 없이 재직하는 게 아닌가 하는 생각이 들기도 한다고 겸손하게 말한다.

그가 열정과 의리로 한평생을 바칠 정도로 사랑했던 〈한국일보〉는 언론인 사관학교라 할 정도로 많은 언론인을 배출하고 그들은 현재 사회 각층에서 활발한 활동을 한다. 이런 배경의 이면에 〈한국일보〉 창업주 장기영 사주의 광고와 관련된 일화가 있다.

장기영 사주는 "광고도 기사다"라는 신념과 철학으로 광고에 많은 애정과 관심을 갖고 있었다. 때로는 오히려 기사보다 더 중요한 것이 광고가 아닌가 할 정도의 혜안으로 현장 일선에 있는 광고 직원들에게 직접 독려 전화를 하며 사기진작을 위해 노력했다고 한다.

장기영 사주는 광고에 관해 타의 추종을 불허할 정도의 전문성과 통찰력을 가졌다. 부고 및 안내, 모집광고가 그 신문의 부수를 가늠할 척도라고 판단, 경쟁지에 나오는 부고광고를 보고 광고국장에

장재구 회장과 함께 운악산 정상에서 '초록산악회' 일동.
(가운데 선글라스 착용이 장재구 회장, 장재구 회장의 오른쪽 4번째 선글라스 착용이 윤세일)

직접 지시해 조화를 보내고 상주를 방문하도록 했다고 한다. 이는 경쟁 매체와 비교해 손색이 없을 정도의 강력한 마케팅 도구였으며 〈한국일보〉의 경쟁력을 높이는 또 하나의 계기가 되었다.

안내광고의 일종인 가정교사 광고도 매우 중요하게 생각해 각 대학에 광고 접수처를 신설했고 새벽이나 밤을 가릴 것 없이 외근사원에게 직접 전화해 광고를 챙겼다. 이와 동시에 지방 분공장을 설립해 처음으로 조·석간 시대를 열었고 지방에서 직접 신문을 발행하는 등 배달 시간 축소를 위해 부단히 노력했다.

신문사 가운데 1970년대에 유일하게 교통수단으로 오토바이와 자가용을 직접 몰고 영업하며 타사의 부러움을 사기도 했다. 지방의 시도에 지방 지사를 설치하고 광고시장 개척에 첨병의 역할을 하기도 했다. 이런 앞서 가는 사주 덕분에 그도 광고의 역할과 중요성을 누구보다 빨리 몸으로 체득할 수 있었다고 한다.

1970년대 광고시장은 제약회사의 광고가 대부분을 차지했으나 이후 컬러 TV의 등장과 함께 TV, 냉장고, 세탁기 등 가전제품이 출시됨에 따라 다양한 광고의 필요성이 본격적으로 대두되었다. 이후 광고 산업 발전의 혁명을 가져올 만큼의 광고시장의 규모가 커지게 되었고 이어서 전반적 산업의 발달로 인해 자동차, 식음료 등 다양한 품목의 광고가 넘쳐 나게 되었다.

이와 아울러 정보통신 시대의 도래로 컴퓨터, 호출기, 이동통신의 사용이 급격하게 증가하면서 그에 따른 사회 전반의 모든 것이 엄청나게 변화되는 상황이다. 모든 매체가 그렇듯이 신문도 예외는 아니어서 종합지에서 전문지, 스포츠, 경제지 시대 이후에는 지하철 무가지 시대로, 이제는 세계적 흐름의 하나인 방송통신 융합의 메가트렌드로 말미암아 우리나라도 신문이 종합편성방송, 보도채널, 전문 케이블방송 등을 보유하는 시대에 살고 있다. 지상파, 위성, IPTV, 케이블 (SO/PP) 등 다양한 플랫폼 중에서 케이블TV 방송 법률방송(PP)을 포함해 현재 방송사는 약 2백여 개에 이르는 실정이다. 그 가운데 법률방송도 교양·다큐 전문채널로서 법률정보 제공을 통해 사회에 일익을 담당하는 데 한몫을 차지한다.

광고시장이 본격적인 저성장 시대에 접어들 것으로 예견되는 가운데, 미디어의 스마트 모바일로 급격한 컨버전스, 소비자 변화에 따라 3S(smart, social, story) 마케팅의 전격 등장, 기업의 구매행동이나 판촉 위주의 캠페인 등으로 기존 거대 미디어 중심의 광고가 빠르게 분산되고 새롭고 다양한 미디어로 전이된다.

급격한 플랫폼 변화가 최근 다양한 서비스와 접목해 또 다른 지각변동을 예고하는 시대에 콘텐츠 이용자의 습관마저 바꾸고 오감을 자극하는 콘텐츠로 현실과 가상세계 구분 없이 시공간을 뛰어넘는다. 그래서 다른 산업과 융합, 확산하는 스필오버(spill over) 효과가 빠르게 나타나는 등 새로운 생각과 사물의 융합이 이뤄지고 무한 상상력으로 세상의 패러다임을 바꾼다.

　수년 전만 해도 콘텐츠(C) - 플랫폼(P) - 네트워크(N) - 디바이스(D)는 영역이 확실히 구분됐으나, 이제는 이른바 CNPD라고 일컬어지는 통합 ICT 시대에 들어선다. 이런 시대의 급격한 변화를 지켜보면서 그 변화의 한가운데에서 평생을 살아온 윤세일 대표는 현재도 광고인으로 산다는 것을 항상 감사하게 생각한다.

1947년 출생
연세대 의과대학 입학
경희대 의과대학 본과 2년 수료
1968년 가요계 데뷔
　　　　DBS 〈0시의 다이얼〉, 〈탑튠쇼〉 DJ, DBS 〈팝스 투나잇〉,
　　　　MBC-FM 〈윤형주의 한밤의 데이트〉, CBS 〈찬양의 꽃다발〉,
　　　　극동방송 〈윤형주와 함께〉 등 라디오 진행
　　　　KBS 〈연예가중계〉, 〈열린 음악회〉, SBS 〈음악세상〉,
　　　　MBC 〈청소년 음악회〉 등 TV 프로그램 MC
1976년 광고회사 서울오디오 설립
　　　　CM송, 로고송 등 1,400여 곡 제작
현재　　(주)한빛기획 대표이사

윤 형 주

수상 및 저서
《또 하나의 아름다움》(나침반, 1991)
《QT로 만나는 아버지와 아들》(두란노, 1998)

1976년 의과대학 본과 2년생 윤형주는 돌연 의사의 길을 접었다. 주어진 일을 반복적으로 하는 길이 싫었다. 하고 싶은 일을 하는 것이 세상에 기여하는 방법이라고 생각했다. 여기에는 음악평론가 겸 방송 PD인 한 지인의 영향이 컸다. 이미 가수 활동을 하고 있었으니 창의적인 일을 하는 것이 좋지 않겠느냐는 것이었다. 먼저 광고회사를 하던 김도향과 함께 서울오디오를 설립했다. 그리고 이어진 CM송 제작의 길. 이어 따로 한빛기획을 만들고 지금까지 광고와의 인연을 잇는다.

초기 작품 중 하나인 오란씨의 CM송을 만들 때였다. 당시의 광고 음악은 소리를 높여 부르는 게 통례였다. 경쟁사의 음악 또한 다를 바가 없었다. 코카콜라는 뒷부분의 '콜라'를 고함치듯 불렀고, 1, 2, 3, 4, 5, 6을 점차 커가는 소리로 세다가 7에서 절정을 이루며 큰소리로 칠성을 외칠 때였다.

하늘에서 별을 따다, 하늘에서 달을 따다 ~ 두 손에 담아 드려요~.

나긋나긋하게 시안을 만들었다. 시사회장에서 임원들이 난리가 났다. 저러다간 경쟁사 광고에 밟혀 죽는다는 것이었다. 그때의 구원군이 당시 광고주의 회장이었다. "저 젊은이가 아직 광고에서 초보이긴 하나 전문가이기 때문에 우리가 CM송을 의뢰한 거 아니냐. 그의 의견을 따르자"는 결론이었다. 온통 씩씩거리는 광고들 가운데 이 곡이 연약해 보일지는 몰라도 호소력이 크다는 그의 고집에 결정권자가 손을 들어줬다. 이래서 탄생한 CM송이 '오란씨', 그 광고주와의 인연은 지금까지도 이어진다.

또 하나, 기억에 남는 광고는 롯데껌.

멕시코 치클처럼 부드럽게 말해요, 롯데껌처럼 향기롭게 만나요, 좋은
사람 만나면 나눠 주고 싶어요, 껌은 역시 롯데, 롯데껌.

그는 CM송의 가사를 직접 쓴다. 노랫말의 앞부분에서 껌의 원료
와 향기를 거론해 속성을 이야기했다. 그리고는 혼자 씹는 것보다는
좋은 사람한테 나눠 주고 싶다는 세일즈 메시지로 연결했다. 제품을
맛보면서 본인이 먼저 사랑하고 판매시장을 생각하다가 가사와 곡을
동시에 발견한다. 이것이 그만의 광고아이디어 발상 과정이다.

그에게 힘들었던 광고는 농심라면으로 기억된다. 당시의 유명 코미
디언인 구봉서와 곽규석이란 모델을 먼저 정해 놓고, 광고 아이디어를
내라는 의뢰를 받았다. 50여 개의 CM송 시안을 만들었다. 번번이 퇴
짜였다. 재시안 요구가 계속됐다. 도대체 이유가 뭐냐고 물었다. 철학
이 없다는 답변. 라면광고에 철학이라~. 그러나 작업을 계속했다.

두 모델을 형제로 설정해 서로 양보하는 상황을 만들었다. 옛날이
야기의 마음 착한 농부 형제가 서로 볏단을 밤새워 양보하는 상황이
연결된 것이었다. "형님 먼저, 아우 먼저"를 반복하면서 라면 그릇만
왔다 갔다 하다가 그럼 "제가 먼저"하면서 동생이 먹으려고 하자 형님
이 놓치지 않으려는 반전. 이것이 "형님 먼저 드시오 농심라면, 아우
먼저 들게나 농심라면"의 노래로 제작됐다. 이것으로 모든 게 끝났다.
라면시장에서 1, 2등의 위치를 바꾸는 데 꽤 큰 역할을 했다.

CM송으로 30여 년, 시장을 제패했다고 자부하는 제품은 누가 뭐
래도 새우깡이다. "자꾸만 손이 간다"는 모습, 제품을 먹는 상황을 있
는 그대로 작사했다. "아이 손, 어른 손, 자꾸만 손이 가"라는 가사가
뭐 별다를 게 있겠는가. 먹는다고 배가 부른 것도 아니고 안 먹어도
되는데 새우깡이 옆에 있으면 자꾸만 손이 가는 건 어른이나 아이나

다를 바 없다. 다만 그 장면을 스케치하듯 노래로 옮겼다는 것이 제작자의 변이다. 그리고 그 노래는 30여 년을 관통해 지금도 방송된다. 언론 보도로는 75억 봉 판매. 당시 5백억 매출이 CM송이 나간 이후 850억 매출로, 지금은 1,200억의 매출이라고 한다. 노래 하나가 시장을 엄청나게 키운 예가 됐다.

직접 만든 광고음악 1,400여 곡 가운데 애착 가는 곡이 적지 않다. 왜 그렇지 않으랴. 시작하기 전에 애정을 갖고 그 애정을 담아내려 애쓰다 보니 세월이 지나도 입에서 가사와 곡이 저절로 흘러나온다.

어린이의 꿈을 표현했다. 꿈의 나라를 노래로 만들었다. 꿈의 나라, 세계의 나라를 입으로 불렀다. 그것이 롯데월드를 알렸다. 그리고 많은 어린이와 가족으로 하여금 롯데월드로 몰려가게 만들었다. 알아줄까 보여 줄까라고 묻는 노래를 만들었다. 마음속을 뒤집어 보여 줄 수도 없는 상황, 롯데껌 한마음은 그렇게 태어났다. 차분하고 고급스럽게 백화점을 찾도록 했다. 거기엔 생활에 필요한 모든 것이 다 있다. 누구나의 마음속에 기억되도록 만들어진 로고송. "생활 속의 백화점, 신세계~." 더 이상 선택의 여지없이 백화점의 종착역으로 기억에 남았다. 아기옷을 광고했다. 아기가 입는 옷은 그냥 옷이 아니었다. 그것은 엄마의 사랑이 되어야 했다. 아무 옷이나 입힐 수는 없는 것이 엄마의 마음. "사랑을 입자 베비라, 엄마의 사랑 베비라"는 그렇게 만들어진 곡이다. 그리고 그 곡들은 이야기 도중에 말로 설명을 하다가도 곧바로 노래로 이어진다.

봇물 터지듯 입에서 줄줄이 흘러나오는 CM송. 만들 때의 느낌이 그랬을 것 같다. 꿈이면 꿈, 생활이면 생활, 사랑이면 사랑, 엄마면 엄마, 하나하나의 노랫말이 느낌으로 살아 있다. 그렇게 노랫말들이 곡을 입고 태어나 방송을 탔던 것이다. 신라면이 그랬고, 사발면이 그랬고, 인디안밥이 그랬다. 성공한 경우라고 생각되는 광고 노래만 말해도 우리나라 CM송의 역사가 줄줄이 이어진다.

윤형주의 광고 아이디어 발상은 제품을 사랑하는 사람의 자리에 갖다 놓는 것에서부터 시작된다. 애정이 없으면 감동을 주지 못하기 때문이라고 믿는다. 내가 사랑하지 않으면 커머셜이 되지 않는다는 것이 그의 지론이다. 광고 교과서에서 하는 말과 꼭 같다. 단지 그는 이론을 말하는 것이 아니라 자기 스스로의 신념으로 내면화하고 추구하는 것을 털어놓는다. 그렇게 작업을 해 왔고 지금도 그렇게 한다는 것이다. 노랫말을 쓰기 전에 본인이 먹어 보고, 입어 보고, 가 보고, 써 본다. 이론의 실천이 아닌, 작업의 과정이다. 광고주 이야기를 광고에서 백번 해봐야 성공사례가 되지 않는다고 생각한다. 결국 소비자 입장에서 생각하고 작업한다는 것이다.

어떤 경우는 광고주 오너가 탱고를 좋아한다고 탱고 음악을 사용해 달라는 의뢰가 있었다. 결과는 정중한 거절이었다. "죄송합니다"라고 전했다. "회장님이 좋아한다고 소비자가 좋아하겠습니까"라는 반론과 함께. 돈에 관계없이 창의성을 방해하는 작업은 하지 않는다. 물론 광고주와 부딪히기도 하지만 성공사례가 늘어 가면서 결정권을 주더라는 것 또한 경험담이다. 그렇게 요구를 다할 거면 본인이 하시지 왜 의뢰를 하려 하는가? 자칫 배짱으로 보일 수 있겠지만, 결과는 아니올시다. 어떤 광고장이는 감히 선뜻 하지 못하는 말을 거침없이 할 수 있는 그의 배후에는 성공사례가 뒷받침된다.

시안으로 만들어서 선택받지 못한 아까운 CM송이 경쟁사로 가서 기사회생을 하고 그것도 넘어서 엄청난 효자노릇을 한 경우도 있었다. '무지개 라라 크래커' 과자 광고는 고객의 성향을 읽을 수 있는 전문가의 안목으로 만들어진 시기를 반영한 CM송이었다. 그러나 결정권자의 선택에 의해 때를 놓칠 뻔한 아이디어가 경쟁 제품의 간판으로 선택되며 시기를 놓치지 않고 시장에 나선 경우였다.

외국 것이 좋다고, 남의 것이 좋아 보인다고 흉내 내는 것을 지양한다. 아니, 본인도 하지 않고 누가 하려 해도 말린다. 역시 독창성이 광고의 생명이라고 굳게 믿기 때문이다. 사운드로 한몫 보던 시대가 있었다. 그때의 광고는 장면 변환, 소리의 변환이 많았다. 유행처럼 번지는 광고에 오래도록 노출된 소비자들은 이미 비슷하게 반복되는 광고를 피곤하게 느끼고 있었다.

그는 하이마트 광고와 같이 노래를 활용하는 예를 들며 이제 광고가 다시 노래 중심으로 갈 것으로 전망한다. 그럴수록 우리 고유의 색을 지녀 우리 정서에 들어맞는 CM송이 대중의 이목을 끌 것이라는 생각이다. 즉, 감동이 있는 차별화가 잘 팔릴 것이라는 말이다. 가수로, 방송진행자로 오랫동안 대중의 기호를 파악하는 생활을 하다 보니 스스로 그렇게 훈련이 됐다. 대중이 좋아하는 것을 체험적으로 찾다 보니 감각 또한 그렇게 됐다.

정말 재미없는 이름으로 광고하기 힘든 제품의 제작의뢰가 있었다. 카피도 이름도 딱딱하기 그지없는 화반암반수 제주삼다수였다. 한참을 고민 끝에 물 떨어지는 소리로 처리했다. 물이 와르르 떨어지는 소리와 함께 브랜드를 크게 외치면서 끝냈다. 딱딱한 카피에 선율을 입히니까 생동감이 살아나더라는 것이다. 또 있다. "입안이 얼얼, 짠짠~짜자자자잔~! 삼립 아이차"라는 따라하고 싶어지는 리듬을 과감하게 도입했다. 체험으로 느낀 바를 표현했던 경우였다.

곧 소비자를 읽어야 한다는 것이 지금도 계속되는 윤형주 한빛기획 대표가 지닌 광고에 대한 생각이다. 그는 광고뿐만 아니라 음악과 공연 기획자로, 선교와 봉사활동으로도 날마다 바쁘게 살고 있다.

1926년 출생
1954년 〈대동신문〉 광고부 입사
1957년 〈한국경제신문〉 광고부장
1962년 〈전북일보〉 업무국장
1969년 고려대 경영대학원 수료
1972년 〈국제신문〉 광고국장
1981년 〈월간약국〉 사장
1993년 〈약국신문〉 회장

윤호헌

수상 및 저서

1976년 매일경제 광고대상 공로상
1985년 문화공보부장관 표창
1990년 한국잡지언론상
1993년 국무총리 표창

새벽 3시 30분 기상, 한 시간 동안 조간신문 보기, 그리고 그다음한 시간 동안 테니스 치기. 하루도 거르지 않고 이렇게 아침을 시작한다. 다른 사람들이 아직 수면에 빠져 있을 때 본인은 활동한다는 사실을 즐기는 것이다. 1926년생 4월생이니 만 나이로도 89세…. 근면과 성실을 생활신조로 살아온 윤호헌 회장의 요즘 생활모습이다.

1954년 일간지 〈대동신문〉 광고부로 입사하면서 그와 광고와의 인연이 시작됐다. 배운다는 자세로 시작한 광고영업이었지만 일을 시작한 지 얼마 되지 않아 프로근성과 근면 성실한 모습은 업계에 소문이났다. 2년 6개월 만에 〈한국경제신문〉 광고부 차장으로 전격 스카우트되었고 2년 만에 부장으로 승진할 정도인 그는 필드영업의 귀재로 승승장구했다.

그는 다시 동화통신사 계열 잡지인 〈동화 그라프〉의 주간 및 업무국장으로 스카우트된 뒤, 1962년 〈전북일보〉 서울지사 업무국장으로 다시 한 번 스카우트된다. 1965년에는 〈전남매일신문〉 서울지사 업무국장을 겸직하면서 개인적으로 두 가지 신문사 영업을 동시에 할 정도로 업계에서 인정받는다.

이후 시사통신사 이사로 자리를 옮겼다가 드디어 1972년 〈국제신문〉 광고국장으로 스카우트된다. 〈국제신문〉은 부산에 근거를 두었지만 강원도까지 배달될 정도로 지역신문 중에서는 지명도가 가장 높았으며 발행부수가 40만 부에 이르러 메이저 신문의 반열에 올라 있던 신문이었다. 6년여 동안 〈국제신문〉에서 활약하다가 1978년 〈신약신보〉 부사장 겸 주간으로 자리를 옮긴다.

그리고 1981년 3월 의학전문지 〈월간약국〉을 직접 인수하며 사장으로 취임한다. 이는 전문 출판인이 아니라 광고인으로서 매출에 대한 자신감이 없으면 감히 시도할 수 없는 일이었다. 그는 사장이지만 필드에서 직접 뛰면서 〈월간약국〉을 12년 이상 경영했다. 이런 경영 능력과 광고에 대한 장악력을 인정받아 1993년에 〈약국신문〉 회장으로 취임한 그는 일개 영업사원으로 시작해 약 40년 만에 일간지 CEO까지 오른다.

또한 업계의 발전을 위한 일에도 중용되었는데 한국잡지협회에서 임원으로 활동하면서 수년간 업계의 일을 수행했고 한국광고자율심의기구 전문심의위원으로도 활동했다. 이런 공로를 인정받아 1985년에는 문화공보부장관 표창을, 1993년에는 국무총리 표창을 수상했다.

그는 인쇄매체 광고계에서 필드영업의 전설로 유명한 인물이다. 그의 경력에서 보듯이 그는 지방 매체사 및 전문지 영업을 했다. 그나마 메이저 매체라고 할 수 있는 것은 〈국제신문〉 광고국장으로 있던 6년 정도밖에 되지 않는다. 그렇기에 남들보다 어렵게 영업할 수밖에 없었다. 이 때문에 광고주와의 인간적 관계가 다른 이들보다 더욱 중요했다. 그럼에도 불구하고 업계에서 보석처럼 빛났던 것은 단순히 매체를 파는 것만 아니라 자신을 판다는 자세로 영업했기 때문이다.

교통이 불편하던 그 시절에 그는 신속한 이동을 위해 50cc 오토바이를 구입해 타고 다녔으며 광고주와 저녁자리라도 있으면 광고주를 50cc 오토바이에 싣고 약속장소로 이동하기도 했다. 이후에는 삼륜차를 구입해 광고주를 태우고 다녔다.

"어지간한 광고주들은 모두 제 오토바이나 삼륜차 뒷자리에 타 봤을 겁니다. 동아제약 강신호 회장 같은 경우는 유학을 다녀온 후 동아제약에 과장으로 입사해 저와 함께 50cc 오토바이를 사서 같이 캠핑을 다니기도 했습니다. 제약회사 중 상당수의 경우 3대에 걸쳐 저와 인연을 맺기도 했죠. 그때만 해도 광고주와 영업사원 사이에 낭만이 있었습니다."

하지만 지킬 것은 지켰다고 한다. 정석영업이라는 말이 우습지만 뒷거래를 하지 않았고 과도한 향응을 제공할 여유도 없었기에 몸이 더 바빠야만 했다. 각종 시시콜콜한 경조사를 챙기면서 한 번이라도 더 만나야만 했기 때문이다. 그러한 노력들이 그를 돋보이게 했고 광고주들에게 인간적 신뢰를 얻어 매출까지 연결되었다.

그는 영업사원의 기본으로 갖추어야 할 덕목은 신뢰라고 생각한다. 신뢰를 잃으면 길게 갈 수 없기 때문이다. 그런 이유로 그는 영업 때문에 익힌 골프와 테니스 모임을 지금도 유지한다. 1972년 시작했던 약우회(제약회사들과의 모임)는 아직도 매월 정기적으로 골프 모임과 테니스 모임을 가진다. 그리고 그가 데리고 있던 부하 직원들과의 만남도 매월 정기적으로 유지한다. 업무로 만났지만 인간적 신뢰를 통해 삶의 동반자로 발전시켰다.

그에게 열악한 지역신문이나 전문지 영업을 하면서 가장 힘들었던 기억과 살면서 가장 보람되고 즐거웠던 기억을 질문했다. 하지만 이에 대한 답변은 단순했다. 힘든 적은 없었다는 것이다.

"항상 재미있었습니다. 항상 자신 있었거든요. 그리고 가장 보람되고 즐거운 기억은 업계를 떠나 살고 있는 지금입니다. 하루하루가 즐겁고 생활하는 데 있어서 부족한 게 없거든요."

평생 견지했던 긍정적인 삶의 자세를 엿볼 수 있는 답변이었다.

윤호헌 회장은 요즘의 광고에 대해 우려하는 것이 한 가지 있다고 한다. 바로 과장광고인데 이것을 한마디로 밉다고 표현한다.

"순간적 이익을 취할 수 있을지 모르지만 길게 보면 광고에 대해 불신을 양산하게 되고 결국에는 광고가 소비자들에게 외면받을 수 있기에 이는 광고인들이 스스로 조심해야 합니다."

신뢰를 중시하는 원로 광고인의 뼈 있는 한마디이다.

1941년 출생
1964년 연세대 국어국문과 졸업
1964년 DBS(동아방송) PD 1기로 입사
1977년~2000년 세종문화 설립, 전무이사 & CM플래너
1998년 중앙대 신방대학원 석사
2000년~2008년 LEE&DDB 고문

수상 및 저서
1994, 1999, 2001년 대한민국광고대상 대상
1999년 국민훈장 목련장
《대한민국 광고에는 신제품이 없다》(살림, 2003)

이
강
우

CM 플래너로 활동했던 이강우 선생은 1964년 DBS(동아방송) PD 1기로 입사해 사회교양 프로그램에서 2년, 라디오 드라마 담당 PD로 8년여를 보냈다. 그러던 중 1974년 방송영업부 CM제작과로 발령이 나면서 광고와 처음 만났다.

그러나 당시 그 '운명적 만남'은 '좌천'(左遷)과 비슷한 발령이었다. 그 무렵 DBS CM제작과는 다른 방송사에서 만든 광고를 받아 프로그램 담당자에게 전달하거나 스팟 CM을 편집하는 수준의 한직에 불과했기 때문이다. 그래서 사직을 결심했으나, 입사 당시 직속상관이었던 이윤하 선생의 "인생이란 파도와 같다 … 올라가는가 하면 내려가고 내려가는가 하면 꼭 올라가더라"는 말에 설득되어 CM제작과에 남았다. 거기에 더해 올라가는 파도가 오길 기다리지 않고 직접 올라가는 길을 택했다. "별 볼일 없는 자리로 나를 보냈다면 그 자리를 별 볼일 있는 자리로 만들면 될 것 아닌가"라는 오기도 있었다.

그때부터 성우들과 함께 광고카피를 읽는 훈련을 하며 광고를 익혔고 사비를 털어 광고주를 라디오 강사로 모셔 공부와 CM제작과 홍보를 겸했다. 강사로 모신 광고주가 하나둘 일을 주고, 그 광고들이 괜찮다는 입소문을 얻으면서 광고업무는 완전히 궤도에 올랐다. 이때 성공한 광고가 "흔들어 주세요, 써니텐", "훼스탈은 좋은 소화제입니다" 등이다.

그러나 이런 나날도 1975년 DBS의 언론자유 수호투쟁에 참여하면서 방송사에서 쫓겨나 길거리로 내몰리며 끝났다. 그 투쟁의 6개월여 동안 홍보영화와 광고를 만드는 서울문화의 일을 도우며 첫 광고기획(동성제약 양귀비 헤어컬러 TV광고)을 성공시키고 럭키, 금성, 삼양간장 등 여러 편의 TV광고를 기획·연출 경험을 쌓기도 했지만, 아직도 복직 못한 동료들에 대한 미안함, 평생직장으로서 방송사에 대한 신뢰 상실 등의 이유가 겹쳐지며 복직 후 예전과 같은 흥미와 의욕을 가질 수 없었다고 한다.

결국 DBS를 사직한 해인 1977년 7월 7일, "영화나 영상 관련 경험이나 지식도 없으면서 프로덕션을 할 수 있겠냐"는 여러 만류를 뒤로하고 이지송 감독과 함께 세종문화를 시작했다. 선생은 광고주 비즈니스와 기획을, 이지송 감독은 촬영을 맡는 형태로 업무를 분담했으나 초반에는 '감독 이지송'을 보고 오는 일이 태반이었다고 한다. DBS 시절에 여러 굵직한 광고주와 안면을 트고 다수의 일을 했지만, '기획자 이강우'를 보고 일을 준 사람은 대일화학뿐이었다. 이런 상황이 바뀌는 데도 1년여의 세월이 걸렸다.

광고인생의 동반자가 된 윤석태 감독이 합류한 것이 이 무렵이다. 1977년 세종문화를 열었을 때, 한때 이지송 감독의 상사였던 윤석태 당시 오리콤 제작국장이 격려차 방문한 자리에서 첫 만남이 이루어졌다. 그 후 윤석태 감독이 오리콤을 나와 자신의 프로덕션을 차리고 일을 도와주면서 만남이 잦아지자, 결국 회사를 합치기로 결정했다.

회사를 합치는 것은 당연한 수순에 가까웠지만, 물과 불의 결합 같은 동업에 대해 광고계에선 "오래가지 못할 것"이라는 말이 많았다. 그러나 1978년 한 지붕 아래 모인 이후, 두 거장의 결합은 보완을 통한 '시너지'를 만들며 23년간 이어졌다. 1차적 시너지야 물론 좋은 작품이었겠지만 이강우 선생의 입장에서 볼 때 이 만남은 "예술적으로 제품을 표현하는 감독의 일"에서 "전략적으로 제품을 포지셔닝하고 제시하는 기획자와 감독의 비즈니스"로 프로덕션을 바꾸는 시발점이었고 분업화를 통한 프로덕션의 '회사화'가 완성되는 과정이었다.

처음 선생의 일은 이름조차 없어서 '세종문화에서 이강우가 하는 일'이었지만, 10여 년이 지난 후 'CM 플래너'라는 명찰을 달고 업계에 확고히 자리 잡았다. 1970년대 광고를 지배하던 CM송들은 어느새 사라지고 스토리텔링을 기반으로 한 광고들의 강세 속에서 세종문화는 거의 내내 1위를 달렸는데, 이는 "반걸음만 앞서 가라"는 선생의 철학에 힘입은 바 컸을 터이다.

"광고가 너무 앞서 가면 소비자들이 쉽게 이해하지 못하고 좀 뒤처졌다 싶으면 대중으로부터 무시당합니다. 대중의 생각을 그대로 반영하는 광고는 들인 돈만큼의 효과는 있을 것이지만 본전치기 장사라면 광고를 할 필요가 없을 것입니다. 남녀가 팔짱을 끼고 가면, 남자가 여자보다 반걸음 앞서며 리드하게 되지만 여자는 끌려간다고 생각하진 않습니다. 광고도 그래야 합니다."

이러한 철학 아래 "고향의 맛 다시다", "맞다 게보린", "오리온 초코파이 情", "011은 때와 장소를 가리지 않습니다", "새 차, 헌 차, 내 차에는 엔크린", 경동보일러 '효심' 광고들이 세상으로 나왔다. 자극적이거나 표현이 희뜩번뜩하지는 않지만 대중의 공감을 얻으며 한 시대의 표상이 된 광고들이다.

그러나 세종문화는 2000년 1월에 이르러 그 막을 내린다. 그는 그 이유를 세 가지 정도로 추린다. 첫째는 "우리 시대가 끝났다"는 자각. 세종문화가 폐업하기 직전인 1999년은 TTL광고가 나왔던 해이다. 신비한 모델, 몽환적인 화면구성 속에 빈 메시지의 자리를 소비자가 채워가는 모습을 보며, 선생은 수직적 커뮤니케이션에서 수평적 커뮤니케이션으로의 변화를 읽어 냈다. 그것은 선생이 이제까지 만들어 낸 광고와는 전혀 달랐고 시대의 변화를 예감하게 했다. 둘째는 '자유'에의 갈망. 광고주로부터의 주문이나 어떤 책임으로부터 자유롭고 싶다는 생각이 있었다. 셋째는 사람 키우기의 어려움. 회사를 폐업할지언정 갈라서는 건 생각한 적도 없을 정도로 윤석태 감독과 동업을 유지해 온 터라, 후배들이 수없이 회사 울타리를 뛰쳐나가면서 생기는 아픔에 지쳐 있었다.

결국 광고산업의 한 시대를 상징하던 세종문화는 역사 속으로 사라지고 그는 광고회사 LEE&DDB로 옮겨 정식 명칭은 '고문', 속칭으로는 '(김태형 선생에 이어 2호) 선생'으로 재직하며 학생들을 가르치며 시간을 보냈다. 이제는 그마저 그만두고 조그만 사무실에서 운동과 독서, 그림을 그리는 등 시간을 즐긴다. 그러나 가끔, "세종문화를 그만둔 것은 잘못이었나"라고 생각할 때가 있다. 이강우 선생의 여전히 뜨거운 광고산업에 대한 애정을 보노라면 "역시 잘못하신 것이었어요"라고 답하고 싶어진다.

이
기
흥

1936년 출생
1961년 고려대 경영학과 졸업
1961년~1981년 〈한국일보〉 광고국
1981년~1992년 한국방송광고공사 전무이사
1992년~1993년 한국방송영상 사장
1993년~2007년 선연 대표이사
2008년~ 서울예술대 이사장

수상 및 저서
1997년 국민훈장 동백장
《정치광고론》(편역, 한국일보사, 1985)
《선거와 정치광고》(편저, 나남, 1987)

이기홍 선생은 광고산업 발전의 기반 마련을 위해 광고인력을 양성하고 인프라를 구축했으며 한국 광고의 글로벌화에 매진한 광고 관리자이다. 특히, 한국방송광고공사 전무이사로 10여 년 재직하면서 방송광고 대행수수료 정착 및 광고교육원 개설, 공익광고협의회 창설 등에 기여했다.

1961년 〈한국일보〉에 입사할 때만 해도 광고국은 그의 안중에 없었다. 광고영업이란 "막노동을 하기는 힘이 달리고 기자가 되기에는 지적 능력도 부족한" 사람들의 일이라고 생각했기 때문이다. *Korea Times*의 기자가 되겠다는 선생의 희망을 바꿔놓은 사람은 바로 〈한국일보〉의 사주였던 장기영 선생이었다. 경공업이 간신히 발아(發芽)하고 광고가 겨우 시장에 자리 잡는 상황이었지만 "매체의 미래가 광고에 달렸다"며 광고국 입사를 설득한 것이다.

"기사 낙종은 만회 가능하지만 광고 낙종은 만회도 못한다"는 사주(社主)의 독려 속에서 다양한 광고판매 아이디어를 내놓아 성공을 거둔다. 그중 하나가 바로 시티즌 시계의 공중투하 충격실험 광고이다. 봉황대기 고교야구 경기 직전 동대문야구장 상공에 헬기를 띄우고 시계를 떨어트리는 이벤트를 벌여 큰 화제를 모았다. 이 이벤트와 이를 토대로 구성한 신문광고 등에 힘입어 시티즌 시계는 한국에서 성공적으로 론칭할 수 있었다.

실무에서의 이러한 성공과 별개로 외국에서 책을 사다 광고를 독학하고 〈뉴욕타임스〉, 〈LA타임스〉 등 해외 유수 매체사 광고국 방문, AFAA(Asian Federation of Advertising Associations)의 창설 및 애드아시아 참가 등 국제 교류에 투자하는 시간도 이어졌다. 한국 광고산업을 합리화하고 발전시키기 위한 지식과 경험, 노력을 축적하던 시기였다.

이러한 지식과 경험은 1981년, 한국방송광고공사의 창립멤버로

한국방송광고공사 광고교육원 제1기 개강식 개회사 (1987.1.14)

참여하게 되면서 다양한 방면에서 열매를 맺는다. 1970년대만 해도 지상파방송은 허가만 얻으면 거의 자동적으로 큰 수익을 올릴 수 있었지만 이들이 올린 그 거대한 수익이 업계에 재투자되거나 사회로 환원되는 일은 거의 없었다.

　이런 상황에서 모든 지상파방송사의 광고영업을 도맡는 한국방송광고공사의 전무이사로 부임하는 일은, 말하자면 방송에서 발생한 수익을 선순환(善循環)시킬 수 있는 방안을 모색하고 추진할 수 있는 자리였던 셈이다. 이미 한국방송광고공사가 업무를 시작하기 전 광고회사의 대행수수료를 주지 않는 쪽으로 정책을 세우려던 정부관계자와 논쟁 끝에 수수료 지급을 관철시킴으로써 광고회사의 안정적 운영과 광고대행 체제에 기여한 상황이었다.

　그런 그가 특히 관심을 기울였던 것은 광고인력 양성이었다. 양질의 원료가 들어가야 양질의 상품이 나오듯이 능력과 지식 있는 광고인이 많아져야 창의성의 수준과 전문성이 높아질 거라는 믿음 때문이었다.

　1968년 홍익대 미대에서 처음 광고강의를 할 때부터 가졌던 광고교

스페인 마르베야에서 개최되었던 세계 광고교육자 회의를 마치고 광고 관계자들과 함께
(1990. 10. 28)

육에 대한 관심이 광고공사 내 광고교육원 설립과 국제광고협회 교육
자격 인증 도입의 근저에 있었던 것이다. 광고자료센터(현재 광고도서
관) 또한 국내외 광고 관련 논문이나 자료를 집대성해 광고인에게 전문
지식을 제공하는 것을 목표로 개설되었다. 그가 지금도 아쉬워하는 부
분은 음악 전문학교인 콩세르바투아르와 같은 광고전문 대학원과 광
고인을 위한 교육기금을 아직 마련하지 못한 것이다.

공익광고는 광고가 기업 마케팅의 첨병이며 소비를 부추길 뿐이라
는 비판에 맞서 광고가 가진 순기능을 보여 준다는 점에서 1970년대
부터 관심을 가져왔던 사안이었다. 실제로 1980년대 초 〈한국일보〉
광고국 시절, 식량문제나 가족문제 등에 대해 논설위원에게 카피를
쓰게 하기도 하고 당신이 직접 작성하기도 해 스폰서를 받아 전면광
고로 내보낸 적도 있었다. 광고공사에 참여하면서 방송 공익광고 제
작을 기획하여 1981년 12월 5일 첫 공익광고 〈저축으로 풍요로운 내
일을〉 편이 전파를 탔다. 30여 년의 세월이 흐르는 동안 공익광고는

사회현안에 대한 국민의 의식과 태도를 변화시키고 행동을 유도하는 데 크게 기여했다.

1985년과 1986년, 편역서 《정치광고론》과 편저 《선거와 정치광고》를 잇따라 내놓은 것도, 광고가 이렇게 다양하게 활용될 수 있다는 점을 보여 주려는 의도였다고 한다.

"광고산업이라는 그릇을 키워 크리에이티브라는 꽃, 미디어라는 꽃, 기획이라는 꽃들을 다 담아 아름답게 만들어야겠다"는 생각으로 뛰었다. 1992년까지 한국방송광고공사 최장 재임 임원으로 한국 광고계를 위한 커다란 그릇을 만든 뒤, 케이블TV 콘텐츠 육성을 목표로 했던 한국방송영상의 사장을 거쳐 1993년 선연의 공동 경영자로 자리를 옮긴다. 이후 한국광고업협회 회장 등을 역임하며 광고산업의 거래질서 정립과 한국광고문화회관 건립 등에 기여한다. 한편 디지털 시대로의 변화를 목도하며 매체전문가로서의 장점을 살려 선연을 디지털 전문 광고회사 선연투웨이애드로 탈바꿈시키기도 했다.

경제 불황과 점점 더 공고해지는 하우스에이전시의 벽 앞에서 결국 선연을 정리하고 광고 일선에서 물러났지만 아직도 광고인으로서 자긍심을 갖고 산업 인프라를 키우고 싶다는 그의 의지는 생생하다. 새로 광고인이 되는 사람에게는 광고에 대한 철학과 윤리를 갖고 광고주보다 나은 전문지식과 교양을 갖추도록 권하고 중견 광고인에게는 자신의 자리에서 성과를 내는 것을 넘어 산업 전반에 기여할 바를 찾으라고 부탁하는 것도 그 일환일 터이다.

이기홍 선생 자신이 "그냥 열심히 하고 최선을 다했다"는 자족(自足)에 머무르지 않았기에 그 권유와 부탁의 울림이 크다. 광고산업의 위기가 운위되는 지금이기에 더욱더.

1927년 출생
6·25 전쟁 후 대구 미공군부대 통역과 연락관
1974년 중앙대 신문방송대학원 수료
부산문화방송 프로듀서
1964년~1972년 TBC PD로 〈광복 20년〉, 〈장수무대〉 기획, 연출
1973년~1987년 연합광고(MBC 애드컴의 전신) 카피라이터
1976년 서울카피라이터즈클럽 창설(1대 부회장, 2·3대 회장)
1987년~1998년 '이낙운 카피하우스' 대표 겸 프리랜서 카피라이터
1998년 작고

이낙운

수상 및 저서
2006년 (사)한국광고인협회 AIA(Advertising Is All) 상
《광고의 기본원리》(나남, 1990)
《광고제작의 실제》(나남, 1993)
《이것이 세계의 성공한 광고캠페인》(모아, 1994)
《카피, 이처럼 쓰라》(나남, 1995)
《어느 광고인의 고백》(서해문집, 2003)

이낙운 선생은 1970년대 중반 홀연히 나타나 '카피라이터'라는 직함을 세상에 각인시킨 이로 기억된다. 1973년 46세에 연합광고의 카피 담당으로 광고 일을 시작해 순수 광고계에서의 경력은 스무 해 남짓이었지만 광고계에 끼친 영향력과 무게로 보자면 나이와 경륜을 초월해 뜨겁게 타오르는 불꽃 그 이상이다.

"광고는 *young man*의 일이 아니라 *young mind*의 일이다"라고 강조했던 그는 이 땅에서 카피라이터라는 직업이 알려지지 않고, 존재조차 미미했던 1976년부터 뱃머리에 우뚝 서서 카피라이터의 깃발을 높이 들고 서울카피라이터즈클럽(SCC)을 출범시켰다.

카피라이터라는 직업이 전문가로 인정받지 못하고 그냥 문안사쯤으로 불리는 시절, 도안사(디자이너)가 5줄 정도의 문안을 부탁하면 꼭 5줄만큼만 쓰던, 그런 시절이었다. 그때 만들어진 서울카피라이터즈클럽으로 인해 오늘의 카피라이터들은 카피라이터라 적힌 자신의 명함을 자부심 가득한 마음으로 내놓을 수 있게 된 것인지 모른다.

그는 이 모임을 위해 거의 혼자서 동분서주했다. 사람을 모으고 창립총회를 열고, 회보를 만들고, 서울카피라이터즈클럽 카피상을 제정했다. 인쇄소에서 서울카피라이터즈클럽 회보를 받은 날엔 그것을 리어카에 싣고 손수 모임장소까지 나를 정도로 열정을 쏟았다. 동지애로 훈훈했던 초창기 서울카피라이터즈클럽 모임 때면 소주 몇 잔을 불같이 들이키곤 쩌렁쩌렁하게 〈창밖의 여자〉를 열창하던 멋쟁이였으며 명쾌한 판단력과 과단성과 포용력을 두루 갖춘 리더였다. 어려운 처지의 후배들을 보면 진심으로 걱정하고 격려해 주던 다정다감한 인간미의 소유자이기도 했다.

1년에 한두 번 있는 서울카피라이터즈클럽 모임에 참가하기 위해 대구나 부산 같은 지방의 카피라이터들도 기차를 타고 기꺼이 올라올 정도였으며, 카피라이터들은 다른 어떤 화려한 상보다도 상금 한 푼 없는 서울카피라이터즈클럽 카피상을 받는 것을 최대의 영광으로 생각했다. 그러나 서울카피라이터즈클럽은 1998년에 선생이 타계하고 광고시장이 초경쟁 상태로 치달으면서 활기를 잃어 가더니 지금은 활동이 미미해졌다. 이는 정말로 안타까운 일이다.

후배 카피라이터 정철은 그에 대해 쓴 회고의 글에서 대한민국 카피라이터의 대부, "흔들어주세요!"라는 써니텐 카피 한 줄로 유명했던 생전의 모습을 기억할 수 있는 사람은 그것만으로 행운이라고 말한다. 파카 만년필과 구식 원고지 그리고 굵은 필기체로 세로로 내려 쓴 헤드라인 한 줄. 글씨만 보고도 누구의 카피인지 금방 알게 해 주는 헤드라인이 바로 그의 육필 헤드라인이다.

정철 카피라이터는 그가 후배 카피라이터들에게 카피라이팅을 전수함에 있어 단 한번도 "카피란 어쩌고 저쩌고 …"하는, 이른바 교육이란 걸 한 번도 해 주신 적이 없었다고 회상한다. 그냥 "이거 한번 생각해 보소. 나 먼저 가네"하며 고물 가방을 들고 나가는 것으로 그만이었다. 정철 카피라이터는 그와 함께 일할 때의 인상을 다음과 같이 회상한다.

"'해피론'이라는 이불광고를 맡았을 때였어요. 여자 대학 신문에 실릴 광고를 숙제로 받아들고 그저 제품에만 몰두해 있었죠. '따뜻하다. 수명이 길다. 생긴 것부터 다르다 …' 등등. 그저 제품을 자랑하고 싶어 안달을 했고 헤드라인도 그렇게 준비했죠. 그러나 다음 날 회의 때 이낙운 선생님은 아무 말씀 없이 육필 헤드라인 한 줄을 툭 던져 주시는 거예요. 그 헤드라인이 바로 '딸자식 마지막 효도는 시집가 주는 겁니다'였어요. 전 뒤통수를 한 대 맞은 느낌이었죠. 제가 제품에만 몰두할 동안 선생님은 제품에서 한 걸음 물러나 사람 사는 이야기를 하고 있었던 거죠."

정철 카피라이터는 '시집가 주는'이라는 표현에서 이 노(老) 카피라이터의 엄청난 힘을 느낄 수 있었다고 회상한다. 선생은 그렇게 카피를 가르치신 것이다. 카피라는 게 어차피 말로 가르칠 수 있는 것이 아니라는 것을, 카피는 기술이 아니라는 것을 알고 계셨기 때문이었으리라. 그는 가르치는 대신 다른 것, 월등한 것을 직접 써서 보여줌으로써 광고카피란 무엇인가를 느끼게 해 주신 분이다.

정철 카피라이터는 그가 배운 것은 광고나 카피뿐이 아니었다고 회상한다. 선생은 참 가난했는데 집은 변두리에 살면서 겉옷 한두 벌 가지고 1년을 버텼다고 한다. 그런 선생이 아낌없이 돈을 쓴 것이 딱 두 가지 있는데 바로 만년필과 카메라였다. 유난히 굵은 글씨를 내뿜는 몽블랑 만년필과 일제 카메라가 그것이다. 선생은 만년필이나 카메라를 새로 장만했을 때 해맑은 소년처럼 종일 후배들에게 자랑했다.

원래 TBC PD 출신이었던 선생은 연합광고에 올 때부터 연륜도 있고 호봉도 높았다. 처음엔 카피라이터 촉탁으로 카피만 쓰는 전문요원으로 왔다가 나중엔 광고계의 큰 별이 되었다. 이혜걸은 선생을 다음과 같이 회상한다.

"그분 나이가 나보다 훨씬 많아 십몇 년 차이가 나는데도 절대 말을 막하는 법이 없었어요. 항상 '이 형'이라고 불렀죠."

회사 내에서 조금 더 높은 자리에 대한 욕심도 없었고 또 그런 작업을 할 줄도 몰랐던 이낙운 선생이지만 광고와 카피에 대한 열정 하나만은 누구에게도 뒤지지 않았다. 갑자기 강단에서 쓰러진 후 10여 년. 병마와의 악전고투 속에서도 강의와 저술 그리고 서울카피라이터즈클럽의 발전을 위해 노고를 아끼지 않았던 그를 모두가 카피라이터의 대부로, 선장으로 기억하는 이유일 것이다〔같은 시기에 활동했던 카피라이터 김태형은 이낙운이 사망하자 "고 이낙운 선생 영전에: 아아 선장이시여"(〈광고정보〉, 1998년 9월호, 93쪽)라는 조사를 바쳤다].

후배 카피라이터 이화자 교수도 신입 시절 선생으로부터 예상치 못한 굵은 붓글씨 필체의 편지를 받은 소중한 추억을 가지고 있다. 그때 광고에 대한 글을 사보에 연재했는데 일면식도 없던 선생이 그걸 어떻게 보셨는지 보신 데 그치지 않고 까마득한 새끼 카피라이터(그것도 다른 회사)에게 편지를 보내 격려하고 책으로 묶으면 좋겠다는 얘기까지 해 준 것이다(그 후 그 책을 나남에서 정말 출판하게 되었는데 이는 모두 선생님 덕분이다).

불행 중 다행인 것은 이러한 그의 열정을 직접 전수받을 수는 없어도 그가 불모지의 광고계에 남긴 저서에서 조금은 그 향기를 맡아 볼 수 있다는 것이다. 《광고제작의 실제》(1988, 나남), 《광고의 기본원리》(1990, 나남), 《어느 광고인의 고백》(데이비드 오길비 저, 이낙운 옮김, 서해문집, 1993), 《이것이 세계의 성공한 광고캠페인》(서해문집, 1994), 《카피, 이처럼 쓰라》(1995, 나남) 등이 그것이다.

이노종

1949년 출생
1971년 중앙대 신문방송학과 졸업
1974년 선경합섬 경영기획실 홍보팀 입사
1976년 서울대 대학원 신문학 석사
1994년 선경그룹 경영기획실 홍보담당 이사
1999년 SK그룹 홍보실장 전무
2004년 SK아카데미 원장(그룹연수원장)
2006년 성균관대 대학원 신문방송학과 언론학 박사
2006년 성균관대 대학원, 서강대 대학원 겸임교수
2007년 민주평화통일 자문회의 자문위원
현재   (사)브랜드평판연구소 소장

수상 및 저서
1990년 PR협회 한국PR인상
2002년 국민포장
        월드컵 국민응원문화 창달 공로상
        PR협회 국제PR부문 대상
2006년 한국CEO학회 한국CCO 그랑프리 특별상
2008년 한국광고주대회 공로상

기업광고 전략 전문가인 이노종 소장은 1973년 당시 선경그룹의 지주 회사인 선경합섬 기획실에 광고기획 담당으로 입사해 2008년까지 (1997년 SK그룹으로 사명 변경) 35년을 SK와 함께했다. 그의 기억에 남는 활동 몇 가지를 소개한다.

청소년의 향학열 고취와 면학 분위기 조성을 목표로 출발한 〈장학퀴즈〉를 광고 판촉 수단이 아닌 명실공히 청소년 교양 프로그램으로 유지 발전시키는 데 전력을 다했다. 당시 최종현 회장의 경영철학이 인간 위주의 합리적 경영이었기 때문에 가능한 일이었다. 1976년에는 〈재일교포 장학퀴즈〉를, 1978년에는 〈재미교포 장학퀴즈〉를 기획했다. 이를 바탕으로 2000년에는 중국 청소년 장학퀴즈인 〈SK 장웬방〉을 창설해 글로벌 장학퀴즈의 효시가 되었다.

또한 단독 스폰서로서 전후 CM을 상업광고가 아닌 순수 기업 PR 광고를 시행함으로써 한국 기업 PR의 새로운 장을 열었다. 15초, 20초가 대세이던 1974년 당시 30초, 60초, 90초의 기업 PR 광고를 제작해 광고계의 화제가 되었고 이후 SK 기업 이미지에 절대적으로 기여하며 각종 광고대상, 광고인상을 수상했다.

두 번째로 기억에 남는 활동은 SK의 CI도입이다. 그는 1997년에 선경, 유공, 한국이동통신으로 분리되었던 그룹 이미지를 SK로 통합(CI) 하는 산파역할을 했다. 당시로서는 획기적인 CI 기법으로 일시에 전격적으로 시행하던 CI의 관례를 깨고 1단계 정보통신 이미지(한국이동통신 → SK텔레콤), 2단계 에너지그룹 이미지(유공 → SK에너지), 3단계 SK그룹 통합이미지(선경그룹 → SK그룹)로 하는 3단계 CI를 도입해 업계의 새로운 CI 모델이 되었다. CI를 도입하면서 단순 사명 변경이 아니라 경영철학(MI), 기업문화(BI) 그리고 비주얼 이미지(VI)를 통합하는 커뮤니케이션 전략을 도입함으로써 브랜드커뮤니케이션이라는 새로운 장르를 개척했다.

광고·홍보는 이제 경영의 수단으로서가 아니라 기업 커뮤니케이션 전략으로 격상된다. 그는 다음 세대의 후배들이 C&PR(커뮤니케이션과 PR) 분야의 개척자가 되어야 한다고 말한다. CCO가 되어야 기업 경영을 보좌하는 CEO까지 갈 수가 있다는 것이다. 정부·국회·지자체·국가기관 또는 국제기구에서도 C&PR 전문가가 CEO가 되는 글로벌 세상이 올 것이라 본다. 이를 위해 이노종 소장은 그루닉의 PR이론에 근거해 몇 가지 당부를 함께한다.

첫째, 경영전략으로 C&PR이 존재해야 한다.
둘째, 이해, 설득과정이 중시되는 기업 커뮤니케이션이 되어야 한다.
셋째, 최고 의사결정에 참여하는 조직이 되어야 한다.
넷째, 광고, 홍보, PR, 마케팅, CR등 전사적 통합 커뮤니케이션 전략 조직이 있어야 한다.
다섯째, 행동주의자, 노조, 사회단체 등과 상생의 대화채널을 가져야 한다.
여섯째, 외부 커뮤니케이션 전문가의 자문이 필요하다.
마지막으로, 변화에 능동적으로 적응할 수 있는 예방적 C&PR 철학이 있어야 한다.

1943년 출생
1966년~1971년 영화 시나리오 작가
1972년 동화약품 선전실 근무
1973년 한국화장품 선전과장
1980, 1984년 서울카피라이터즈클럽 회장
1981년 프리랜서로 독립, 카피파워 설립
현재   프리랜서 카피라이터

**이
만
재**

수상 및 저서
《막 쪄낸 찐빵》(두란노, 1990)
《카피라이터 입문》(고려원, 1991)
《실전카피론》(1, 2)(나남, 1997)
《카피라이터 술잔》(나남, 2006)

운명이었다.

어촌에서 태어난 이만재 회장은 청운의 꿈을 품고 20대 초반 영화 시나리오 작가를 꿈꾸며 시나리오 쓰는 일을 시작했다. 하지만 그가 동경했던 영화시장은 그 당시만 해도 지방 극장주의 입도선매를 통해 영화가 제작되는 시절이었다. 당연히 그들의 눈높이에 맞추다 보면 지금의 거장 임권택 감독조차도 신파나 만드는 삼류 감독으로서의 역할밖에 할 수 없었던 시기였다.

심혈을 기울인 작품들이 그들의 질책 끝에 몇 번이나 휴지통으로 들어가자 마침내 그는 고량주를 잔뜩 마시고 발가락으로 신파조의 시나리오 한 편을 완성해 흥행에 대성공을 거둔 후, 받은 작품료를 가지고 미련 없이 무작정 일본으로 떠난다.

그곳 길거리에서 어린 시절 친구를 우연히 만나게 되어 친구의 직장인 광고회사 덴츠를 방문했는데 그에게는 멋진 신세계의 발견이었다. 특히, 외출기록부로 쓰는 벽에 붙은 칠판의 직원 이름 옆에 씌어 있던 I. H. 라는 약자의 뜻이 idea hunting이라는 사실을 알았을 때 충격을 받았다. 글쓰기에 재능이 있었던 그는 돌아와서 1년간 고시 공부하듯 고시촌에 들어가 광고에 관한 책은 모조리 읽으며 카피라이터로서 자격을 갖춘다.

광고회사 체제가 없었던 그 당시 동화약품에서 '광고문안가'로서 업무를 시작했다. 100 대 1의 경쟁률을 뚫고 들어갔지만 자유로운 영혼이었던 그는 엄격한 직장의 생리는 맞지 않아서 1년 만에 퇴사한다. 하지만 생활고를 뼈저리게 느끼며 다시 마음을 다잡고 한국화장품에 입사한다.

건실한 직장인의 자세로 카피를 쓰며 8년가량 '광고문안가' 일을 하다가 독립한 후 1981년 '카피파워'라는 전문 카피라이터 회사를 설립했다. 관행상 그 당시 업계에서는 유례가 없던 경우로 굉장히 힘든 길이었다. 그 시절에 몇 글자 써 주고 돈을 받는다는 것이 정서상 수용되기 어려웠기 때문이었다. 실제로 인정에 호소해 부탁하는 전화가 많이 걸려왔다.

"이 형, 헤드카피 하나만 써 줘. 술 살게."

이렇듯 프리랜서 초반에 말 못할 고생을 하며 버틴 끝에 1년도 못 버틸 것이라는 주위의 우려를 불식시키며 드디어 승승장구하기 시작했다. 그 바탕은 오로지 실력뿐이었다. 아직까지도 최고의 히트 CM송 중 하나로 평가받는 "손이 가요, 손이 가"로 유명한 새우깡, "사나이가 울긴 왜 울어"의 신라면, "일요일은 내가 짜파게티 요리사"의 짜파게티, 안성탕면, 동원참치 등 많은 대박을 터뜨리며 승승장구해 25년간 카피파워를 경영했다.

그는 이처럼 발랄하고 재미있는 광고로 대중성 면에서도 인정받았지만 한 시대의 문화와 정서를 대변하는 깊이 있는 광고를 만들며 한국 광고의 질적 수준을 한 차원 도약시켰다는 평가도 받았다.

1984년 스승의 날에 일간지에 실린 쌍용의 기업광고는 광고학 교재에 실릴 정도로 수준 높은 광고였다. 전쟁 후 모두가 가난했던 그 시절, 속이 불편하다며 배고픈 제자들에게 도시락을 양보했던 선생님의 따뜻한 사랑을 회고하는 이 광고는 세대와 계층을 넘어 깊은 감동을 선사했다.

이 광고를 통해 배고픔을 딛고 일어선 전후세대는 잊었던 그 시절의 추억과 소중한 사람들을 떠올렸고, 배고픔을 모르고 자란 자녀세대는 부모세대의 따뜻한 정을 알게 되고 개인주의적 삶을 돌아보았다. 여러 신문과 잡지에서는 광고의 질적 성장을 보여 주는 좋은 예라며 입을 모아 극찬했다.

스승의 날 〈동아일보〉에 실린 쌍용 기업광고(1984.5.15)

다양한 분야의 광고에서 좋은 선례를 만든 공로를 광고주에게도 인정받아 1986년부터 8년간, 2003년부터 3년간 총 11년간을 농심의 제작위원으로 임명되기도 했다. 대한민국 전설의 카피라이터가 되었다.

1976년에는 서울카피라이터즈클럽을 창설한다. 선배 카피라이터 두 분에 이어 3대 회장으로 활동하며 카피라이터의 위상을 높이는 일에도 앞장섰다. 한국 시장에서 카피라이터라는 직업을 전문직으로서 인정받게 만든 개척자인 것이다. 히트 제조기인 그에게 그 많은 히트작들 중에서 가장 기억에 남는 카피가 무엇이냐고 물었을 때 그는 의외로 〈한겨레신문〉 창간 모금광고를 꼽았다.

"1988년 〈한겨레신문〉이 창간될 때 창간준비위원회의 임원진들이 비밀리에 저를 찾아왔습니다. 제도권 언론이 아니라 국민이 주주가 되는 민주언론을 탄생시키는 일이었으니 그 당시 사회상황에서 봤을 때는 거의 독립운동하는 분위기였던 것이었죠. 저도 당시에 민주열사가 된 심정으로 일주일 정도를 밤새워 시리즈 광고 7편을 만들었는데 결과는 당초 목표로 했던 모금액 50억보다 배 이상 모집해서 성공적인 창간을 이루었습니다.

360

'그 어렵던 시절에 아빠는 무얼 했는가, 뒷날 자식들이 묻습니다'라는 카피는 아직도 기억이 생생합니다. 카피라이터로서 우리 사회에 뭔가 기여했다고 느끼는 순간이었죠. 〈한겨레신문〉 1주년 기념식에서 외부 인사로는 제가 유일하게 창간 공로패를 받았는데 지금도 소중하게 간직하고 있습니다."

그가 생각하는 좋은 광고란 정곡(正鵠)을 찌르는 광고이다. 정곡의 반대말은 '헛다리'라고 표현하며 광고제작자가 항상 명심해야 하는 것이 제품특성의 정곡, 소비자 마음의 정곡을 찌를 수 있도록 심혈을 기울여야 한다는 것이다. 더불어 좋은 광고가 나오기 위해서는 실력 있는 광고제작자는 물론이고 이를 인정해 주는 좋은 광고주, 좋은 광고를 선별할 줄 아는 좋은 소비자가 반드시 필요하다는 것이 그의 지론이다.

그는 이제 어느덧 칠순이 넘었지만 요즘도 바쁘다. 여전히 글을 쓰고, 강의하고, 사진도 찍는다. 사진 찍기는 어릴 적 꿈이었지만 가정 형편이 어려워 가지 못했던 길인 회화에 대한 한풀이 차원이다. 절친한 친구 임권택 감독의 영화 기획도 도와준다. 임권택 감독의 101번째 작품인 〈달빛 길어 올리기〉 타이틀도 그가 만들었다. 그가 쓴 《막 쪄낸 찐빵》은 종교 관련 서적임에도 불구하고 70만 부나 판매되어 베스트셀러가 되기도 했다.

그에게 인생철학을 물었더니 당신 아버지의 인생철학을 대신 이야기하며 웃는다. 우달모지재(愚達謀智才).

"세상에는 5단계의 인간이 있는데 재주(才)만 믿고 사는 것이 가장 낮은 단계의 인간이고, 어리석음(愚)으로 사는 것이 가장 높은 단계의 인생이다. 즉, 알면서도 속아 주고, 이길 수 있으면서도 져 주는, 손해 보는 듯하게 사는 인간이 최고 등급의 인간이다."

이병인

1936년 출생
1965년 미주리대학 저널리즘 스쿨 졸업
1967년~1969년 현대기획
1968년~2009년 대학출강, 광고학 강의
1970년~1975년 만보사
1976년 (주)오리콤 기획국장
1978년~1982년 진로그룹 홍보실장
1981년 제7대 한국광고협의회장
1982년~1992년 대홍기획 이사, 전무
1992년~1994년 DDK(대홍기획과 DDB니드햄,
              다이이치키가쿠 합작) 대표이사
현재   한국브랜드협회 고문

수상 및 저서
1981년 〈매일경제〉 광고대상

1967년 봄. 전날 저녁, 주당 한 편 제작하는 〈카메라의 눈〉을 방영하고 홀가분한 마음으로 늦은 아침 서소문 TBC PD실로 들어서는 이병인 PD에게 홍두표 과장이 말했다.

"상무실(당시 김규 TBC 상무의 집무실)로 가보시오! 아침 내내 4번이나 찾았소!"

"아니! 왜요?"

"나도 모르오!"

반나절이나 늦게 출근한 그는 속으로 '아뿔싸! 뭔 일이 터져도 크게 터졌구나' 싶은 마음으로 상무 방에 들어섰다.

"아, 이병인 씨 인사하시죠!"

"제임스 팔리(James Farley) 사장과 로버트 쇼(Robert Shaw)."

이렇게 엉겁결에 나눈 인사가 광고장이 인생의 시발점이 되었다. 사정인즉, 건설 중인 한국 코카콜라 보틀링 공장 준공에 앞서 일본에서 코카콜라 광고를 대행하는 '매캔에릭슨 – 하쿠호도(博報堂)'(이하 매캔/MEH)가 한국 파트너를 물색하러 온 길에 국내 사정에 밝은 김규 상무(이병철 회장 사위)를 추천받아 새 광고회사를 설립하기로 하고 첫 일꾼으로 그를 선정한 것이다.

'매캔에릭슨 Worldwide 한국주재 Representative' 그리고 동시에 종합광고대행사 '현대기획'(現代企劃: 대표 홍진기, 이사 김규, 업무담당 이병인) 창립이 추진되었다. 이 며칠의 기간 동안 그는 인생에서 가장 드라마틱한 전환점을 맞이한다.

7년 반 동안의 미국 유학생활(미주리대학 저널리즘 스쿨)을 마치고 귀국한 지 채 2년도 안된 그였다. 하지만 당시 겁 없이 당찬 31세 총각이던 그는 새로운 일에 도전하는 것에 흥분되었다. 평소 크리에이티브한 작업을 좋아하던 그에게 광고는 매력적이고 무엇인가 크게 이룰 수 있다는 기대를 주는, 미지의 설렘 그 자체였다. 그는 현대기획에서 광고 인생을 시작하면서 코카콜라 광고업무를 혼자 도맡아 진행하게 된다.

'미국의 상징, 코카콜라! 크리스마스 때마다 세계 어린이들의 마음을 설레게 하는 산타 할아버지의 모습(빨간 모자, 흰 수염)은 코카콜라 광고가 창조한 것이지 않는가!'

열정에 찬 풋내기 'Ad Man'은 'Mad Man'이 되어 신명나게 뛰기 시작했다. 주로 캘린더나 포스터 등의 인쇄광고물을 제작했다. 그는 당시 일본이나 다른 나라에서 사용하고 보관 중인 세계 최고 수준의 스톡필름에서 골라 쓰거나 외국에서 제작자들을 초빙해 제작하는 방식을 거부하고 '코카콜라 광고물' 일체를 국내에서 개발, 제작하는 데 한몫하게 된다. 그렇다면 광고 초년병인 그가 세계적 브랜드인 '코카콜라' 광고를 독자적으로 진행할 수 있었던 배경은 무엇일까?

우선 그는 자신의 미국 유학 경험이 큰 밑거름이 되었다고 생각한다. 그는 자유롭고 개방적인 미국의 교육 풍토 속에서 당시로서는 신학문인 저널리즘을 공부했다. 전공 공부뿐만 아니라 부족한 영어실력을 키우기 위해 뉴스청취(표준어), 광고 열심히 보기(쉽고 개성 있는 말), 만화 열독(재미있는 말, 슬랭의 보고) 등 부단히 노력했다.

또한 외국의 전문 광고인과의 지속적 교류도 광고인으로서 시야를 넓히는 데 많은 도움이 되었다. 그는 매캔의 교육훈련 과정(MEH OJT)을 4개월간 이수했으며 매캔의 세계적 광고인들 6명과 계속 교류함으로써 외국 광고 프로들과 접촉했다. 그리고 대행사의 어려운 형편을 고려해 매체사 대신 수수료를 지원해 준 미국 코카콜라(민재익), 한양식품(박용곤 사장)의 좋은 선례를 통해 직업윤리를 배웠다. 이러한 모든 행운을 발판 삼아 그는 외국의 선진 제도나 실무를 한발 먼저 익히고 한국 광고계의 발전에 일조를 할 수 있었다고 자부한다.

만보사 시절 대관령 스키산장에서(1970)
(뒷줄 왼쪽부터 시계방향으로 카메라맨, 이병인, 이주형, 강병광, 김한용, 도신우, 김수미, 윤석태)

그가 한국 최초로 시행해 업계의 모범이 되었다고 자부하는 몇 가지를 소개하면 다음과 같다. 우선, 조사와 토론을 거쳐 광고의 슬로건을 만든 것을 들 수 있다. 당시 그는 음료를 마실 타깃에 대한 간이조사를 시행하고 김경희 여성 비행사, 이성화 아나운서 등 유명 방송인 6인의 패널토론을 벌여 'drink'를 '마시자'로 옮긴 코카콜라의 슬로건 '마시자 코카콜라!'(Drink Coca-Cola)를 채택했다.

또한 업무를 효율화하기 위해 '회의 협의록'(contact report)과 '광고업무 진행록'(status report)을 작성하는 제도를 최초로 실시했다. 회의 협의록은 이후에 '광고 회의록'이라는 명칭으로 만보사, 오리콤, 진로, 대홍 등 경쟁 광고회사에서도 광범위하게 활용되었다.

광고 영문 계획서(blue book)를 작성하고 프레젠테이션을 실시한 것역시 그가 최초이다. 그는 코카콜라 광고 제작 시 '코카콜라 광고 영

DDK 창립 기념식(1991.3.20)
(왼쪽 뒤부터 이병인, DDBN-필킹턴 시카고 사장, 일본 사장,
강정문, 박광순, 김광호, 왼쪽 앞부터 번바크 사장, 남상조 사장, DIK 후지와라)

문 계획서'를 만들고 프레젠테이션을 실시했다. 이때 제품 포지셔닝
(*product positioning*)은 '산뜻한 맛'(*refreshing*)으로 설정하고 슬로건은
'It's the real thing'에서 '산뜻한 그 맛 오직 그것뿐!'으로 바꾸었다.
이러한 체계적인 과정을 거쳐 코카콜라가 수출되는 120여 개국 중 한
국이 세계 최초로 그 나라 고유의 토착화된 광고, 즉 한국화된 광고를
제작할 수 있었다. 1968년에는 CF(*commercial film*)라는 용어를 처음
으로 만들어 사용하기도 했다. 당시 일본에서는 TV-CM라는 용어를
썼으나 이를 그대로 차용하지 않고 한국 고유의 용어를 만든 것이다.
이는 영어 광고술어에도 없는 말로 이제는 광고업계뿐만 아니라 일반
인들 사이에도 널리 통용된다.

광고주와 광고회사가 신뢰관계를 형성함으로써 광고회사가 독립적
으로 광고를 제작할 수 있는 프로세스를 확립했다. 코카콜라 광고 제

366

작 시 '갑'이라 할 수 있는 광고주〔한국코카콜라(미), 보틀러 4개사〕와 '을'이라고 할 수 있는 광고회사(매캔, 만보사)의 관계는 당시로서는 새로운 것이었다. 모든 광고물은 발상에서 제작, 매체 집행에 이르기까지 모두 국내에서 만들고 매캔은 연 4회 이상 방문해 형식상 제작물을 인준하고 광고주와의 유대를 강화하는 일을 수행한 것이다.

한국 광고계에 처음으로 체계적 시스템을 도입해 일정 기간 동안 일관된(*integrated*) 제작 전략으로 광고를 계획, 집행하는 풍토를 형성했다. 예컨대 코카콜라의 모든 광고물은 10년 동안(1968~1977) 다음과 같은 일관된 제작 전략으로 계획, 집행되었다.

- 전략 수립 및 집행, 제작 아이디어 발상, 광고주 출입 및 업무집행 (이병인 담당).
- 4계절 4곳 로케지에서 동시 다발촬영(윤석태 감독이 CF 및 스틸과 포스터 달력 등 인쇄물 광고물을 촬영).
- 광고가요(*jingles*)는 첫해(1968) 김영선(편곡, 노래 조영남) 외에는 최창권(작곡가, 뮤지컬 〈살짜기 옵서예〉의 음악감독)과 협의. 매년 여러 버전을 편곡하며 다음해 인기가 예상되는 신인가수를 선정(녹음감독 이인구).

한국 최초로 매체사로부터 대행수수료를 15% 이하로 받을 경우 그 차액을 광고주가 보전하도록 해 A/C를 확보했다. 매체 A/C는 총이익(*gross*)의 15%고 제작비에는 순이익(*net*)의 17.65%라는 원칙을 국내에 조기 정착시키기 위해 노력했다. 특히, 이재항 사장은 광고회사의 생명선인 매체 수수료 획득에 선구자 역할을 했다.

이렇게 수많은 '최초'를 기록한 그는 1970년 1월에 '코카콜라 어카운트'와 함께 '만보사'에 입사한다. 그리고 멈추지 않는 열정으로 만보사의 광고대행 철학(credo)인 일업종일사주의(一業種一社主義, 동업 경쟁사 광고는 취급하지 않는다)를 제창한다. 그 후 점차 경쟁사 유치가 늘어남에 따라 경쟁광고는 사내의 별도 광보본부에서 취급하는 것으로 변경한다. 사내 리뷰보드(review board, 일명 '작살보드') 제도를 실시한 것도 그의 업적 중 하나이다. 그는 조직을 정비하고 신설하는 데도 기여했다. 매체를 전문기능으로 독립시켜 강병광(ME)이 전담하도록 하고 카메라는 세종문화회관과 임대계약을 했다. 제품사진을 중심으로 한 스틸사진을 브로니카(Bronica) 카메라를 구입하며 사내에서 이주형이 제작하기 시작했으며 합동광고기획실과 합병 후엔 별도 스튜디오에서 작업했다.

1975년 1월에 만보사와 합동광고기획실(후에 '오리콤'으로 개명)이 합병한 후에도 그는 활발히 광고업무를 주도했다. 대표적인 것이 OB 맥주의 광고 캠페인이었다. 그는 "친구는 옛 친구, 맥주는 역시 OB"라는 슬로건 아래 창의적인 광고 캠페인을 구상하고 전개했다. 1978년에 진로그룹으로 자리를 옮긴 그는 홍보실장에 취임해 치열한 위스키 시장의 쟁탈전에 뛰어든다. 당시 이 위스키 브랜드 대결은 가히 전쟁이라고 할 정도로 치열했다. 그는 백화양조 '베리나인'에 맞선 '길벗', 해태 '진'에 맞선 '로진스키'라는 대결구도의 광고 혈전에서 적극적으로 활약하며 광고사에 그 이름을 남겼다. 그렇다면 한평생을 우리나라와 광고사와 함께해 온 이병인, 그가 생각하는 좋은 광고란 무엇일까?

"제가 생각하는 좋은 광고는 전략을 하나로 묶어 그 제품만이 갖는 한 소구점에 작열시키는 것입니다. 슬로건은 모방이 불가능해야 오래가고 전매특허가 되죠. 그리고 광고는 정직해야 한다는 것입니다. 광고계 후배들, 단순 월급쟁이에 만족하려면 속히 전업하세요."

1947년 출생
1970년 홍익대 조각과 졸업
1974년~1977년 제일기획 제작부
1978년~ 프리랜서 광고 일러스트레이터

이
복
식

수상 및 저서
1979년 클리오상, 경향신문 광고대상 일러스트 개인상
1982년 〈조선일보〉 광고대상 일러스트 개인상
1991년 런던 광고제 파이널리스트
2000년 정보통신부 최우수 우표상

우리나라 최초의 프리랜서 광고 일러스트레이터로 신문, 잡지 광고, 패키지, 광고캐릭터, 우표 등 총 960점의 일러스트레이션을 제작한 광고일러스트레이터 이복식 선생은, 광고산업을 일군 선각자 대부분이 그렇듯 처음부터 광고를 해야겠다고 마음먹었던 것은 아니었다.

중·고등학교 때는 서양화를, 대학에서는 조각을 전공했다. 당시 조각과를 나오면 관례처럼 정해진 길이 있었다고 한다. 중·고등학교에서 미술 선생을 하면서 지도교수 아래에서 작품을 도와주다가 그 교수의 힘으로 국전 등에서 상을 받고 대학원에 들어가 강사 자리가 나면 꿰차는 수순이었던 것이다.

그게 싫어 "내 힘으로 해보자"는 생각을 품었다. 실제로 제대한 그해 봄, 국전에 입선하면서 본인의 계획이 현실로 이어지는 듯했다. 그러나 갑자기 도입된 순위고사의 벽을 넘지 못해 미술교사가 되는 데 실패하고 생계를 해결하고자 같은 대학 회화과를 다녔던 선배로부터 소개받아 롯데제과 패키지실에 입사하게 된다. 익숙하지 않은 패키지 일에 쉽사리 정을 못 붙이던 참에 제일기획에 있던 친구의 시안 그리는 일을 돕다가, 아예 제일기획으로 자리를 옮긴 것이 광고와의 첫 만남이 되었다.

처음 제일기획 들어가서는 '들러리용' 시안을 주로 그렸는데, 아이러니하게도 본안(本案)을 제치고 채택되는 일이 많았다. 이후 삼성전자 '브라운관' TV, 서울식품 '스노우샤베트', 제일제당 '아이미' 등 다수의 작품을 하면서 당시 기술적 한계로 사진이 표현하기 어려웠던 세밀한 이미지들을 다수 만들어 냈다.

이 무렵, 해외를 자주 왕래하던 형님에게 브레인이나 일러스트레이션 등의 자료 구입을 부탁해 탐독했는데, 사물을 실물보다 더 실물같이 그려내는 하이퍼리얼리즘 일러스트레이션의 거센 흐름을 읽고

농심라면 잡지 광고
일러스트레이션 (1978)

광고 일러스트레이터로서 독립을 결심하게 된다. 일러스트레이션이라는 단어마저 생소하던 때라 많은 사람들이 만류했지만 혼자 할 수 있다는 자신감이 있었고 안 하면 후회할 것 같아 미련 없이 나섰다는 것이 그의 회고이다.

1978년, 프리랜서로서 처음 만든 작품이 바로 코미디언 구봉서 씨와 곽규석 씨가 등장하는 농심라면의 '형님 먼저 아우 먼저' 편이다. 원래 광고의 원안에는 구봉서 씨와 곽규석 씨의 얼굴 사진만 덩그러니 들었는데 이를 일본에서 유행하는 머리 크고 코믹한 2등신 캐릭터로 바꿔 농심 광고담당자를 직접 찾아갔다.

이 광고가 채택되어 신문에 게재되면서 폭발적 인기를 모았고 이런 형태의 2등신 캐릭터를 이후 진로의 '로진스키 논쟁' 광고에도 등장시켜 연이어 화제몰이를 했다. 프리랜서 광고일러스트레이터로 확고히 자리를 잡은 계기가 된 것은 물론이다.

동양화학 '물먹는 하마' 포스터 잡지 광고
일러스트레이션 (1986)

그러면서 선생의 일러스트레이션은 신문, 잡지 광고로부터 패키지, 광고캐릭터, 잡지표지, 우표 등까지 영역을 가리지 않고 종횡무진하게 된다. '아이미', '점프', '너구리', '쌕쌕 오렌지' 등 수많은 선생의 일러스트레이션들 중에서 대중적으로 가장 잘 알려진 작품은 역시 옥시의 '물먹는 하마' 캐릭터일 것이다.

정감 있는 표정과 동글동글 귀엽게 그려진 이 캐릭터는 원래 옥시를 위해서 그려진 것도, 캐릭터용으로 만들어진 것도 아니었다. 변비약 광고를 위해 변기에 앉아 있는 하마를 처음 그렸는데 제작을 의뢰했던 광고회사의 다른 부서에서 그 하마를 옥시 광고에 넣겠다고 나섰다는 것. 결국 다툼이 생겨 옥시에서 먼저 광고에 짧게 내보내고 안 쓰는 걸로 합의했다고 한다.

그 후 옥시 광고가 인기를 끌어 하마 캐릭터가 POP물로까지 활용되던 와중 변비약 광고 쪽은 심의에서 문제가 생겨 집행이 중지되면서 하마 캐릭터는 옥시의 대표 캐릭터로 안착하게 된다.

그리고 '물먹는 하마'는 '냄새 먹는 하마', '곰팡이 먹는 하마', '하마 로이드', '좀먹는 하마', '창 닦는 하마' 등 다양한 브랜드 확장의 중심 축이 된다. 원래 광고 일러스트였던 '물먹는 하마'가 캐릭터로서 인정받고 저작권료를 받은 것은 1999년, 1986년 신문 지상에 등장한 이후 13년이나 지나서였다. 캐릭터로서 저작권료를 받으면서 조각을 전공한 특기를 살려 '물먹는 하마'를 3D 조각 작품으로 만들어 넘겨줬다. 헐값에 가까운 돈을 받았지만 내 작품이 사랑받는 캐릭터로 성장한 것이 그저 좋았다는 게 그의 소회다.

잡지 표지는 그에게 작가로서의 자부심을 채워 주는 작업이었다. 표지 작업은 작업 기간만 10여 일로 길고 보수는 광고의 10분의 1밖에 안 되는 힘든 일이었지만 잡지의 특집과 기사를 함축적으로 담아내기 위해 스스로 아이디어를 짜내고 일러스트로 형상화하는 쾌감이 컸다. 그의 손을 거쳐서 〈월간조선〉, 〈음악동아〉, 〈마당〉의 얼굴이 만들어졌다.

우표 일러스트레이션 역시 빼놓을 수 없는 작업 중 하나이다. 우리 나라 최초로 한 화면 안에 4가지 우표를 사용한 '멸종위기 및 보호야 생 동·식물 특별 우표 — 조류, 꽃, 식물', '한국의 섬 — 독도, 마라도, 백령도' 등 총 6화면 24종의 우표는 '올해의 최우수 우표' 상을 수상하며 수집가 사이에서 성가를 높였다.

조수나 제자도 없이 천여 점의 일러스트레이션을 만든 40여 년. 선생이 그 긴 세월을 초지일관할 수 있었던 것은 국내 최초 프리랜서 일러스트레이터로서의 긍지와 자신의 작품에 대한 완벽주의 덕분이었다. 선생은 색감이 달라질까 걱정해 날이 흐리거나 해가 진 뒤에는 작업하지 않았고 "나를 보고 일을 준 건데 내가 직접 다 그려야 된다"며 하청을 주거나 조수를 두고 일을 시키지 않았다.

이제 이복식 선생에게 남은 목표가 있다면 두 가지, 화집을 발간하는 것과 전시회를 여는 것이다(그것마저 허투루 하고 싶지 않다는 심정에 계속 미뤘다). 그것은 단순한 화집이나 전시회가 아니라, 지난 40여 년간의 브랜드와 우리네 생활사(史)가 될 터이다. 연도별, 매체별, 주제별로 차곡차곡 정리된 이 일러스트레이션들이 빛을 보는 날이 기다려진다.

1955년 출생
1979년 연세대 사회학과 졸업
1983년 이화여대 대학원 철학과 석사
1987년 (주)현대리서치연구소 설립
1995년 서울대 행정대학원 정보통신정책과정 제2기 수료
1999년 (주)메트릭스코퍼레이션 설립
2002년 연세대 대학원 사회학과 박사과정 수료
현재   현대리서치 대표, 메트릭스코퍼레이션 대표, 방정환재단 이사장

이
상
경

수상 및 저서
2003년 국민훈장 목련장

종로구 내자동 현대리서치 사옥에서 만난 이상경 대표의 경력은 '리서치' 그리고 '인터넷'의 두 축으로 요약할 수 있다. 두 분야 모두 산업 초창기에 뛰어들었던 개척자이다.

대학 학부 시절에 사회학을, 석사과정에서는 철학을 전공한 이상경 대표는 1983년도 대학원 졸업 후 한국여성개발원(현 한국여성정책연구원)의 공채 1기로 입사해 조사연구실에서 근무하며 조사 실무를 익혔다. PC도 없던 시절이라 통계 프로그램을 돌리려면 한국과학기술원(KIST)까지 가서 대형 컴퓨터를 이용해야 했다.

조사 분석을 위해 한국과학기술원을 드나들던 중 알게 된 한 연구원이 '조사회사'의 존재에 대해 알려 주며 잘할 것 같다며 창업을 권유했다. '조사'가 하나의 산업으로 자리 잡기도 전이었다. 그동안 수행한 공공부문 조사에서 한발 나아가 더 큰 분야로 진출하고자 하는 포부를 안고 준비 끝에 과 후배 4명과 함께 조사회사 현대리서치를 설립했다. 1987년, 한국여성개발원 입사 4년 만이었고 불과 서른둘의 나이였다.

이렇게 창립한 현대리서치가 30여 년 가까운 세월 동안 커 나갈 수 있었던 힘은 어디에서 비롯되었을까? 그녀는 창립 무렵 여러 사회적 여건이 성숙했기 때문이라고 설명한다. 1980년대 후반은 정치적으로는 민주화가, 경제적으로는 자유시장경제 체제가 급속도로 뿌리내리던 시기였다. 다시 말해 유권자와 소비자의 선택이 이전과 비교할 수 없이 중요해져 정치 조사, 마케팅 조사가 붐을 이뤄 산업 자체가 급성장을 이룰 수 있었던 것이다. 하지만 수많은 회사가 명멸을 거듭하는 동안 현대리서치가 제자리를 지킬 수 있었던 이유를 그것만으로 설명할 수는 없다. 끊임없는 혁신으로 시대의 요구에 적극 부응하려는 노력이 전제되었기 때문에 가능했던 일이다.

그 예로 현대리서치는 2003년부터 전화조사에 디지털조사시스템

을 접목한 CATI (컴퓨터 이용 전화조사)를 자체 개발해 활용하고 현재
는 다매체 시대에 발맞춰 올드미디어와 뉴미디어를 병행해 각 응답자
에게 적합한 다양한 방식으로 설문을 진행하는 '믹스드 모드'(mixed
mode) 조사의 도입을 추진 중이다.

현대리서치를 설립한 지 12년째 되던 해, 그녀는 또 한 번의 도약을
감행했다. 1999년 6월, 당시 떠오르는 미디어였던 인터넷 산업에 본
격적으로 뛰어들어 인터넷 전문 조사회사 메트릭스코퍼레이션을 설
립한 것이다. 인터넷 이용자가 5백만 명도 채 되지 않았을 때니, 하나
의 매체로 일반화되기도 전이었다. 그녀는 인터넷도 TV나 신문처럼
영향력 있는 매체가 될 것이라고 내다보고 TV시청률과 마찬가지로
인터넷이 광고 매체로서 존립하기 위해 필수적인 조사사업을 전개하
기 시작했다. 즉, 어떤 소비자가 어느 사이트에 자주 가는지, 어느 시
간대에 접속해서 어떤 활동을 하는지를 조사하는 '인터넷 인덱스'를 국
내 최초로 개발해 정밀한 타깃팅을 위한 기반을 놓은 것이다.

이처럼 그녀가 인터넷 분야에 발을 들여놓는 모험을 할 수 있었던
데에는 1995년에 이수한 서울대 행정대학원 교육과정의 영향이 컸다.
신문에서 서울대 행정대학원 최고위 과정 중 정보통신 정책과정 학생
모집 광고를 보고 이거다 무릎을 쳤단다. 이곳에서 전반적인 산업 흐
름을 공부했을 뿐 아니라 인터넷이 막 뿌리내리던 시기에 같은 관심
사를 지닌 사람들을 만나 귀한 인연을 맺을 수 있었다.

인터넷 산업 초기, 관련 분야 종사자 간에는 일종의 연대의식, 동
지의식이 있었다. 인터넷에서 새로운 기회를 발견하고 도전하는 사람
간에는 서로의 학력, 나이, 성별은 의미가 없었다. 함께 모여 각자의
전문 분야를 살려 아이디어를 공유하고 산업의 앞날을 전망했다. 일
면식도 없는 사람에게 전화를 하고 만나 연을 만드는가 하면, 관련 지

인을 서로 소개하고 소개받았다.

그런 분위기 속에서 인터넷 광고회사, 미디어렙, 리서치 회사 등 인터넷 마케팅 관련 업종 종사자끼리 스터디 그룹을 결성해 활동하다가, 인터넷마케팅협회(이후 인터넷심의기구와 통합, 현 온라인광고협회)를 설립했다. 인터넷의 미래를 내다보면서 산업의 성격을 규정하고 당시 정보통신부와 협업해 표준과 기준을 규정하기 위함이었다. 그녀는 인터넷마케팅협회의 창립멤버로 3대 회장을 맡아 활동했다.

이처럼 그녀는 리서치도 인터넷도 산업 발전의 초기에 발을 들이고 자신의 영역을 활발하게 넓혀 왔으나 그럴 수 있었던 이유로 어떤 통찰력이 있었다기보다는 관심 있는 일을 재미있게 하다 보니 지금의 위치에 와 있더라고 한다. 그녀는 지나온 길을 이야기하면서 "정말 재미있었다"라는 표현을 여러 차례 사용했다. 학부 전공이었던 사회학도, 조사회사 일도, 인터넷 초창기에 지인들과 산업의 미래를 논하던 시간들도 "너무 재미있는 거예요"라고 수차례 이야기했다. 놀라운 열정과 추진력을 가지고 자신의 경력을 차곡차곡 쌓을 수 있었던 동인은 바로 좋아하는 일을 하는 즐거움이었다.

조사 분야에 입문하고 30년이 훌쩍 지난 지금, 이상경 대표는 나눔과 복지에 관심이 많다. 현대리서치 설립 20주년에는 기념식을 성대하게 치르는 대신 그 비용을 아껴 각 팀에서 지역아동센터에 한 곳씩 방문해 책을 기증한 것도 그 일환이었다. "일을 하는 것이 가장 큰 복지"라는 믿음으로 어떻게 하면 장기 근속한 직원들과 오래도록 함께 근무할 수 있을까 연구하기도 한다. 또한 한국방정환재단의 이사장을 맡아 각종 장학사업, 지역아동센터에 양서를 기부하는 '작은물결문고' 사업, 독서치료교육, 어린이 청소년 행복지수 조사 등 어린이 청소년 복지증진을 위해 물심양면으로 힘쓴다.

1973년 출생
1998년 부산대 경제학과 졸업
2000년~2005년 (주)Daum 커뮤니케이션
　　　　　　　 e-비즈니스본부 본부장&검색사업 본부장
2002년~2005년 (주)나무커뮤니케이션 대표이사
2005년~2007년 (주)투어익스프레스 대표이사
2007년 연세대 언론홍보대학원 석사 과정(4학기 휴학)
2007년~ (주)퍼플프렌즈 대표이사
2007년~2008년 (주)퍼플젯 에어라인즈 대표이사
2009년~ (주)다음카카오 부산경남센터장
2010년~ 부산시펜싱협회 회장
2014년~ (사)한국소셜콘텐츠진흥협회 회장
2014년~ 한국디지털기업협회 디지털마케팅분과 위원장
2014년~ 한국온라인광고협회 이사 및 온라인대행분과 위원장

수상 및 저서
2009년 대한적십자사 표창
2011년 대한민국 문화마케팅 대상
2013년 인터넷 에코어워드 상생분야 대상
　　　　 PEAT 제2회 동물평화상 수상
2014년 세종대왕 나눔봉사 대상

이
수
형

최근 20년간 광고업계에서 이수형 대표만큼 '변화감지-준비-성공'의 과정을 많이 일구어 낸 사람이 있을까? 그는 어느 업계보다 빠르게 변하는 광고계에서 변화를 정확하게 감지한다. 그리고 변화에 맞게 준비하고 먼저 성공하여 늘 업계를 선도한다.

변화를 짚어 내는 그만의 능력과 실행력은 1996년 부산대 재학 시절부터 유명했다. 그는 대학생 때 학교 인근 업소들을 대상으로 한 이른바 '쿠폰북'을 제작하고 광고를 유치하는 사업을 했다. 이후 보험회사 (주)AIA생명, 제약회사 (주)대웅제약에 입사하여 영업사원으로도 재직했다. 그간의 경험 덕분에 졸업 후에는 1998년 (주)대우증권 영업직 공채로 입사하여 1억 원대의 연봉을 받는 세일즈맨 생활도 했다.

하지만 억대 연봉 사원으로 부러움의 대상이었던 그는 대우증권을 과감히 그만두고 (주)다음커뮤니케이션[현 (주)다음카카오]에 입사했다. 그 당시 검색미디어 분야는 급성장 중이었다. 업계의 최신 트렌드에 민감하게 반응하고 미래전망에 혜안을 가진 그다운 선택이었다.

억대 연봉에서 기업의 최저 연봉을 받는 사원으로 시작했지만 온라인 광고 금융사업팀 차장을 거쳐 2001년 7월에 e-비즈니스 본부장을 맡았다. 그는 (주)다음커뮤니케이션의 온라인 광고전략과 상품기획을 맡으면서 다음의 광고매출을 월 30억 원대로 끌어올렸다.

그는 입사 후 매 상황마다 '이런 상황에서 내가 팀장이라면, 사장이라면 어떻게 일했을까?'하고 되물으며 답을 찾아 일하다 보니 어느새 최연소 본부장이 되었다. 그가 본부장으로 이끌었던 (주)다음커뮤니케이션의 e-비즈니스 본부는 다음의 '검색 비즈니스'와 '온라인 광고 분야'의 고성장을 주도했다고 평가받는다.

(주)다음커뮤니케이션은 검색광고 분야만을 특화한 자회사 (주)나무커뮤니케이션즈를 설립하였고 그는 대표이사로 승진하였다. 수습

사원으로 입사한 지 2년 만의 일이다. 늘 사장처럼 일했던 사원은 그렇게 자회사의 대표이사가 되었다.

그는 ㈜ 다음커뮤니케이션에서 온라인 마케팅 성과를 인정받으며 당시에는 소액광고 중심이었던 키워드 광고의 중요성을 인식했다. 불모지인 인터넷 광고업계에서 광고는 배너광고 정도가 전부였다. 하지만 인터넷 사용자가 증가하면서 키워드 검색에 관심이 높아졌고 검색광고도 덩달아 인기를 얻었다. 이 트렌드를 미리 감지하고 준비한 그는 창립한 지 1년 만에 120억 원의 매출을 기록했다.

이후 키워드 검색광고보다 더욱 세분화된 '문맥광고'를 준비하여 상품화했다. 문맥을 분석해서 좀더 높은 차원의 고객 맞춤 광고를 했다. ㈜ 나무커뮤니케이션즈는 당시 국내 키워드 검색시장을 석권한 오버추어에서도 최대 광고대행사로 올라섰다. 네이버가 자체 광고영업을 하던 점을 감안하면 사실상 업계를 평정한 셈이었다. 그는 늘 존재하는 변화에 대해 냉철하고 정확한 분석을 내리며 거침없는 실행력으로 성공을 만들어 낸다.

그는 이때의 경험에 확신을 갖고 ㈜ 퍼플젯에어라인즈를 설립한다. 철저히 고객의 니즈에 입각한 서비스를 제공함으로써 기존 항공사 시스템의 새로운 혁신을 주도해 나갔다. 이후 그는 2008년 5월에 ㈜ 퍼플젯에어라인즈의 사업영역을 광고로 변경, ㈜ 퍼플프렌즈를 설립했다. ㈜ 퍼플프렌즈는 통합디지털마케팅기업으로 Yello Digital Marketing (YDM) 그룹 소속이다. 그가 이끄는 ㈜ 퍼플프렌즈는 광고영역에서의 꾸준한 성장을 이뤄 냈다.

광고시장이 본격적으로 모바일 미디어 매체로 이동하면서 ㈜ 퍼플프렌즈는 2013년에 MMC (Mobile Marketing Conference)를 국내 최초로 준비하여 성공적으로 개최했다. 이후 정교한 모바일 트래픽 솔루션 업체와의 제휴 등 모바일 광고시장에서의 전문성과 리더십을 인정받고 있다.

점점 커지는 모바일 광고시장을 선도하는 ㈜퍼플프렌즈의 성장은 YDM과 함께 앞으로도 주목할 만하다. 또한 커머스 쪽에 집중되던 사업 영역을 광폭적인 인수합병으로 모바일 미디어의 거의 전 분야를 감당할 수 있게 되었다.

각 분야의 사업부 권한 체제로 ㈜퍼플프렌즈는 실행력과 추진력이 좋다는 평을 받는다. "즐거운 일터에서 재미있게 일하는 직원들이 놀라운 광고를 만들어 낼 수 있다"라는 그의 생각은 회사 제도 곳곳에 녹았다. 퍼플프렌즈의 파격적인 복지혜택과 독특한 기업문화는 이미 언론에서 수차례 다뤄졌다.

누구보다 바쁜 하루를 살면서도 꼭 빼놓지 않는 것은 '사랑하기'와 '나누기'이다. 특별하지 않은 날에도 사내메신저로 직원들에게 "사랑합니다"라고 전송한다. 기념일에는 꽃 한 송이와 작은 선물도 잊지 않는다. 늦은 저녁이면 집 밖에 나가 길고양이에게 사료를 준다. 또한 이번에 발매된 그의 3집 앨범 수익금은 동물사랑실천협회에 전액 기부하며 동물보호단체인 'PETA'에서 수여하는 '제2회 동물평화상'을 수상할 만큼의 동물 사랑 실천을 꾸준히 이어간다.

끊임없이 변화하는 광고업계의 물살에 바로 적응하여 대어를 낚을 줄 알며 늘 사랑과 나눔을 함께하는 이수형 대표. 앞으로의 성과가 더 기대되는 이유가 충분하다.

1948년 출생
1969년 연세대 정치외교학과 졸업
1971년 연세대 행정대학원 행정학 석사
1980년 〈중앙일보〉 편집국 기자
1997년 (주)삼성전자 상무이사
2006년 한양대 대학원 언론학 박사
2008년 삼성 전략기획실 사장
2009년 삼성 브랜드관리위원회 위원장
2011년 국가 브랜드위원회 기업IT분과 위원장
2011년~ 한국광고총연합회 회장

이순동

수상 및 저서
2006년 국민훈장 모란장

1986년 대한민국에는 큰 전쟁이 있었다. 이른바 별들의 전쟁. 전자업계 부동의 1위인 금성을 꺾고 삼성이 1위에 등극한 것이다. 그 뒤에는 '휴먼테크'라는 슬로건을 앞세운 대대적 캠페인이 있었고, 또 그 뒤에는 이 캠페인을 이끈 명장 이순동이 있었다. 이순동. 이 사람을 따라가면 우리나라 광고·홍보의 궤적을 찾을 수 있다.

그가 앞장선 가전전쟁과 함께 그동안 제약과 주류가 이끌던 우리나라 광고시장은 전자업계가 이끄는 큰 '판'으로 도약했다. 그가 지휘한 두 번의 올림픽 이벤트와 함께 그동안 상품 광고에 머무르던 우리나라 광고업계에 스포츠마케팅이라는 개념이 도입되었다. 그가 추진한 삼성의 브랜드 가치 제고 작업과 함께 그동안 단순 상표로만 인식되었던 브랜드가 전략적 개념으로 자리 잡기 시작했다. 그가 선보인 삼성의 선구적 사회공헌 활동과 함께 그동안 경제적 목표만을 향해 달리던 기업들이 사회적 역할에 눈뜨기 시작했다.

그는 이러한 일련의 변화 과정을 광고·홍보의 '진화'라 부른다. 그러나 결코 '자연스러운 진화'가 아닌 '작위적 변화'였음에 틀림없고 그 변화의 선두에 서서 방향을 제시하고 힘을 실어준 사람이 바로 그였다.

중국 심천의 삼성컵 아시아 태평양
체조 선수권 대회에서 해외 첫 기업의
국제대회 스폰서이자 삼성전자
홍보실장으로서 시상 (1988.12)

태국 방콕(파타야) Affa 회의에 Affa 한국지부 회장 겸 한국대표로 참석(2012.3.18)
(왼쪽에서 4번째가 이순동 회장)

그러기에 그는 홍보맨으로서는 유일하게 굴지의 대기업에서 사장의
자리까지 오를 수 있었다. 그것도 브랜드 가치 세계 10위권인 삼성에
서 말이다.

현재 그는 한국광고총연합회 회장직을 맡고 있다. 지난 30년, 현장
의 중심에서 광고 · 홍보의 변화와 발전을 도모해 온 것이 그의 일이
었다면 앞으로의 30년은 외곽에서 광고주, 광고회사, 매체사 등 여러
광고 주체들을 잘 조율해서 광고 · 홍보의 올바른 자리매김을 해 나가
는 것이 그의 일이다.

그에게 물었다. 광고 · 홍보의 제자리는 어디인가?

역시 그다운 굵직한 대답이 쏟아진다. 광고의 시작은 상품 판매를
위한 도구였다. 홍보는 그러한 광고 속에서 나왔다. 그러나 이제 광
고 · 홍보는 인간 삶의 기본인 소통을 위한 수단이라는 인식을 가져야
한다. 따라서 광고 · 홍보인은 커뮤니케이션 전체를 조감하고 이를 완

성하기 위해 필요한 일을 조직해낼 줄 아는 전문가가 되어야 한다. 즉, 커뮤니케이션 전문가, 나아가 통섭의 전문가가 되어야 한다는 것이 그의 주장이다.

　SNS, 유튜브 등의 출현으로 어디까지가 광고인지 혼란스러워하는 후배들에게, 또 디지털 매체, 모바일 미디어의 출현으로 광고가 어디로 가야 할지 막막해 하는 후배들에게, 통섭을 말하는 이순동 회장의 존재는 마치 시원한 물줄기와 같이 느껴진다. 보는 이의 말초신경을 자극하는 가벼운 광고가 횡행하는 시대, 누가 알아주건 말건 광고 하나에 자신의 신념을 담아내려는 소수에 대한 응원 같아 한없이 든든하다.

1945년 출생
1968년 이화여대 미술대학 생활미술과 졸업
1968년~1971년 동아제약 도안실 근무
1972년 이화여대 대학원 석사(시각디자인)
1972년~1973년 일본 크래프트 디자인 연구과정 수료
1974년~1977년 연합광고 근무
1979년~2010년 이화여대 디자인학부 교수
　　　　대한민국광고대상 집행위원장, 한국광고학회 상임이사,
　　　　〈한국일보〉 광고대상 심사위원 등으로 활동
현재　　이화여대 명예교수

이
영
희

수상 및 저서
《광고는 과정이다》(예경, 1999)
《광고는 여성소비자를 이해하는 과정이다》(예경, 2002)
《여성을 위한 디자인》(이화여대출판부, 2005)

이영희 교수는 경제개발 계획으로 산업발달이 시작되던 1968년, 동아제약의 '도안실 미스 리'로 광고를 시작했다. 대학에서 포스터 같은 것은 만들어 보았지만, 당시 미술대학의 교육환경에서 광고제작은 생각지도 못했음을 거론할 필요가 없을 터이다.

그렇게 졸업하고 입사하게 된 동아제약은 당시 국내 최대의 광고주로서 신입사원이 만들어 낸 광고도 동판이 되어 다음 날 신문에 턱턱 실릴 만큼 신기한 곳이었다. 여기서 그녀는 광고라는 매력에 푹 빠지게 되었고 말 그대로 "광고란 말만 들어도 가슴이 뛰는 사람"이 되었다. 그 후 1970년대 광고회사 시대가 되어 자연스럽게 연합광고에서 일하면서 펩시 마케팅 전략을 통해 광고의 본고장 미국의 마케팅 방법론을 어깨너머로 보기도 했고 오길비 등과 같은 외국 광고이론을 접할 수 있었다.

광고에서 크리에이티브라는 분야는 사실 학문적으로 연구하기 어려운 특수성을 지녔다. 아트나 디자인을 하는 사람들은 논문이나 학술저서를 쓰는 사람들과는 다른 뇌를 가졌기 때문이다. 그러나 다른 디자이너들이 아트 작업에만 몰두할 때 그녀는 일찌감치 제일기획 등 사보에 광고 크리에이티브에 대한 칼럼을 썼다. 광고비평이란 장르 자체도 생각할 수 없었던 시절에 원고 청탁이 끊이질 않았던 것은 제작에 대해 글을 쓰는 사람이 귀했던 이유도 있지만 크리에이티브라는 분야를 이해시키는 데 논리나 철학보다도 직관과 감성으로 쓴 글이 가장 유용했기 때문일 것이다.

광고회사에 재직하던 중엔 틈만 나면 후학 양성을 위해 신문광고, 전파광고에 대한 강의를 했다. 회사에서 만들던 광고들을 보여 주며 실기 수업을 진행하면 학생들이 신나하는 모습을 보며 큰 보람을 느꼈다고 한다. 이것이 인연이 되어 1979년 이화여대 시각디자인학부 전임교수가 된 그녀는 본격적으로 광고 관련 수업을 하게 된다. 그리고 서점 광고마케팅 섹션에 꽂혀 있는 수많은 서적 중에 제작 쪽 책이 없는 것을 알고 해당 분야의 논문과 도서를 집필하게 된다.

1999년 "시각디자이너를 위한 광고제작론: 광고는 과정이다"를 시작으로, 1970년대 초 일본에 잠깐 있었던 연고로 "한국과 일본의 광고 표현연구", "조형성에 있어 한국의 부드러움과 일본의 예리함에 관한 연구" 논문을 썼다. 그녀는 많은 도움을 받은 광고인으로 신인섭 선생을 꼽는다. 희성산업 시절 선생의 사무실을 찾아가 광고를 위해 읽어야 할 책 목록을 받아오기도 했다는 대목에서 광고에 대한 열의가 어느 정도였는지 짐작할 수 있다.

그녀는 광고제작이란 전략을 바탕으로 한 고도의 정신활동이라고 말한다. 이러한 생각은 크리에이티브 원론으로 돌아가 어떻게 아이디어를 끌어내는가, 사람마다 어떻게 문제를 해결하는가라는 화두에 자연스럽게 이르면서 창조적 사고증진에 관한 주제에 몰두하게 된다.

가장 초창기에 광고에 발을 딛고, 가장 오랫동안 광고의 현업과 학문 분야에 종사한 경험을 바탕으로 《광고는 여성소비자를 이해하는 과정이다》(예경, 2002) 라는 저서를 내기도 했다. 여성이라는 특성으로 인해 자연스럽게 광고회사에서 여성제품을 다룰 기회가 많았고 학교에 가서도 우리나라의 가장 유행에 민감한 그룹인 여대생들을 30년 이상 가르치면서 여성 소비자에 관심과 초점이 맞춰진 것은 당연한 귀결이다.

《여성을 위한 디자인》(이화여대출판부, 2005) 에서는 오늘날까지 인류역사가 남성을 중심으로 펼쳐졌으며, 디자인 분야도 예외는 아니라고 지적한다. 우리나라의 디자인 관련정책을 담당하는 이도 남성이며 여성과 디자인이 관련된 대학 교과목이나 저서 역시 찾기 힘들다는 점에서 사명감과 책임감을 가지고 이 책을 썼다고 말한다. 전시대적 마인드를 벗어나지 못하는 사회문화적 코드와 디자인 패러다임을 날카롭게 지적함은 물론, 주변에서 흔히 볼 수 있는 여성을 배려하지 않은 디자인, 디자인이라는 이름 아래 여성을 고통스럽게 하는 사례를 보여줌으로써 여성을 창조적 주체로 조명하며 미래의 디자인을 제시했다.

최근에는 활동영역을 확장해 여성성 중에도 가장 큰 특징인 모성에 관심을 두고 어린이에게 디자인을 통해 창조적 사고를 하게 하는 연구와 실험을 하고 있다. 그 일환으로 디자인여성학회(DWCA, Design for Woman's Concern Association) 산하 어린이 디자인학교를 운영하면서 아이들에게 광고를 콘텐츠로 한 수업을 포함한 다양한 스튜디오를 열고 있다. 창조적 사고를 가르치는 디자인 리더십 교육을 아동기에서부터 시작해야 함을 알리는 것이다. 콘텐츠 개발서인 어린이의 시각적 사고를 위한 《디자인놀이》(이화여대출판부, 2009)를 출간하기도 했다.

광고란 인연을 만나 표현의 실체를 찾아보려 했던 그간의 노력들이 과연 어떤 의미가 있을까 돌아보곤 한다는 그녀에게 크리에이터의 길을 물었다. 그녀는 크리에이터는 통계수치가 가득한 논문보다 사람들을 살피고 그들이 말하는 것을 듣고 끝없이 변화에 적응하는 유연한 '눈, 가슴, 그리고 자유로운 손'을 가지면 좋은 광고를 볼 수 있고 만들 수 있다고 말했다.

평생을 크리에이터로, 학자로 살아온 이영희 교수는 어느 곳보다 여성의 역할이 중요하고 이에 따라 여성의 진출이 활발한 광고 분야에서 하나의 이정표로 남을 것이다.

1957년 출생
1981년 한양대 신문방송학과 졸업
1983년 대보기획
1986년 한국IBM
1991년 제일기획
1993년 웰콤
1995년 제일기획
2000년 Lee&DDB 대표이사

수상 및 저서
대한민국 광고대상

이
용
찬

"이용찬 씨, 이번 삼익피아노 프레젠테이션을 한번 준비해 봐."

날벼락이 따로 없었다. 사장이 20억 원 규모의 경쟁 프레젠테이션을 6개월 차 신입 AE에게 맡긴 것이다. 이제 겨우 수습 딱지를 뗀 직원에게 경쟁 프레젠테이션이라니. "알겠습니다"라고 자신 있게 대답하고 싶었지만 솔직히 무척 겁이 났다.

"사장님, 왜 제게 이 중요한 프레젠테이션을 맡기십니까?"

너무 궁금해서 겨우 용기를 내어 물었더니 사장은 "우리 회사에 장교 출신 남자가 당신 밖에 없잖아"라며 대수롭지 않은 표정으로 대답했다. '장교 출신이니 프레젠테이션 경험이 있을 것'이라는 게 그를 선택한 이유였다. 그는 어리둥절 정신이 없는 채로 최초의 공식 프레젠테이션을 하게 되었다.

아이디어와 기획 모두 그의 것이 아니었고 전략에 대한 이해도 없이 주어진 기획서를 한 글자도 빼먹지 않고 달달 외우는 것으로 불안함을 삭였다. 하지만 신출내기 광고인에게 현실은 호락호락하지 않았다. 프레젠테이션 신고식에서 호되게 쓴 맛을 본 것이다.

"오늘 당신이 회사에 20억 원의 손해를 입혔어. 알고 있지? 앞으로 일해서 갚아."

억울했지만 사장 앞에서는 아무 대꾸도 못하고 제 자리로 돌아와 계산기를 꺼냈다.

'그러니까 내 월급 27만 원을 한 푼도 안 쓰고 갚으면….'

평생 죽을 때까지 일해도 갚지 못할 액수의 돈이었다.

'설마 진짜 갚으라는 건 아니겠지?'

한숨을 내쉬며 혼자 애써 위로했는데 그 후로 정확하게 6개월 동안 월급이 지급되지 않았다. 갑자기 오기가 불타올랐다. 월급이 지불되지 않는다는 사실 때문은 아니었다. 평생 광고를 하겠다는 마음이 있던 것도 아니었지만 이곳에서 인정받지 못한다면 다른 곳 어디에서도 성공할 수 없을 것이라는 생각이 든 것이다. 그리고 바로 그날 '프레젠테이션은 지면 죽는다'는 교훈이 마음속 깊게 각인되었다.

이때부터 경쟁프레젠테이션 승률은 100%였다. 그 비결은 바로 '질 것 같으면 하지 않는 것'이었다. 이는 절대로 해 볼 만한 상대와만 싸우라거나 쉬운 도전만 하라는 뜻이 아니다.

프레젠테이션은 짧은 시간 동안 광고인이 제안할 수 있는 최고의 아이디어와 전략을 소개하는 자리이다. 그에게는 '최고는 하나'라는 원칙이 있다. 이는 결국 스스로 확신하는 단 하나의 제안에 클라이언트가 동의해야 하는 것을 의미한다. 그런데 만약 클라이언트가 나와 전혀 다른 가치관을 가졌다면 나에게는 두 가지 선택이 남는다. 하나는 클라이언트가 좋아할 만한 프레젠테이션을 준비하는 것, 또 하나는 나의 광고관과 맞지 않는 클라이언트를 과감하게 포기하는 것이다.

때문에 그는 프레젠테이션 전에 반드시 CEO와 면담을 요구했다. CEO의 의도를 명확하게 파악해야만 최고의 제안을 할 수 있기 때문이었고 동시에 나와 같은 철학을 공유할 수 있는지 알아보기 위한 것이기도 했다. 그러다보니 CEO 면담에서 때로는 프레젠테이션을 거부하거나 가끔은 프레젠테이션 도중에 짐을 싸서 나오는 일도 발생했다. 덕분에 악명도 높아졌지만 이 원칙을 지킴으로써 오히려 스스로 부끄럽지 않은 광고를 만드는 데 더욱 집중할 수 있었다.

프레젠테이션을 경쟁이라는 구도에서 진행할 때 광고인이 겪는 어려움은 단지 이기고 지는 싸움으로 인한 스트레스 때문만은 아니다. 과열된 경쟁은 브랜드를 위한 최선의 제안을 고민하기보다 경쟁자를 이기고 클라이언트의 눈에 드는 아이디어를 선택하도록 만든다. 광고가 단지 팔기 위한 아이디어가 되는 순간, 광고인은 자부심을 가질 만한 광고를 만들기 어려워진다. '질 것 같으면 하지 않는' 원칙은 바로 이와 같은 복마전에서 나를 지키고 나의 광고를 지키기 위한 불패의 비책이었던 셈이다.

"'어제 시험공부 잘했어?' 아니, 이건 아닌데, 다시. '많이 피곤해 보인다. 공부는 많이 했니?' 이게 더 낫지 않나?"

옛날 까까머리 중학생 시절, 지각을 하지 않으려면 서둘러야 하는데 그는 이른 아침부터 손바닥만 한 쪽지에 한 줄의 글을 쓰고 또 고치기를 반복하느라 아침을 거르기 일쑤였다. 시험이 있는 날 벼락치기 공부를 하는 것보다 그에게 더 중요했던 그 한 줄의 문장은 바로 그날 교실에서 같은 반 친구에게 건넬 인사말이었다.

친구를 사귀기 위해 매일 스크립트를 써야 할 정도로 소심한 부끄럼쟁이였다. 부산에서 서울로 전학을 온 후 촌놈이라는 놀림에 아예 입을 다물어 버렸다. 중학교에 진학해 '성격을 고치겠다'며 스스로 선택한 훈련이 바로 스크립트를 쓰는 것이었다. 여러 번 말을 걸 숫기가 없어 무조건 처음 한 마디로 친구의 호감을 얻어야 했기에 스크립트를 쓸 때마다 '했니?'와 '했어?'의 다름, '응'과 '그래'의 차이를 혼자 연구했다. 돌이켜 생각하면 그의 첫 프레젠테이션은 중학교 때 친구에게 준비된 인사말을 건넨 바로 그 순간이었다.

그는 광고인이 되어 기획서를 쓸 때도 그 시절 간절했던 그 마음 그대로 썼다. 프레젠테이션에서 청중에게 던지는 단 하나의 단어도 허투루 사용하지 않기 위해 100% 만족할 때까지 쓰고 또 쓰고 연습하고 또 연습했다.

카피 한 줄, 그림 한 장 달랑 들고 프레젠테이션하고 CEO를 펑펑 울도록 만들고, 1시간 내내 청중이 박수를 치며 호응하도록 유도하고, 프레젠테이션 자리에서 의도적으로 전화기를 울리기도 하고, 테니스공을 던지는 퍼포먼스를 선보이는 등 꽤 재미있는 프레젠테이션 스토리들이 있다. 그는 프레젠테이션은 페스티벌(*festival*)이 되어야 한다고 믿는다.

클라이언트는 프레젠테이션을 통해 브랜드와 기업의 미래를 본다. 때문에 프레젠테이션은 이미 완성형의 목표를 눈에 본 듯 그릴 수 있어야 하고 클라이언트가 그 성취를 열망하도록 만들어야 한다. 이것이 가능할까? 그는 광고인생을 프레젠테이션으로 채워 오며 그 열망이 현실이 되는 사례를 숱하게 봤다. 프레젠테이션에서 클라이언트와 프레젠터가 하나의 목표에 공감하는 순간, 목표는 '할 수 있다'는 힘이 된다. 그리고 놀랍게도 이 힘은 기업 전 구성원이 함께 전진하도록 하는 원동력이 된다.

이 특별한 움직임이 시작되는 곳이 프레젠테이션이며 그 핵심에 바로 프레젠터가 있다. 설득의 테크닉을 연구하기보다 클라이언트의 과제를 진심으로 이해하기 위해 고민하는 프레젠터, 자신의 제안을 당당하게 최고라고 말하기 위해 지독하게 노력하는 프레젠터, 청중과 진심으로 공감하고 싶은 강한 열망을 품은 프레젠터야말로 청중을 사로잡는 프레젠테이션의 진짜 비밀이라고 말한다.

이의자

1944년 출생
1969년 경희대 신문방송학과 졸업
1977년 경희대 대학원신문방송학 석사
1979년~2009년 경성대 멀티미디어대학원 원장, 광고홍보학과
　　　　　교수
1989년 경희대 대학원 신문방송학 박사
1998년 한국광고홍보학회 초대 회장
2008년~ 부산국제광고제 조직위원회 집행위원장
2009년~ 경성대 멀티미디어대학 광고홍보학과 명예교수

수상 및 저서
2012년 한국광고대회 산업포장
2009년 국무총리 표창
2011년 서울AP클럽 특별공로상
《현대사회와 광고》(한경사, 2006)
《뉴미디어 환경하의 지역광고산업 육성방안 연구》(한국방송광고공사
광고진흥국, 2006)

가랑비에 옷 젖는지 모른다고 했던가? 부산국제광고제 이의자 교수는 언론인이던 아버지의 영향으로 자연스레 어린 시절부터 '커뮤니케이션'이라는 분야와 인연을 쌓아 갔다. 부모님이 강요하지도 않았건만 일반인에게는 다소 생경한 '경희대 신문방송학과'가 신설된 1965년에 1기생으로 입학했다. 현재도 그녀의 가족 모두가 커뮤니케이션과 연관된 직업을 가지고 있으니 이의자 집행위원장에게 '커뮤니케이션'은 운명이라 해도 과언이 아니다.

커뮤니케이션과의 운명적 인연은 고향인 부산의 경성대 연극영화과 교수로 재직하면서 더욱 깊어졌다. 그녀는 누구보다 빠르게 시대의 변화를 직감하고 커뮤니케이션 관련 학문의 중요성을 강조했다. 설득과 인내의 시간을 거쳐 1989년 마침내 부산 지역에서 첫 신문방송학과를 신설해 걸출한 언론인을 배출하다 또다시 광고홍보학과를 분리했다.

그런 그녀를 보고 사람들은 '작은 거인'이라 불렀다. 작은 체구에서 뿜어 나오는 개척의 힘과 열정 그리고 외유내강의 리더십 때문이다. 학계에서도 강인한 리더십으로 유명한 그녀는 1998년 학계 전문가를 한데 모아 한국광고홍보학회를 창립해 초대 회장직을 맡기도 했다. 이렇게 국내 광고·홍보의 위상을 높이는 데 큰 역할을 한 한국광고홍보학회는 현재 국내 관련 학과 교수들이 가장 많이 참여하는 학회로 자리 잡았다.

하지만 그녀의 가슴 한편에는 남모를 열망이 자리 잡았다. 한평생 대학에서 학생들에게 광고를 가르치면서 지켜본 국내 광고산업은 양적 규모에 비해 질적 수준이 부족한 편이었다. 이를 안타깝게 생각하고 국내 광고회사의 수준을 높일 수 있는 방안에 대해 매일같이 고심하다 보니 광고 강국들이 공통적으로 개최하는 '국제광고제'가 눈에 들어오기 시작했다.

　자국의 문화를 잘 보여 주는 독창적 광고강국으로 오랫동안 인정받는 프랑스에는 '칸 국제광고제'가 있고, 세계 최대 광고대국인 미국에는 '클리오 광고제'가 있는 것처럼 저마다 그 나라를 대표하는 광고제가 있었다. 평생을 광고의 중요성을 강조하고 학생들에게 교육을 해왔던 그녀였기에 그렇게 '한국에서 열리는 국제광고제'에 대한 열망은 날이 갈수록 커져만 갔다.

　그러던 중 김동호 집행위원장과의 만남은 꿈을 현실로 바꾸는 전환점이 되었다. 그는 이미 10년 이상 개최되며 안착에 성공한 '부산국제영화제'의 집행위원장을 맡고 있었다. 두 사람은 세계적 영상 도시 칸을 벤치마킹해 부산의 영상 산업을 세계적 수준으로 끌어올리자는 데 의견이 일치했고 부산국제영화제와 손을 맞잡자 광고제의 개최는 급물살을 탔다.

　2005년부터 2006년까지 2년간의 준비 기간을 통해 숙성시킨 후, 2007년 공식적 사전 대회를 거쳐 부산시와 문화체육관광부 등의 지원으로 드디어 2008년 10월 부산국제광고제가 세상에 첫선을 보인다. 첫 행사를 준비하면서 잡은 목표는 20개국 2천 편의 광고를 출품받는 것이었다. 당시 아시아에서 가장 영향력 있는 광고제인 '애드페스트'(ADFEST)의 규모가 21개국 5,148편이었으니 주변에서는 목표치를 너무 높게 잡았다며 우려했다.

　하지만 변화하는 미디어의 환경에 맞춰 온라인 출품과 무료 출품이라는 셀링 포인트는 결국 29개국 3,105편 출품을 가능케 했으며 성공적인 부산국제광고제를 탄생시켰다. 그 후에도 매년 30%가 넘는 고성장을 거듭하며, 2012년에는 57개국 10,431편 출품으로 개최 5년 만에 물량 면으로 보면 부산국제광고제는 아시아에서 가장 큰 규모의 광고제로 성장했다.

물론 이렇게 행사를 성공적으로 키우기까지는 많은 고난이 있었다. 가장 대표적인 어려움은 국제적 행사를 준비하기에는 예산과 국내 광고계의 참여가 너무 부족했던 것이다. 경기 침체와 미약한 대회 인지도 등의 이유로 선뜻 나서는 업체가 없었다. 그래서 그녀는 국내 대형 광고회사들을 일일이 찾아다니며 광고제 참여의 필요성에 대해 설명했고 국내 대기업 및 부산 지역 기업들을 직접 방문, 설득해 후원사로서 참여하도록 이끌었다.

부산국제광고제가 개최되기 전까지만 하더라도 국내 광고산업은 국가 경제력에 비해 매우 낮은 수준으로 평가받았다. 〈캠페인 브리프 아시아〉 2010년 판에서 발표한 2009년 순위를 보면 한국은 아시아에서도 10위 안에 겨우 이름을 올렸다.

일본, 태국, 싱가포르, 인도, 말레이시아, 중국, 홍콩, 필리핀, 인도네시아 그다음이 한국이었다. 하지만 부산국제광고제 개최 이후 국내 광고회사들에 대한 세계의 시선은 물론 국내 광고인들의 인식도 많이 변화했다.

국내 많은 광고회사가 세계에서 인정받기 위해 부산국제광고제를 비롯해 세계 광고제에 많은 작품을 출품하며 매년 칸 국제광고제 등 세계적 광고제에서 두각을 나타내는 것이 단적인 예이다.

부산국제광고제는 이제 기로에 섰다. 속된 표현으로 '맨땅에 헤딩' 하는 심경으로 국제행사를 기획해 아시아 대표 광고제로서의 초석을 쌓았지만 반석에 올려놓기 위해서는 더 큰 힘이 절실하기 때문이다.

부산국제광고제의 성공은 곧 국내 광고업계의 세계적 위상 확립으로 이어진다고 확신하는 이의자 위원장은 국내 광고인들의 자발적 참여와 정부와 업계의 적극적 지원을 간절히 기대한다.

이
인
구

1937년 출생
1964년 동국대 국문학과 졸업
1964년~1968년 MBC 전속 작가
1969년 만보사 입사
1983년 (주)오리콤 퇴사, 이인구카피연구실 대표
1986년~1988년 서울카피라이터즈클럽 회장
1989년~2002년 서울예대 광고창작과 교수

수상 및 저서
1977년 클리오 광고제 TV부문 본상
1983년 한국방송광고대상 카피상
1987년 한국방송광고대상 공로상
1990년 〈매일경제〉 광고대상 공로상

"문안사의 직함으로 처음 봉급을 받은 광고인"으로 불리며, "친구는 역시 옛 친구, 맥주는 OB", "코카콜라 오직 그것뿐" 등 인구에 오래도록 회자된 카피를 남긴 이가 바로 이인구 선생이다. 광고계 원로를 만나면 종종 당신이 광고계에 들어오게 된 '특별한 인연'에 대해 이야기하곤 한다. 대체로 광고와의 운명적 만남을 서술하기 위해 동원되는 이 수사(修辭)의 이면에는 그러한 '인연'이 아니고서는 고려하지도 않았을 만큼 형편없었던 당시 광고의 사회적 위상이 숨어 있다.

카피라이터인 이인구 선생에게도 광고는 그렇게 별 볼일 없는 일이었다. MBC에서 '작가 선생님'으로 대접받으며 방송작가로 4~5년을 호기롭게 보낸 뒤 기자로 전직해 볼까 싶어 만난 친구(당시 〈한국일보〉 외신부 기자 유태환 씨)가 "광고국으로 와라"고 말하자 모멸감을 느껴 멱살부터 잡았을 정도였다.

그러나 "장기영 부총리에게 유학 소식을 전했더니 광고가 유망하니 광고 공부를 하라고 했다"는 말에 주춤하며 생각을 고쳐먹었다. 그리고 두어 달 뒤 막내 숙부의 친구로부터 "형님이 광고회사를 하는데 카피라이터가 없으니 당장 오라"는 권유를 받고 들어간 곳이 바로 만보사였다.

만보사에 들어가서도 바로 광고에 빠져든 것은 아니었다. 밤낮이 바뀌는 방송작가 생활을 하다 규칙적인 회사생활을 하는 것도 쉽지 않은데 광고 공부를 위해 아침 7시에 출근하기가 쉬울 리 없었다. '작가 선생님'으로 살던 경험 때문에 간부들이 리뷰라는 명목으로 카피를 고치는 것도 견디기 힘들었다.

그러나 무엇보다도 광고인 생활을 어렵게 했던 건 역시 광고에 대한 사회적 편견 그 자체였다. 광고를 해 보라고 권유하기 위해 기업을 찾아가면 거지 취급하기 일쑤고 지인들을 만나면 어쩌다가 네가 이렇게 됐냐는 시선이 쏟아졌다. 광고회사 월급의 절반도 안 되는 출판사로 직장을 옮기라고 강권하는 선배도 있었다.

만보사 근무 초기 3년여 동안은 늘 가슴에 사표를 품고 다니며 광고 일을 그만두어야 하나 고민했다고 회고한다. 그런데도 사표를 던지지 못했던 이유는 망가진 자존심을 살려 줄 새로운 직장의 부재, 광고 일에 대한 미련, 이재항 사장이 보여 준 신의에 대한 부담 때문이었다. 광고산업이 일천해 변변한 우리말 광고서적 하나 없던 그 무렵, 이재항 사장은 외국 광고서적으로 매일 아침 7시에 직원들을 공부시켰다. 매주 토요일에 직무별로 발표 토론하는 세미나를 개최할 정도로 광고에 신념을 갖고 열정을 쏟았다.

그런 열정에 끌려 광고인 생활을 이어 가던 중, 광고의 매력을 알게 된 첫 번째 광고가 나왔다. 만보사 티저광고인 〈불독〉 광고였다. 광고 지면에 불독 한 마리를 그려 넣고, "수요일에 뵙겠습니다", "금요일에 뵙겠습니다"와 같은 영문 모를 카피만 적은 이 광고는 "암호가 아니냐"며 검찰의 소환을 받을 정도로 장안에 큰 화제를 불러일으켰다.

1970년대 초에는 코카콜라를 광고주로 맞이하게 된다. "제작물은 우리가 손수 만들어 냈지만 따지고 보면 그때 우리는 오히려 코카콜라를 통해서 광고를 배웠다고 하는 편이 옳다"고 술회할 정도로 코카콜라 광고는 광고인으로서 크게 도약할 계기를 마련해 주었다. 코카콜라의 브랜드 슬로건 'It's the real thing'을 '산뜻한 그 맛 오직 그것뿐, 코카콜라'로 바꿔 놓은 것은 릴 테이프가 닳아 끊어질 정도로 CM송을 듣고 연구한 노력의 산물이었다.

한편 OB맥주의 친구 캠페인은 카피라이터로서 유명세를 더해 준 작품이다. 정통 독일 맥주임을 내세우며 "맥주는 이제 이젠벡"이라는 카피로 광고 공세를 펼친 이젠벡에게 밀려 OB맥주의 아성이 무너지고 있었다. 술과 친구는 오랠수록 좋다는 아이디어를 바탕으로 뽑아낸 캠페인 슬로건 "친구는 역시 옛 친구, 맥주는 역시 OB"는 감소추세에 있던 OB맥주의 시장점유율을 극적으로 되돌리는 수훈갑이 되었다.

이외에도 "맛있는 환, 환, 환타", "고려페인트로 끝냅시다", "가슴이 탁 트이는 시원한 맛 킨사이다", "우리의 날개, 대한항공" 등 아직까지도 소비자들의 뇌리에 남은 수많은 카피가 선생으로부터 나왔다. 이 카피들의 성공은 그저 아름답기만 하기보다 마음을 움직이고 사람을 움직이는 '솔직하고 소박한' 카피를 쓰려는 선생의 철학에서 비롯되었다.

문인이 되고자 했던 초년의 뜻과 달리 "카피는 엄밀하게 말해 문학이 아니다. 카피는 상품 시장에 필수적 마케팅 활동이고 문학을 상품에 접목시키는 절반의 예술 활동이다"라고 말할 정도로 광고라는 업에 충실했던 점도 성공의 핵심 요인이었다.

오리콤 제작국장을 끝으로 이인구 카피연구실을 열고 프리랜서 카피라이터로 독립한 것이 1983년. 제작국장이 되면서 카피 실무보다 행정 및 계수 관리에 매몰되는 듯한 느낌이 들어 갈등 끝에 내린 결정이었다. 이후 대우 봉세탁기 광고, 서울올림픽 카탈로그 등을 제작하며 현장 생활을 이어 가다 1989년 서울예대 광고창작과 신설과 함께 교수로 자리를 옮겼다.

2002년 서울예대에서 정년퇴임한 뒤에는 서울시 홍보 자문위원, 한국광고자율심의기구 심의위원 등을 역임했다. 상복도 많아 동아일보 광고대상 최우수상(1976), 문화방송 광고대상(1977), 한국방송광고대상 카피상(1983) 및 공로상(1987) 등을 받았다.

이인구 선생은 자신의 광고인생이 술술 풀렸다고 이야기하곤 하지만 그것이 정말 굴곡 없는 생활을 했다는 의미는 아닐 것이다. 심청사달(心淸事達)을 좌우명으로 산 삶이기에, 큰 병을 앓고 난 후에도 소탈하게 "지금은 괜찮지"라고 말할 수 있었을 터이다. 흐르는 물처럼 거침없이 살다가도 조그만 돌에 남은 세상 만물의 흔적을 보고 발을 멈출 수 있는 그 세심함이 '행복한 광고인생'을 만든 건 아니었을까.

1942년 출생
1965년 연세대 심리학과 졸업
1967년 한일약품 광고부 입사
1970년~2003년 LG 입사, 그룹 최초의 홍보과장, LG애드 사장
1996년 한국ABC협회 이사
1999년~2002년 한국광고단체연합회 부회장
2002년~2005년 한국광고업협회 회장
2004년 GIIR 대표이사, 회장
2015년 작고

이 인 호

수상 및 저서
1999년 국민훈장 동백장
        중앙언론문화상

이인호 사장을 이야기할 때 빼놓을 수 없는 것은 그가 우리나라 최초의 홍보맨, 홍보과장이었다는 점이다. 홍보라는 단어조차 생소하던 시절, 미지의 영역인 홍보 분야를 개척한 주인공이 바로 이인호 사장이란 점에서 그의 직장 경력은 그대로 우리나라 기업의 홍보 역사가 된다. 그가 용산고를 졸업하고 진학한 곳은 연세대 심리학과였다.

　"하하하, 그땐 심리학과가 '점쟁이과'라고 불릴 정도로 안 알려진 분야였죠. 제가 거기에 지원했다고 하니까 친구들이 '공부할 필요도 없겠다'며 꼬드겼어요. 그래서 책 팔아서 삼각지에 가서 우동을 사 먹었죠."

　하지만 그가 심리학을 택한 것은 어릴 때부터 갖고 있던 의문, '사람은 무엇인가'에 대한 해답을 얻기 위해서였다.

　"어릴 적부터 이상하게도 삶과 죽음에 관심이 많았어요. 할아버지가 노환으로 돌아가셨을 때, 비록 호상(好喪)이긴 했지만 저는 사진기를 들고 장례식 과정을 찍고 있었어요. 장지로 떠나기 전날 밤 암실에서 사진을 현상해 앨범을 만들어 가족들에게 보여 줬지요.

　인생은 계속되는 이벤트라고 생각해요. 아이가 태어나면 백일잔치, 돌잔치를 하죠. 결혼하면 사모관대 쓰고 말 타고 가마 타죠. 죽으면 장례식을 치르고 …."

　인생은 이벤트라는 그의 생각은 그가 광고계에 입문하면서 "편안한 광고, 인간 냄새가 물씬 나는 광고"를 만들게 하는 밑거름이 된다.

　대학에 들어가 연세대 방송반에서 활동하면서 방송계에서 일할 생각을 품는다. 하지만 학사장교를 마친 후 그에게 돌아온 일자리는 유명 제약회사의 광고부 사원이었다. 제약회사는 광고물량이 많은 곳으로 3년간 다양한 광고를 접하며 광고라는 새로운 재미에 흠뻑 빠져들었다. 그러다 1970년 11월 금성사(현 LG그룹)에 신설된 선전사업부의 기획요원으로 스카우트됐다. 1973년에 홍보부가 신설됐고, 1975년에 홍보과장이 됐다.

"그때까지만 해도 기업은 제품을 팔기 위한 광고만 하면 된다는 생각이었죠. 하지만 기업의 사회적 책임이 대두되고 기업 이미지 관리가 중요하다는 데 생각이 미치면서 여론을 상대하는 홍보 전담자를 두게 됐습니다."

그는 지금도 나무로 된 '홍보과장'이란 빛바랜 명패를 소중히 간직한다. 1984년 그룹 기획조정실 이사가 되면서 임원대열에 합류했고, 1987년에는 상무, 1989년에는 LG애드 전무이사가 됐다. 그는 임원이 되면서 한 가지 맹세를 했다. 아무리 회사 일에 쫓기더라도 가정을 소홀히 해서는 안 된다는 다짐이었다. 집에서는 설거지나 이불 개기를 도맡아 가정에 충실하지 못한 점을 보충하려 애썼고 회사에서도 틈만 나면 집으로 전화해서 가족의 안부를 챙겼다. 그는 "시장 보기가 취미"라고 말할 만큼 자상한 가장이다.

"주위에서 많은 분이 저더러 '광고인이 되기 위해 태어났다'고 하시는데, 저는 그렇게 생각하지 않아요. 광고라는 일이 내게 주어졌을 때 이게 천직이다, 그러니 무조건 열심히 한다, 이렇게 생각하고 최선을 다했을 뿐입니다. 주어진 현실을 죽도록 사랑하라, 이게 제 좌우명입니다."

그래서 그는 등산 갈 때도 회사 배지를 달고 간다. 남들이 뜨악한 시선을 던져도 '지금 내가 다니는 회사도 내게 주어진 현실'이라는 생각으로 죽도록 회사를 사랑한다는 것이다. 그의 이런 열정은 그에게 1996년 1월 CEO라는 직함을 안겨줬다. 홍보라는 한 분야만 파고든 지 30년 만의 결실이었다.

"사랑해요 LG"라는 광고는 누구나 기억할 것이다. 이 광고는 기업의 이미지를 소비자에게 친근하고 정감이 가게 잘 전달한 대표적 성공작이다. 그의 지휘 아래 만들어진 이 광고에는 그의 광고철학이 반영되었다.

이인호 사장은 세상을 살면서 신용을 생명처럼 소중하게 여긴다. CEO로서 기업경영도 마찬가지다. CEO 이인호가 어떤 인물인지 알 수 있는 일화가 하나 있다. 카스맥주가 부도나서 법정관리에 들어갔을 때 있었던 일이다. LG애드는 당시 법정관리 상태에서도 카스맥주 광고를 계속했다.

"법정관리 전의 광고대행료 30억 원도 못 받은 상태에서 광고를 계속 대행하는 것은 누가 봐도 미친 짓이었어요. 더구나 부도가 나고 법정관리에 들어간 상태에서 그동안 못 받은 30억도 떼일 상황이었거든요."

하지만 그의 생각은 달랐다. 회사가 살아나야 떼일 돈도 받을 수 있다고 믿었기 때문이다. 부도가 나고 법정관리에 들어간 회사의 광고를 계속한 데에는 회사가 살아나기를 바라는 깊은 뜻이 있었던 것이다. 결국 3년 뒤에 예측대로 30억 원을 받아냈다. 개인에게도 기업에게도 신의가 그만큼 중요하다는 것을 보여 주는 단적인 예이다.

그의 취미에 재미있는 게 하나 있다. 그간 직장생활을 해 오면서 받은 명함을 그냥 버리는 법이 없다. 빠짐없이 모았다가 일정 기간이 지나면 A4용지에 복사해서 철해 둔다. 35년간 직장생활을 했으니 이렇게 모은 명함들이 서류철로 수십 권이다. 그중에서 오래된 서류철을 들춰보면 지금은 유명 대기업의 사장, 고위 공무원, 언론사 고위 간부가 된 사람들의 초년병 시절 명함이 가득하다. 인연의 소중함을 중시하고 '홍보맨'으로서 대인관계에 공을 들이는 생활 태도를 엿볼 수 있는 대목이다.

이런 자세는 경영철학에도 그대로 나타난다. 그는 가족적인 분위기를 매우 중시하는 아버지 같은, 맏형 같은 경영자다. 아무리 바빠도 임직원들과 정기적으로 저녁식사를 하거나 MT를 거르지 않는 것도 가족적 분위기를 유지하기 위해서다. 회의나 업무에는 까다롭기 그지없고 호통을 쳐대기도 하지만 이때만큼은 직원들과 격의 없이 술도 마시고 고스톱도 치고 식사도 함께 준비한다.

그는 광고를 만들 때도 "이 광고를 보는 사람은 나의 은인"이라는 생각으로 광고를 만들어야 한다고 말한다. 나의 모든 마음과 육신을 담아 최선을 다해서 보여 주고 이 광고가 마지막 기회라는 그런 마음으로 광고를 만들어야 한다는 것이다. 그의 건강 수칙은 법대로 사는 것이다. 사회생활을 건강하게 하는 것은 법대로 사는 것이고, 회사생활을 건강하게 하는 것은 근무지침을 잘 지키는 것이며 사람 몸도 생리적 규칙대로 사는 것이 가장 건강하게 사는 것이라고 생각한다.

그는 광고인으로서 가장 인상 깊은 인물로 일본의 3대 광고회사 '아사스'의 이나가키 회장을 꼽는다. 그가 말한 '일기일회'(一期一會) 철학을 실천하고자 노력한다는 것이다. 사람을 만날 때는 장점만 기억할 것, 저 사람이 내 운명을 좌우하는 나의 은인이라고 생각할 것, 이번이 마지막 만남이라고 생각할 것. 이 세 가지를 기억하면 일이 잘될 수밖에 없다는 믿음을 갖고 있는 것이다.

이
재
철

1950년 출생
1975년 서울대 응용미술학과 졸업
1975년 제일기획 아트디렉터
공간사, 나라기획, 삼희기획, 제일보젤
1992년 칸 국제광고제 심사위원
1997년 JC크리에이티브 대표
클리오 광고제 심사위원
1998년 한국방송광고공사 공익광고협의회 위원
2007년~ 코래드 고문

수상 및 저서
1991년 뉴욕페스티벌 은상, 클리오상
1992년 칸 국제광고제 파이널리스트
1994년 대한민국광고대상 대상

디자인이라고 하면 옷이나 만드는 줄 알고 광고회사라는 개념도 없던, 그런 시절이었다. 이재철은 친한 선배에게서 광고에 대해 듣고 그 때부터 광고를 하고 싶어 여러 회사를 옮겨 다니며 광고 일을 시작했다. 대행사라는 개념도 없던 시절, 그룹에서 디자인하는 사람을 모아 겨우 광고회사라는 것을 만들 무렵부터 제일기획에 근무한 것이다.

1970년대의 한국 광고는 대학의 산업디자인 전공 출신자가 광고계에 대거 들어옴으로써 일단 크리에이티브라는 것이 모양도 갖추고 수준도 많이 향상되었다. 1960년대는 제품을 만들기만 하면 팔리던 시대였다. 그러나 1970년대에 1인당 GDP가 100달러가 넘어서고, 1979년엔 1,200달러로 급성장하면서 물건을 알리기만 하면 되던 시대에서 잘 알려야 하는 시대가 되었다.

잘 알리기 위해서 가장 필요한 것은 잘 알릴 수 있는 사람이었고 그것이 바로 카피라이터고 디자이너였다. 시대가 카피라이터와 디자이너 그리고 이들이 모인 광고회사를 필요로 한 것이다.

크리에이티브의 수준 향상이 요구되던 시절, 광고를 제대로 공부한 사람이 없었고 가장 관련성 있는 학과가 미술대학의 디자인 전공자였다. 서울대와 홍익대 등 미대 출신의 디자이너들이 진짜 상업미술인 광고에 처음으로 시선을 돌리기 시작한 것이다. 외국의 경우 유수의 글로벌 광고회사의 창립자는 다 카피라이터(데이비드 오길비, 레오 버넷, 빌 번벅 등) 출신이다.

그러나 한국 광고계의 크리에이티브의 시작은 카피보다 도안으로 보는 시각이 많다. 응용미술과 출신들이 광고주의 광고부서에 진출하면서 도안과에서 패키지를 제작하고 여러 가지 간판 디자인을 했으니 그것이 광고업무의 초창기 모습이다. 이처럼 초기 광고 크리에이티브 수준 향상엔 디자인 전공자들이 한몫하게 되고 이들은 디자이너에서 출발했지만 아트디렉터로, 크리에이티브 디렉터로, 임원으로 뻗어나가게 된다.

그는 제일기획이 설립되고 2년 후인 1975년부터 제일기획에 근무했다. 초창기 광고대행사가 대부분 그랬듯이 스태프들은 제조사의 광고선전부나 매스컴 쪽에서 왔고 광고라 하면 간판이나 만드는 줄 알던 시절에 입사해 나중엔 이재철 팀을 이끌며 제일제당, 오리온, 한솔 등과 같은 핵심 외부 광고주의 크리에이티브를 맡았다. 광고 이전에 제품 포장지를 만드는 일이 주어졌다. 그는 진짜 광고가 하고 싶어 그런 일을 할 수 있는 곳을 찾아다녔다.

제일기획 직원이 70명 정도이던 시절, 크리에이티브를 요구하는 일보다는 제품 포장지를 만드는 것과 같은 일을 맡게 되자 공간사로 이직한다. 광고 크리에이티브라는 단어조차 낯선 시절 그가 품은 열정을 짐작케 하는 대목이다. 그러나 그곳 또한 그가 크리에이티브에 대한 열정을 발휘하기에는 한계가 있었다. 당시 광고의 실질적인 CF 제작 업무는 모두 프로덕션에서 하고 광고업무라고 해도 지금과 같은 분업화가 전혀 이루어지지 않던 시절이었기 때문이다. 심지어 카피라이터, 아트디렉터, AE라는 개념도 없던 시절에 독학으로 광고를 공부했던 그는 나라기획에 가서 비로소 제대로 광고를 배울 기회를 조금 얻었다고 말한다. 나라기획은 제이 월터 톰프슨(J. Walter Thomson)과 제휴해서 당시 다른 회사에서 갖고 있지 않던 선진 노하우를 많이 갖고 있었다. 예를 들어 CD(크리에이티브 디렉터) 시스템이나 기획서 작성법 등이었다.

그가 만든 성공적 캠페인이 적지 않으나, 광고가 라이프스타일을 바꾼다는 측면에서 대표적 획을 그은 작품을 중심으로 살펴보면 다음과 같다. 우선 하이트 맥주를 들 수 있다. 론칭 후 판매부진을 면치 못하던 하이트 맥주를 1994년에 공개경쟁을 통해 광고주로 영입했다. 그리고 본격적인 물전쟁 캠페인을 통해 OB맥주의 불패신화를 무너뜨렸다.

이듬해인 1995년에 연속해서 제일제당 백설식용유 "콩 100%로 만듭니다"를 성공시켰다. 이 캠페인은 당시 식용유는 모두 콩 100%로 만들지만 소비자가 이를 잘 알지 못한다는 사실에 착안했다. 김혜자를 모델로 등장시켜 콩을 고르는 과정을 비주얼로 보여 주면서, "백설식용유는 콩 100%로 만듭니다"라고 말함으로써 마치 다른 경쟁사 식용유는 100%가 아닌 것 같은 우월감을 심어 주고 시장을 선점하는 데 성공한 것이다. 이처럼 소비자들의 관여도가 낮고 광고 캠페인을 통해 습관적으로 구매하는 제품을 이성적으로 따져 보고 구매하는 제품으로 전환시킴으로써 절대 불가능해 보였던 해표 식용유의 시장 점유율을 역전시키는 데 성공했다.

1997년에 성공시킨 캠페인으로는 "엄마가 해 주신 밥, 햇반" 캠페인을 들 수 있다. 햇반은 주로 혼자 자취하는 남자 대학생이나 직장인이 타깃으로서 엄마가 해 주신 밥과 같이 맛있다는 점을 보여 주며 새로운 시장 개척에 성공했다.

2002년 "여자라서 행복해요" 디오스 냉장고 캠페인은 그전까지의 광고가 제품 자체를 내세우던 접근에서 벗어나 '여성의 행복'이라는 감성적 접근을 함으로써 프리미엄 냉장고 선발주자 삼성전자 지펠을 따돌리는 데 성공했다. 또한 당시까지만 해도 CF의 최고봉이라면 화장품 광고모델을 떠올렸지만 심은하를 필두로 김희선, 고현정, 김희애까지 디오스 모델로 발탁하면서 지금은 오히려 가전제품 모델이 화장품 광고모델보다 훨씬 고급스럽고 품격 있는 이미지로 떠오르게 되었다.

2005년에 했던 '엑셀런트 인 플라이트 코리언 에어' 캠페인은 대한 한공의 CI를 새롭게 만들고 이를 널리 알려 이미지 대변신에 성공한 작품으로 평가받는다. 2007년에 실시한 "따끈한 밥에 스팸 한 조각" 캠페인은 주로 어린이 간식으로만 소비되던 육가공식품을 식탁 위에 올려놓은 대표적 성공사례이다.

그가 만든 수많은 성공작의 제작과정이 말해 주듯 광고에 대한 그의 철학은 소수정예주의이다. 그는 광고회사엔 사람이 많을 필요가 없으며 능력 있는 인재 몇 명이면 된다고 본다. 그리고 이런 탁월한 인재는 사장보다 더 많은 연봉을 받아 마땅하다는 생각을 가졌다. 신입사원을 채용하고 교육시키는 비용을 역량 있는 한 사람에게 집중하고 그에 합당한 높은 연봉을 주며 독려하고, 나머진 외부 인력을 활용한다면 훨씬 효율적으로 일할 수 있다는 것이다. 이런 생각에 반대하는 사람도 많고 그의 이러한 업무방식에 불만을 가진 사람도 많겠지만 그는 아랑곳없이 그의 철학을 고수한다.

아마도 그것은 수많은 역경 속에서도 포기하지 않고 자신의 힘으로 광고의 모든 과정을 꿰뚫은 자만이 가질 수 있는 자신감일 것이다.

1942년 출생
1962년 유현목 영화감독 조감독
1964년 중앙대 문과대학 연극영화학과
　　　 일본 하쿠호도 연수
　　　 미국 캘리포니아주 샌디에이고 소재 ELS어학원 어학연수
1965년 극단 가교 연출가
1969년 TBC-TV PD 〈문예극장〉, 〈애기며느리〉,
　　　 〈옥녀〉, 〈알뜰부인 덜렁부인〉, 〈코미디극장〉 등 연출
1971년 TBC-TV CM제작부 PD
1979년 제일기획 제작국장
1985년 텔레콤 프로덕션 대표, 감독
1992년 중앙대 영화학과 강사
1995년 (사)한국광고영상제작사 협회 부회장

수상 및 저서
1976년 중앙광고대상
1983년 클리오상
1984년 클리오상

이
재
춘

백화소주 CF 중 〈장터〉 편 촬영 당시의 일이다. 이재춘 감독은 소박한 서민의 일상과 소주를 표현하고자 했다. 장소는 5일장 시장통. 마침 뻥튀기 장수가 눈에 들어왔다. 그는 "그래 저거다"하고 현장을 살리기로 했다. 모델은 신구. 시장을 어슬렁거리며 걷는 모습과 닭을 쫓아가는 모습. 친근한 시장풍경이었다. "뻥이오!"하는 모습과 닭을 붙들어 어깨에 둘러메고 걷는 모습.

　　힘들게 촬영을 마치고 편집을 준비했다. 당시에는 필름으로 CF를 제작하던 시절이었다. 현상소에서 필름을 개봉할 때의 실수로 빛이 들어가는 사고가 생겼다. 예상치 못했던 일이었다. 천 자, 2천 자나 찍은 러시 필름 전체를 못 쓰게 된 것이었다. 빛으로 인해 진짜 앞이 캄캄해지는 순간이 찾아왔다. 마지막 방법은 최대한 살릴 수 있는 컷을 골라내 편집하는 것이었다. 그야말로 우여곡절 끝에 완성했다. 그런데 그 CF가 중앙광고대상 TV부문상을 받았다. 천국과 지옥을 오간 경험이었다. 흑백광고 시절 그가 TBC TV CM제작부에 근무할 때, 1976년의 일이다.

　　하나 더 기억에 남는 광고는 빙그레 팔도비빔면 광고이다. 카피의 반복 효과를 실감할 수 있는 기회였다. 당시에는 신인이었던 개그맨 심형래가 모델이었다.

　　오른손으로 비비고~ 왼손으로 비비고~

　　지금도 익숙한 이 CM송이 그때 제작됐다. 아직까지 사용하고 많은 사람들이 기억하는 노랫말이 그때 만들어진 것이다. 이어지는 심형래의 반전 멘트.

두 손으로 비비면 안 되나요?

재치 있는 마무리였다. 그때 이미 심형래의 가능성이 보였던 기억
이 남아 있다.

그의 개인사를 필름 돌리듯 거꾸로 되돌려 보자. TBC에서의 CF
PD와 감독생활 10여 년, 그러나 그 이전에 방송 드라마 PD였다. 드
라마 〈문예극장〉, 〈알뜰부인 덜렁부인〉, 〈옥녀〉 등을 연출했다. 초
창기 코미디 드라마를 연출하며 잘나가는 PD생활을 하다가 '타의'에
의해 광고를 연출하게 됐다.

그 이전, 그러니까 방송사에 들어가기 전 그는 연극 연출가였다.
지금도 활발히 활동 중인 극단 '가교'의 초창기 멤버였다. 연극 활동
이전에 유현목 영화감독의 조감독으로 연출 인생을 시작했다. 줄줄이
연출 인생이었다. 대학에서 연극영화를 전공하게 된 계기도 유 감독
과의 인연에서 비롯됐다.

유 감독에게 영화감독이 되고 싶다는 편지를 고교 3년 내내 써 보냈
다. 1년에 20여 통, 그러니까 연 60여 통을 보낸 셈이다. 그러던 어느
날이었다. 처음 1년여 지나도록 답이 없다가 유 감독으로부터 장문의
두툼한 답장이 학교로 왔다. 유 감독이 고등학생인 그에게 보낸 편지
의 내용은 이랬다.

> 영화는 시나리오뿐 아니라 미술, 문학 외 다방면에 걸쳐 공부를 해야
> 한다. 건강이 필수이다. 곧 대학에 영화학과가 생기니 영화감독이 꼭
> 하고 싶으면 영화학과에 진학을 해서 전공해 보라.

그런 인연으로 대학 3학년 때부터 유 감독의 조감독 생활을 시작했
고 뒤이어 유 감독의 추천으로 방송 PD생활을 하게 됐다. 이어지는

인연은 제일기획으로 이끌었다. TBC 홍두표 사장과 제일기획 이만우 사장 사이의 이야기 끝에 또 한 번 타의에 의한 자리이동이었다. 적임자를 찾는 제일기획의 설득에 이끌린 셈이었다. CF감독 30년, 9백여 편에 이르는 연출 인생은 그렇게 이어졌다. 그리고는 제일기획 CD를 거쳐 프로덕션 텔레콤을 설립해 무수한 히트작을 연출했다.

해외 촬영이 혼치 않았던 시절부터 무수한 해외 촬영을 했지만 생각만 해도 아슬아슬한 순간 또한 많았다. 항공기를 바꿔 탈 때의 항공사 직원의 착오로 해외 공항에서 오도 가도 못할 뻔한 적도 있고, 현지에 어렵게 도착했는데 그 나라의 당국에서 촬영허가를 내주지 않아 아무것도 못할 뻔했던 끔찍한 순간까지, 피를 말리는 순간들이 꽤나 많았다. 이제는 다 지난 일이지만 시간이 오래도록 지났어도 기억하고 싶지 않은 사건들이었다.

이재춘 감독에게는 스승이었던 유 감독의 조언이 아직도 기억에 생생하게 남아 있다. 혹 후배들이 조언을 구하면 다음과 같은 이야기를 들려준다.

"감각에만 의지하지 말고 기초체력을 든든히 하기 위해 다양한 공부와 경험을 기르는 것이 중요합니다. 또한 호흡을 길게, 보다 넓게 보는 것이 중요합니다."

1946년 출생
1971년~1974년 만보사
1975년~1977년 연합광고, 제일기획
1977년~1983년 세종문화
1983년~1997년 포커스 프로덕션 대표

이
지
송

한국 광고영상 1세대 감독으로 만보사에서 광고를 시작해 연합광고와 제일기획을 거친 뒤 이강우 고문과 함께 세종문화를 만들었다. 이후 1983년 포커스 프로덕션으로 독립, 세련된 영상으로 이름을 남겼다. 은퇴 후에는 여행 중 스마트폰으로 '채집'한 영상들로 구성된 일련의 작품들로 제2의 창작 인생을 구가한다.

　　'자유'와 '창작 의지'는 이지송 선생을 설명하는 핵심 키워드이다. 홍익대 서양화과 졸업 후 인테리어 일을 하다 윤석태 감독의 조감독으로 만보사에 입사했을 때, 광고에 재미를 느꼈던 이유도 '갇혀 있지 않고 여기저기 다니며 평소에 생각하지도 못했던 사람도 만나는' 자유스럽고 화려한 분위기의 일이었기 때문이었다.

　　쉴 새 없이 아이디어를 내거나 콘티를 그리고 촬영현장의 돌발 상황에 영리하게 대처해가며 광고에 적응한 1년 뒤 '연출을 맡겨 달라'고 요청해 베지밀의 광고로 데뷔했지만 결과물은 의외로 실망스러웠다. 모델과 촬영 스태프 등을 제대로 장악하지 못한 탓에 쓸 만한 장면이 적었던 것이다. 윤석태 감독에게 부탁해 재촬영하는 모습을 지켜보며 촬영 전반을 지배하면서도 상대에 따라 유연하게 대응하는 감독의 역할에 대해 많이 배웠다고 한다.

　　만보사에서는 윤석태 감독의 그늘 아래 있었던 터라 광고감독으로서 자신만의 길을 걷게 된 건 연합광고로 이직하면서부터이다. 턱수염을 길렀던 탓에 콧수염을 기르던 선배 한철 감독과 함께 '윗털', '아랫털'로 불리며 동아제약과 라피네 화장품의 광고를 찍어 나갔다.

　　1년여의 연합광고 시절 이후 옮긴 제일기획 생활도 오래가지 않았다. 억지로 넥타이를 매고 월급 때마다 사장을 만나게 하거나 성과 평가를 중시하는 '경직된' 조직문화와 어울리기가 쉽지 않아서였다.

　　'나와 다르게 조직적이고 성격이 안정된 파트너'를 찾아 독립하겠다는 생각에 이강우 선생을 만나 세종문화를 시작한 게 1977년. 동아제약과 해태제과 일을 하면서 회사를 키워가던 중 윤석태 감독이 합류하면서 우리가 아는 세종문화가 완성되었다.

그것도 잠시, 1983년 다시 세종문화를 뛰쳐나왔다. 이번에는 창작에 대한 미련 때문이었다. 한동안 그림에서 손을 뗀 채 그림 그리던 친구들과 인연이 끊어진 상태에서 영화제작에 관심이 기울었다. 하지만 영화판을 기웃기웃하는 동안 돈은 떨어져갔고 용돈 벌이로 시작한 광고 아르바이트가 본업이랄 정도로 많아지자 결국 포커스 프로덕션을 차린다.

세종문화와 결별한 지 얼마 되지 않았던 때라 해태제과 등 제과 광고, 럭키드봉, 헬레나루빈스타인 등 화장품 광고, 대우 르망 등 자동차 광고 같이 세종문화의 '주종'과는 거리가 있는 광고들을 찾아 나갔고 금세 광고계의 주류로 다시 진입했다.

'카메라워크가 좋은 김영훈 감독, 화면에 깊이가 있는 윤석태 감독, 감각적인 이미지의 강한영 감독은 도저히 못 쫓아가겠더라'고 토로하기도 하고 '딱히 광고 철학이랄 게 없었고 대표작이라 부를 만한 작품도 생각이 안 난다'고 술회하지만 타고난 순발력과 독특한 구성, 특별히 꾸미지 않아도 세련된 화면 덕분에 작품 의뢰는 끊이지 않았다.

1985년에는 포커스 프로덕션 안에 시나리오 작업도 하고 영화도 수입하는 '팀 포커스'를 만들었다. 실질적인 영화작업은커녕 프로덕션으로 돈을 벌어 영화팀을 먹여 살리는 일이 다반사였지만 미련 때문에 꽤 오랫동안 존속되었다.

결국 창작으로 기우는 마음을 도저히 다잡을 수가 없어 1997년 포커스 프로덕션을 완전히 접고 영화작업에 들어갔다. 설악산, 강릉, 횡계 등지를 전전하면서 시나리오를 쓴 첫 1년은 좌절의 시간들로 기억된다. 소비자의 취향을 찾고 거기에 맞춰 영상을 만들던 광고감독의 습관 때문인지 아이디어만 나열할 뿐 자신의 고갱이를 찾을 수 없었던 것이다. 무엇을 이야기하고 싶은지, 내 것은 무엇인지 모르겠다는 느낌에 영화작업도 접고 산으로 들로 다니며 감성을 깨우는 생활을 한 지 2년여, 다시 통장 잔고가 바닥났다.

서울로 들어와 '저녁에 나와 수금만 하면 될 줄로 착각하고' 카레전문점을 차려 사람들에게 치이며 이러구러 세월을 보냈고 그새 광고에 대한 기억은 하얗게 지워져갔다.

2008년에는 잠시 다큐멘터리 제작에서 '새로운 가능성'을 보았다. 사진작가 배병우, 도보여행가 김효선, 무역업에서 은퇴한 김필규와 함께 걸었던 '산티아고 길'(Camino de Santiago)의 풍경과 사람들을 카메라에 담으며 창작열을 다시 피워 올린 것이다. 이 영상은 〈풍경보다 아름다운 사람들〉이라는 제목의 50분짜리 다큐멘터리로 SBS에서 방영되었다. 그러나 30여 일을 걸으며 촬영하고 제작한 이 작품에 방송사는 아무런 대가도 지불하지 않았다. TV 방영을 전제로 한 다큐멘터리 제작 지원 조건 때문에 PD들에게 리베이트를 주는 관행이 업계에서 당연시되는 걸 알게 된 후 다큐멘터리에 대한 마음을 비웠다.

이 무렵 아이폰이 등장한다. 기자재에 대한 욕심, 테크닉에 대한 강박을 버리고 '무엇을 표현하느냐'에 주목하고 보니 아무 데서나 꺼내 찍어도 꽤 쓸 만한 동영상을 내놓는 아이폰이 선생의 촬영 동반자가 된 셈이다. 여행하던 중에 만난 풍경과 그 여행에서 얻은 사색이 우연처럼 혹은 필연적으로 만나 공명하는 순간이 아이폰과 갤럭시에 포착되어 '영상회화'로 세상에 나왔다.

2012년 첫 작품 '1/75'의 전주국제영화제 출품을 시작으로, 부산비엔날레 특별전 출품, 영상전 '일체유심조'(一切唯心造, 915 인더스트리

갤러리)와 개인전 'Laundry: 그림을 그리다'전(487갤러리) 개최 등 지난 30여 년을 벌충하듯 다양한 작품이 쏟아져 나왔고 2013년에도 리씨 갤러리와 트렁크 갤러리 81에서 '해찰 靜, 動'전 전시와 함께 작품집 《우주 극장: 이지송 영상회화》(수류산방, 2013)가 발간되었다.

지금 이지송 선생을 대한민국 하늘 아래에서 찾을 수 없다면, 그건 아마도 선생이 저 넓은 세상 어디에선가 스마트폰 카메라를 켜고 사물들의 미세한 떨림 속에 보이는 우주의 광활한 모습을 채집하기 때문일 것이다.

이 태 영

1940년 출생
1964년~1971년 동양맥주 선전과장(합동통신사 광고기획실 창
　　　　　　립 파견)
1965년 서울대 응용미술과 졸업
1971년~1994년 합동통신사 부장, 오리콤 제작국장, 상무, 전무,
　　　　　　부사장
1994년~1996년 오리콤 고문

수상 및 저서
1967년 국회의장상
1969년 상공부장관상
1993년 대통령 표창

이태영 선생은 동양맥주 선전과 직원으로 광고계에 입문해 합동통신사 광고기획실 창립에 기여했다. 이후 오리콤에 계속 몸담으면서 제작국장, 상무, 전무, 부사장까지 역임한 그였다. 그러나 그는 예술을 하고 싶었지만 호구지책으로 광고업에 뛰어들었고 '간판장이', '도안사', '문안사' 등 광고업에 대한 낮은 인식으로 괴로워했던 1세대 광고제작자였다. 1세대 광고제작자이지만 그의 광고 인생은 조금 다른 위치, 다른 생각에서 시작된다.

"회화를 하려다 안했습니다. 당시 박정희 대통령이 디자인이 상품을 좌우한다고 많이 강조하셨어요. 그래서 디자인을 선택한 겁니다. 디자인 진흥에 박정희 대통령의 역할이 컸죠."

디자인사(史)에서 1960년대는 '미술 수출기'로 정의된다. '수출입국'(輸出立國)의 기치 아래 경공업 제품의 생산과 수출이 시작되면서 디자인의 중요성이 대두되었다. 이러한 인식을 바탕으로 국가, 기업, 언론이 디자인산업 육성에 힘을 기울이기 시작한 것이다.

정부는 1965년 청와대에서 개최된 수출진흥확대회의를 통해 한국공예기술연구소(1년 후 사단법인 한국공예디자인연구소로 개칭)를 서울대 부설연구기관으로 두고 수출상품의 디자인과 포장디자인을 종합적으로 연구개발하도록 의결했다. 박정희 대통령이 1967년 이곳을 방문해 '미술수출'이라는 휘호를 남길 정도로 디자인을 통한 수출 제고에 큰 의지를 보였다.

1966년에는 상공부 주관으로 대한민국 상공미술전람회를 처음으로 개최, '우수한 디자이너의 창안기풍을 진작시켜 미술의 경제개발에의 적극적 참여를 도모하고 미술계와 산업계를 직결시켜 디자인 개선을 촉진시키'고자 했다. 언론에서는 조일광고창작상(〈조선일보〉, 1964년), 중앙광고대상(〈조선일보〉, 1965)을 제정해 광고디자인에 대한 세간의 관심을 촉발시켰다. 기업이 제품생산에 디자인을 적극 도입한 것도 이 무렵이다.

그의 초기 경력은 이런 디자인사적 흐름과 정확하게 궤를 같이하며 진행된다. 대학을 졸업하기도 전인 1964년 동양맥주 공채 4기로 입사하여 제품 패키지, 광고 등을 담당했으며, 1967년 제 2회 상공미전에 곽스피아노 포스터를, 1969년 제 4회 상공미전에는 모직물선전 포스터를 출품해 각각 국회의장상과 상공부장관상을 수상했다.

1966년에는 서울대 미대 동기이자 동양맥주에서 같이 일하던 양승춘 선생과 함께 병뚜껑으로 이지러지고 차는 달의 모습을 형상화한 비주얼에 "계절을 마시자!"라는 헤드카피를 단 OB맥주광고로 대상인 조일광고상을 받았다. 그러나 1960년 대 후반, 동양맥주와 함께 합동통신사를 경영하던 박두병 사장이 광고회사 설립을 결심하면서 그도 새로운 물결을 맞이하게 된다.

합동통신사는 종합광고대행업을 새로운 사업으로 추가하기로 의결하고 3월 20일 광고기획실을 정식으로 출범시킨다. 당시 동양맥주 선전과에 있던 그는 광고기획실의 안정적 정착을 지원하기 위해 1967년 1월 합동통신사에 파견되어 동양맥주 광고업무는 물론, 신규 광고주의 광고기획, 제작, 집행 업무를 수행하게 된다. 이후 합동통신 광고기획실이 동명식품의 부도 등으로 혼란스러웠던 시기에 동양맥주로 잠시 복귀했다가 1971년경 동양맥주 선전과장에서 합동통신사 부장으로 발령받으면서 광고업에 완전히 뿌리를 내리게 된다.

이 무렵 광고는 '디자인을 통해 상품을 잘 알리는' 수준에서 벗어나는 중이었고 광고회사도 기획과 전략적 접근을 핵심으로 내세우기 시작한 상태였다. 그는 이 시기에 창작자로서의 자존심을 내세우기보다 광고회사의 일원으로서 이미 변화를 받아들이고 적응했다.

426

"오리콤은 전략과 마케팅이 강한 회사로 인정받았죠. 전략 개념이 약할 때 김염제 박사 같은 사람이 광고주를 논리적으로 설득하고 그런 마케팅에 기반을 둔 크리에이티브를 만들어 가니 좋은 평가를 받았죠."

같은 맥락에서, 대중적으로 큰 성공을 거둔 광고를 자신의 '작품'으로 두고 싶어 하는 다른 창작자와 달리 광고를 비즈니스와 협업의 산물로 인지하는 모습도 이채롭다.

"광고는 개인 재능에 기대어 제작되는 게 아니라 마케팅 전략에 의거하는 거잖아요. 콘셉트에 따라 아이데이션하고 토론해서 나온 결론으로 광고를 만드는 건데 팀이 혹은 시스템이 했다고 보는 게 맞죠."

따라서 광고에 대해 가장 좋은 상찬(賞讚) 역시 광고 후 매출이 올랐다는 클라이언트의 한 마디이다.

이렇게 철저히 비즈니스 관점에 입각해 광고를 해 온 탓인지, 수많은 동료와 후배가 학교로 떠나는 와중에도 그는 오리콤에 남아 상무, 전무, 부사장에 오르며 경영자의 길을 걷는다. 1994년 후진을 위해 부사장직에서 물러나 2년 동안 오리콤 고문으로 지낸 뒤 두산그룹 방계회사의 사외이사를 지냈을 뿐이니, 가히 오리콤과 두산그룹의 외길이었다고 할 만하다.

"대학 3학년 때부터 동양맥주가 등록금을 내줬고 졸업 후 스카우트 형태로 동양맥주에 갔던지라 그 의리 때문에 딴 데 간다는 생각을 해본 적이 없어요. 회사를 그만둘 때도 다른 제안이 없었던 건 아닌데, 제가 크리에이티브가 뛰어난 것도 아니고 젊은 사람이 활동하는 이 일에서 발을 빼는 게 맞다고 봤어요. 나와서는 광고에 대한 일이라면 다 잊었죠, 뭐(웃음)."

광고가 깨끗이 비워진 그릇에 담긴 건 놀랍게도 스마트폰과 SNS, 인터넷 등이다. '스마트폰 중독'이라는 선생의 취미는 사진을 찍고 음악을 넣어 동영상으로 편집한 뒤 페이스북, 카카오스토리, 홈페이지 등에 올려 사람들에게 보여주는 것이다. 고등학교 동창들과는 한 달에 두 번씩 만나 스마트폰이니 PC니 함께 공부도 하고 홈페이지를 만들어서 작품을 나눈다.

프로스트의 아름다운 시 〈가지 않은 길〉은 다음과 같은 구절로 끝난다.

오랜 세월이 지난 후 어디에선가
나는 한숨지으며 이야기할 것입니다.
숲 속에 두 갈래 길이 있었고, 나는 -
사람들이 적게 간 길을 택했다고
그리고 그것이 내 모든 것을 바꾸어 놓았다고

그러나 이태영 선생에게는 '가지 않은 길'에 대한 후회 같은 것은 없어 보인다. 앞에 놓였던 그 길에 최선을 다했으므로, 앞으로 오는 길에도 최선을 다할 것이므로.

1948년 출생
1973년 (주)삼립식품 선전부
1974년 중앙대 신문방송학과 졸업
1981년 (주)삼성전자 국내영업 광고 과장
1995년 (주)삼성전자 광고디자인 팀장
1997년 (주)삼성전자 이사
1998년~ (주)SASCOMM 대표
2002년~ 한국광고사업협회 부회장

수상 및 저서
2003년 행정자치부장관 표창

임광주

임광주의 광고인의 길은 숙명(宿命)인가? 숙명(宿名)인가? 그의 이름 임광주(任廣柱)는 맡을 임, 넓을 광(또는 광고 광), 기둥 주로 구성되어 그 뜻을 풀이하면 광고의 큰 책임을 맡을 사람이란 뜻이 된다. 본디 광고 DNA를 가지고 태어난 것인지 임광주란 이름 때문인지는 모르겠으나 대학전공도 그렇고 40여 년의 직장생활도 광고로 일관되게 이어져 그는 세계적 기업의 광고사령탑도 경험하고 광고디자인회사의 CEO까지 맡게 되었다.

그는 1973년 광고업계에 입문한 이후 40여 년간 광고마케팅 분야에 종사해 오면서 그간의 직무 관련 경험과 전문지식을 통해 미력하게나마 국내 광고산업 발전에 힘을 보탠 것을 큰 보람으로 여긴다. 수많은 시행착오 속에서도 뜻을 굽히지 않은 그의 광고인생 중 기뻤던 기억 몇 가지를 들어보자.

첫 번째는 삼성전자 브랜드 자산가치의 체계적 확산을 이룬 것이다. 그는 삼성전자 광고실무자 및 책임자로 20여 년간 재직하며 주력상품의 체계적 도입 및 IMC(Intergrated Marketing Communication) 전략전개를 통해 이코노, 하이콜드, 마이마이, 센스, 애니콜, 지펠 등 히트브랜드를 창출해 개별 브랜드의 자산 가치 극대화 및 상호시너지를 통해 삼성전자가 세계적 브랜드로 성장하는 데 일조했다. 그의 퇴임 당시 삼성전자의 브랜드 가치는 108억 달러로 세계 25위였다.

특히, 1997년 삼성전자 광고담당 이사 재직 당시 프랑스 칸에서 개최된 제44회 칸 국제광고제에 참석해 와이드 TV 신문광고 아기눈동자 편으로 국내 기업으로서는 최초로 금사자상(Gold Lion)을 수상했던 감동은 영원히 잊지 못할 추억으로 남아 있다.

다음은 전자유통 사인(sign) 체계 정립을 통한 옥외광고 선진화이다. 삼성전자의 전속대리점 사인 및 차량 사인의 혁신 작업을 통해 국내 전자전문 유통의 점포 및 차량 사인의 질적 개선과 효율적 정비 및 사후 관리체계를 선진형으로 재편해 국내 사인의 기술적 진보와 디자인 선진화에 일조했다. 국내 옥외광고의 설치 및 유지환경의 어려움에도 불구하고 법규준수, 전국매장의 시각 통일화를 제도적으로 실현하기 위해 세부 매뉴얼을 일선 유통에까지 배포 교육함으로써 유통의 최일선에서도 법규 및 규정이 준수될 수 있는 제도적 장치를 마련했다.

그는 광고에 대한 일관된 생각을 가지고 있다. 바로 '광고는 예술이 아닌 계산된 상술'이라는 것이다. 기업 경쟁력의 핵심요소 중 빼놓을 수 없는 것이 광고이며 그 궁극적 목표는 브랜드 가치의 창출과 확대에 있다. 특히, 국제화된 국내 시장에서 세계적 브랜드파워를 가진 다국적기업들과 경쟁하려면 하드웨어보다는 소프트웨어 분야인 광고의 경쟁력을 확보해야 한다는 것이다. 더욱이 광고마케팅 비용의 비중이 큰 회사의 경우는 광고활동 자체가 곧 기업경영이라고 할 수 있다.

따라서 광고비 투자효율의 극대화와 계량적 측정이 가능한 광고의 과학화를 더욱 체계적으로 발전시켜야 광고의 집행시기부터 평가에 이르기까지 제품별 주요 타깃에 대한 최적의 고객 접촉을 높이는 노력 등이 강구될 수가 있다. 특히, 저성장 시대와 불황기에는 이를 극복하는 전위대 역할을 해야 함이 분명하다. 제한된 광고 재원으로 현장 실판매를 조성하기 위한 IMC전략 개념의 패키지 광고, 뉴미디어 광고를 뒷받침할 수 있는 매체별 최적화 모델을 개발하거나 광고효과에 대한 조사를 실시해 광고의 과학화를 더욱 심화해야 할 것이라 말한다.

그가 광고인에게 하고 싶은 이야기는 '고정관념은 광고인에게 제 1의 경계대상'이란 것이다. 누군가 "좋은 광고란 어떤 것인가?"라고 질문을 한다면 그는 지체 없이 "고객 중심의 광고"라고 답할 것이다. 광고는 고객에게 진실하고 가치 있는 정보를 제공해 그들을 감동시켜야 한다.

국내 최초로 칸 국제광고제에서
금사자상 수상 후 칸 대강당에서 (1997)
(오른쪽에서부터 임광주, 광고대행사
제일기획 배종렬 사장, 심사위원장)

　크리에이티브 측면에서도 고객들이 주목하고 즐거움과 호감을 줄 수 있는 광고라면 더할 나위가 없겠다. 이를 위해 시장과 고객들에 대한 철저한 분석과 조사와 함께 고객의 입장으로 사고를 전환시키는 노력이 요구된다고 말한다.

　그가 삼성전자 광고디자인팀에 재직 중이었던 1994년 국내 기업 그룹에서는 최초로 비계열 공개경쟁 프레젠테이션 선언을 통해 계열 광고회사인 제일기획에 맡겨졌던 냉장고 품목이 독립광고회사인 웰콤에게 맡겨졌다. 이는 삼성전자가 오직 더 좋은 광고를 위해 기존의 질서를 파괴하는 혁명적 조치로서 성역이었던 하우스에이전시 파괴가 타사까지도 확산되는 긍정적 효과를 거두었다. 이러한 관행이 지금은 일반화되었지만 그 시절만 해도 가히 사건으로 기억될 만했다. 한마디로 기존의 것의 파괴를 통해 새로운 것을 창조하는 실감 나는 사례였다.

1956년 출생
1981년 성균관대 신문방송학과 졸업
1981년~1991년 (주)삼성전자 홍보실
1991년 덴츠 연수
1992년~1993년 삼성 비서실 광고담당
1994년~2009년 제일기획 광고팀장, 광고2본부장,
        국내광고부문장(전무)
2009년~2012년 삼성 미래전략실 커뮤니케이션팀 부사장
2013년~ 제일기획 대표이사 사장

임 대 기

수상 및 저서
1982년 조일광고대상(보사부장관상)

인류사는 언제나 변방이 역사의 새로운 중심이 되어왔다. 역사에 남아 사표(師表)가 되는 사람들 역시 변방의 삶을 살았다.
— 신영복의 《변방을 찾아서》 중에서

광고인은 누구나 자신이 있는 곳이 광고 세상의 중심이라는 자존심을 가졌다. 광고회사에 근무하는 사람은 "누가 광고를 만드는가?"라는 측면에서 광고회사가 광고 세상의 중심이라 여기고 광고주 회사에 근무하는 사람은 "누가 광고를 결정하는가?"라는 측면에서 광고주가 광고 세상의 중심이라 여긴다. 그리고 요즘 부각되는 글로벌 광고와 관련된 일을 하는 사람은 "누가 흐름을 끌고 가는가?"라는 측면에서 글로벌이 광고 세상의 중심이라 여긴다. 모두 자기가 서 있는 곳 이외의 곳을 변방이라 여기는 것이다.

임대기 대표는 겸손(謙遜)의 광고인이다. 그는 한 번도 자신이 중심에 섰다고 생각한 적이 없다. 항상 같이 일했던 광고대행사나 협력업체, 같이 일했던 동료 그리고 같이 일했던 아랫사람에게 그 공을 돌렸다. 힘센 광고주였을 때도 삼성의 "세계일류", 삼성전자의 "또 하나의 가족", 애니콜의 "한국 지형에 강하다" 등 굵직굵직한 광고 캠페인을 담당했던 제일기획 광고팀장 시절에도, 제일기획의 대표이사가 된 지금도 그렇다. 이러한 그의 겸손은 타고난 천성이라기보다 유년 시절부터 자신의 삶을 덮쳐 왔던 고난을 씨줄로, 그 고난에 응전(應戰)하는 의지를 날줄로 삼아 눈물로 짠 비단과 같은 겸손이다.

그는 수원에서 자랐다. 초등학교를 졸업하고 청운의 꿈을 안고 서울로 유학을 왔으나 목표로 했던 1차 중학교를 떨어졌다. 그의 2차 인생은 그렇게 시작되었고 대학입시까지 이어졌다. 원하던 1차 대학에 떨어지고 난 뒤 하숙집 방바닥이 흥건할 정도로 울었다고 한다.

그때 펼친 책이 바로 《삼국지연의》였다. 제갈량의 탄식.

　일을 꾸미는 것은 사람의 일이고, 일을 이루는 것은 하늘의 일이다.
　(謀事在人 成事在天)

여기서 큰 위안을 얻었으나 그 위안에 머물렀다면 오늘날의 그는 없었을 것이다. 그는 제갈량이 주는 위안 위에 새로운 의지로 글을 썼다.

　일을 만드는 것은 하늘의 일이고, 그 일을 경영하는 것은 사람의 일이다.
　(造事在天 營事在人)

　그는 통찰(洞察)의 광고인이다. 행동하기 전에 먼저 생각하고 생각하기 전에 먼저 꿰뚫어 보는 광고인이다. 이것이 잘 나서지 않는 그가 한번 손을 대기만 하면 놀랍도록 정확하고 명쾌해지는 이유이다. 1986년 그가 삼성전자에서 기업광고를 맡았을 때 삼성전자는 기술로는 소니의 적수가 되지 못했다.

　그러나 그는 기술의 방향성, 즉 기술윤리를 꿰뚫어 보았다. 기술의 진보도 중요하지만 그 기술이 인간을 위한 것이 아니라면 소용없다는 것을 꿰뚫어 본 것이다. 그래서 나온 것이 '인간과 호흡하는 기술, 휴먼테크'이다. 영화 〈아이 로봇〉(I, Robot, 2004)이 개봉되기 17년 전의 일이었다.

　1995년 제일기획에서 애니콜 론칭 광고를 맡았을 때 애니콜이 넘어서야 했던 모토롤라는 대다수의 통신 원천기술을 가진 난공불락의 성(城)과 같았다. 그는 그 완벽한 성을 찬찬히 꿰뚫어 보기 시작했다. 그리고 조그만 틈새를 발견했다. 그것은 한국 회사가 아니라는 점이었다. 그래서 탄생한 것이 '한국지형에 강하다. 애니콜'이다. 삼성 갤럭시가 세계 스마트폰 1위가 되기 17년 전의 일이었다.

그는 1981년, 삼성전자 홍보실에서 사회생활을 처음 시작했다. 대언론 업무와 광고업무를 두루 경험했다. 대리 시절, 삼성전자 홍보관 프로젝트를 일본의 세계적 광고대행사 덴츠와 협업으로 진행하면서 광고업의 미래는 글로벌과 디지털이라는 두 개의 축으로 발전할 것으로 내다보았다.

확신이 서자 그는 묵묵히 덴츠 연수계획서를 썼다. 윗사람들의 첫 반응은 "아니, 전자회사에서 외국 광고회사로 연수를 보내 달라는 게 말이 되는가?"였다. 하지만 물러서지 않았다. 마치 광야의 선지자처럼 삼성의 미래를 이야기하고 마케팅의 미래를 이야기했다. 마침내 사장의 혜안(慧眼)과 결재로 1991년 4월 일본으로 연수를 떠나게 되었다. 이렇게 삼성전자 역사상 전무후무한 광고회사 연수를 성사시키는 과정에서 생긴 아래의 말은 그의 좌우명이 되었다.

먼저 멀리 크게 보고 계획을 세우고 그다음 불퇴전의 각오로 하나하나 실행시킨다. (着眼大局 着手小局)

그는 균형(均衡)의 광고인이다. 광고계에는 여러 가지 입장이 존재한다. 광고주의 입장이 있고 광고회사의 입장이 있으며 기업의 입장이 있고 미디어의 입장이 있다. 이러한 입장의 차이는 때로 불필요한 갈등과 낭비의 요소가 되기도 한다.

그에게는 두 가지 타이틀이 있다. 하나는 광고기획전문가이고 하나는 홍보전문가이다. 이러한 두 가지 전문성의 중심에는 그의 탁월한 균형감각이 자리 잡고 있다. 그의 균형은 힘이 저울이 되는 물리적 균형이 아니다. 인간에 대한 그리고 인간이 처한 입장에 대한 깊은 인문학적 이해이다.

그런데 그의 이러한 인문학적 이해는 머리에 의한 이해가 아니다. 가슴에 의한 이해이다. 즉, 다양한 입장을 직접 체험한 사람이 아니면 도저히 도달할 수 없는 그러한 이해이다. 이러한 그의 균형감각 때문에 그는 항상 해결보다 해소를 이루어내고, 갈등과 굴복을 넘어 화합과 시너지를 이루었다.

그의 삶을 보면 홍보전문가와 광고기획전문가가 항상 교차되었다. 삼성전자에서는 홍보담당과 광고담당을 교대로 맡았으며 제일기획으로 옮기고 나서는 광고기획전문가로 근무하다가 홍보전문가로 그룹 비서실(현 미래전략실)로 파견되는 생활이 반복되었다. 예를 들면 상무 승진은 제일기획에서 하고 부사장 승진은 그룹 비서실에서 하고 다시 사장 승진은 제일기획에서 했다.

겸손, 통찰, 균형 이 세 가지 단어는 그를 대표하는 단어이다. 임대기 대표는 아직도 아래의 글이 새겨진 액자를 항상 책상 옆에 두고 스스로를 경계한다.

남이 알아주지 않아도 성내지 아니하면 이 또한 군자 아니겠는가?
(人不知而不慍 不亦君子乎)

자신을 더 낮추려 하고 더 숨기려 하는 것이다. 하지만 세상은 자신을 자꾸 낮추고 숨기려는 그를 항상 주목했고 앞으로도 그러할 것이다.

임병욱

1952년 출생
1978년~1986년 (주)삼성전자
2002년~2004년 (사)옥외광고협회 회장
2002년 중부대 명예경영학 박사
현재 코리아네트워크방송(주) 대표이사
      (사)한국전광방송협회 회장
      (사)한국광고자율심의기구 이사
      (사)한국광고총연합회 이사
      사회복지공동모금회 홍보부위원장
      공군본부 정책자문위원

수상 및 저서
1989년 내무부장관 표창
2002년 국민포장
       대통령 단체표창
       종로구청장 표창
2006년 외교통상부장관 표창
2010년 보건복지부장관 표창
2012년 국무총리 단체표창

임병욱은 오래전부터 '임 회장'으로 통한다. 임 회장이라는 호칭은 단지 한 단체의 회장이라서가 아니다. 이는 그가 이 업체에 기여한 공로를 기리는 마음으로 업계에 종사하는 이들이 자발적으로 존경의 뜻을 담아서 부르는 호칭이다. 임 회장이라는 호칭을 작위로 받은 이유는 지금까지 이 분야 산업 발전을 이끄는 원동력이고 실체이기 때문이다. 그래서 그의 명성은 전설이면서 동시에 현재진행형이다.

청년 임병욱은 유명한 사진작가를 꿈꾸다가 마침내 사진관을 차렸다. 그런데 그 사진관의 간판을 만든 사람 때문에 운명이 바뀌었다. 엉터리로 만들어진 간판의 제작비가 터무니없이 비싸다는 것을 증명하기 위해 제작비를 산출해 보니 이만저만 남는 장사가 아니겠다고 판단했기 때문이다.

그래서 그는 옥외광고업이 뭔지 제대로 알아볼 심산으로 굴지의 옥외광고회사에 취직했다. 그의 영민함은 취직한 지 채 1년도 되지 않아 그 진가가 발휘되었고, 급기야 그의 실력을 높이 산 삼성전자가 그를 특별채용한 때가 1978년.

대기업 삼성전자에 특채로 들어가 가장 먼저 한 일은 옥외광고물의 질적 향상에 대한 연구와 노력이었다. 그의 학구적 열정은 현실의 안정감을 넘어섰다. 훗날 그가 사업자임에도 불구하고 '한국옥외광고학회'의 발기인이 된 것도 이러한 열정에서 연유한다고 볼 수 있다.

그는 삼성전자의 협력업체들과 함께 신기술 도입과 첨단기법을 직접 활용해 보았고 이를 바탕으로 삼성전자만의 특별한 옥외광고물을 선보이기도 했다. 그의 이러한 연구 의지는 결국 그에게 광고물 제작에 대한 일련의 특허를 가질 수 있게 해 주었다.

그는 행정관서와의 관계개선을 위해 많은 노력을 기울이기도 했다. 당시 행정관서의 주무관들에게 옥외광고물은 '도시 미관을 저해하는 물건'이라는 인식이 팽배했던 시절이었다. 따라서 옥외광고 사업자나 광고주를 좋은 시선으로 바라보지 않았다.

그런 분위기 속에서 그는 주무관들을 자주 찾아가고 자주 대화하려고 힘썼다. 1990년에는 그가 중심이 되어 기획한 〈세계 옥외광고 환경 보고서〉가 발행된다. 우리나라에서는 최초로 옥외광고 사업자들과 내무부, 서울시 등 6개의 시·도 공무원들과 함께하는 산업시찰 여행에서 얻은 견문을 간추린 것이었는데 이후 《환경보고서》라는 책으로도 펴냈다.

"그 여행을 통해서 우리나라 공무원들의 옥외광고물에 대한 인식이 180도 바뀌었죠. 옥외광고물이 도시의 유해물이 아니라, 도시 발전의 꽃이라고 이해하게 되었던 거죠."

이 여행과 보고서가 업계의 큰 이슈가 되자, 1991년 한국광고주협회와 한국광고물제작업협회의 임원진은 함께 '옥외광고 환경조사단'을 결성해 미국과 일본을 시찰하고 돌아오기도 했다. 그의 기획과 인솔 속에서 행사가 이루어진 것은 두말할 필요도 없다.

1986년 8년여의 직장생활을 접고 그는 마침내 사업가 임병욱이라는 새로운 옷으로 갈아입었다. 그의 변신에 많은 이들이 놀랐다. 그는 사업가가 되어서도 늘 옥외광고 분야의 산업 발전을 위해 고심하며 매진했다. '한국광고물제작업협회'의 '제도개선위원장'이라는 타이틀을 시작으로 그의 호칭은 '수석 부회장', '회장', '학회 부회장', '심의위원', '전문위원', '자문위원' 등 다양하게 이어졌다.

그 타이틀은 곧 그의 업적을 대변해 준다. 예컨대, 제도개선위원장으로서 그는 업계 최초로 〈옥외광고물등관리법〉 시행령의 내용개정을 골자로 한 '시행령 개정안'을 작성했고 당시 내무부에서는 이 개정안을 상당수 반영했다.

그의 진정성과 열정은 곧 모든 업계 동료들이 이해하게 되었고 그를 통해 산업 발전이 빠르게 견인될 것이라고 판단한 그들은 그에게 협회를 맡기게 된다. 2001년도에 '한국전광방송협회'의 회장으로 취임하게 된 그는 곧바로 협회의 조직과 역할을 재편성하고 '공격적 마케팅' 개념을 도입, 이 협회를 업계에서 가장 크고 튼튼한 단체로 발전시킨다. 지금까지도 이 협회의 회장직을 맡고 있음은 그에 대한 회원들의 무한한 신뢰와 애정을 반증한다.

이어서 그는 2002년도에 또 다른 거대 단체인 '한국광고사업협회'의 회장직을 맡게 된다. 그리하여 옥외광고 산업을 이끄는 두 단체의 통합 회장이 되며 새로운 기록을 남긴다. 통합회장으로서 명성에 안주하지 않고 지금까지 수많은 공적을 세운다. 이 공적은 아직까지 누구도 깨드리지 못한 기록으로 남았다. 이 가운데 하나를 예로 들자면 2003년도에 '국가공인 옥외광고사' 제도를 법제화시킨 것이다. 그동안 옥외광고업계가 변변한 자격증조차 없는 열악한 환경을 가지고 있었다면 이제 이 자격증 제도는 그 열악함을 벗어나고 새로운 발전적 미래의 출발선을 만든 것이라 할 수 있다.

이와 함께 빠뜨릴 수 없는 공적 중에 하나가 바로 해외 단체와의 제휴라 할 수 있다. 그는 1991년도에 이웃나라 '전 일본 옥외광고단체 연합회'와의 제휴를 결정지었고 1986년에는 '미국 국제사인엽합회'(SPI)와 정보교류에 기여했다. 이 두 단체와의 제휴는 그의 후임자들에 의해 지금까지 호의적 관계를 유지한다.

옥외광고인 임병욱은 창의력과 합리적 리더십으로 업계 발전을 위한 토양을 마련했고 성공의 씨앗을 뿌려 수많은 열매를 맺었다. 그가 그토록 열망하던 산업 발전은 어느새 그의 손에 면류관으로 쥐어졌다.

임인규

1948년 출생
1976년 한양대 연극영화과 졸업
         (재학 중 극단 가교에서 조연출 등 연극 활동)
1977년~1983년 제일기획 CM 제작국
1983년~1989년 세종문화 제작이사
1989년~ (주)광고방 대표
1997년~ 중앙대, 숙명여대, 동덕여대 등에서 강의
현재   (사)한국광고영상제작사협회 회장

수상 및 저서

1990년 칸 국제광고제 동사자상
         뉴욕페스티벌 특수촬영상(동원기업 PR 〈바다가 좋다〉)
1998년 뉴욕페스티벌 파이널리스트
2002년 대한민국광고대상 대상
2015년 동탑산업훈장

임인규 대표는 CF를 만들 때 제품이 팔리는 광고를 만든다. 그래야 한다고 생각한다. 심지어는 광고는 예술이 아니라고까지 단언한다. 이는 자신만의 세계에 빠져서 멋진 광고 만들기에만 급급한 나머지 판매하려는 상품에 별 도움이 되지 않는 광고는 의미가 없다고 보기 때문이다. 그만큼 그는 광고의 실용성과 실질성을 중시한다.

그는 1980년대 제과광고의 전형을 마련한 장본인이다. 폼 나는 광고 보다는 팔리는 광고를 중시한 결과였다. 그는 광고에 대한 환상이 없 었다. 그보다는 순수예술인 연극이나 영화에 관심이 있었다. 그는 시 원스레 인정한다. 월급을 많이 줘서 광고회사에 취직했다고. 사실 5년 정도 광고회사에서 일하고 이 업계를 떠나 자신이 하고 싶었던 영화감 독이 되려고 했다. 하지만 세상일이라는 것이 마음대로 되지 않았다.

주어진 일을 열심히 하다 보니 십수 년이 지났고 그 이후에는 자신 에게 딸린 수십 명의 식구들 생각에 과감하게 프로덕션을 접지 못했 다. 그리고 국내 CF프로덕션 중에서는 최장수인 25년째 (주)광고방 을 운영한다. 운명이란 바로 이런 것 아닌가.

그렇다고 그가 댄싱쇼로 상징되는 식품, 제과 광고만을 만들었던 것은 아니다. 1990년대에 들어서 그는 자동차, 가전, 커피, 금융 등 에 이르는 폭넓은 영역에서 그만의 솔직담백한 영상을 담아 예술적으 로도 인정받았다.

동원기업 PR은 국내 CF 중에서는 최초로 예술성을 중시하는 칸 국 제광고제에서 동사자상을 수상했다. 그 외에도 뉴욕페스티벌 파이널 리스트에도 두 차례에 걸쳐서 진출했고 국내에서는 거의 매년 많은 광고상을 수상했다. 1993년 모 시사지에서는 신정부 출범을 앞둔 기 획기사에서 그를 '한국을 바꿔갈 실세 101인'에 선정하기도 했다.

그렇다면 그에게 이런 결과를 가져온 원동력이 궁금해지지 않을 수 없다. 그는 여기서 스스로 재능이 뛰어나지 않다고 말하며 일에 대한 성실성과 진지함을 이야기한다. 실제로 그와 같이 일한 사람들은 그가 완벽주의자라고 평한다. 사전에 철저히 준비하고 아이디어를 철저히 기록해 놓는 습관은 그를 현재의 임인규로 만들었다.

그렇다면 그가 만든 약 8백 편 이상의 CF 중에서 가장 인상 깊은 작품은 무엇일까? 그는 의외로 삼성화재의 '안내견 광고 시리즈'를 뽑는다.

"광고방 식구들과 제일기획 그리고 광고주, 이렇게 3자가 모여 정말 진지하게 토론하고 또 토론하면서 콘셉트를 잡았어요. 안내견 훈련소에서 수일을 거주하기도 했고요. 그 결과 맹인이라는 말 대신 시각장애인이라는 단어, 맹도견이라는 단어 대신 안내견이라는 명칭을 만들어 냈고 그 이후에는 널리 사회적으로도 통용되는 단어가 되었지요. 그 정도로 진지했고 고민했기에 좋은 광고가 나오고 사회적으로도 좋은 영향을 미칠 수 있었던 겁니다. 광고제작자로서 보람을 느낄 수 있었습니다."

25년 동안 프로덕션 대표로, 수년간 한국광고영상제작사협회 회장으로 지내며 광고계에 아쉬운 것이 있다. 바로 거래관행이다. 광고회사가 광고주에게서 수주를 받아 CF를 만들면서 사전계약을 하지 않고 광고회사는 프로덕션에 제작을 지시하면서 계약서를 만들지 않는 것이 현실이다.

그러다 보니 당초 약속했던 금액이 결제되지 않는 경우가 비일비재하고 그 결과 프로덕션에도 결제에 영향을 미치고 이는 마지막으로 장비 업체나 스튜디오까지 예상했던 결제가 이루어지지 않는 경우가 발생하게 된다. 이는 결과적으로 독립 프로덕션들의 생존에 위협이 되고 건전한 광고계 발전을 위협하는 요소가 된다는 것이 그의 생각이다.

그는 요즘의 광고를 어떻게 생각할까? 제일 먼저 기술의 발전을 부러워한다. 아이디어가 있어도 표현할 수 없던 것이 지금은 자연스럽게 구현되고 첨단기술력을 염두에 두면 전혀 새로운 아이디어를 생각해낼 수도 있다. 그리고 훨씬 자유로워진 심의 기준 또한 제작 환경을 개선한 요소라고 생각한다.

이제 임인규 대표는 직접 제작에 참여하지는 않는다. 후배들이 같이 일하기 부담스러울 수 있는 시점이 오면 선배는 언제든지 자리를 비워 줘야 한다고 생각하기 때문이다. 단지 (주)광고방을 운영하면서 후배 감독들이 자유롭게 일할 수 있는 여건을 만들어 주며 그들이 제작하는 CF에 대해 조언해 줄 뿐이다. 현장을 떠나면서 지금 꿈을 실현하기 위해 매일 출근한다. 후배 광고인을 키우는 광고사관학교인 (주)광고방 경영이 그것이다. 젊은 시절 품었던 영화에 대한 꿈을 이루지는 못했지만 후배 양성이라는 꿈을 실현하는 중이다.

인생철학을 묻자 소년처럼 부끄러워하면서 이야기한다.

"거창하게 철학은 없습니다. 개성이 부족해 보일지도 모르겠지만 적을 만들지 말자라는 생각으로 살았습니다. 치열한 경쟁 때문인지 어쩌면 반목과 질시가 팽배했던 이 업계에서 요즘도 업계를 떠난 선배, 동료들이 연락할 사람이 너밖에 없더라 하며 경조사 연락이 올 때 보람과 즐거움을 느낍니다."

전영일

1939년 출생
1965년 중앙대 연극영화과 졸업
       TBC-TV드라마 현상 공모 〈늙은 악사〉 당선
1966년 극단 예그린 〈살짜기 옵서예〉 조연출
1967년 영화 〈원점〉 시나리오 제작
1982년 한독약품 광고부 부장
1996년~1999년 코래드 부사장

수상 및 저서
1985년 한국광고인대상
1998년 광고의 날 국민포장

어릴 때부터 글재주가 남달랐기에 국어국문학과에 입학했다. 연극을 하고 싶어 연극영화과로 옮긴 뒤 방송사 드라마 현상 공모에 당선되었다. 뮤지컬과 연극 연출도 했고 영화 시나리오도 썼다. 어느 성공한 예술가의 이야기가 아니다. 바로 광고인 전영일의 이야기다.

연극을 하고 싶었던 그는 생활을 위해 광고와 인연을 맺는다. 제약회사가 광고업을 이끌어 가던 무렵, 한독약품 광고부에서 못다 펼친 창작의 꿈을 펼친다. 카피도 쓰고, 아이디어도 내고, 디자인도 했다. 그가 만든 광고에서는 문학청년 특유의 감성이 묻어났다. 직업은 바꾸었지만 꿈은 바꾸지 않았던 것일까?

한독약품 광고부 15년, 코래드 19년. 33년 동안 그의 손을 거쳐 간 광고는 수도 없이 많다. 그러나 그 수많은 광고는 한 가지 정체성을 갖는다. 바로 사람냄새 나는 광고! 그가 만든 광고가 지금도 기억되는 것은 결국 이 점이 소비자의 마음을 사로잡았기 때문이다. 사람냄새를 따라 잠시 전영일표 광고의 오솔길을 산책해 보자.

의사가 없는 마을이 있다. 인적이 드문 외딴 섬 선유도. 첩첩산중의 원주 산골마을. 서울에서 의사가 왔다는 소식을 듣고 무릎이 아파 몇 해째 문밖출입을 못하던 칠순 할아버지, 이가 아파 밥을 못 먹던 삼남매의 엄마가 달려온다. 의사는 그들에게 약보다 더 귀한 관심을 내민다. 1980년대 한독약품이 펼친 무의촌 의료봉사 기업 PR이다. 광고는 과장이 아니라 감동이라는 것을 보여 준 캠페인이었다.

이러한 감동은 위기를 극복하는 힘도 갖는 것일까? 1985년 해태제과는 예상치 못한 큰 위기를 맞는다. 과자에 독극물을 넣겠다는 협박 편지가 날아들고 실제로 계란과자를 먹은 어린이가 구토 증세를 일으킨 것이다. 잘나가던 계란과자의 매출이 갑자기 뚝 떨어진다. 위기 대처 특명을 받은 그가 준비한 광고는 뜻밖에도 "엄마의 마음 해태의 마음".

훼스탈 TV광고 난파선 편

아이의 말에 늘 귀 기울이고 간식 하나에도 영양을 생각하는 엄마의 마음이 바로 해태의 마음임을 전한 광고였다. 그것이 그 어떤 해명이나 위기관리보다 큰 힘을 발휘한 것일까? 매출은 다시 정상을 되찾았다.

사람냄새가 감동시킨 것은 소비자의 마음만이 아니었다. 1976년 그가 만든 훼스탈 광고 난파선 편은 당시로서는 드물게 클리오 광고제 특별상을 받는 성과를 올렸다. 우리나라로서는 두 번째 클리오 수상이었다. 망망대해를 표류하며 배고픔에 시달리던 두 사람이 상상 속에서 과식을 하게 되고 이를 훼스탈이 달래 준다는 이야기다. 살다 보면 어쩔 수 없이 과식을 하게 되는 때가 있음을 익살스럽게 표현한 점이 클리오 광고제의 심사위원들을 감동시킨 것이다.

작품은 그것을 만든 사람을 닮는다. 그가 만든 광고를 보면 그가 어떤 생각과 철학을 가지고 광고를 만들었는지 충분히 짐작할 수 있다. 그러기에 그가 후배 광고인에게 던지는 질문은 큰 울림을 갖는다.

"요즘 광고에 입문하는 사람들은 모두 전문가입니다. 그런데 전문가로서 과연 자기 영역이 있습니까? 자기만의 스타일이 느껴집니까?"

1932년 출생
1953년 동아대 재학 중 KBS 입사
1957년 동아대 정치학과 졸업
1959년~1963년 한국 최초 상업방송 부산문화방송 근무
1980년 〈중앙일보〉 광고담당 이사
1982년~1988년 삼양식품 사장
1989년~2004년 한국광고단체연합회 회장
2002년~ 〈중앙일보〉 광고담당 고문

수상 및 저서
1997년 국민훈장 모란장
2010년 4・19혁명 50주년 기념 건국포장
《이 사람아 목에 힘을 빼게》(중앙M&B, 2002)

전
응
덕

전응덕 회장은 누가 뭐래도 언론인이다. 1960년 부산 MBC 기자로서 3·15부정선거로 촉발된 4·19혁명까지의 모든 역사적 현장에 있었다. 거기서 그는 생생하고 용기 있게 국민들에게 왜곡되지 않은 사실을 전달해 결국 오만했던 이승만 정권 붕괴에 동참한다.

50년이 지난 후 그는 국가적으로도 그 용기와 정신을 인정받게 되어 4·19혁명 50주년기념 건국포장을 수상했다. 이후 서울 MBC와 TBC 보도국장까지 지내며 군사정권하에서 김대중 기자회견, 간첩 이수근 판문점탈출사건 등 혁혁한 특종을 내며 기자로서 위상을 견고히 한다. 언론계에서 '전응덕 기자'가 아직도 존경받는 선배인 이유이다.

하지만 그는 분명한 광고인이다. 그것도 광고계 역사에서 굵직한 획을 그은 선구적 광고인이다. 기자로 사회에 발을 내딛은 지 60년이 넘었지만 처음 광고와 인연을 맺은 것도 50년이 넘는다. 바로 그가 한국 최초 상업방송 부산 MBC의 광고선전과장직을 맡았기 때문이다.

보도과장으로서 광고선전과장을 겸직하며 그는 광고수주를 위해 뛰었고 최초의 CM송 성공작인 진로소주 광고를 전파에 실어 보냈다. 이후 기자로 또 한 번 활동하다가 1974년 〈중앙일보〉 광고담당 이사 직을 맡으면서 다시 광고계로 돌아왔다. 돌아와서 제일 먼저 조치를 취했던 것은 신문사 내부적으로 멸시받던 광고부서의 위상강화로서 잘나가던 기자를 과감히 데려와 광고국장으로 앉혔다. 더 이상 언론사가 권력기관이 아니라고 판단한 것이다.

또한 광고계의 염원이었지만 실행되지 못했던 발행부수공개(ABC)를 단행하는데 당시로서는 어느 신문사도 하지 않았고 못했던 것이었다. 1965년 창간한 후발 신문사로서는 부담스러울 수밖에 없었던 것을 내부의 반대를 무릅쓰고 실시한 것이다. 광고계에서 격려와 환호가 쏟아진 순간이었다. 주요 일간지 ABC제도가 도입된 것이 2010년임을

덴마크 세계광고대회 참석 기념 (1975)
(왼쪽에서부터 고 김병관 전 동아일보 회장, 김명하 코래드 회장,
한 사람 건너 남상조 대홍 회장, 전응덕 전 광고단체연합회 회장)

감안할 때 거의 40년을 앞선 결단이었다.

그다음으로 고객초청 행사를 개최했다. 〈중앙일보〉 회장이었던 이병철 회장을 직접 만나 골프 회원권을 받아 당시 큰 광고주였던 제약사들 위주의 주요 고객 18명을 대상으로 한 달에 두 번씩 골프행사를 개최한 것이다. 이는 매우 파격적인 것으로 일개 평이사가 회장을 직접 만나 골프 회원권을 받아 온 것이나, 보도국장 출신이 '광고장이' 모시기를 한다는 비아냥거림을 피할 수는 없었지만 고객 우선이라는 신념으로 실시한 것이다. 이렇듯 광고인으로서 그는 광고계의 발전을 위해서는 욕먹는 일도 마다하지 않았다.

1982년 그는 광고주인 삼양식품 경영자로 부임하면서 광고의 크리에이티브를 높이는 일에 심혈을 기울였다. "1분에 OK"로 회자되는 컵라면 광고가 대표적이다. 당시는 영양 섭취가 중요한 화제였기에 라면에도 충분한 영양이 있음을 강조하기 위해 대관령 목장을 배경으로 광고를 만들었는데 이것이 획기적인 성공을 거두었다. 대관령

대만에서 열린 아세아 광고대회 참석 후, 대만 천수이뻰 총통 예방 (1990)
(왼쪽부터 전응덕 전 한국광고단체연합 회장, 천수이뻰 총통, 김석년 IAA 한국대표)

목장이 일반인에게 인기 방문지가 되었다는 사실만으로도 그 당시 광고의 인기를 짐작할 수 있다.

　기업 경영자 생활을 마치고 1989년 한국광고단체연합회 회장으로 취임했다. 2004년까지 회장직을 수행하면서 대한민국 광고시장의 발전을 위해 세계광고대회와 세계광고주대회를 유치하는 성과를 거두었다. 그리고 광고계의 모든 자료를 모아 광고정보센터를 발족했고 이는 지금까지도 광고계의 소중한 지식 인프라로 유용하게 활용된다. 광고계의 위상강화 차원에서 1994년 대한민국광고대상을 제정했고 정부에 강력하게 건의해 1996년부터는 유공 광고인에게 국가에서 포상하는 제도를 만들기도 했다.

　이렇듯 그의 족적은 국내 광고산업 발전 전반에 기여했고 매체사의 광고책임자로서의 경험, 광고주로서의 경험, 광고 행정가로서의 경험 그리고 무엇보다도 열정과 투지가 아니면 어떤 광고인도 해내지 못할 일이었다.

　그는 팔순이 훌쩍 지난 지금도 여전히 왕성하게 활동한다. 〈중앙일보〉시절부터 계속된 일본 광고계 시찰을 지금까지도 매년 이어 온다. 우리보다 광고 선진국인 일본 광고계를 벤치마킹하고 그들에게도 우리의 좋은 제도와 시스템을 홍보한다. 또한 광고계의 대선배로서 후배들을 만나 조언하며 〈중앙일보〉 고문의 자격으로 경영진에게도 제언하는 것을 소홀히 하지 않는다.

그는 항상 열정적으로 살아왔다. 어제보다 나은 내일을 살기 위해, 그가 종사하는 일에서 1인자가 되기 위해. 그래서 그 지혜를 얻기 위해 항상 책을 가까이 했다. 그리고 선배들의 충고를 인생의 교훈으로 삼고 살았다. 그가 2002년 자신이 살아온 삶을 중간 점검하는 의미에서 발간한 책 제목이 《이 사람아 목에 힘을 빼게》(중앙M&B, 2002)가 된 이유도 그가 〈중앙일보〉와 동양방송 재직 시절 보도국장에서 광고인으로 돌아가라고 하면서 당시 〈중앙일보〉 사장이었던 홍진기 사장이 그에게 한 충고를 뼛속 깊이 받아들였기 때문이었다.

전응덕 회장의 인생은 누가 봐도 승승장구했던 일생이라고 할 수 있다. 그런 그에게 후회나 아쉬움은 없을까? 그는 이 질문에 진지하게 이야기한다. 후학을 키우는 데에는 역할이 부족했던 것 같다고. 학문적으로 공부를 해서 좀더 체계적으로 후배들을 키웠으면 좋았을 것 같다고. 그다운 아쉬움이다.

정만석

1950년 출생
1973년 중앙대 산업디자인과 졸업
1974년 서던캘리포니아대학 마케팅 매니지먼트 MBA과정 졸업
1976년~1986년 한독약품 광고부
1986년 (주)코래드 입사
1994년 중앙대 신문방송대학원 졸업(석사)
2001년~2005년 (주)코래드 대표이사
2003년 고려대 언론대학원 최고위 과정 수료
2005년~ (주)애드리치 대표이사 사장
2012년~2014년 한국광고총연합회 부회장
2014년~ 한국광고산업협회 회장

수상 및 저서
2001년 대통령 표창
2010년 동탑산업훈장

정만석 사장의 광고계 이력은 굵고 단순하다. 대학에서 시각디자인을 전공한 그는 1976년 한독약품 광고부에 입사해 광고인의 길을 걷는다. 이곳에서 평생을 함께할 존경할 만한 선배들을 만나게 되는데 대표적인 인물이 김명하 회장이다. 직장 상사였던 김명하 회장은 해태제과로 옮겼다가 광고회사 코래드를 설립하면서 그에게 합류를 제안했고 주저 없이 코래드로 합류했다.

　　이후 우리나라 광고산업이 성숙해 가는 시대의 중심에서 광고를 제작하고 기획하는 일은 물론, 광고 마케팅 분야에 발군의 실력을 발휘한다. 이러한 공을 인정받아 2001년에는 대통령 표창을 받고 같은 해에 코래드 대표이사를 맡는다. 2005년에는 오뚜기가 광고회사를 설립하면서 애드리치 사장이 되었다. 2010년에는 그간의 광고업계 발전에 기여함을 인정받아 동탑산업훈장을 받게 된다.

　　그가 걸어온 광고계의 길은 파란만장했다. 그 길에서 20여 년 몸담아 온 코래드를 빼놓을 수는 없다. 당시 코래드는 해태그룹 계열 광고회사로 국내 굴지의 광고회사였다. 여기서 그는 우리나라 광고시장을 이끌었던 식품, 음료 광고 캠페인을 도맡아 하며 시장을 선도했을 뿐 아니라 세간의 큰 화제를 모았던 대우전자의 '탱크주의' 캠페인을 통해 가전업계 시장점유율의 혁명을 가져오며 대한민국 광고계를 이끌었다.

　　하지만 IMF 사태가 터지고 1997년 해태그룹이 부도를 맞으며 코래드 또한 연쇄부도 위기에 봉착하게 된다. 다행히 대우그룹이 코래드의 지분을 전격 인수하면서 회생의 길을 걷는 듯했다. 하지만 대우그룹마저 부도와 해체의 수순을 겪으면서 코래드는 다시 한 번 생사의 갈림길에 놓이게 된다. 이때부터 정만석 사장의 피땀 어린 투혼이 빛을 발했다. 당시 매체본부장이었던 그는 매체사마다 '문지방이 닳도록' 돌아다니며 설득해 극적으로 부실 채권으로 인한 회사의 부도를 막았고 외자유치에 극적으로 성공하면서 광고 관련 업계에까지 미칠 수 있었던 재정적 손실을 막을 수 있었다.

이에 2001년 대표이사로 전격 발탁되어 적극적인 외부영업은 물론 직원들의 마음을 다잡기 위해 노력했다. 직원들 사기진작을 위해 취임 후 1년 동안 급여를 반납했다. 프레젠테이션을 준비할 때는 직원들과 함께 밤을 새워 일했으며 직원을 가족이라 생각하고 격려하기 위해 한의사를 불러 보약을 일일이 맞추어 나눠 주기도 했다. 또한 임원진의 뜻을 모아 임원성과급의 50%를 적립해 모든 직원을 일본으로 여행을 보내는 등 당시 광고회사의 모범으로 회자되었다.

이렇듯 분골쇄신의 각오로 노사가 일치단결해 노력한 결과, 코래드는 부도 위기의 회사에서 2002년, 2003년 연속 흑자경영으로 전환했으며 2004년에는 각 매체사에서 유예시켜 주었던 수백억 원의 채무를 모두 되갚는 등 완전한 정상화를 이루며 강남구 대치동 노른자 땅 위에 사옥 건립의 꿈도 이루어냈다. 이러한 노력의 결실로 생긴 이익 또한 전 직원들에게 배분함으로서 노사 상생의 화합과 신뢰의 경영을 이룩했다. 2005년에는 애드리치를 창립하고 대표이사로 취임해 지금까지도 광고산업의 경쟁력을 강화하고 후진을 양성할 뿐 아니라 새로운 일자리 창출을 통해 국가경제 발전에 이바지한다.

그는 광고산업의 선진화 및 지식기반 강화에도 힘써 왔다. 광고시장 개방 및 매체 다변화 환경에 대처하고 광고인의 역량강화와 지식공유를 통해 광고산업을 선진화하는 데도 노력했다. 일례로 2003년 업계최초로 체계적 브랜드 관리를 위한 '브랜드전략 모델'(Korad-Brand Strategy Model)과 효과적 미디어전략을 위한 '미디어 플래닝 모델'(Korad-Media Planning Model)을 개발하고 이를 '브랜드 포럼'을 통해 발표해 업계 공동발전에 기여했다.

456

또한 2008년 국내 기업들의 이슈가 되었던 '인사이트 마케팅'(insight marketing)에 대해 이론과 실무에 정통한 해외 및 국내 전문가를 초빙해 '마케팅 포럼'을 실시, 광고주 및 관련종사자의 인사이트 마케팅에 대한 지적 공유를 도모했다.

또한 광고산업의 질적 향상을 위해 애드리치 창립 이후 매년 해외 유수한 광고 마케팅 서적을 번역 출간, 매년 11월 1일 애드리치 창립일을 기념해 업계에 무료로 배포, 광고연구 발전에 기여한다. 2010년에는 이러한 업적들을 인정받아 모든 광고인의 꿈이라는 동탑산업훈장을 수여받게 된다.

그는 사람을 가장 중요시한다. 코래드 대표이사 시절부터 직원들에게 보여 준 인간적 신뢰가 있었기 때문에 부도위기에 놓인 코래드의 어려운 상황 속에서도 놀라운 성과를 기록하며 제2의 도약을 할 수 있었다.

광고회사의 높은 이직률에 비해 지금의 애드리치는 이직률이 낮다. 더구나 상당수의 직원이 과거 코래드 시절부터 함께해 왔고 앞으로도 함께해 갈 것이다. 또한 사회 공헌활동도 열심히 한다. 2008년부터 사회복지법인인 한국심장재단을 통해 매월 한 명씩 심장병 어린이의 수술비를 지원해 줌으로써 기업의 사회적 책임을 실천한다.

그에게는 책임이 있다. 솔직히 처음에 광고를 시작할 때는 직장인으로서 광고 일을 했다고 한다. 다만 특유의 성실성으로 맡은 일을 누구보다 열심히 하다 보니 운 좋게도 여기까지 왔을 뿐이라고 했다. 하지만 경영자의 입장이 되고 40년 한길을 걸어오다 보니 광고에 임하는 자세가 바뀌었다고 털어놓는다.

사실 한국광고산업협회 회장이라는 직책은 그에게 더 많은 역할을 요구했다. "사명감이라고 하면 너무 거창하고, 내가 몸담고 일하는 업계가 조금이라도 더 발전했으면 좋겠고 업계가 상생하기 위한 방안을 마련하는 일에 책임을 다하고 싶어요"라고 겸손하게 털어놓는다. 게다가 그가 맡았던 한국광고산업협회 제도개선분과 위원장이라는 자리가 업계와 후배들을 위해 더 좋은 여건을 만들기 위한 역할을 요구하다 보니 남들이 꺼려하는 자리에도 나서지 않을 수 없었다.

대표적 사례로 2012년 KOBACO와 SBS 미디어 크리에이트가 분리되어 수익구조가 악화되자 이를 만회하기 위해 대행수수료를 조정하려 했을 때 직접 KOBACO 사장과 대면을 통해 강력히 항의함으로써 원래의 수수료 체계를 유지할 수 있었다. 덕분에 업계 전체는 그로 인한 수익 저하를 방지할 수 있었다. 앞으로도 그는 업계와 후배들에게 더 좋은 광고 환경을 만들어 줄 수만 있다면 이보다 더한 일이라도 앞장서서 할 것이라 자신 있게 말한다.

정만석 사장은 우리나라 광고산업 발전과 경쟁력 제고를 위해서는 교육에 더 많은 투자가 필요한데, 현재와 같은 수수료 체계로는 현실적 여력이 생기지 않는다는 것이 가장 안타깝다고 했다. 따라서 보다 발전된 광고 환경을 후배들에게 물려주고 글로벌 시대에 발맞출 수 있도록 지금보다 더 개선된 수수료 체계를 맞추는 데 관심을 가졌으면 좋겠다는 바람을 남겼다.

정 상 국

1953년 출생
1971년 서울사대부고 졸업
1975년 연세대 철학과 졸업
1977년 서울대 경영대학 경영학 석사
1990년~2013년 LG그룹 회장실 홍보팀 부장
        LG그룹 회장실 홍보팀 이사, 홍보팀장 상무
        LG전자 홍보팀장 부사장, LG그룹 홍보담당 부사장
        제21대 한국PR협회 회장
1998년 브리티시컬럼비아대학 연수
현재   LG그룹 자문역

수상 및 저서
2002년 한국PR협회 올해의 PR인상
2003년 한국PR협회 한국PR대상
2007년 제40회 과학의 날 과학기술포장

한국PR협회 정상국 회장은 36년의 직장생활 중 25년을 홍보 분야에서 보냈다. 25년 동안 홍보업무를 맡으면서 적지 않은 애환을 겪었음에도 그는 진심으로 홍보인으로서의 생활이 즐겁고 보람 있었다고 이야기한다. 때로 힘들고 서운한 때도 있었지만 그때마다 "세상에 호락호락하기만 한 일이 얼마나 있을까"하고 생각했다. 그는 "홍보 소재와 아이디어를 찾고 그때그때 불거진 이슈에 대한 회사의 입장과 전략을 논리 정연하게 정리해 안팎에 알리는 일에 진정으로 재미와 보람을 느꼈다"고 말한다. 직장생활을 시작할 때만 하더라도 홍보업무가 천직이 될 줄은 전혀 예상하지 못했다고 한다.

그는 경남 마산에서 태어나 1971년 서울사대부고를 졸업한 뒤 연세대 철학과에 입학했다. 대학을 마친 후 서울대 대학원으로 진학해 마케팅을 전공하면서 광고 분야에 관심을 갖게 된 게 어쩌면 홍보와 인연을 맺는 단초였을지 모르겠다고 회상한다. 1977년 대학원 석사논문 제목이 당시로서는 생소했던 '기업 이미지에 관한 연구'였다.

이후 광고 분야에서 일하기 위해 당시 합동통신 광고기획실(현 오리콤)과 제일기획의 문을 두드렸다. 하지만 광고를 단지 간판 그리는 일 정도로만 생각했던 어머니가 서운해 하는 모습을 보고 뜻을 접어야 했다. 결국 어머니의 바람대로 대기업인 (주)럭키에 입사해 평범한 샐러리맨의 길을 걷는다.

럭키에서 맡았던 일은 광고와는 전혀 관계없는 구매팀이었다. 원자재 수입, 구매, 자재관리 교육 등의 업무였다. 그러나 전혀 예상치 못한 계기로 홍보팀과 인연을 맺게 되었다. 평소 광고에 대한 그의 열망을 눈여겨봤던 상사가 LG그룹 홍보팀장으로 부임하면서 그를 떠올린 것이다. 상사는 홍보업무가 광고 분야와 비슷한 점이 있으니 함께 일해 보자고 권유했다. 그는 그렇게 1990년 LG그룹 홍보팀 부장으로 발령이 나면서 홍보에 첫발을 들여놓았다.

홍보부장으로 그가 맡은 첫 임무는 당시 럭키금성 구자경 회장의 경영혁신 전략인 '21세기를 향한 경영구상'의 홍보 전략을 수립하는 것이었다. 이후 '럭키금성 고객의 달 행사', 럭키금성 복지재단 설립, LG그룹 명칭 및 CI 변경, '사랑해요 LG 캠페인', LG상남언론재단 설립, 이동통신사업 진출, 반도체사업 빅딜, IMT-2000, 정치자금 및 LG카드 사태, LS/LIG 계열분리, 지주회사 설립, GS 그룹 계열 분리 등 회사에 큰 변화가 있을 때마다 홍보를 진두지휘했다.

그가 25년 홍보인의 외길을 걷는 동안 가장 보람을 느꼈던 일은 LG 그룹의 명칭과 CI를 변경하고 알린 일이었다. 1993년 당시 럭키금성 그룹의 CI를 바꿔야 한다는 필요성을 처음으로 제안했고, 1995년까지 약 2년간에 걸쳐 CI 개정 작업의 실무 책임을 맡았다. 새로운 그룹 명칭 'LG'를 널리 그리고 신속하게 알리기 위해 "사랑해요 LG" 캠페인을 3년간 집중적으로 벌였다. 아직도 많은 사람들이 "사랑해요 LG" 노래를 기억하는 것을 보면 자부심을 느낀다.

그는 홍보 담당자들이 전략적 사고를 가져야 한다고 강조한다. 회사에 좋지 않은 일이 생기면 우선 비판적 기사가 나오는 것을 막는 데 전력을 다해야 하는 게 홍보업무의 속성이다. 하지만 홍보 담당자들이 땜질이나 하는 식으로만 일해서는 존중받을 수 없다는 게 그의 지론이다. 궂은일이야 얼마든지 할 수 있지만, 그런 와중에도 항상 홍보의 개념과 본질을 이해, 정립하고 홍보에 대한 철학을 갖고 일해야 성과를 낼 수 있다는 것이다. 자신이 하는 홍보 일이 어떤 의미와 가치를 지니는지, 전달하려는 핵심 내용이 상대방에게 얼마나 설득력 있게 받아들여질지, 공감을 줄 수 있는 내용이나 논리는 갖추었는지 등을 생각해야 한다는 설명이다.

(주)LG홍보팀 직원들과 (2010)
(뒷줄 왼쪽에서 세 번째가 정상국 회장)

　홍보업무를 잘하기 위해선 어떤 자세나 자질이 필요할까. 그는 무
엇보다 '세상에 대한 지적 호기심'을 가져야 한다고 말한다. 무슨 일을
하든 이에 대한 궁금증이나 호기심이 없으면 홍보에도 흥미를 느낄
수 없다는 것이다. 그는 궁금한 일이 생기면 우선 모호한 점들에 대해
개념부터 정리한다. 스스로 납득할 수 있을 때까지 파고든다. 대학에
서 철학을 전공하면서 자연스럽게 생긴 습관이다.

　모든 사물이나 현상을 볼 때 본질적 인과관계를 생각하고 깊이 천
착한 뒤 핵심을 파고드는 습관을 갖게 되면 큰 맥락을 짚을 수가 있다
는 게 그의 생각이다. 예를 들어 "홍보란 무엇인가"에 대해 끊임없이
생각하고 고뇌하다 보면 홍보의 본질을 알 수 있게 되고 자신만의 주
관을 정립할 수 있게 되는 것이다.

　어떤 사물이나 상황을 표현할 때 가장 적확한 단어는 하나밖에 없
다는 생각을 갖는 것도 중요하다. 이른바 '1물1어(1物1語)의 법칙'이
다. 어떤 단어, 어떤 표현이 그 상황에 가장 잘 맞을지를 끈질기게 고

민해 최상의 표현, 최적의 공감 논리를 발견하게 되면 큰 기쁨을 맛볼 수 있다고 한다. 그는 이런 습관들이 오랫동안 쌓이면 홍보업무를 하는 데 든든한 밑받침이 된다고 확신한다.

그는 흔히 홍보인이 갖춰야 하는 자질로 꼽히는 주량이나 친화력 등도 중요하지만 오히려 이런 자질보다 겸손한 자세와 진정한 마음이 더욱 절실한 홍보인의 소양이라고 역설한다.

그는 '자중자애'(自重自愛)와 '일체유심조'(一切唯心造)를 항상 마음속에 새긴다. 자중자애는 말이나 행동, 몸가짐을 매사에 신중하게 하고 품위를 지켜 자신을 소중히 여기고 사랑한다는 뜻이다. 일체유심조는 모든 것은 다 자신의 마음이 지어낸다는 의미로, 모든 일은 다 마음먹기에 달렸다는 뜻이다. 그는 홍보인에게 이 두 가지 경구를 항상 기억하라고 권한다.

홍보와 브랜드의 중요성을 알리기 위해 2001년부터 LG 신입사원들을 대상으로 브랜드와 기업문화에 대한 강의를 했다. 한 번에 적게는 3백 명에서 많게는 5백여 명을 대상으로 매년 20여 차례 강의한다. 앞으로도 자신을 필요로 하는 곳이면 기꺼이 찾아가서 경험과 노하우를 후배들에게 전해 주는 '재능기부'할 생각이다.

조계현

1943년 출생
1972년 경희대 국어국문학과 졸업
1973년~1976년 문화방송 · 경향신문 편집국 문화부 기자
1976년~1981년 MBC애드컴 차장
1978년 연세대 경영대학원 경영학 석사
1982년~1986년 라이프그룹 기획조정실 홍보부장
1986년 한국PR협회 부회장(현 자문위원)
1986년~1996년 우성건설그룹 기획조정실 전무이사
1988년 중앙대 신문방송대학원 PR광고 석사
1996년~ 국제PR연구원 원장
1996년~1997년 기아자동차그룹 구조조정본부 상임고문(부사장)
1997년 한국홍보학회 초대창립부회장(현 고문)
1998년 청주대 대학원 경영학 박사
2002년~ 국제PR협회 한국협회 회장
2008년~ 사단법인 브랜드마케팅협회 회장

수상 및 저서
《PR실전론》(커뮤니케이션즈북스, 2005)
《브랜드마케팅》(공저, 법문사, 2009)
《마케팅관리》(편저, 브랜드마케팅협회, 2011)
《지적재산권》(공저, 브랜드마케팅협회, 2011)

꿈과 이상이 높았던 30대 초반, 조계현은 사업을 하겠다고 MBC 기자직 사표를 내고 해외에 나갔다가 돈만 날리고 낙담 속에 귀국했다. 당시 MBC는 복직규정이 없었는데 귀국보고를 받은 이환의 사장과 최석채 회장의 배려로 MBC 자회사인 연합광고에 6개월 후 MBC로 복귀하기로 하고 시한부로 자리가 마련되었다. 잠시 머문 그 6개월이 평생 광고·홍보인으로 사는 직업이 될 줄은 그때는 미처 몰랐다.

광고 분야를 몰랐던 그는 나날이 몹시 무료했다. "일본은 〈덴츠〉, 미국은 〈애드에이지〉 등 광고 전문지가 있는데 왜 우리는 없는가?"에서 출발한 고민의 결과물이 바로 〈광고정보〉의 창간이었다. 국내외 업계소식과 광고주 인물 동정과 제품소개 등으로 매주 발행했으며 광고대행사에서 간행된 광고 주간지였다. 이때 연재했던 데이비드 오길비의 〈어느 광고인의 고백〉을 묶어 만든 것이 광고 관련 전문도서로서 첫 출판물이 되었다.

〈광고정보〉를 만들면서 광고 분야에 대한 관심이 높아졌다. 연세대 경영대학원에 입학해 경영학, 마케팅, 소비자행동 등을 수학했다. 광고에 차츰 매력을 느끼게 되었고 '광고는 기업 성장 발전의 견인차'임을 인식하게 되었다. 언론에 광고에 대한 칼럼도 쓰기 시작하고 광고주 관리에도 자신감이 생겼다. 당시 광고대행사에는 PR 분야 전문인이 없었고 소극적이었다. 광고주 CEO 동정 기사, 제품 퍼블리시티 등을 서비스해 주다 보니 대우가 좋았다. 광고 기획과 예산, 광고물 제작안과 카피도 즉석에서 작성, OK를 받았다. 스카우트 제안도 여러 차례 받았다. 밤샘작업이 즐거웠던 시절이었다.

MBC애드컴 재직 시 광고계 대부인 신인섭 선생을 만났다. 서울카피라이터즈클럽 창립이었다. 이낙운, 김태형, 권익표, 조병량, 문애란, 조봉구, 이만재, 최신하 선생 등이 초창기 창립 멤버였다.

당시 서울카피라이터즈클럽 창립 기사를 언론사에 부탁했더니 돌아온 말이 "기자하던 사람이 복사기 사업을 하게 되었느냐?"였다. 광고에 대한 사회적 인식이 미천했던 한 단면이었다. 그 무렵에 받은 서울카피라이터즈클럽의 '명예의 전당' 1호 수상은 지금도 그에게 자랑스러운 표창이다. 또 이낙운상 제정도 자랑스러워했다.

기업에서 광고의 기능과 역할에 대한 중요성이 차츰 높아가기 시작할 무렵, 중앙대 신문방송대학원에 광고·홍보 전공이 개설되었다. 김충기, 김명하, 권익표 선배와 이규홍, 문애란 등이 1981년도 1기 입학 동기이다. 리대룡 교수, 이준일 교수, 이정춘 교수, 이상수 교수, 이화여대 윤희중 교수, 고려대 원우현 교수들이 인재양성에 이바지했다.

MBC애드컴 6개월이 5년이 넘으면서 그는 우성건설로 자리를 옮겼다. 1년 매출액이 2천억 원에 불과했던 회사가 강남 일원동에 계획 중인 기자촌 아파트 3천억 원 건축공사를 현대건설을 제치고 수주했다. 투표 3일을 앞두고 언론사 동료들의 도움으로 우성건설이 시공사로 선정되었다. 인맥의 중요성을 새삼 느꼈다. 7백여 언론인들은 전세 값으로 내 집을 마련하게 되었다. "꿈의 보금자리 — 우성", "가치가 다르고 만족이 다릅니다", "선택에 확신을 드립니다" 카피도 그가 직접 썼다.

광고상도 여러 차례 받았다. 철저한 시장조사와 마케팅전략, 소비자 욕구충족을 위한 제품전략과 경영전략은 우성을 30대 그룹으로 성장시켰다. '광고는 예술이요, PR은 과학'임을 입증시킨 사례였다.

"기아의 장래는 조 공의 어깨에 달려 있소! 우리 회사를 지키고, 반드시 기아를 살리시오!"

우성그룹 10년의 아쉬움을 안은 채, 기아자동차 구조조정본부 상임고문 사령장을 수여하면서 김선홍 회장께서 하신 당부였다. 기아그룹에 영입된 고위직 외부 인사는 박필수 전 상공부 장관과 그가 유일했다. 그가 기아에 영입된 첫째 이유는 당시 삼성의 M&A 대상으로 기아자동차 흔들기가 한창이었을 때였다. 기아는 삼성의 자동차 사업 진출을 위한 '신수종사업' 전략의 대상이었다. 정부의 일부 고위층, 금융권 등이 가세해 기아의 운명은 마치 풍전등화와 같았다. 그러나 물증 잡기가 어려웠다.

세상에 비밀은 존재하지 않는다. 삼성의 '신수종사업계획서'가 입수되었다. 확인 작업에 두 달이 걸렸다. 김선홍 회장, 사장과 그, 이렇게 세 사람만 아는 비밀작전에 들어갔다. 〈동아일보〉 2판 머리기사는 삼성의 신수종사업 전모의 폭로였다. 큰 사건이었고 충격이 컸다. 정부도 금융권도 당황했다.

맥루한(Marshall McLuhan)은 "미디어는 곧 메시지이다"라고 갈파했다. 그 메시지는 여론이다. 삼성은 보안에 구멍이 뚫렸고 도덕성과 기업 이미지에 큰 타격을 입었다. 결국 삼성은 '신수종사업'을 인정했고, 자동차사업 진출을 접었다.

그는 "광고는 기업 성장 발전을 위한 예술 활동이라면 홍보는 기업을 지키는 방패이며 창"이라고 주장한다. 당시 사람들은 이 사건을 '홍보의 백미'라고 했다.

1997년 5월 20일 발족된 홍보(PR) 학회도 이 와중에 설립했다. 자본금을 만들고 규정을 만든 뒤 인허가를 받았다. 이화여대 윤희중 교수가 초대 회장을, 그가 부회장을 맡아 출범했고 세명대 서범석 교수가 홍보이사를 맡아 초창기 학회발전의 기반을 닦았다.

지금은 사단법인으로 등록되었지만 한국PR협회도 1986년 서울시에 사회단체 등록을 하고 PR무료상담센터를 만들어 중소기업의 PR업무를 돕기도 했다. 또 우리나라 최초의 PR 단체인 '국제PR협회'를 2010년 7월 22일 '한국국제PR협회'로 명칭을 바꿔 문화체육관광부로부터 사단법인 등록을 마쳤다.

그는 광고·홍보 업무와 관련, 회사 안팎으로 사임 압력도 여러 차례 받았다. 광고주협회 신문분과위원장을 하면서 언론사 구독률 전국조사를 실시해 이를 발표했을 때 〈조선일보〉, 〈동아일보〉, 〈중앙일보〉, 〈한국일보〉의 압력이 대단했다. 사표를 안 받으면 회사를 문제 삼겠다는 것이었다.

또 1988년 5월 15일 창간한 〈한겨레신문〉 1면에 광고를 게재해 관계기관으로부터 사임 압력을 받기도 했다. 목숨을 걸고 집행한 광고 지원에 고맙다는 인사는 아직까지도 없다.

이 무렵 한국ABC협회 발행부수 공사인증위원장을 맡아 〈동아일보〉가 최초로 공사 인증을 받았다. 언론사의 발행부수 공개는 그때나 지금이나, 유가지나 무가지 발행부수 인정 여부로 20여 년 동안 해결되지 않은 아킬레스건이다. "언론도 발행부수를 실명화하라"고 역설했으나 미움만 샀다. 그는 우리 언론의 양심은 아직도 미완성이라고 말한다.

당시 30대 그룹 홍보·광고 담당 임원들로 이뤄진 친목단체 'PRAD 클럽'을 만들었다. 겉으로는 친목단체이지만 언론계와 기업 간의 관계개선을 위해서였다. 조찬세미나와 골프모임을 정기적으로 시행했다. 편집국장, 경제부장, 사회부장, 편집부장과 광고국장 등이 참석하면서 언론에서 기업을 보는 시각도 많이 개선되고 친목도 다졌다.

초대 회장에 롯데 전무영 전무, 2대 회장에 기아 유영걸 사장으로 이어지면서 회장을 맡아 왔다. 이 멤버 중에는 박사학위 회원이 6명이다. 모두 대학에 나가 후진 양성에 봉사한다. 그도 서강대, 청주대, 중앙대와 성균관대 언론정보대학원에서 12년째 강의를 한다. 현업에서의 실패담, 성공담의 사례와 대응방안 등은 학생들에게 많은 도움이 되어 보람도 갖는다.

이를 바탕으로 한 그의 저서 《PR 실전론》(커뮤니케이션즈북스, 2005)은 20여 개 대학에서 PR이론과 실무사례로 구성되어 PR 기초 이론서로 활용되며 그 외에 《브랜드마케팅》(공저, 법문사, 2009), 《마케팅관리》(편저, 브랜드마케팅협회, 2011), 《지적재산권》(편저, 브랜드마케팅협회, 2011) 도 대학에서 교재로 쓰인다.

SNS, 유튜브, 트위터, 카카오 등 새로운 매체의 등장으로 이미 아날로그 시대에서 디지털 시대로 환경이 변하고 있다. MB 정부 때는 국정홍보처를 없애고 박근혜 정부는 브랜드위원회를 없애 버렸다. 광고는 정부부처 기관이 없다 보니 해체 수모는 면했다. 다행일까?

그는 다양화, 다변화되는 글로벌 시대에 기업과 국가 성장 발전에 견인차 역할을 해 오고 국위선양에도 크게 이바지해 온 광고·홍보 분야 정부 전담부처의 신설을 강조한다. "광고는 예술이며, 홍보는 과학"이라고 주창하는 이유이다.

조병량

1947년 출생
1972년 한양대 신문학과 졸업
1973년~1986년 〈서울신문〉 기자
       (주)오리콤 제작부장, 기획부장
       삼희기획 광고본부장, 제작본부장
1984년 한양대 대학원 석사
1989년 한양대 대학원 문학박사 (광고학)
1989년~2012년 한양대 광고홍보학과 교수
       언론정보대학 학장, 언론정보대학원 원장
2001년~2003년 제 7대 한국광고학회장
2003년~2009년 제 6, 7대 한국광고자율심의기구 회장
2011년~ 서울AP클럽 회장
2012년~ 한양대 언론정보대학 명예교수

수상 및 저서

1979년 문화방송·경향신문 광고대상 문안상
1981년 조선일보 광고대상 최우수광고주상 제작자상
1991년 〈매일경제〉 광고인대상 공로상
2001년 녹조근정훈장
2014년 홍조근정훈장
《광고기호론》(역, 열린책들, 1988)
《현대광고의 이해》(공저, 나남, 1998)
《광고캠페인 전략》(역, 톰슨코리아, 2000, 2006)
《광고카피의 이론과 실제》(공저, 나남, 2010)
《광고의 윤리와 법과 규제》(나남, 2012)

조병량 교수는 대학 졸업 후 언론과 광고 현장에서 17년, 대학 강단에서 27년, 지금까지 40년 넘는 세월 동안 광고 현업에서 학계로, 그것도 '최초'라는 타이틀을 수없이 달고 이 분야에서 남들이 누리지 못하는 기회와 혜택을 정말 많이 누렸다고 자평한다. 이 과정에서 기획 및 카피 분야의 첫 번째 현업출신 교수가 되어 후배 광고인들에게 일정 부분 역할모델이 된 것이 무엇보다 큰 보람이었음은 물론이다.

그와 광고의 관계가 공식적으로 시작된 것은 1975년이다. 1972년 한양대 신문학과를 졸업하고 〈서울신문〉에 근무하던 중이었다. 그때 대학동문이며 합동통신 광고기획실 AE였던 엄하용(전 DYR 사장) 사장이 추천하고 당시 이 회사의 유일한 카피라이터였던 이인구 제작부장(전 서울예술대 교수)이 카피라이터로 영입해 광고계로 이끌었다. 이렇게 해서 합동통신 광고기획실 제작국의 카피라이터로 광고계에 발을 들여놓고 이어서 1976년에는 서울카피라이터즈클럽(SCC) 창립 회원으로 활동하는 등 본격적인 카피라이터의 길을 걷게 된다. 1970년대와 1980년대의 OB맥주, 코카콜라, 대우전자, 대한항공, 피어리스 화장품, 나이키, 골드럽, 코오롱스포츠, 유한 킴벌리 등의 카피가 그의 작품이다.

얼마 후 신문사 선배인 권오휴 전 닐슨코리아 사장을 기획국 AE로 추천해 같은 직장에서 일하게 되었다. 이러한 관계는 1983년 오리콤을 떠나 삼희기획(현 한컴) 설립 작업을 함께하고 그가 1986년에 광고 현업을 그만둘 때까지 계속되었다. 1984년, 먼저 국민대 교수로 자리 잡은 윤호섭 교수(합동통신 광고기획실 선배) 권유로 동덕여대와 국민대에서 광고론 강의를 시작한 것이 학계와의 첫 만남이었다. 이후 삼희기획 광고본부장을 거쳐 제작본부장을 끝으로 광고 현업 생활을 정리했다.

이후로는 1986년 광주대 신문방송학과 전임강사, 1987년부터 한국방송광고공사 광고연구소 연구위원으로 2년 반, 이어서 1989년 2월

한양대 대학원 박사과정 졸업과 같은 해 9월 한양대 광고홍보학과 교수(부임하자마자 학과장), 그리고 한양대 언론정보대학장, 언론정보대학원장, 한국광고학회장 등을 거쳤다.

그 과정에서 업계와 학계로부터 기획 및 카피 분야 현업출신 교수라는 혜택을 과분하게 누릴 수 있었던 것은 큰 행운이었다. 지금처럼 광고 관련 학과도 광고 전공 교수도 많지 않던 그 시절에는 연구할 분야도 많았고 아무것이나 해도 첫 번째 연구가 되는 행운이 뒤따랐다. 학위논문은 광고기호학 분야를 국내 광고계와 학계에 알리는 효과가 있었고 광고공사 연구위원 시절의 관심 분야와 연구로는 한국 광고시장 개방과 관련된 연구가 있다. 이는 몇 편의 연구 보고서에 이어 《광고시장 개방백서》(한국광고업협회, 2001)로 정리되어 발간되었다. 이 분야 역시 본격적으로 연구되어 발표된 것으로는 국내 최초였다.

1990년에는 〈광고자율심의기구 설립 기초조사 보고서〉(한국광고단체연합회)를 통해 세계 각국의 광고심의제도 및 기구, 심의 내용 등에 관한 종합적 연구 결과를 발표했고 이를 토대로 1991년 '한국광고자율심의기구'가 설립되어 오늘에 이른다. 그는 무엇보다 당시 광고학 교수로서 한국광고자율심의기구 창립 작업에 참여해 이론 제공 및 기초 작업을 이끌어 온 것을 큰 보람으로 기억한다.

이어서 한국광고단체연합회로부터 한국의 광고 관련 법규에 대한 연구를 의뢰받아 한국 최초로 광고 관련 법규 전체를 분류하고 정리하는 작업을 진행해 보고서를 발간했다. 182개 법규에서 998개의 광고 관련 조항을 찾아내 분류하는 방대한 작업이었으나 그 후의 후속 작업이 이루어지지 않아 아쉬움이 있다.

특히, 광고 관련 법규, 제도, 심의 등의 초기 연구 덕분에 1990년대 초반부터 각종 정부기관, 광고 관련 단체 등의 업무에 관여하게 된다.

1997년부터 무려 11년 동안 공정거래위원회 표시광고심사자문 위원 장을 맡은 것을 비롯해서, 간행물윤리위원회 위원 겸 광고심의위원장 (6년), 방송위원회 광고심의위원(3년), 대통령자문 방송개혁위원회 실행위원, 광고자율심의기구 설립 소위원, 심의위원장 및 회장(6년), 대한민국광고대상을 비롯한 각종 광고상 심사위원장, 대통령직속 국가브랜드위원회 민간위원 등이 이에 속한다. 이 역시 광고학자의 수가 많지 않은 초기에 나타나는 어쩔 수 없는 사정이자, 그에게는 혜택이었다고 할 수 있다.

한국광고학회장 시절에는 일본과 중국의 광고학 관련 분야 상호교류와 협조체제를 구축하는 일에 심혈을 기울였다. 당시 중국 매체에 한국 광고계가 공식 소개되고 학회장인 그는 중국 광고협회로부터 5회에 걸쳐 초청받아 광고법제, 심의와 관련된 발표를 했다. 또한 중국 국제광고대상 심사, 월드컵 마케팅 사례 소개 등 중국 시장에 한국 광고를 알리고 중국 광고 사정을 한국에 알리는 중요한 가교 역할을 했다. 중국뿐만 아니라 일본 광고학회로부터도 3회에 걸쳐 발표자로 초청받는 등 한중, 한일 광고 학술 교류의 주춧돌을 놓은 것 역시 큰 보람으로 여긴다.

중국광고협회 양페이칭(楊培靑) 회장과 함께 (2002)
(아래 사진 왼쪽이 조병량 교수, 오른쪽이 양페이칭 회장)

조병량 교수는 광고를 윤리적, 철학적, 인문학적 관점에서 조금은 깊고 넓게 보고자 한다. 광고도 광고인도 충분히 존경받을 수 있다는 점을 보여 주고 싶기 때문이다. 윤리적 자본주의 시대에는 광고도, 광고인도, 광고학자의 역할도 좀더 윤리적이어야 하기 때문이다.

그는 언제부터인가 '광고가 사람들을 행복하게 할 수 있는가?'라고 스스로에게 질문하며 답을 찾는다. 그러기 위해서는 광고가 하는 일이 지금보다 조금은 더 커져야 하고 지금보다 더 넓고 높은 세상을 그릴 수 있어야 한다고 믿는다. "광고주, 광고인뿐만 아니라 이 세상 모든 이들을 위한 광고"가 되어 광고가 때로는 '광고 이상의 힘'을 가져야 한다는 것이 꿈이다.

그래서 조병량 교수가 생각하는 '좋은 광고'란 광고주와 광고인뿐만 아니라 모든 이를 행복하게 하는 광고, 즉 '인간을 위한 광고'이다. 이런 광고의 사회적 역할 확대를 위해 힘쓴 결과 정부로부터 2001년에 녹조근정훈장을, 2014년 홍조근정훈장을 받는 등 두 번에 걸쳐 훈장을 받는 영예를 누렸다.

조봉구

1947년 출생
서강대 철학과 졸업
연세대 경영대학원 수료
고려대 국제대학원 수료
중앙대 신문방송대학원 수료
1973년~1977년 종근당 판촉부 선전과 카피라이터
1977년~1994년 럭키개발(현 LG애드) 카피과장,
　　　　　　제작부장, CM제작부장, 제작팀장,
　　　　　　LG애드 광고국 이사
1994년 LG애드 상무이사
　　　　서울카피라이터즈클럽 회장
1996년 제35차 국제광고협회 세계광고대회
　　　　마케팅PR분과 위원장 겸 대변인
1998년~2004년 LG애드 광고1본부장 상무
　　　　　　CR1본부장 전무, CR1본부장 부사장
2005년~2006년 농심기획 대표이사

수상 및 저서
1981년 한국방송광고대상 개인상
1994년 국무총리 표창

순간의 선택이 10년을 좌우합니다.

한국 광고사에서 이만큼 많이 방송을 타고 이만큼 사회 문화적으로 다양하게 복제, 재생산된 슬로건이 또 있을까. 이 슬로건을 만든 주인공은 카피라이터 조봉구 사장이다. 그러나 그는 "나 혼자 만든 게 아니다"라고 강조한다.

"광고라는 게 혼자만의 작업이 될 수 없어요. 여러 아이디어와 분석이 나오는 과정에서 누가 그걸 잡아내느냐가 중요한 작업이거든요. 그게 광고 일의 특성이에요."

애초에 이 슬로건은 컬러 TV 세트 광고 문구에서 시작됐다. 1981년 금성전자의 TV '하이테크'의 광고를 제작했는데, 상당한 고가 제품이었기 때문에 내구성을 강조하는 쪽으로 가닥을 잡았다. 한 번 사면 오래 쓸 수 있으니 잘 선택하라는 의미로 "하이테크를 사면 10년을 후회하지 않는다"라는 카피를 사용했다.

"그런데 그걸 회사 임원이 보고 잘 다듬어서 금성의 모든 광고에 쓰라고 한 거죠. 그렇게 금성의 회사 슬로건이 된 거예요."

그는 1973년 종근당 선전부에 입사하면서 광고인의 길로 들어섰다. 당시는 광고산업이 제대로 자리 잡기 전이었고 대부분의 광고를 동아제약, 유한양행, 종근당 등의 제약회사에서 담당하던 시절이었다.

"요즘처럼 광고회사가 꿈의 직장이 된 젊은이들에게는 생소한 얘기겠지만 당시에는 카피라이터가 뭔지도 모르고 '전공불문'이라는 문구만 보고 지원했어요. 영한사전에도 없던 단어라 도서관에서 영영사전을 찾아보고서야 알았을 정도니까요."

서강대 철학과를 졸업한 그는 유학을 준비하다가 '임시'라는 생각으로 취업했다. 300 대 1의 경쟁을 뚫고 시작한 광고일은 평생의 업이 되었다. 1977년 럭키개발 선전실로 자리를 옮겼고 1978년부터 오늘날 LG애드의 전신인 신생 광고회사 희성산업에서 카피라이터로 일을 계속했다.

"카피에 대한 생각도 계속 변화했어요. 처음엔 그저 미사여구를 쓰는 것인 줄 알았는데 디자이너들과 작업을 하면서 포토 에세이처럼 그림과 잘 맞아야 한다는 생각을 하게 됐죠. 그러다가 책도 읽고 공부를 많이 하면서 이게 '장사'구나 하는 인식을 하게 됐고 마지막에는 삶과 사회를 연출하는 중요한 일이라는 생각, 즉 '예술의 형식을 빌린 장사'라는 데에 생각이 미치게 됐어요."

광고인들이 광고를 만들다 보면 사람들의 시선을 끌기 위해 선정적인 내용이나 표현을 사용하기도 한다. 하지만 그는 광고는 매체나 사회에 미치는 영향이 크기 때문에 책임감을 가져야 한다고 생각했다. 나중에 자신이 만든 광고를 보고 "물건 팔려고 별짓 다 했구나"라는 소리는 들으면 안 된다는 생각, 광고에서 표현된 것이 그 사회의 수준을 가늠한다는 생각을 놓지 않았다.

그의 대표작은 금성 TV를 비롯한 다양한 금성사 제품의 광고와 "늘 애인 같은 아내"라는 카피로 유명한 뜨레아 화장품, "사랑해요 LG"의 LG CI 캠페인 등이 있다. 특히, LG CI 캠페인은 기업 CI 카피로는 이례적인 감성적 표현을 내세워 큰 성공과 화제를 몰고 온 작품이었다. 이 캠페인을 전개할 때는 책임자였다. 당시 새로운 CI에 대한 설명이나 이념을 담은 수많은 안을 놓고 고민하던 중에 차라리 부드럽게 정서적으로 다가가면 어떻겠냐는 이야기에 귀가 번쩍 뜨였다고 한다.

"마음에 탁 와 닿으면서 새로운 지평이 보였어요. 다른 회사도 다하는 논리적인 이야기는 안전하긴 하지만 뻔하거든요. 근데 이거는 실패할 수도 있겠지만 어쨌든 강력하겠다 싶었어요."

97 한국광고대회(1997)

그 후로 캠페인의 방향을 확 틀었고 광고주 설득에도 성공해 전혀 새로운 캠페인을 전개할 수 있었다. 좋은 직원들과 광고주를 만나 행복했던 작업이었다. 아무리 좋은 기획도 광고주를 잘못 만나면 빛을 못 보는 경우가 많다는 것을 잘 알기 때문에 "운이 좋았다"는 표현을 사용하기도 한다.

이런 활동 덕분에 광고 관련 수상경력도 화려하다. 그런 그가 가장 영예롭게 여기는 상은 서울카피라이터즈클럽에서 받은 상이다. 변변한 트로피도 없이 붓으로 써 액자에 넣어 준 상장 하나가 전부이지만 동료와 선배들에게 인정받았다는 자부심이 크기 때문이다.

그는 광고계에서도 학구파로 통했다. 여러 차례 광고대회에서 토론에 나선 것은 물론 곳곳에서 수많은 특강을 하고 대학에서 겸임교수로 활동하기도 했다. 광고인이 되려면 철학을 공부하고 인생을 알아야 한다는 것이 그의 소신이다. 광고는 기술이 아니라는 생각이다.

"디자이너 등 광고 종사자들과 일하다 보면 답답할 때가 많았어요. 기술은 수단에 불과한 것이고 진짜 중요한 것은 생각을 어떻게 하느냐, 즉 인문학적 배경이 있어야 하는 것이기 때문이죠."

그러나 동시에 '광고는 팔지 못하면 아무것도 아니다'라는 현실인식

또한 강하게 갖고 있다. 그가 첫 면접에서 광고가 뭐냐는 질문을 받고 했던 대답은 지금도 유효하다.

"광고는 소비자에게 보내는 러브레터입니다."

그 소비자를 '꾀기' 위해, 내 편으로 만들기 위해 소비자에 대해 알아야 하고 연구해야 하는 것이다. 삶을 연출하는 일이라는 생각으로 인문학적 배경을 갖고 과학적, 경제적으로 접근하되 사회적으로 큰 영향을 끼침을 인식해야 하는 일이 광고라는 것이다.

조봉구 사장은 지난 2006년 농심기획 사장을 끝으로 광고계를 떠난 이후 새로운 인생의 길로 들어섰다. 봉사활동을 하면서 카톨릭교리신학원에서 신학 공부를 시작한 것이다. '인생에 대한 궁금증' 때문에 은퇴하면 종교 쪽의 공부를 하고 싶다는 바람을 품었는데 그 바람대로 행복한 길을 걷기 시작한 셈이다.

1947년 출생
1975년 한양대 문리대 연극영화과 졸업
1975년 합동통신 광고기획실(현 오리콤) 제작국 입사
1980년~1984년 (주)오리콤 코카콜라 크리에이티브 그룹 헤드
          (크리에이티브 디렉터)
1984년 선우프로덕션 제작이사, 감독
1989년 (주)스펙트럼-프로덕션 대표이사, 감독
1993년 서울예대 광고창작과 겸임교수
2002년 한국광고자율심의기구 공중파부문 심의위원

수상 및 저서
1981년 한국광고대상 음료부문 우수상(코카콜라)
1986년 한국광고대상 패션부문 우수상(영에이지)
1986년 Creativity 26 Award of Distinction
1987년 Creativity 27 Gold Medal Award
          The RX Club Silver Video Award of Excellence
          뉴욕페스티벌 파이널리스트
1988년, 1989년 한국광고대상 TV광고 편집상(2회 수상: 삼성AF카메라)
2006년 이후 사진전 6회(개인전 3회)

차
정
호

차정호 감독은 1975년 9월 1일, 합동통신 광고기획실(현 오리콤) 제작국에 조감독으로 입사했다. 그것이 광고인생의 첫 출발이었다. 1977년, 감독으로서 첫 작품 코닥 컬러(필름)의 TV CM을 연출했다.

우리나라의 코카콜라 광고를 말하려면 차정호 감독을 빼놓을 수 없다. 거꾸로 차정호 감독을 이야기하려면 코카콜라를 빼놓을 수 없다. 광고계에 그의 명성을 알린 광고였고 스스로에게는 잊지 못할 광고였던 까닭이다. 하나 더 있다. P&G 역시 그와 불가분의 인연을 맺었다.

"27년의 광고 경력 중 가장 큰 영향력을 줬던 광고주는 단연 코카콜라와 P&G입니다. 이 두 광고주를 통해 광고에서 목표와 전략이 왜 필요하고 또 얼마나 중요한지 배우고 익힐 수 있었습니다. 모든 광고주가 그들의 광고 캠페인에서 광고 목표와 전략에 대해 말하지만 이두 광고주가 가장 철저했죠."

단지 재미와 영상과 CM송으로 기억하는 소비자에게는 쉽게 모습을 드러내지 않는 광고의 배경과 전략에 관한 이야기이다. 첫 직장인 오리콤의 조감독에서 코카콜라의 CD를 맡기까지 숱하게 경험했을 광고주와의 미팅과 갈등 그리고 합의에 이르는 과정에서 터득한 그만의 노하우가 그를 선우프로덕션의 감독으로 이끌었다. 당시는 CM 연출부문이 종합광고대행사와 프로덕션에서 동시에 이뤄지던 시기였다. 세종문화와 쌍벽을 이루던 CF프로덕션에서 그의 역량은 날개를 펼쳤다.

왜 두 광고주를 그토록 강렬하게 기억할까? 하나는 냉탕, 하나는 온탕이었기 때문이다. 숱한 작품을 연출하고 여러 사람의 기억에 남길 수 있었던 비결이었을까.

"두 광고주 모두 광고 캠페인 전략을 매우 디테일하게 수립한다는 면에선 같지만 실제 제작과정에선 좀 판이했어요. P&G 브랜드의 TV CM을 연출할 때는 제작 전 회의(pre-production meeting)에서 합의된 연출 콘티(*director's treatment*)에 있는 어느 한 장면(*shot*)도 임의로 바꾸거나 첨가할 수가 없었습니다. 장면마다 장면별 오브젝트(*scene-by-scene objective*)가 명확하게 기록되어 촬영 현장이나 편집과정에서 연출자가 임기응변으로 어느 장면을 넣거나 뺄 수 없었죠.

시대 변화에 따라 지금은 그런 면에서 유연해졌겠지만 이는 현재의 담당자들에게 확인해 봐야 할 사항입니다. 반면 코카콜라의 경우에는 전략에서 벗어나지 않는 한 연출자의 순간적 아이디어를 최대한 반영해 줬습니다. 오히려 그런 것을 기대하는 편이었죠."

연출자의 입장에선 P&G가 답답하다고 느껴질 때도 있었지만 그래도 빈틈없고 정확해서 좋았다. 당연히 작품완성 후에 뒷말의 소지가 없어 더욱 좋았다.

"코카콜라는 P&G와 달리 매우 유연해서 연출자가 상상력을 최대한 발휘하고 즐기면서 작업할 수 있어 또 다른 매력이 있었습니다. 이렇게 전혀 다른 타입의 두 광고주들과 작업을 하면서 냉탕과 온탕을 번갈아 드나들며 나를 단련시킬 수 있었다고 생각합니다. 코카콜라와 P&G를 만난 것은 흔히 가질 수 없는 행운이었죠."

자, 이쯤 되면 행복한 감독의 행복한 이야기가 아닌가? 그 후 그는 2002년까지 650여 편의 TV광고를 제작, 연출했다.

그리고 늘 행복하기만 했을까? 냉탕과 온탕에서 단련된 체질과 성품이 스스로 행복을 찾아내는 지혜로 바뀐 건 아닐까. 아래는 차정호 감독의 주요 작품 목록이다.

삼성 AF카메라, 리바이스, 아모레 화장품, 드봉화장품, 로레알, P&G 팬틴샴푸, 바셀린, 위스퍼, 팸퍼스, 캔 네스카페, 코카콜라, 켈로그, 테이스터스초이스, 환타, 스프라이트, 존슨앤존슨 클린앤클리어, 베이비파우더, 베이비오일, 마스터 카드, 하이트맥주, 맥도날드 …

국내 광고주와 작업이 없었던 것은 아니지만 단연 외국 광고주의 광고들과 인연이 많았다. 냉탕과 온탕 아닌 것이 없었던 그의 제작물은 지금도 대학 강의에서 종종 거론된다.

서울예대 광고창작과 겸임교수로 20여 년 동안 CF를 강의하며 후배나 제자들에게 당부하고 싶은 말은 어떤 것일까?

"해외 유명 광고제에서 수상한 작품이나 선배들의 작품을 너무 참고하지 말아야 합니다. 그러다 보면 타인의 작품에 영향을 받아 나만의 것을 창조하기 힘듭니다. '한 번도 본 적이 없는 것'을 만들려면 힘이 좀 들더라도 참고서로부터 독립해야만 합니다. 좀 과격하게 말해, 광고 자료를 모두 불태워야 합니다. 가능하면 유명인을 모델로 사용하지 말아야 합니다. 유명인의 사용은 아이디어가 없을 때 하는 최후의 수단입니다."

많은 시간을 함께했던 민병수 전 오리콤 대표는 그를 한마디로 이렇게 기억한다.

"차정호 감독은 참 믿을 만한 감독이었습니다."

외국계 광고주를 오래도록 맡아 기획하는 입장에서 함께 일하며 느꼈던 마음속 이야기는 신뢰였다는 것이다. 그것이 차정호 감독에 대한 인물평이다.

1943년 출생
1969년 성균관대 경영학과 졸업
1969년 현대건설 입사, 현대정공 부사장, 현대건설 부사장 등 역임
1994년~2001년 금강기획 대표이사 사장
1997년 현대방송 사장
2002년~ 그레이프커뮤이케이션즈 회장, 동국대 석좌교수
2003년~2006년 〈서울신문〉 사장

채수삼

수상 및 저서
2000년 국민훈장 동백장
한국마케팅 대상
자랑스러운 성균경영인상

채수삼 회장을 설명하는 가장 간명한 단어를 꼽자면 '현대맨'일 것이다. 30년 넘게 현대 계열사에서 일했다는 이력 때문만은 아니다. '하면 된다'는 현대 특유의 신념으로 도전하며 살았다는 점에서 그러하다. 뒤늦게 낯선 광고계에 들어와 인구에 회자될 만한 성과를 이룬 것도 그런 노력 덕분이었다.

　그는 1969년 현대건설에 입사해 13년 동안 해외업무를 담당했고 현대중공업 상무이사, 현대정공 부사장, 현대자원개발 대표이사 부사장, 현대건설 부사장 등을 거쳐 1994년 종합광고대행사인 금강기획 대표이사직을 맡았다. 1994년 1월 1일 금강기획 대표이사로 선임되었을 때만 해도 그는 광고에 문외한이었다.

　"하늘이 노랬어요. 25년을 건설, 중공업, 자원개발 쪽에서 일했던 광고의 '광'자도 모르는 사람한테 광고를 하라고 했으니까요. 하지만 미국, 영국, 독일 등 광고 선진국에서 생활하면서 보고 느낀 감각은 있다고 생각했기에 하면 된다는 자신감으로 부딪쳤죠."

　그는 광고와 관련된 신문, 잡지, 전문서적을 확보해 틈틈이 읽으며 광고 지식을 습득하고 대학원에서 광고학 석·박사학위를 땄다. 거기서 멈추지 않고 IAA 국제광고대회에도 참석해 견문을 넓히려 애썼다.

　하지만 광고 지식보다 더 큰 문제는 문화적 간극이었다. 그는 젊은 시절부터 고희를 넘긴 지금까지 새벽 4시 30분에 일어나 기도와 운동으로 하루를 시작하고 8시 반이면 출근하는 일상이 몸에 밴 '얼리 버드'이다. 그러나 광고회사 직원들은 태반이 '올빼미족'이다. 이런 직원들을 이해하고 믿어주는 것이 업무 파악의 시작이었다.

　"IAA 컨벤션에서도 정작 세미나에는 나를 포함해 두어 명밖에 안 와 있고 다들 놀러 가더라고요. 처음엔 이해할 수 없었는데 나중에는 '어쩌면 놀러 다니는 것도 광고를 배우는 것이 아닐까'하는 쪽으로 생각을 바꾸게 됐어요. 그래서 1997년부터는 직원들만 보냈어요. 자유로운 분위기에서 배우라고요."

금강기획은 1994년 당시 직원 206명에 매출액 1,160억 원으로 업계 6위 정도의 규모였다. 현대자동차의 광고를 전담했다는 걸 고려하면 그 외에는 실적이 신통치 않았던 셈이다. 그는 직원들과 면담한 후 무엇보다 광고의 기초랄 수 있는 '크리에이티브'에 주목했다. 크리에이티브의 질을 높이기 위해서는 직원들의 사기 진작과 신바람 나게 일할 수 있는 분위기를 만드는 것이 시급하다고 판단했다.

제일 먼저 직원의 임금을 20~30% 올렸다. 좋은 인력을 확보하기 위해 실력 있는 신입직원을 뽑고 스카우트도 했다. 직원들의 요구를 최대한 수용하려 노력했다. 재교육을 위해 워크숍을 여는 한편 친화적인 분위기를 위해 주말마다 축구를 했다. 매달 전 직원을 대상으로 크리에이티브 콘테스트(Diamond Creative Contest)를 열어 무엇이든 창의적인 것을 그려내면 수상자에게는 흡족할 만한 포상을 했다. 대학생을 대상으로 섬머스쿨도 열었다. 회사 분위기가 역동적으로 바뀌며 이는 곧 실적으로 나타났다. 1년 후 1,700억 원의 매출을 달성하며 업계 4위에 오르자 직원들의 자신감이 커졌다.

그는 일하는 사람이 인정받는 분위기를 만들기 위해 열심히 하는 임직원에겐 더 많은 기회를 줬다. 매년 두 명씩 뽑아 시애틀 워싱턴대학으로 교육을 보냈다. 한 명당 2만 달러가 드는 과정인 데다 기간이 두 달이어서 부담이 컸지만 아낌없이 투자했다. 뉴욕 스쿨 오브 비주얼아트에도 해마다 직원을 보냈고 런던, 독일 등 유럽에서도 교육의 기회를 갖도록 했다. 투자하는 만큼 직원들의 크리에이티브와 회사 분위기가 좋아졌다. 그도 젊은 감각을 유지하기 위해 옷차림이나 사이클 같은 작은 것부터 사고까지 바꾸려고 노력했다.

이런 변화 덕분에 금강기획은 2000년에 매출 5천 4백억 원을 기록하며 업계 2위 규모로 올라섰다. 불과 6년 만에 매출 규모 5배 성장이라는 창사 이래 최고의 실적을 기록한 것이다. 이런 괄목할 성장은 광고업계뿐 아니라 경제계 전체에서 큰 화제가 되었다. 그 역시 여러 매체에서 '최고의 CEO'로 꼽히며 인터뷰와 강연 요청이 이어졌고 한국외대 겸임교수도 제안받았다. 2000년엔 경영성과를 인정받아 국민훈장 동백장을 받았다. 보수적인 현대그룹 내에선 '너무 튀는 것 아니냐'는 질타를 받기도 했지만 광고회사라는 특수성 덕분에 곤경에서 벗어날 수 있었다.

그는 1997년부터 현대방송 사장도 겸했다. 현대그룹은 1993년 케이블TV가 출범할 때부터 이를 기반으로 엔터테인먼트 사업을 본격화하려는 그림을 그리고 사업을 확장했던 것이다. 실제로 이 시기에 금강기획은 본업인 광고뿐만 아니라 영화 제작, 애니메이션 제작 및 유통, 스포츠 마케팅 등의 사업을 의욕적으로 벌였다. 케이블TV 사업 진출을 위해 베이츠(Bates)사의 금강기획 지분 10%도 인수했다. 외국계 지분이 없어야 케이블TV 사업을 할 수 있었기 때문이다.

대신 베이츠와는 합작사를 따로 만들기로 약속했는데 이것이 바로 1996년 세운 DBK(Diamond Bates Korea)이다. 그는 DBK의 사장도 맡았는데 이는 1999년 말 금강기획의 지분을 CCG 그룹(베이츠는 CCG의 계열사)에 매각하고 반대로 DBK의 지분은 그가 사들이면서 복잡한 경영권 문제로 번지는 시작이 되기도 했다. 그는 결국 2001년 금강기획에서 퇴임했다.

금강기획에서 물러난 후 DBK의 지분을 모두 인수하고 사명을 '그레이프커뮤니케이션즈'로 바꾼 후 독립 광고회사로 새로운 출발을 한다. 금강기획에서와 같이 직원들의 크리에이티브 능력을 무엇보다 중

488

시했다. 2002년 제작, 집행한 BC카드의 〈부자되세요〉 광고는 그 대표적 결과물이었다. 이후 그레이프커뮤니케이션즈는 크리에이티브가 강한 회사로 정평이 나면서 대형 광고회사들 틈에서 자리 잡고 성장한다.

그는 2003년 〈대한매일신문〉의 대표이사로 부임하여 2004년 제호를 〈서울신문〉으로 다시 바꾸고 2004년 매출 18% 신장을 기록하기도 했다. 3년간의 임기를 마친 후 2006년에 그레이프커뮤니케이션즈로 돌아온 후 다시 한 번 도약을 꾀했다. 2007년 대선 때는 이명박 후보의 〈욕쟁이 할머니〉 TV광고를 제작하기도 했다. 하지만 독립 광고회사로서 성장세를 이어가기란 쉽지 않았다.

"금강기획에 있을 당시에는 사실 이런 문제를 느끼지 못했는데 독립 에이전시를 해 보니 어려움이 너무 컸어요. 인하우스 에이전시가 시장을 장악한 한국 광고계의 현실이 걱정스럽기도 합니다."

채수삼 회장의 경영철학은 한마디로 '섬기는 리더'(*servant leader*) 이다. 최고경영자(CEO) 란 뒤에서 돕는 사람이고 솔선수범해야 한다는 것이 아직 현역에서 일하는 그의 신념이다.

최덕수

1930년 출생
1955년 고려대 환경화학과 졸업
1956년 영창산업 광고담당
1956년~1961년 HLKZ TV 프로듀서
1958년 메릴랜드대학 스피치학
1961년~1963년 KBS TV편성, 영화 계장
1964년~1975년 TBC-TV 편성국 국장, 업무국 국장
1967년 시러큐스대학 방송학
1969년 고려대 경영대학원 경영학
1975년~1977년 제일기획 영업본부장 이사
1977년~1980년 태평양(아모레퍼시픽) 홍보담당 이사
1980년~ 대광기획 대표이사 회장

수상 및 저서

1971년 국무총리 표창
《세계 명작광고 200선》(현대홍보출판사, 1988)
《광고의 체크리스트》(역, 현대홍보출판사, 1988)

최덕수 회장의 어릴 적 꿈은 화학자였다. 집에 실험실을 설치해 공부할 정도로 열심이었지만 6 · 25 전쟁은 그의 삶을 완전히 바꾸어 놓았다. 전쟁 발발 후 입대해 육군본부 심리전 담당부서에서 카피라이터 및 디자이너로 근무하다가 UN군사령부 심리작전처로 파견되었다.

이곳에서 심리학, 광고, 디자인, 언론에 관한 풍부한 지식을 얻을 수 있었고 많은 영화 관람을 통해 영상에 대한 앞선 감각을 익히게 되며 광고란 일종의 심리전이라는 것을 깨닫는다. 그는 광고 영역에서 특별한 재능을 인정받아 제대 후에 상관의 소개로 영창산업(현 영창악기) 광고담당으로 일하게 되었으니 군생활의 경험과 인연이 그를 광고계로 이끌었다고 할 수 있다.

1956년 최초의 상업TV 방송사인 종로의 KORCAD-TV(HLKZ-TV)가 개국을 축하하기 위해 〈개국 특집 쇼〉를 방영하기로 했다. 영창산업은 소속 가수들을 이 프로그램에 독점 출연시키며 출연료 대신 광고를 무료로 방송한다는 조건을 내걸었다. 이때 그가 유니버설 레코드의 '깨지지 않는 레코드'라는 광고를 제작해 제공했으니 우리나라 최초의 TV 상업광고는 그의 아이디어와 손에서 나온 것이다.

이후 그의 재능을 알아본 HLKZ-TV 사장에 의해 스카우트되어 방송 프로듀서로 일하게 된다. 그곳에서 방송계의 원로인 최창봉 부장을 만나 오랜 세월 함께한다.

1959년 HLKZ-TV가 화재로 전소하자 AFKN에서 프로그램을 맡아 일하면서 풍부한 광고 지식을 토대로 월간지 〈새 광고〉에 '방송광고작법'을 게재했다. 이후 1961년 KBS-TV 개국에 참여해 일했고 1964년 TBC-TV 개국 시 스카우트되었으며 1975년까지 그곳에서 편성국장 및 업무국장으로 일하게 된다.

그가 편성국장을 맡을 때 방영된 〈아씨〉는 TV 방송사상 최고의 시

우리나라 최초의 TV 상업광고인
유니버설 레코드 광고

청률을 기록한 프로그램으로 광고시장에서 TV 매체의 가치를 높이는
역할을 했다. 업무국장으로 보직을 옮기고 나서는 수차례 '광고 세미
나'를 개최해 광고계의 발전을 도모했으며 새로운 광고회사들을 인정
했고, 선진국의 사례를 바탕으로 대행수수료를 합리적으로 책정해 광
고계의 환영을 받았다.

　이러한 노력들은 우리나라 초창기 광고회사들이 자리 잡는 데 크게
기여했다. 또한 공공광고는 요금을 반액으로 책정해 적극적으로 홍보
할 수 있게 함으로써 공공의 이익에도 부합하도록 했다. 그의 광고에
대한 감각과 지식은 광고주에게도 많은 도움이 되었다. 일례로 삼성
전자의 "앞서 가는 새 기술 삼성전자"라는 광고 슬로건은 3년간이나
회사의 대표 슬로건으로 사용되기도 했다.

　1975년 12월에 그는 제일기획 영업본부장으로 자리를 옮겨 직접 광
고계에 투신한다. 당시 골치 아픈 현안이었던 에버랜드 개장 슬로건,
삼성전자 가전제품 광고 등을 척척 해결해 능력을 인정받으며 제일기
획이 현재의 위치에 이르는 데 일조했다.

　1977년에는 광고주로 이동한다. 아모레퍼시픽(현 태평양) 홍보담
당 이사로 취임해 "화장품은 외모만이 아니라 마음도 아름답게 한다"

는 캠페인을 펼쳐 좋은 평가를 받았으며 한국광고단체협의회 부회장으로 선출되어 '광고의 날'을 제안했다.

1980년에는 스스로 양질의 광고를 만들고 싶다는 생각으로 직접 종합광고회사인 대광기획을 설립한다. 그는 현재까지 대광기획을 운영하며 현대자동차, 삼양식품, 농심 등 3백편 가량의 수많은 CF를 제작했다.

그는 그만의 풍부한 지식과 경험을 바탕으로 전문가 및 대중에게 광고를 소개하는 일도 게을리하지 않았다. 광고 아카데미, 한국광고연구원 등에서 '세계명작광고' 강의를 십수 년 동안 이끌며 라디오나 신문 등에 광고 소개 코너를 지속적으로 진행했다.

《세계 명작광고 200선》(현대홍보출판사, 1988), 《광고의 체크리스트》(역, 현대홍보출판사, 1988) 등을 책으로 펴내 후학들에게 도움이 되도록 했으며 한국문화광고제작자협회 등에서 임원을 수년간 맡아 업계 발전을 도모하면서 선배로서의 책임을 다했다. 또한 그의 안목은 각종 광고 관련 전문지를 키우는 데 사용되기도 했다.

화학도가 꿈이었던 그는 전쟁으로 인생의 행로가 바뀌어 광고계에 입문하기는 했지만 학구열과 재능만은 남달랐다. 끊임없이 선진국의 이론과 사례를 공부했으며 뛰어난 감각은 어느 영역에서든 그를 돋보이게 했다.

그는 매체사, 광고주, 광고제작자 및 학자로 활동하면서 우리나라 최초의 TV광고를 제작했고 TBC의 탄생에 기여해 광고 매체를 탄생시키는 역할을 했다. 광고회사의 문호를 개방하고 수수료를 합리적으로 책정해 광고계의 발전을 이루는 데 초석이 되기도 했다. 그리고 세계의 명작광고를 국내에 소개했고 그가 아는 지식을 강의하고 책으로 펴내 후학이 나아갈 바를 제시했다.

최덕수 회장이 광고계에 끼친 업적이 이렇듯 풍부한 만큼 그의 나이는 이제 팔순을 훌쩍 뛰어넘었다. 그러나 그는 아직도 광고계를 떠나지 않았고 바람 또한 여전하다.

광고가 공공복지에 기여해야 하고, 광고로 우리의 사회 문화가 발전해야 하며, 이런 것들이 정의사회 구현에 이바지해야 한다는 것이다. 이런 건전한 욕망이 있는 한 그는 영원히 늙지 않을 것이다.

1945년 출생
1967년 한양대 연극영화과 졸업
        군영화제작소 연출부
        국립영화제작소
1975년 (주)오리콤 CM 제작국 PD
1978년~1981년 제일기획 CM 제작국 팀장
1983년 프로덕션 CM 랜드 대표, 감독

최원영

수상 및 저서
1977년 클리오, ACC 본상
1978년 중앙광고대상
1982년 ACC 본상
1987년 백상예술제 신인 감독상
        영화진흥공사 주관 시나리오상
        영화진흥공사 주관 좋은영화상

최원영 감독은 30여 년간 6백 편이 넘는 작품을 연출했다. 그가 황소가 뒷걸음질 치다가 쥐 잡은 격이라고 스스로 자평하는 것 세 가지가 있다. 뒷걸음질 치며 잡은 세 마리의 쥐는 이렇다.

"첫째는 오리콤 입사 1년 반 뒤 국내에선 처음으로 클리오와 ACC 본상을 받은 것입니다. 다양한 제품을 만나고 싶은 욕심에 2년 뒤 제일기획으로 옮겼죠.

둘째는 제일기획에서 회사의 기사회생에 이바지한 것입니다. 제일기획의 꽤 비중이 큰 광고주가 6년 만에 해약을 통보하고 다른 큰 대행사 4곳에 경쟁 프레젠테이션을 준 적이 있습니다. 이때 회사 중역이 간청해 경쟁 프레젠테이션 참석을 겨우 허락받았는데 우리 팀이 재계약을 성사시켰죠. 우리 팀이라고 해봐야 저를 포함해 이제 막 2년 차 AE, 단 둘뿐이었습니다. 재계약도 기뻤지만 그 첫 CF가 나간 뒤 시장점유율이 2~3% 올랐다는 소식이 더 기뻤죠.

셋째, 나이 39세, 8월 말 늦여름 오랫동안 꿈꾸던 자전거 전국일주를 떠났습니다. 살면서 가장 행복했던 순간이었습니다."

세 마리의 쥐를 잡게 된 출발은 영상에 대한 열망에서 비롯됐다. 대학도 영화과를 전공했다. 대학 2년 때 아르바이트로 영화 연출과 시나리오에 매달리기 시작했다. 손마디에 굳은살이 박이도록 썼다.

"당시 꽤나 유명했던 감독과 아르바이트로 인연을 맺으며 습작을 보내기 시작했습니다. 한 편, 두 편. 그리고 5편째인가? 한마디 없던 감독이 원고지 표지에 붉은 펜으로 '넌 소질이 전혀 없어 보인다, 연출 일이나 열심히 해라!'라고 써서 보냈더군요. 그래도 계속 8편쯤 쓰고 대학을 마쳤습니다.

이어진 군 생활 중에 북파 공작원을 교육, 파견시키는 첩보대에서 정말 말로 다 할 수 없는 고생을 했죠. 이때 극한상황에서 마음 다스리는 법을 터득했습니다. 암울한 미래도 별로 두렵지 않았어요. 죽는 사람을 많이 봐서일까요?

그러던 어느 날 본부에서 전통이 내려왔습니다. '공작원 기본 교육은 영화로 만들어 비싼 장교 투입을 축소하라!' 저는 거기에 차출되어 '군 영화 제작소'에 파견됐습니다. 군의 교육 영화를 제작하는 동안은 집에서 출퇴근하는 특권이 주어져 다시 시나리오도 쓰기 시작했죠."

그리고 제대 후 대리석 회사에서 외판원 일을 시작했다. 목표가 있다면 "닥치는 대로 일하자!"였다. 시나리오는 계속 썼고 틈틈이 퇴근후 인테리어 공사 아르바이트도 했다. 철거 작업, 목수, 페인트, 기술이 없는 잡부였다.

그렇게 4년이 지날 무렵 운명의 날이 왔다. 습작 기간 8년, 21편째였던가? 〈딸부자집〉을 연례행사처럼 K감독에게 보낸 뒤 일주일 후 원고를 찾으러 아침 출근길에 그의 집에 방문했는데 집 안으로 잠깐 들어오라는 것이었다. 그리고 뜻밖에 소리를 들었다.

"미련한 놈 드디어 해냈네, 이 작품 내가 만들게!"

시나리오로 인정을 받은 첫 기회였다. 이때가 1971년이었다. 그에게 〈딸부자집〉은 인생의 새로운 출발점이 되었다. 이를 계기로 3년간 국립영화제작소에서 〈한국의 철새〉 등 문화 영화의 연출을 맡아 영화 제작기법을 폭넓게 접하며 다큐멘터리 작가로 인정받을 수 있었다.

그렇다면 이렇게 칠전팔기의 근성을 지닌 그가 CF감독이 된 계기는 무엇일까? 그는 문화영화 제작에 참여했던 애니메이션 감독들이 추천해서 1975년 국내 첫 광고대행사로 출범한 오리콤에 스카우트되면서 광고계에 입문한다. CF감독이라는 말이 낯설 때였다. 방송광고는 몇 초에 승부와 승패를 거는 작업. 촌철살인의 재치와 카피, 연출 센스를 발휘하려면 혹독한 집념과 근성이 필요한데 그의 적성에 맞는 일이었다. 이것이 첫 번째 쥐를 잡게 된 계기였다.

이어진 직장생활. CF감독 시절 그가 좋아하는 광고는 성공하기 힘든 광고나 조건이 매우 까다로운 광고가 많았지만 그것을 맡을 때마다 흥분됐다. 롯데제과, 삼성전자, 해태, 제일모직, 크라운맥주, 맥스웰커피, 켈로그, 질레트, 유니레버, 기아, 대우자동차 등 그가 연출한 많은 기업광고 중에 크라운맥주 광고를 만들 때 이야기이다.

OB맥주에 밀려 만년 2위에 머물렀던 크라운맥주의 광고주는 계약관계에 있던 제일기획에 해약을 통보하고 공개입찰을 통해 새 대행사 계약을 추진했다. 5대 광고대행사가 참가했고 이미 불신을 당한 제일기획은 스스로 포기할 수밖에 없는 입장이었지만 그가 고집을 부리며 뛰어들어 경쟁에 참가했다.

그는 광고주 회장과의 마지막 면담에서 펩시가 코카콜라에 도전해 성공한 전략 등 세계 광고시장의 성공 사례를 들고 나가 크라운맥주 광고를 되찾아오는 데 성공했다. 그리고 큰소리쳤던 대로 '조용필 캠페인' 광고를 히트시켜 판매시장에서 처음으로 크라운이 OB를 앞지르는 신화를 만들었다. 이것이 두 번째로 잡은 쥐의 이야기 내막이다.

그러나 제일기획에서는 갈등이 있었다. 옳다고 생각하는 의견을 비굴하게 굽히기 싫어서 제일기획에 사표를 냈다. 그길로 평소 생각하던 자전거 전국 일주여행을 떠났다. 울릉도의 봉래폭포 밑에서 철도 공무원으로 정년퇴직한 뒤 난생처음 자기를 찾아 여행 중인 61세 어른을 만났다. 새벽까지 막걸리를 마시며 인생 이야기를 나누고 헤어진 뒤 그분을 모델로 생각하며 쓴 시나리오가 〈가슴을 펴라〉였다. 그가 잡은 세 번째 쥐의 사연이다.

1983년 8월, 남한 일주를 하고 돌아와 CM랜드라는 프로덕션을 설립했고 틈틈이 준비한 시나리오로 개인 재산을 투자해 2년 후 카메라

그의 첫 영화 〈가슴을 펴라〉(1986)는 자전거 전국일주에 나선 정년퇴직한 교장과
두 청소년을 통해 인간 승리의 귀감을 그려낸 따뜻한 감성 영화이다.

를 돌렸다. 비바람 몰아치는 폭우 속을 자전거를 타고 달리는 원로 배우 고설봉(당시 78세)과 두 소년(정상수, 김세준)의 열연이 인상적인 영화였다. 특히, 극한상황에서의 인간 심리를 표현한 연출력이 돋보인 작품으로 평가받는다.

그렇다면 그의 광고철학은 무엇일까? 이에 대해 그는 이렇게 답했다.

"오리콤 입사 초 학교 선배가 해 준 한마디가 있습니다. '자신이 만든 제작물에 너절한 이유를 달지 말 것, 결과로만 말해라!' 덧붙여 하나 더 생각나는 말이 있습니다. 세계 최초로 에베레스트 등정에 성공한 에드먼드 힐러리 경은 '꿈은 머리나 마음이 아닌 행동으로 이루는 것, 부족하더라도 오늘 한 걸음 내일 한 걸음 내딛다 보면 언젠가는 이룰 수 있다'고 얘기했습니다. 조심스럽게 저도 한마디 덧붙인다면 '보이기 위한 성실은 금방 들통이 난다'고 덧붙이고 싶습니다."

스스로에게 성실하자는 것이 최원영 감독이 후배들과 함께 나누고 싶은 이야기이다.

1949년 출생
1975년~1993년 합동통신 광고기획실(오리콤 전신) 입사
        (주)오리콤 CD, 제일기획 국장
1976년 홍익대 시각디자인과 졸업
2003년 TBWA-Korea CEO
2005년~2009년 독립대행사 크리에이티브 에어 대표
2011년~ 더 일레븐스 대표

최
창
희

최창희 대표는 아트디렉터 출신으로서는 드물게 광고대행사의 CEO가 되었다. 광고인이 되기 위해 미대에 진학했다는 그는 합동통신 광고기획실(오리콤의 전신)에 입사하는 것으로 사회생활을 시작했다. 그 후 오리콤, 제일기획 등을 거치며 CJ 다시다의 〈고향의 맛〉 시리즈 등 한국인의 정서에 맞는 광고 히트작을 냈다. 이후 TBWA-Korea의 CEO가 되었고 당시 이른바 붉은 악마 캠페인으로 일대 센세이션을 일으켰던 SK텔레콤의 〈Be the Reds〉를 진두지휘했다. 고정관념을 파괴하는 발상법으로 업계 7위에 머물렀던 TBWA-Korea를 5년 만에 업계 3위로 올려놓았다.

2005년 독립해 신생 광고사 '크리에이티브 에어'를 창업했으며 두 달 만에 백억 원대의 광고물량을 따내 화제를 불러일으켰다. 이후에도 중견탤런트 백윤식이 "이러다 조인성 되면 어떡하지?"라고 말하는 남성용 화장품 광고, LG싸이언 휴대전화 〈아이디~언〉와 〈초콜릿폰〉 등으로 연속 홈런을 쳤다. 태평양의 라네즈 광고에서 전지현을 각인시킨 것도 그였다. 2012년 대선 때는 카피라이터 정철과 함께 문재인 선거 캠페인에 참여해 '사람이 먼저다'라는 캐치프레이즈를 만들기도 했다.

"제가 저희 회사를 운영하는 기준은 자유로움입니다. 그 속에서 창의력도 나오고 아이디어도 나오기 때문이죠. 크리에이티브한 일들, 아이디어를 짜내는 일들은 엄청나게 고통스럽죠. 하지만 이러한 일들은 즐기면서 할 필요가 있습니다.

남녀노소를 막론하고 세상에서 가장 즐거운 일은 섹스가 아니고 여행입니다. 발상의 전환이었죠. 그래서 회사 이름도 항공사처럼 '크리에이티브 에어'로 지었던 겁니다. 여행에서처럼 자유롭고 즐겁게 일하자는 의미이죠."

최창희 대표의 대표작인 오리온 초코파이 〈정〉
CJ 다시다의 〈고향의 맛〉, SK텔레콤의 〈Be the Reds〉.

최창희 503

홀낏 보면 개구쟁이 같은 모습도 있지만 몸 전체에서 카리스마가 넘치는 그는 눈빛은 매섭지만 경상도 사나이다운 구수한 사투리와 굵직한 목소리가 정다우며 웃을 때면 강한 매력이 느껴진다.

어릴 때 굉장히 소극적이었다는 그는 광고회사 생활을 하면서 성격이 많이 바뀌었다고 한다.

"입사한 지 6개월 만에 처음 프레젠테이션을 하게 되었는데 일일이 종이에 썼어요, 막히면 보고 읽으려고요. 듣는 사람 숫자도 열 명 정도밖에 안되었는데 앞에 딱 서니까 숨이 콱 막히고 앞이 캄캄해서 종이에 쓴 게 안 보이는 거예요. 저는 몇십 분 잡는 것 같았는데 한 1분 정도나 지났겠죠. 조금 있으니까 제가 빨간 줄을 쳐 놓은 중요한 단어가 눈에 들어오는 거예요. 그 단어들을 보고 생각이 나서 무사히 데뷔했습니다. 요즘은 천 명이 있어도 상관없어요. 직업이 저를 바꿔 놓은 거 같습니다."

그는 프레젠테이션 연습을 하면 했던 것에 맞추려 하기에 지금도 연습하는 편은 아니라고 한다.

그가 생각하는 크리에이티브란 남과 다른 생각을 하는 것이다.

"CEO들이 정말 다른 생각을 가져야 세계로 나가요. 스티브 잡스가 TBWA라는 미국 광고대행사와 미팅을 하는 데 참여한 적이 있습니다. 그런데 스티브 잡스가 와서 강연을 하더군요. 광고회사 사람들한테 어떻게 갑(甲: 광고주)이, 그 세계적인 사람이, 그 바쁜 사람이 2시간 동안 강연을 할 수가 있습니까? TBWA 직원들 앞에서 천하의 스티브 잡스가 청바지 입고 앉아서 문화에 대해 이야기하더군요. 애플에서 나오는 것들은 생각이 좀 다르지 않습니까? 그가 창출한 것은 기계가 아니라 문화고 남들과 다른 생각인 거죠."

그는 늘 젊은 감각으로 살려고 노력은 하지만 자신이 모든 것을 하려는 생각은 하지 않는다.

"자신이 모두 하려고 하면 안 되죠. 대신에 나이가 들면 책임져야 할 것들이 있죠. 제가 10년 전에는 지금보다 광고를 훨씬 잘 만들었어요. 근데 지금 할 수 있는 건 판단하는 일입니다. 판단력 같은 경우 경험에서 나오는 게 소중하다고 생각합니다. 요즘 잘한다고 칭찬받는 광고는 제가 손을 못 대는 것이 많아요. 따라갈 수 없는 건 포기해야죠. 인정해야 됩니다. 그런데 제가 회의에 껴서 콩 내놔라 팥 내놔라 그러면 그다음부터 직원들은 아무 이야기도 안 합니다. 젊은 사람들한테 맡기는 게 훨씬 현명한 거죠."

그가 말하는 대행사 CEO는 생각이 다른 사람이다. 회사의 10년, 20년 후의 미래를 책임지고 생각하는 사람이 CEO라는 것이다.

"조직관리는 COO가 잘 알아서 하면 되고, 재무관리를 위해서는 CFO도 있죠. 저는 그런 능력을 다 가진 사람은 없다고 생각합니다."

창의적인 것을 제일로 삼는 그가 인재를 뽑는 기준은 '정상적이지 않은 사람'을 뽑는 것이다.

"경력 사원은 히스토리가 있으니까 쉽죠. 신입사원이 문제인데, 저희 같은 경우는 정상적인 사람은 안 뽑죠. 예를 들어서 디자인 쪽에 신입사원을 뽑는다고 하면 대학 광고 동아리에서 했던 것, 각종 광고대회 수상내역을 잔뜩 써 오는 사람은 절대 안 뽑습니다. 경쟁 상대도 그 정도밖에 안 되는 사람들이니까요. 신문사 같은 데서 주최하는 광고상, 그게 뭐가 자랑스러운지. 그건 자기 스스로의 자랑일 뿐입니다. 지난번 신입사원 후보 중에 한 명이 자기가 그린 만화책을 가지고 왔더군요. 그냥 뽑았죠. 만화를 그리는 게 아이디어가 없이는 안 되거든요. 저희대로의 기준은 정상적이지 않은 사람을 뽑는 겁니다."

그는 광고회사가 크리에이티브한 결과를 내려면 광고주가 광고회사를 신뢰하는 것이 가장 중요하다고 말한다.

"광고회사를 정했으면 신뢰해 주고 아니면 빨리 바꿔야겠지요. 왜 냐하면 저희 속성이 그렇습니다. 믿어 주면 신이 나서 자기 것처럼 해요. 원래 광고인의 속성이 자기 마음에 들 때까지 하는 겁니다. 광고 주가 오케이하면 마음에 안 들어도 노출(delivery) 시켜야 되니까 손을 놓아야 합니다. 그때가 제일 불행한 거죠."

그는 리서치도 중요하지만 더 중요한 것은 크리에이티브라고 말한다. 광고회사의 본질은 크리에이티브이며 전략은 광고주가 짜는 게 맞다는 것이다.

"광고회사에다가 한두 달 동안에 콘셉트 정하라, 광고 만들라 그러 는데 저는 광고회사에 모든 것을 의뢰하면 안 된다고 봅니다. 광고회 사의 본질은 크리에이티브입니다."

1954년 출생
1979년 국민대 경영학과 졸업
1985년~1991년 제일기획 카피라이터
1991년~1994년 한스카피 대표 (프리랜서 카피라이터)
1994년~1999년 프로덕션 킬리만자로 대표
1999년~ 컴투게더 대표

한상규

수상 및 저서
1987년 클리오 본상
1990년 제일기획 최우수 크리에이터상
        방송광고대상 카피부문 개인상
1991년 제 9회 SCC광고상
1998년 대한민국광고대상
2000년 소비자가 뽑은 좋은 광고상

그가 "가슴이 따뜻한 사람"이라고 불러주기 전에는 세상의 가슴 따뜻한 사람들이 강호에 숨어 있었다. 본인도 남들도 "가슴이 따뜻한 사람"인지 서로 모르고 살았다. 카피라이터 한상규, 그가 세상 밖으로 불러낸 "가슴이 따뜻한 사람들". 그렇게 세상은 "가슴이 따뜻한 사람들"을 만났다. 그리고 그들과 함께 "따뜻한 커피 한잔"을 마시기 시작했다. 커피를 문화로 끄집어내서 커피 매출에 기여했다. 마침내 그가 만든 카피의 대표작이 탄생한 것이다.

대학에서 경영학을 전공한 뒤 대학 교직원으로 6년여 직장생활을 거쳐 32세의 나이로 남보다 늦게 제일기획에 '경력도 없는 경력사원'으로 입사했다. 광고인생의 시작이었다. 제일기획 카피라이터 6년여 기간, 사람들의 입에 오르내리는 광고들을 제작했고 카피를 썼다.

'인간과 호흡하는 기술, 휴먼테크' — 삼성전자의 기업광고 카피이다. LG전자의 테크노피아와 쌍벽을 이루면서 우리나라에서 첨단기술 경쟁을 벌이던 시기의 기업광고였다. 그리고 이어지는 "가슴이 따뜻한 사람과 만나고 싶다"(동서식품 맥심). "저도 사실은 부드러운 여자예요"(동서식품 맥심모카골드). "뭐가 보이는가? 자유가 보인다"(동서식품 맥스웰 캔커피). "여자는 아내보다 아름답다"(동서식품 프리마). 줄줄이 히트작이었다. 오랫동안 많은 이들의 기억에 남은 말들. 오래오래 이어진 캠페인에 쓰인 카피였다. 광고를 '상식적 인간학'이라고 생각하는 그의 광고관과 인간관이 만들어 낸 카피들이었다. 아무도 시도해 보지 않은 새로운 말 걸기, 그는 그렇게 조용조용히 말을 걸었다.

결코 호방한 스타일일 수 없는 어찌 보면 섬약해 보이는 외모, 조심스러운 말투. 남자답지 않게 수줍음을 타는 사람. 술 마시며 의기투합하면 반말하기로 했다가 이튿날 도로 존댓말 하는 사람, 그가 한상규 카피라이터이다.

광고의 출발이 늦은 반면 프리랜서로서는 빠르게 출발했다. 마포에 한강이 내려다보이는 사무실을 차려놓고 여러 광고회사와 계약을 맺으며 프리랜서의 길을 걸었다. 그리고 3년을 프리랜서로 활동했다. 여러 광고대행사의 광고제작에 참여했고 많은 카피를 썼다. 그러다가 그는 킬리만자로라는 CF프로덕션을 차린다. 산을 좋아하는 그가 산의 이름을 내걸고 CF를 제작하기 시작한 것이다. 감독이 주도하던 프로덕션 판에서 카피라이터가 만들고 기획을 앞세워 제작에 나선 프로덕션이었다. 5명으로 시작해 27명까지 식구가 늘어나면서 업계의 관심을 모았다.

그렇게 잘나가던 그가 광고주와 광고대행사, 프로덕션으로 이어지는 광고판의 갑을병 관계에서 보람도 적고 자신의 생각도 온전히 펼수 없다는 이유로 프로덕션을 후배들에게 넘기고 홀연히 산으로 떠났다. 진짜로 아프리카의 고산 킬리만자로를 향해 떠난 것이다. 프로덕션 운영 6년 만이었다. 2천m 이하의 산을 주로 다니던 그가 6천m에 가까운 산을 유산소로 올라 정상을 밟는 성취감을 맛보았다. 정신의 힘으로 육체를 지배한 결과였다.

산에서 내려와 돌아온 그는 광고회사 컴투게더를 차렸다. 작지만 강한 회사 컴투게더의 행보는 현재진행형으로 이어 간다.

천만 번을 변해도 나는 나, 이유 같은 건 생각하지 않는다. 나는 더 톰보이(톰보이), 어린이의 10년 후를 생각합니다(웅진출판), 패션이 시작되는 곳(제일모직 골덴텍스), 술자리의 행복을 아는 나이가 되었습니다(매취순), 세상이 1℃쯤 시원해진다(하이트맥주), 사나이로 태어나서 흘리지 말아야 할 것은 눈물만이 아닙니다(카스맥주), 스물한 살의 자서전(금강제화 그리페), 정통의 길을 간다(금강제화 리갈), 아모레가 괜히 아모렌가요?(아모레 기업광고), 기업은 사람이다(삼성그룹), 빨래엔 피죤하세요(피죤), 남자로 태어나 사나이로 산다(뉴코란도), 여자로 사는 행복(한샘), 1등 감자 불량감자(오리온 포카칩), 대한민국 자동차 보험료의 자신감(하우머치)

세월이 흘러도 소비자의 기억 한 편에 오래도록 자리 잡는 광고카피들, 바로 그의 예리한 눈과 마음이 찾아낸 카피들이다.

자극적으로 크게 한 방 날리는 메시지의 포탄보다는 평범한 듯 보이지만 소비자에게 말 걸기를 시도하는 메시지를 발견해야 한다는 것, 이것이 그의 생각이다. 그는 현학적이고 논리적이기보다는 직관이나 통찰 같은 핵심을 꿰뚫어 본다.

"피로회복제나 패스트푸드 같은 광고를 만들지 말고 오래 먹고 오래 기운 차리는 보약 같은 광고를 만들어야 합니다."

그가 후배들에게 자주 하는 말이다. 잘할 수 있는 재주가 그쪽밖에는 없다는 설명을 덧붙인다. 억지스럽거나 크리에이티브 자체를 위한 광고보다는 잔잔하면서도 보는 순간 입가에 미소가 번지고 가슴에 감동의 파문이 생기는 그런 광고를 만들어야 광고목표를 달성할 수 있다고 믿는다. 그렇게 만든 광고들이 시장의 반응을 일으키고 그 소문을 경험한 광고주들이 그의 고객으로 찾아온다. 인간에 대한 연구 결과, 상식이 통하는 수준에서 인간 심리를 연구한 결과 — 이것이 광고라는 생각, 그는 인간적이고 상식적이고 재미있게 접근해서 보약 같은 광고를 만든다.

그러다 보니 처음에는 카피도 아니라는 말도 많이 듣고, 선뜻 광고주의 선택을 받지 못해 여러 번 설득을 시도해야 했고, 때론 사정도 해야 했다. 그렇게 마무리까지 최선을 다한 광고들이 생명력도 강했다. 이것이 직관의 결과, 새로운 말 걸기의 시도였다.

한상규 대표는 오늘도 같은 고민을 거듭한다. 광고회사 대표로서 리뷰하고 후배들이 만든 광고안 가운데 몇 개를 선택해야 하는 일, 또 그 선택한 결과에 책임져야 하기에 더 깊은 고민을 계속한다.

광고에 관한 생각을 엿볼 수 있는 한마디 더.

"저는 문화라는 큰 맥락에서 광고를 보기 때문에 광고가 문화의 길라잡이가 되고 크리에이티브가 광고계의 뇌관 역할을 했으면 좋겠어요. 광고 창의성이란 미시적으로 보면 카피의 뉘앙스나 표현기법이나 아이디어 같은 것이 될 수 있겠지만 거시적인 면에서는 어떤 광고가 우리 시대를 한 번 흔들어 놓고 충격을 줄 수 있는 뇌관 같은 것이 있느냐 없느냐에 달렸다고 봅니다."

한상필

1960년 출생
1985년 한양대 신문방송학과 졸업
1987년 일리노이대학 어바나샴페인캠퍼스 광고학 석사
1990년 일리노이대학 어바나샴페인캠퍼스 광고학 박사
1991년~ 한양대 광고홍보학부 교수
2010년~2011년 한국광고학회 회장
2012년~2013년 한국언론학회 부회장
2012년~ 공정거래위원회 표시광고자문위원회 위원장
2014년~ 방송통신위원회 방송광고활성화전문위원회 위원장
2015년~ 한양대 언론정보대학 학장
2015년~ International Business Awards, 마케팅/크리에이티브
　　　　심사위원장

수상 및 저서
2007년 제1회 한국광고학회 최우수논문상
　　　　제1회 한국광고홍보학회 최우수논문상
2011년 한국갤럽학술상 대상
2015년 International Conference on Convergence Technology 최우수논
　　　　문상
《현대사회와 광고》(역, 한나래, 1994)
《광고와 경제》(역, 나남, 1995)

한상필 교수는 대학에서 광고를 전공하고 대학 강단에서 학생들과 광고에 대해 함께 생각해 보는 직업을 가진 것에 대해 자랑스럽게 생각한다. 광고는 여러 학문이 통합된 융합학문이다. 광고는 학문의 특성상 이론의 영역을 넘어 기업 등 실물경제에 실질적 영향을 미치는 산학협동이 잘 이루어지는 흥미진진한 영역이다.

이는 광고학을 전공하는 많은 학자가 관여하는 광고학회의 구성원을 보면 알 수 있다. 다른 학회와는 달리 광고학회는 커뮤니케이션 연구자, 심리학 연구자, 마케팅 연구자, 미디어 연구자, 디자인 연구자, 경제 연구자 등 다양한 분야의 학자와 기업체, 광고회사, 매체사 등 다양한 분야의 실무자로 구성되었다. 또한 광고학자는 언론학회, 방송학회, 마케팅학회, 소비자심리학회, 사이버커뮤니케이션학회, 디자인학회 등 인접 학문 분야의 학회에 관여한다.

광고는 매일 새로움이 더해 가는 발전이 진행 중인 학문 분야이다. 1950년대에는 인쇄매체 전성시대에서 라디오라는 청각매체의 발전으로 시각에서 청각으로, 그리고 1960년대에는 텔레비전의 발전으로 시청각 분야로 연구 범위가 넓어졌다.

최근에는 방송통신 융합과 온라인과 모바일이라는 신매체의 발전과 글로벌화로 쌍방향 디지털과 글로벌이 가장 각광받는 연구 분야가 된다.

1985년 대학을 졸업한 이후 5년간 미국의 일리노이대학 어바나-샴페인캠퍼스 광고학과에서의 석사와 박사 과정 유학생활 그리고 1991년부터 시작된 한양대 광고홍보학부 교수와 학회 활동, 산학협동 활동 등을 합하면 평생을 광고 연구와 광고산업의 위상 정립을 위하여 정진했다.

그동안 연구한 분야는 매우 다양하다. 우리나라 대학에 본격적으로 광고홍보학과가 창설된 1989년 이듬해에 한양대에 부임한 그는 초창기 학자답게 연구한 분야도 다양하고 연구 업적도 다른 연구자 못지않다.

광고연구 만능가라고 한 만큼 다양한 분야를 연구했다. 국제광고, 광고심리, 소비자행동, 광고효과, 디지털광고, 광고매체, 광고산업, 광고법, 광고 크리에이티브 등 조금씩이라도 연구해 보지 않은 분야가 없다. 매년 발표한 논문 편수를 더 하니 지난 25년간 3백여 편이 넘는다. 한국적 상황에서 평생 일관성 있는 연구를 하고자 하는 조건이 마련되기 어려워 어쩔 수 없이 이 분야 저 분야를 연구했다는 후회도 있고 한 분야만 깊이 파보려고 노력해 보지 못한 것을 부끄럽게 생각한다.

학생들에게 광고를 가르치기 위해서는 이론뿐만 아니라 실무도 알아야 한다는 의무감에 산학협동 활동도 부지런히 했다. 1990년대 중반에는 세계광고대회에 학생/출판분과 위원장으로, 2000년대에 들어서는 아시아광고대회 학술분과 위원장으로, 세계광고대회 한국 대표 연사로, 2007년에는 한국광고대회 집행위원장과 대한민국광고대상 집행위원장으로, 최근에는 방송통신위원회 방송광고활성화위원회 위원장, 공정거래위원회 표시광고자문위원회 위원장, 문화체육관광부 자체평가위원회 홍보분과 위원장, 케이블TV방송협회 광고심의 위원장, 의료기기광고심의 위원장, 건강기능식품 광고심의 위원장, 광고산업활성화위원회 위원장, New York Festivals in Korea 집행위원 등으로 산학협동에 앞장섰다. 학계에서는 2010년에 제 15대 광고학회 회장으로 활동하면서 광고학과 광고산업의 위상을 널리 알리기 위해 노력했다.

그의 광고 연구는 대략 세 분야, 세 시기로 나누어진다. 그의 초창기 연구는 박사학위논문의 주제였던 국제광고와 문화 분야에 집중되었다. 지금은 국제광고라는 용어가 친숙하지만 그가 박사학위논문을 준비하던 1980년대 후반기에는 국제광고는 소외된 연구 분야였고 미국,

영국, 일본 등 선진국의 학자가 관심을 갖지 않던 분야였다.

당시 광고연구는 문화 간 차이보다는 개인 간 차이에 집중되었다. 동양에서 유학을 간 그가 보기에는 개인 간 차이도 중요하지만 기업의 국제화가 시작되면서 문화 간, 국가 간 광고현상의 차이도 또한 중요할 것이라는 점이었다.

다행히 그의 박사학위논문은 광고학계에 반향을 일으켰다. *Journal of Experimental Social Psychology*라는 학술지에 "Persuasion and culture: Advertising appeals in individualistic and collectivistic societies"라는 제목으로 발표한 논문은, 미국, 영국, 프랑스, 중국, 스웨덴, 일본, 브라질, 오스트레일리아 등 세계 50여 개국에서 많은 학자가 인용해 인용지수로 보아 광고 분야 논문 가운데 상위 0.5% 안에 드는 우수한 논문으로 남았다.

또한 이 논문은 미국 맥그로힐(McGraw-Hill) 출판사에서 추천한 연구자들이 선정한 "태도변화 분야에서 반드시 읽어야 하는 2편"의 논문에 피시바인(Fishbein)의 태도모형과 함께 선정되어 미국 세 곳의 출판사에서(McGraw-Hill, Prentice-Hall, Houghton Mifflin Company) 책으로 묶여 나왔다. 그는 국내에 들어 와서도 IMF가 닥쳐왔던 시기까지 동양광고와 서양광고의 유사성과 차이점에 대한 연구와 한국기업의 국제광고 활성화 방안에 관한 다양한 연구를 지속하였다.

그는 IMF 시기 이후부터는 광고 집행의 효율성에 대한 광고계의 인식이 높아지면서 광고효과 분야의 연구를 집중하였다. "광고효과측정에 대한 이론적 고찰"과 "광고효과측정에 관한 광고회사 실무자의 의식조사"라는 논문을 〈광고연구〉에 발표하여 광고효과이론을 정립하고 우리나라 광고 실무계에서의 광고효과측정 현실과 문제점을 꼬집은 적이 있다.

이외에도 광고업계로부터 지원받아 《광고는 과연 물건을 팔아 주는가?: 성공광고와 실패광고의 비교》(엘지애드, 1997)를 번역·출판하였고 "TV광고의 이월효과에 관한 실증연구", "미국시장에서 한국기업의 광고효과 연구: 국제광고에 있어서 균형이론의 적용" 등 논문을 발표하여 광고의 커뮤니케이션효과와 판매효과에 관한 중요한 문제를 제기한 바 있다.

그가 세 번째로 관심을 기울여 연구하는 분야는 온라인, 모바일 등 디지털광고이다. 디지털광고는 광고산업의 구조변화를 일으킨다. 디지털광고매체가 가진 상호 작용성, 효과 측정 가능성, 정보제공의 무제한성, 시간적 무제한성, 구매로의 연결 가능성 그리고 멀티미디어적 요소는 무궁무진한 연구 주제를 포함한다. 그는 최근 디지털이라는 거스를 수 없는 대변혁을 바탕으로 글로벌한 마인드로 무장한 광고산업의 혁신을 전파하기 위해 동분서주한다.

한상필 교수는 디지털 시대를 맞이하여 광고는 이제 창의적이고 독창적인 영역을 넘어 테크놀로지와 글로벌이 결합되어야만 한다는 점을 중요시한다. 개성이 강한 요즘 젊은이에게 딱 맞는 산업이 광고라고 생각한다. 남들과 다르게, 또 남들 보다 멋지게 살고 싶다면 광고에 도전해 보는 것이 좋다고 여기저기 떠들고 다닌다. 후배 광고인이 광고를 자랑스럽게 생각하고 보다 보람 있고 즐거운 생활을 할 수 있는 날이 빨리 오기를 기다리며 오늘도 대학에서 학생과 디지털 광고와 글로벌 광고에 대해 생각하고 토론한다.

1945년 출생
1968년 홍익대 응용미술대학(그래픽디자인) 졸업
1973년 연세대 경영대학원 MBA
1973년~1980년 제일기획 부장
1980년~1993년 서울광고 설립, 대표이사
1994년 넥스트커뮤니케이션 설립
1997년~2011년 HAVAS와 합작, 유로넥스트 사장, 회장
2010년~ 한국광고산업협회 부회장
2012년~ HAVAS Worldwide Korea로 사명 변경

홍 성 욱

수상 및 저서
2004년 국민훈장 동백장
뉴욕페스티벌 TV부문
런던페스티벌 신문부문

홍성욱 회장은 광고계에서 문무겸비(文武兼備)라는 표현이 이보다 더 잘 어울릴 수 없는 인물이다. 1973년 제일기획 입사 시 대학에서 전공한 제작과 마케팅에 관한 지식을 겸비한 멀티 플레이어였기에 경영진은 그의 활용을 두고 고심했다. 최종적으로는 제작을 이해하는 AE가 적합하다고 판단해 그에게 AE의 미션을 부여했다. 이후 그는 회사의 기대대로 원스톱 서비스가 가능한 능력 있는 AE로서 인정받았으며 광고주들의 두터운 신뢰를 쌓았다.

제일기획에 다니는 7년 동안 초고속 승진을 이뤄냈지만 오로지 자기 책임하에 광고 비즈니스를 하고 싶다는 생각에 과감히 퇴사하고 서울광고를 설립했다. 당시 독립광고회사 설립을 위한 가장 중요한 관건은 한국방송광고공사의 대행인증을 획득하는 일이었다. 각고의 노력 끝에 독립광고회사로서는 최초로 까다로운 대행인증 조건을 통과해 인증을 획득했다. 그리고 나드리화장품, 남양유업, 금강제화, 동서식품, 오뚜기식품 등 숱한 광고주들의 광고를 대행하며 승승장구, 서울광고를 랭킹 10위권으로 성장시켰다.

이후 그는 서울광고를 나와 넥스트커뮤니케이션을 설립했고 그의 광고에 대한 확실한 철학과 경영능력을 높이 산 HAVAS 그룹의 피에르(Pierre Lucusso) 회장의 제안으로 합작회사 유로넥스트를 만들었다. 당시 피에르 회장은 넥스트커뮤니케이션뿐만 아니라 여러 곳과 동시에 접촉 중이었는데 홍성욱 회장과의 면담으로 확신을 얻게 되었다. 그 후 신랑이 신부에게 프러포즈하는 심정으로 그에게 합작투자를 제의했다는 유명한 일화를 남겼다.

1997년 합작투자회사로 재탄생한 유로넥스트는 피에르 회장의 기대대로 성장을 거듭했다. 그 결과 2003년 하바스월드와이드 최고경영자 모임에서 '2002년에 최고로 발전하고 본받을 에이전시'로 선정되기도 했다.

특히, 유로넥스트는 선진 광고계의 노하우와 크리에이티브 창출기법을 국내에 발전적으로 접목해 필립스 전자, 인텔, CJ 등 유수한 광고주들의 광고 캠페인을 성공시켰다.

이뿐만이 아닌 김대중 대통령 대선광고, 노무현 대통령 대선광고, 이명박 서울시장 선거광고 등 정치 광고계에서도 유수한 성공사례를 남겨 명성을 드높였다. 또한 창립 때부터 수년간 한국광고업협회의 임원으로 추대받으며 광고계의 발전을 위해서도 헌신적으로 노력했다.

2013년 2월 22일, 그는 광고계의 원로 및 CEO 3백 명을 모시고 '광고인 생활 40년'을 맞이해 기념행사를 가졌다. 그의 40년이 다른 광고계 원로의 그것과 다른 이유는 제일기획에 입사해 서울광고를 설립하고 지금의 하바스월드와이드 코리아 회장에 이르기까지 오로지 광고회사에서만 일하면서 쌓은 경력이라는 점이다. 이러한 경력은 그가 유일하며 광고계의 속성인 빠른 인력순환 추세를 감안하면 향후에도 쉽게 나오지 않을 광고계의 소중한 기록이다.

그는 40년 동안 광고회사에서 근무하며 많은 업적을 남겼다. 특히, 제일기획 시절 1976년 삼성전자의 광고를 전담하면서 단순한 단발성 상품 광고의 영역을 벗어나 삼성전자가 추진하던 마케팅 차원에서의 광고전략에 의거해 종합적 캠페인을 전개, 대성공을 거두었다. 그 결과 후발주자였던 삼성전자는 선두주자인 금성(TV), 대한전선(냉장고) 등과 대등한 경쟁을 하게 되었고 후일 시장을 선도할 수 있는 자리까지 오르게 되었다.

이러한 광고 캠페인은 이전에는 없던 최초의 종합적 마케팅 차원에서 이루어진 광고였다. 즉, '광고 마케팅'이라는 광고의 위상전환을 가져오는 데 기여했다.

또 다른 사례로 "일요일엔 오뚜기카레"로 유명한 오뚜기식품의 광고 캠페인은 소규모 식품회사를 중견기업으로 성장시키는 데 적지 않은 기여를 한 것으로 평가된다.

그리고 그가 설립한 서울광고가 독립광고회사로서 최초로 한국방송광고공사 대행인증을 획득한 것은 추후 수많은 독립광고회사들에게 희망이 되었고 오늘의 광고산업 구조를 이루는 데 일조했다고 사람들은 이야기한다.

그의 광고철학은 명쾌하다. '광고는 비즈니스다. 극단적으로 말해 비즈니스와 연결되지 않은 아이디어는 광고아이디어가 아니다'라고 단언한다. 하바스월드와이드의 피에르 회장이 국내 동반자로 그를 선택한 결정적 이유도 그의 이 확고한 광고철학에 매료되었기 때문이었다.

하지만 한편으로 그는 사람냄새가 나는 광고를 좋아한다. 사람냄새가 나는 광고가 좋은 광고이고 어떤 광고인의 표현처럼 좋은 광고는 좋은 친구를 만난 것처럼 반갑고 오랫동안 기억에 남는 힘이 있다고 생각한다. 그는 비즈니스, 즉 마케팅 차원에서 출발해 사람들을 따뜻하게 하는 광고를 만드는 데 40년의 세월을 바친 것이다.

하지만 이제 광고계의 원로로서 명예로운 기념식까지 열었던 그의 얼굴이 요즘 들어 밝지만은 않다. 걱정거리가 많기 때문이다. 어려운 국내 경기 탓에 광고시장이 급격히 위축되고 있는 점, 광고산업이 많이 성장했음에도 불구하고 광고계가 상생(相生)에는 관심이 부족한 점, 특히 몇 년 전부터 젊은이들이 광고산업에 등을 돌려 좋은 인재를 영입하기가 어려워진 점, 대부분의 광고회사가 눈앞의 이익을 챙기기에 급급해 인재양성을 소홀히 하는 점 등이 그의 주요 걱정거리이다.

홍성욱 회장은 지금처럼 인재양성을 소홀히 하고 좋은 인재가 계속해서 유입되지 않는 현상이 지속된다면 한국 광고계는 조만간 큰 위

'광고인 생활 40년'을 기념하는 행사에서 연설하는 홍성욱 회장(2013.2.22)

기가 찾아올 것이라고 말하며 한숨을 쉰다. 광고 외길을 걸어온 원로
의 목소리를 단지 노파심이라고 간과해서는 안 될 것이다.

홍
우
식

1953년 출생
1976년 연세대 신문방송학과 졸업
1983년 산타클라라대학 MBA 졸업
1985년 서울에이전시 상무이사
1993년 서울광고기획(이후 서울다씨, 서울광고) 대표이사 사장
2001년~2011년 IAA 한국지부 회장
2002년~2008년 한국광고업협회 부회장

수상 및 저서
2008년 산업훈장

홍우식 대표는 대표적인 독립 광고회사 서울광고를 30년 이상 이끌어 온 경영인이다. 그는 국내에서 두 번째로 해외 합작법인을 설립하는 등 1980~1990년대에 독립 광고회사의 선두주자 역할을 견인했고 IAA 한국지부 회장, 광고단체연합회 부회장 등 국내 광고계를 위한 활동에도 힘썼다. 그 공로를 인정받아 동탑산업훈장, IAA 한국지부 공로패 등을 수상했다.

한국 광고시장은 독립 광고회사가 뿌리내리기 쉽지 않은 토양이다. 뛰어난 크리에이티브로 한 시대를 풍미하고도 소리 없이 해체되거나 흡수되기 일쑤였다. 이런 토양에서 35년 넘게 자리를 지켜온 독립 광고회사가 있다. 그가 이끄는 서울광고이다

그는 대학에서 신문방송학을 전공하고 해군본부 공보부에서 중위로 전역했다. 한국IBM에서 마케팅 업무를 잠깐 하다가 남양유업에 입사했다. 남양유업은 선친인 고(故) 홍두영 회장이 창업한 회사이다. 하지만 그는 선친의 회사가 아닌 다른 곳에 자리를 잡았다.

"학교나 군대에서 계속 커뮤니케이션에 관련된 쪽에 있으면서 마케팅과 광고에 대한 관심이 컸어요. 젊었으니까 한번 해 보고 싶었죠."

미국 산타클라라대학에서 경영학(MBA) 수업을 마친 후 1985년 서울에이전시에 상무이사로 합류한다. 서울에이전시는 1980년에 광고인 홍성욱, 김학중 씨가 설립한 독립 광고회사였다.

그가 합류한 후 서울에이전시는 '서울광고기획'으로 사명을 바꾸고 공격적인 행보를 시작했다. 신문, 라디오 광고대행에 이어 KOBACO의 방송광고 대행권을 획득했다. 당시 방송광고 대행사가 되기 위해서는 방송광고 거래실적 연 1백억 원 이상, 코바코 거래 금액 3배수 이상의 지급 보증 등 넘기 힘든 조건이 있었지만 서울광고기획은 사력을 다해 독립 광고회사로서는 최초로 방송광고 대행권을 갖게 되었다.

이는 당시 오리콤, 제일기획, 연합광고, 나라기획에 이어 5번째로 획득한 대행권이었다. 이를 계기로 본격적으로 종합 광고대행 역량을 갖추고 다양한 광고주의 광고를 담당하게 되었다. 남양유업을 비롯해 동서식품, 서광 라코스테, 보령 메디앙스, 코리아제록스, 성우공업 파빅스싱싱아, 고려증권 트레이딩센터, BYC, 천재교육, 하선정 등 다양한 브랜드의 광고를 제작하고 대행했다.

1990년에는 다국적 광고회사인 DMB&B International (전 D'Arcy) 과 합작 계약을 체결했다. 당시는 다국적 기업의 한국 진출이 본격화된 시기여서 이들 브랜드의 한국 론칭을 위해 한국에서 함께 일할 파트너를 찾던 때였다. DMB&B International은 독립 광고회사로서 높은 역량과 활발한 실적을 내는 서울광고기획에 파트너를 제안했다. 그는 이를 국제적 네트워크를 갖추고 선진 광고기법을 도입해 한걸음 더 나아갈 수 있는 기회라고 판단해 합작을 성사시켰다. 광고회사로는 국내에서 두 번째였다. 그의 마케팅 감각과 판단력이 돋보이는 사례이다.

이후 P&G, GM, 필립스 등 다국적 기업들의 국내시장 론칭을 주도하여 성공적인 브랜드 안착 사례를 다수 기록했다. 그는 2003년 D'Arcy의 투자지분을 모두 인수해 서울광고로 재출범한다.

이처럼 서울광고가 업계에서 독립 대행사로 왕성한 실적을 보이면서 성장함에 따라 업계의 활성화에도 힘을 쏟는다. 1993년부터 광고업협회에서 감사로, 또 부회장으로 활동하며 전파광고 수수료 정상화와 지방 신문사의 광고거래 관행 개선 등에 앞장섰다. 2001년부터는 IAA 한국지부 회장을 맡아 10년간 국제 교류와 활성화에 힘썼다.

"무엇보다 지부의 활성화를 위해 노력했어요. 총회는 물론 세미나도 열고 국내외 광고산업의 현안과 미래를 논의하고 서로 정보 교류, 인적 교류를 많이 할 수 있도록 독려하려고 했지요. 예전에야 IAA 세

524

계대회가 해외 시장을 견학한다는 것만으로도 큰 의미였지만 요즘엔 그렇지도 않잖아요. 그래서 협력 관계 형성에 초점을 두고 활동을 추진했어요."

2004년에는 한일 양국 광고업계의 교류가 필요하다고 생각해 'IAA 한일 광고교류 프로그램'(Korea/Japan Chapter Exchange Program)을 창설, 2년마다 양국을 오가며 광고 관련 산업 등 다양한 주제에 대해 논의하는 자리를 만들었다.

이는 지금까지 세계 광고에서 중요한 역할을 담당하는 한국과 일본의 광고인들이 서로의 생각을 나누고 친분을 강화하는 교류의 장이 되었다. 또 해외 광고계에서 활발한 교류와 활동을 하면서 2007년 Ad Asia의 제주도 유치에 일익을 담당하고 집행위원으로서 대회를 치르기도 했다.

하지만 그는 IAA 한국지부에서 활동하며 한계도 많이 느꼈다. 이런 기구는 지원이 많이 필요한데 업계를 주도하는 기업들이 운영을 전폭적으로 지원하는 일본 등과는 달리 한국에서는 대표적인 업체들의 참여가 소극적이어서 실제 운영에 역부족을 느낄 때가 많았다고 한다. 결국 그는 2011년 한국광고단체연합회(현 한국광고총연합회)에 지부의 운영을 맡기고 물러났다.

그의 광고철학은 '브랜드 가치'에 초점을 맞춘다. 새로운 시장을 개척하며 브랜드를 강하게 각인시킨 '17차' 캠페인, 진입장벽이 높은 시장에 논란을 일으킬 정도로 차별 점을 강조해 성공적으로 자리매김한 '프렌치 카페' 캠페인 등을 대표작으로 꼽는 것도 그래서이다.

"상을 받는 광고도 좋지만 무엇보다 광고주의 브랜드가 성공적으로 자리 잡도록 돕는 것, 브랜드 파워를 키우는 것이 가장 중요하다고 생각합니다."

IAA 한국지부 감사패를 받는 홍우식 대표.
(왼쪽은 이순동 현 IAA 한국지부 대표)

그는 2008년 이 같은 광고인으로서의 공을 인정받아 '동탑산업훈장' 포상을 받기도 했다. 2013년에는 IAA 한국지부에서 감사패를 받았다. 그러나 한국에서 독립 광고회사의 성장은 쉽지 않았다. 1990년대를 지나면서 시장 상황이 많이 변했고 한때 직원이 180여 명에 달했던 서울광고도 몸집을 많이 줄여야만 했다. 2013년에는 주요 고객인 남양유업이 어려움을 겪으면서 함께 힘든 시기를 보내기도 했다.

홍우식 대표는 인하우스 에이전시 중심의 시장 상황이 심화되는 점, 비딩 경합 시 아이디어 단계부터 완성도를 높인 시안을 제시하는 등 업체 간 출혈 경쟁을 벌이는 점 등을 안타깝게 생각한다.

"광고를 처음 시작할 때는 글로벌 규모의 회사, 일류 직원을 양성해 정말 크리에이티브가 좋은 회사를 만들고 싶은 포부가 있었는데 30여 년간 여러 가지 상황에 부딪치면서 독립 광고회사로서 힘에 부치는 일이 많았습니다. 하지만 실력만 있다면 다시 우뚝 설 수 있다는 희망은 놓지 않고 있습니다."

굴곡 많은 쉽지 않은 길이었지만 지금도 그 길을 걸어가는 독립 광고회사 경영인의 한마디이다.

홍원의

1962년 출생
성균관대 경영학 석사
셰필드대학 대학원 MBU 수료
TBWA Korea 기획국 부장
동방기획 기획국 차장
코마스 대표이사
현재   프로븐 대표이사
        한성대 대학원 뉴미디어 광고프로모션학과 겸임교수

수상 및 저서
2005년 한국광고대회 문화부장관상
        칸 국제광고제 인터넷 광고 부문 파이널리스트
2006년 유공광고인 대통령 표창

1989년 대학원을 졸업하면서 광고계에 입문한 홍원의 대표가 가장 먼저 몸담은 일은 마케팅이었다. 통계패키지를 다룰 줄 아는 사람이 소수에 불과하던 시절, SPSS를 활용해 시장조사와 소비자분석을 하고 그 토대 위에 전략을 수립해 광고까지 연결시키는 것이 그의 일이었다. 이후 기획부서로 이동해 AE로 활동했다.

동방기획, TBWA 등에서 오프라인 광고를 해 오던 그가 온라인 광고에 관심을 가지게 된 것은 1994년 동방기획 근무 당시 온라인 광고 연구팀을 꾸려 공부하기 시작하면서였다. 곧 온라인 광고의 방향성과 타기팅 능력, 측정가능성에 매료되었고 향후에 시장을 지배할 것으로 내다보았다. 그래서 그는 메이저 광고회사를 박차고 나왔다. 주변에서는 온라인 광고회사를 차린다고 했을 때 모두들 만류했다.

하지만 그는 온라인 광고에 대한 확신을 바탕으로 1999년 코마스 인터렉티브를 창립하면서 본격적으로 온라인 광고시장에 뛰어들었다. 그 후 2009년 프로븐을 창립해 현재까지 대표를 맡으며 SNS와 CRM에 기반을 둔 광고, 쌍방향성을 구현하는 광고를 지향한다. 그동안 인터넷 매체는 폭발적으로 성장함에 따라 그의 일도 날로 커졌다.

2005년, 그가 디렉터로서 제작을 이끈 광고가 칸 국제광고제 인터넷 광고 부문 파이널리스트에 이름을 올렸다. 최근까지도 해외 광고제에서 우리나라 작품의 수상 소식이 드문 형편임을 생각한다면 주목할 만한 성과였다.

그는 당시의 온라인 광고 환경이 오히려 지금보다 나았다고 평가한다. 외국보다 앞선 초고속 인터넷의 발달로 인한 기술적 진보는 동영상 압축 기술, 인터넷 광고 솔루션 등으로 나타났다. 또한 대형 광고주를 만나기도 쉬웠던 덕분에 이것저것 시도해볼 여지가 컸다는 점은 크리에이티브 발전에 큰 도움이 되었다.

인터넷 환경 등 산업 인프라는 잘 마련되었지만 정작 소프트웨어적인 면에서는 미흡한 점이 많았다. 우선 연구개발에 충분히 투자하지 못한 탓에 토종 인터넷 광고 솔루션이 거의 살아남지 못한 것이 안타까웠다. 또한 저평가된 TV광고 요금 때문에 인터넷 광고의 가치가 제대로 인정받지 못했다는 아쉬움도 있었다. TV광고 요금이 적절히 인상되었더라면 광고주들은 당연히 광고의 효과성을 더욱 꼼꼼히 따졌을 것이고 그에 따라 인터넷의 광고효과가 더욱 부각되었을 것이다. 게다가 일부 제 2금융권 광고나 의료광고 등 문제 소지가 많은 인터넷 광고가 난립한 가운데 규제 장치가 없다는 점도 위태로워 보였다.

온라인 광고에 대한 애착과 문제의식은 업계 발전에 기여하기 위한 큰 틀에서의 노력으로 이어졌다. 우선, 산업의 기틀을 놓는 일에 적극적으로 참여했다. 제어장치의 부재가 결국 부메랑처럼 돌아올 것을 염려해 온라인 광고의 질서 확립이 업계성장에 필수적이라고 주장했다. 그는 이러한 맥락에서 온라인 광고 심의기구의 창설을 주도해 정부에 의한 법적 제재 이전에 자발적으로 제어장치를 마련했다. 또한 인터넷마케팅협회 설립에도 기여해 회장으로 활동하며 업계 의견이 정부 정책에 반영될 수 있도록 노력했다.

둘째로 인터넷을 광고 매체로서 확고히 정립시키기 위해 인터넷 광고의 특성을 파악하고 효과를 규명하기 위한 노력을 지속했다. 코마스 인터렉티브 시절부터 실험집단, 통제집단을 구성해 실험하고 광고주 동의하에 실제로 행해진 캠페인 결과를 분석했다. 이렇게 입증해 낸 광고효과를 업계 세미나 등에서 발표하면서 광고주들에게 인터넷 광고에 대한 인식을 넓혀나갔다.

마지막으로 후학양성에 공을 들인다. 약 9년 동안 전주대 겸임교수 역임 후, 현재 한성대 대학원에서 뉴미디어광고프로모션학과 겸임교수로 재직 중이다.

인터넷 광고는 이론의 발전이 실무의 속도를 따라오기 힘들기 때문에 실무 차원의 접근이 중요한 분야이다. 실무 감각을 토대로 이론과 실제를 접목시키는 데 힘쓰는 한편, 학생들이 실무에 쉽게 적응할 수 있도록 '고된' 훈련을 시킨다. 스스로 감당할 만한 수준보다 목표를 10%쯤 높게 제시함으로써 자신의 한계를 넘어서는 성취와 발전을 맛보게 하려는 의도에서이다.

한계에 대한 도전을 즐기는 것은 본인도 마찬가지이다. 그는 취미로 울트라마라톤을 즐긴다. 10여 년 전, 술과 담배로 몸에 이상신호가 오기 시작하자 하루에 30분씩 달리기 시작한 것이 계기가 되었다. 1년쯤 지나자 모든 수치가 정상으로 돌아왔고 달리기의 재미와 유익을 알게 된 뒤로 일반 마라톤으로도 모자라 100㎞ 마라톤도 여러 차례 뛰었다. 요즈음은 마음 맞는 친구들과 함께 걷는 것도 큰 즐거움으로 삼는다.

그는 앞으로의 광고에 대해서 미디어가 아닌 고객접점 위주로 변화할 것이고 그 중심에는 인터넷이 설 것이라고 전망한다. 고객접점 커뮤니케이션은 직접 겪은 일화를 통해 설명한다. 어느 날 골프를 치러 갔는데 골프장 앞에서 나눠 준 자그마한 티를 보니 '일월횟집'이라고 쓰여 있었다. 4명이서 18홀을 돌며 그 티를 꽂다 보니 그 문구는 무려 72회 노출된 셈. 골프장에서 빠지지 않는 대화가 "오늘 뭐 먹지?"임을 감안하면 티는 탁월한 고객접점이었던 것이다.

홍원의 대표는 이런 관점에서 보면 결국 인터넷이 지배적 매체가 될 것이라고 말한다. 유선 인터넷, 모바일, IPTV를 중심축으로, 디지털 사이니지(전자간판, *digital signage*)처럼 인터넷과 결합된 디지털 미디어가 많이 개발될 것이고 소비자의 라이프스타일과 매우 밀접하게 연관될 이 매체들은 발전이 무궁무진한 분야라고 전망한다.

부 록

부록 1. 역대 광고단체 회장

표 1. 광고 관련 단체

단체명	설립연도	역대 회장	
한국광고총연합회 (전 한국광고단체연합회)	1971	이종배	1971~1973
		이명환	1973~1974
		유충식	1974~1976
		김명하	1976~1979
		오인현	1979~1980
		이기흥	1980~1981
		이병인	1981~1982
		김석년	1982~1987
		김덕보	1987~1990
		전응덕	1990~2004
		남상조	2004~2011
		이순동	2011~현재
한국광고주협회	1988	조규하	1998
		민병준	1999~2008
		이순동	2009~2010
		정병철	2011~2013
		이정치	2014~현재
한국광고산업협회 (전 한국광고업협회)	1986	김석년	1986~1988
		남정휴	1989~1993
		남상조	1994~1995
		윤기선	1996
		김명하	1997~1999
		이기흥	2000~2001
		이인호	2002~2004
		배동만	2005~2006
		이승헌	2007
		박광순	2008~2009
		김낙회	2010~2011
		안건희	2012~2013
		정만석	2014~현재

표 1. 계속

단체명	설립연도		역대 회장	
한국광고영상제작사협회	1987		윤석태	1995~2001
			원석희	2001~2006
			임인규	2007~현재
한국옥외광고협회	1970		윤남의	1972~1974
			정의택	1974~1976
			양경근	1976~1977
			정종규	1977~1978
			김석도	1978~1979
			고용준	1979
			백정만	1980~1984
			안영완	1984~1985
			백정만	1985~1986
			이성선	1986~1988
			김영식	1988~1992
			감경철	1992~1997
			송도섭	1998~1999
			김석일	1999~2002
			임병욱	2002~2005
			이형수	2005~2008
			김상목	2008~2011
			김종필	2011~2013
			이용수	2014~현재
한국전광방송협회	1991		김현동	1991~2001
			임병욱	2001~현재
한국광고사진가협회	1976	제 1대	김광부	
		제 2대	이경우	
		제 3대	송기엽	
		제 4~5대	양세민	
		제 6대	박창해	
		제 7대	이태경	
		제 8대	김응태	
		제 9대	정동선	
		제 9대 보궐	장영준	

표 1. 계속

단체명	설립연도	역대 회장		
		–사단법인 출범 후(1988.3～)		
한국광고사진가협회	1976	제 1대	장영준	
		제 2대	이태경	
		제 3～5대	조의헌	
		제 6～7대	양세민	
		제 8대	홍건표	
		제 9대	유경선	
		제 10～11대	이필훈	
		제 12대	김명규	
		제 13대	김광부	
		제 14대	김명규	～현재
한국광고자율심의기구	1991	제 1대	조규하	1991～1994
		제 2대	유붕노	1994～1997
		제 3～4대	남정휴	1997～2003
		제 5～6대	조병량	2003～2009
		제 7～8대	김민기	2010～현재
한국ABC협회	1989	제 1대	서정우	1989～1995
		제 2대	조용중	1995～2001
		제 3대	최종률	2001～2007
		제 4대	민병준	2007～2011
		제 5대	김영일	2011～2015.2

표 2. 광고관련 학회

단체명	설립연도	역대회장			
한국광고학회	1989	제1~2대	유봉노	1989~1993	연세대 경영학
		제3대	황창규	1993~1995	동국대 경영학
		제4대	조관수	1995~1997	성균관대 경영학
		제5대	리대룡	1997~1999	중앙대 광고홍보
		제6대	권명광	1999~2001	홍익대 디자인
		제7대	조병량	2001~2003	한양대 광고홍보
		제8대	홍재욱	2003~2004	인천대 경영학
		제9대	서범석	2004~2005	세명대 경영학
		제10대	이두희	2005~2006	고려대 경영학
		제11대	정걸진	2006~2007	경북대 신문방송
		제12대	유창조	2007~2008	동국대 경영학
		제13대	김유경	2008~2009	한국외대 신문방송
		제14대	안광호	2009~2010	연세대 경영학
		제15대	한상필	2010~2011	한양대 광고홍보
		제16대	김상훈	2011~2012	인하대 언론정보
		제17대	이문규	2012~2013	연세대 경영학
		제18대	윤 각	2013~2014	서강대 커뮤니케이션
		제19대	김봉현	2014~2015	동국대 광고홍보
		제20대	박현수	2015~현재	단국대 언론정보
한국광고홍보학회	1998	제1대	이의자	1998~2001	경성대 광고홍보
		제2대	이명천	2001~2003	중앙대 광고홍보
		제3대	이현우	2003~2005	한양대 광고홍보
		제4대	윤선길	2005~2007	한신대 광고홍보
		제5대	김재범	2007~2009	한양대 신문방송
		제6대	한은경	2009~2011	성균관대 신문방송
		제7대	문철수	2011~2012	한신대 광고홍보
		제8대	유종숙	2012~2013	숙명여대 언론홍보
		제9대	이수범	2013~2014	인천대 언론정보
		제10대	조재현	2014~현재	대진대 신문방송
한국옥외광고학회	2001	제1대	서범석		세명대 광고홍보
		제2대	김성훈		세명대 광고홍보
		제3대	문철수		한신대 광고홍보

표 2. 계속

단체명	설립연도	역대회장			
한국옥외광고학회	2001	제4대	김재영		남서울대 광고홍보
		제5대	이종민		국민대 언론정보
		제6대	심성욱	~현재	한양대 광고홍보
한국PR학회	1997	제1대	윤희중		이화여대
		제2대	박기순		성균관대
		제3대	이준일		중앙대
		제4대	최윤희		수원대
		제5대	오인환		연세대
		제6대	안보섭		숙명여대
		제7대	한정호		연세대
		제8대	신호창		서강대
		제9대	이현우		한양대
		제10대	이명천		중앙대
		제11대	박성호		조선대
		제12대	김원석		협성대
		제13대	김만기		남서울대
		제14대	차희원	~현재	이화여대
한국광고PR실학회	2008	제1대	최환진	2007~2010	한신대
		제2대	정상수	2010~2012	청주대
		제3대	조용석	2012~2014	한세대
		제4대	이희복	2014~2016	상지대

부록 2. 역대 유공 광고인 정부포상 현황

표 1. 역대 유공광고인 정부포상 현황

훈격 / 연도	국민훈장	국민포장	대통령표창	국무총리표창	장관표창	계
1992	2	2	3	3	3	13
1993	1	1	2	3	5	12
1994	1	1	3	3	6	14
1995	1	2	3	3	4	13
1996	3	3	4	4	7	21
1997	2	3	4	5	7	21
1998	2	2	3	3	4	14
1999	2	1	4	4	5	16
2000	2	2	4	4	8	20
2001	2	2	5	5	10	24
2002	2	2	5	5	10	24
2003	1	2	3	4	10	20
2004	1	2	3	4	10	20
2005	1	2	3	4	12	22
2006	1	1	3	3	9	17
2007	–	1	3	3	9	16
소계	24	29	55	60	119	287
연도	산업훈장	산업포장	대통령표창	국무총리표창	장관표창	계
2008	1	1	2	3	9	16
2009	1	1	2	3	9	16
2010	1	1	2	3	7	14
2011	1	1	2	3	7	14
2012	1	1	2	3	7	14
2013	1	1	2	3	7	14
소계	6	6	12	18	46	88
연도	홍조근정훈장	산업포장	대통령표창	국무총리표창	장관표창	계
2014	1	1	2	3	7	14
연도	산업훈장	산업포장	대통령표창	국무총리표창	장관표창	계
2015	1	1	2	3	7	14
총계	32	37	71	84	179	403

표 2. 1992~1996년도 유공광고인 정부포상

훈격	이름	소속 및 직위	추천 단체	비고
1992년도				
국민훈장	이종배	코래드 상임고문	한국광고업협회	동백장
	김석년	선연 대표이사		목련장
국민포장	윤석태	세종문화 대표	한국CF제작사협의회	
	정종규	국도 대표이사	한국광고사업협회	
대통령표창	이두희	대홍기획 상무	한국광고업협회	
	이인호	〈한국일보〉 상무	한국신문협회광고협의회	
	김한용	김한용연구소 대표	한국광고사진가협회	
국무총리표창	김문웅	(주)LG애드 상무	한국광고업협회	
	남윤성	연합광고 전무		
	이종석	제일기획 이사		
공보처장관표창	주규만	연합광고 국장	한국광고업협회	
	박영일	제일기획 부국장		
	김형주	대홍기획 실장		
1993년도				
국민훈장	남정휴	동방기획 사장	한국광고업협회	동백장
국민포장	최주호	〈중앙일보〉 상무	한국신문협회광고협의회	
대통령표창	이태영	오리콤 부사장	한국광고업협회	
	권익표	코래드 전무		
국무총리표창	이용정	이용정사진연구소 대표	한국광고사진가협회	
	김용현	기아자동차 선전부장	한국광고주협회	
	김석도	제일광고네온사 회장	한국광고사업협회	
공보처장관표창	윤병훈	(주)LG애드 국장	한국광고업협회	
	서창률	MBC애드컴 국장		
	윤병구	대홍기획 국장		
	신재환	제일기획 부국장		
	이범윤	기독교방송 사원	한국방송협회	
1994년도				
국민훈장	유충식	동아제약 대표이사	한국광고주협회	동백장
국민포장	송철호	(주)제일기획 전무이사	한국광고업협회	
대통령표창	송홍섭	MBC 애드컴 이사	한국광고업협회	
	양세민	세영 스튜디오 대표	한국광고사진가협회	
	정대길	(주)대보기획 대표이사 사장	한국광고업협회	

표 2. 계 속

1994년도				
훈격	이름	소속 및 직위	추천 단체	비고
국무총리표창	조봉구	(주)LG애드 이사	한국광고업협회	
	민병수	(주)오리콤 상무이사		
	안영완	한일기업 대표	한국광고사업협회	
공보처장관표창	김흥기	(주)대방기획 부장	한국광고업협회	
	민남식	(주)코래드 국장		
	오규하	(주)대홍기획 국장		
	유광준	(주)제일기획 국장		
	윤웅진	(주)LG애드 국장		
	한국희	월간 〈로드쇼〉 광고국장	한국잡지협회	
1995년도				
국민훈장	남상조	(주)대홍기획 대표이사 사장	한국광고업협회	모란장
국민포장	이성선	대아애드 사장	한국광고사업협회	
	정균화	(주)나라기획 사장	한국광고업협회	
대통령표창	노인택	남아촬영소 사장	한국광고영상제작사협회	
	송근영	(주)LG애드 전무이사	한국광고업협회	
	채갑병	(주)금강기획 전무이사		
국무총리표창	최동만	(주)오리콤 이사	한국광고업협회	
	공상의	(주)예음기획 부사장		
	허 견	(주)LG전자 수석부장	한국광고주협회	
공보처장관표창	김덕규	(주)MBC애드컴 본부장	한국광고업협회	
	구연철	(주)제일기획 국장		
	강전웅	(주)대홍기획 본부장		
	김상준	(사)한국광고단체연합회 대리	한국광고단체연합회	
1996년도				
국민훈장	김명하	코래드 사장	한국광고업협회	목련장
	감경철	(주)익산 회장	한국광고사업협회	목련장
	조태산	서울신문사 광고영업본부장	한국신문협회광고협의회	목련장
국민포장	신인섭	–	한국광고업협회	
	김이환	아남그룹 전무이사	한국광고주협회	
	윤명의	(주)대홍기획 대표이사	한국광고사업협회	

표 2. 계속

1996년도

훈격	이름	소속 및 직위	추천 단체	비고
대통령표창	한광수	(주)동방기획 상무이사	한국광고업협회	
	김영훈	(주)비프로덕션 대표이사	한국광고영상제작사협회	
	고남주	(주)국일광고 대표이사	한국광고사업협회	
	유경선	중앙대 교수	한국광고사진가협회	
국무총리표창	조성집	(주)오리콤 이사	한국광고업협회	
	경광석	(주)제일기획 이사		
	채광철	(주)금강기획 이사		
	한경택	한국야쿠르트 부장	한국광고주협회	
공보처장관표창	이대운	(주)MBC애드컴 국장	한국광고업협회	
	황정숙	(주)동방기획 부국장		
	김영호	(주)대홍기획 부국장		
	조용석	(주)제일기획 국장		
	최선규	(주)한컴 부국장		
	조돈학	전 한국광고사업협회 상임이사	한국광고사업협회	
	이대준	(주)다락원 광고담당 상무	한국잡지협회	

표 3. 1997년도~2006년도 유공광고인 정부포상

1997년도

훈격	이름	소속 및 직위	비고
국민훈장	전응덕	(사)한국광고단체연합회 회장	모란장
	이기흥	(주)선연 대표이사	동백장
국민포장	김진섭	(주)대방기획 대표이사	
	심재혁	LG그룹 전무이사	
	정진갑	(주)동문영상 대표이사	
대통령표창	김충경	(주)동방기획 전무이사	
	김해관	제일제당(주) 이사	
	엄하용	(주)오리콤 상무이사	
	조의헌	(사)한국광고사진가협회 자문위원장	
국무총리표창	박현주	(주)LG애드 상무이사	
	원석희	(주)씨엠스페이스 대표이사	

표 3. 계 속

1997년도

훈격	이름	소속 및 직위	비고
국무총리표창	윤태원	(주)한컴 상무이사	
	이성구	(주)제일기획 상무이사	
	이영희	(주)금강기획 이사	
공보처장관표창	나운봉	(주)대홍기획 마케팅전략연구소 전문위원	
	홍종수	〈월간골프〉 광고국장	
	허 왕	(주)세원기업 사장	
	김영수	(사)한국광고사진가협회 사무국장	
	백낙미	(주)M.A.P.S 이사	
	황창옥	(주)MBC애드컴 매체본부장	
	김석일	(주)동방애드라인 사장	

1998년도

훈격	이름	소속 및 직위	비고
국민훈장	이명환	전 일동제약(주) 대표이사 사장	동백장
	김용희	(주)광인 회장	목련장
국민포장	전영일	(주)코래드 부사장	
	이건수	(주)삼화광고 회장	
대통령표창	강한영	(주)선우프로덕션 대표이사	
	배재용	(주)제일기획 전무이사	
	전용규	(주)금강기획 상무이사	
국무총리표창	박제훈	(사)한국광고사진가협회 자문위원	
	김상봉	(주)서울문화사 부국장	
	김강수	천양기업 대표	
문화관광부장관표창	윤명기	월간 〈미대입시〉 광고부장	
	이해걸	(주)MBC애드컴 이사	
	송성각	(주)제일기획 국장	
	이형수	(주)수정광고 대표이사	

1999년도

훈격	이름	소속 및 직위	비고
국민훈장	이인호	(주)LG애드 대표이사	동백장
	이강우	(주)세종문화 전무이사	목련장
국민포장	이순동	삼성기업구조조정본부 전무이사	
대통령표창	김영배	서울광고기획(주) 이사	
	권태효	(주)태평양 이사	
	장영준	(사)한국광고사진가협회 자문위원	

표 3. 계 속

1999년도			
훈격	이름	소속 및 직위	비고
대통령표창	최인아	(주)제일기획 수석(국장)	
국무총리표창	조승봉	(주)동아일보사 출판광고팀장	
	권영만	(주)대홍기획 수석국장	
	유희만	고려종합광고 대표	
	이계문	(주)MBC애드컴 국장	
문화관광부 장관표창	김경일	(주)자동차생활 광고국 국장	
	이일수	백제광고기획 대표	
	김영민	(주)대홍기획 국장	
	정순영	(주)휘닉스커뮤니케이션즈 부국장	
	최규현	(주)한컴 부국장	

2000년도			
국민훈장	민병준	(사)한국광고주협회 회장	모란장
	채수삼	(주)금강기획 대표이사 사장	동백장
국민포장	박우덕	(주)웰커뮤니케이션즈 대표이사	
	송도섭	전 한국광고사업협회 회장 동부기업사 대표	
대통령표창	김광부	(사)한국광고사진가협회 자문위원장	
	이승헌	(주)LG애드 상무	
	박수부	CM파크 사장	
	심대룡	(주)휘닉스커뮤니케이션즈 전무이사	
국무총리표창	김동희	(주)MBC애드컴 국장	
	임병철	(주)대홍기획 수석국장	
	조경환	불암촬영소 사장	
	김선식	(주)세종엔터프라이즈 사장	
문화관광부 장관표창	여상두	(사)한국광고사진가협회 자문위원	
	강성균	(주)나라기획 이사	
	김의성	(주)상암기획 국장	
	임종근	(주)선연 국장	
	이정기	(주)애드벤처월드와이드 이사	
	오세성	(주)한컴 부국장	
	이종업	동국광고 대표	
	조경열	(주)코리아중앙문화 월간 〈붕어〉 광고팀장	

표 3. 계속

2001년도

훈격	이름	소속 및 직위	비고
국민훈장	김인호	한국신문협회광고협의회 전 사무국장	모란장
	임응배	(사)한국광고단체연합회 상근부회장	동백장
국민포장	김판곤	현대산업개발 부사장(영업본부장)	
	김낙회	(주)제일기획 전무	
대통령표창	소문수	(주)동진프로덕션 대표이사	
	박현기	동서식품 전무이사	
	정만석	(주)코래드 상무이사	
	한석홍	(사)한국광고사진가협회 감사	
	김영권	(주)하쿠호도제일 상무이사	
국무총리표창	최인호	(주)디자인하우스 광고 전무이사	
	옥달혁	(주)LG애드 상무	
	정해욱	베스트사운드 대표	
	피도대	세트박스 대표	
	이영복	현대자동차 차장	
문화관광부 장관표창	남성우	(주)LG애드 국장	
	김찬웅	(사)한국광고사진가협회 부회장	
	정성희	(주)대홍기획 국장	
	김홍의	(주)서울다씨 부국장	
	김진혁	신세계백화점 부장	
	박상훈	MBC애드컴 국장	
	김학현	케이투프로덕션(주) 대표이사	
	이종훈	(주)테크월드 상무이사	
	김재수	(주)미림기획 대표이사	
	유희진	(주)한컴 부국장	

2002년도

훈격	이름	소속 및 직위	비고
국민훈장	이태림	(주)코마코 대표이사	모란장
	원석희	(주)씨엠스페이스 대표이사	동백장
국민포장	박광순	(주)대홍기획 이사	
	이노종	(주)SK구조조정추진본부 전무이사	
대통령표창	김의열	대상(주) 이사	
	이필훈	(사)한국광고사진가협회 부이사장	

표 3. 계 속

훈격	이름	소속 및 직위	비고
	2002년도		
대통령표창	김희운	(주)LG애드 상무	
	이환각	(주)금강기획 상무	
	이운용	(주)프로파갠다 대표이사	
국무총리표창	오세진	(주)제일기획 수석국장	
	안승술	(주)휘닉스커뮤니케이션즈 상무	
	이규철	(주)철도방송 광고영업이사	
	이재길	(사)한국광고사진가협회 대구지부장	
	이명훈	WPPMC Korea 상무이사	
문화관광부 장관표창	조동완	(주)LG애드 국장	
	강대용	(주)상암커뮤니케이션즈 매체국장	
	김중호	(주)코래드 수석국장	
	신창환	KT(한국통신) 과장	
	박승환	(사)한국광고사진가협회 기획이사	
	서영진	(주)동남환경디자인 대표이사	
	이부희	(주)서울다씨 부국장	
	윤민철	(주)한컴 부국장	
	강선욱	(주)월간유아 차장	
	오의상	(주)유레카필름프로덕션 관리이사	
	2003년도		
국민훈장	김용언	동서식품(주) 대표이사	동백장
국민포장	신재환	(주)제일기획 전무	
	김영수	LG전자(주) 부사장	
대통령표창	이수갑	(사)한국광고단체연합회 전 사무국장	
	홍건표	(사)한국광고사진가협회 전 이사장	
	김덕영	(주)휘닉스커뮤니케이션즈 상무이사	
국무총리표창	박순용	(주)LG애드 상무	
	최종원	(주)대홍기획 국장	
	유영욱	SK텔레콤(주) 부장	
	오세충	스튜디오큐빅 대표	
문화관광부 장관표창	이후재	슈터스이미지 대표	
	지덕엽	(주)옐로우프로덕션 감독	

표 3. 계속

2003년도

훈격	이름	소속 및 직위	비고
문화관광부 장관표창	김재훈	(주)코래드 상무보	
	윤성원	(주)하쿠호도제일 국장	
	박운기	(주)LG애드 본부장	
	최찬순	유한킴벌리(주) 차장	
	정범모	(주)상암커뮤니케이션즈 기획국장	
	류진한	(주)한컴 부국장	
	이형묵	(주)기술정보 상무이사	
	강재명	성호상사 대표	

2004년도

훈격	이름	소속 및 직위	비고
국민훈장	홍성욱	유로넥스트(주) 대표이사	동백장
국민포장	김광규	(사)한국브랜드협회 회장	
	기노창	(주)중앙일보사 상무이사	
대통령표창	김광인	(주)MBC애드컴 이사	
	조병모	(주)광고방 촬영감독	
	성장경	남양유업(주) 상무	
국무총리표창	최병량	(주)나래기획 대표이사	
	이주형	포토탑스 대표	
	심재서	(주)태평양 부장	
	송진오	지노아트 대표	
문화관광부 장관표창	김원규	(주)LG애드 국장	
	박준형	TBWA KOREA(주) 수석국장	
	정해영	(주)한컴 국장	
	남동진	라이필스튜디오 대표	
	한성수	(주)코래드 수석국장	
	신중희	롯데칠성음료(주) 차장	
	한 도	대상(주) 과장	
	정준상	청조광고 대표	
	김영택	매일종합광고기획 대표	
	성영호	귀빈광고 대표	

2005년도

훈격	이름	소속 및 직위	비고
국민훈장	배동만	(주)제일기획 대표이사	동백장
국민포장	조기창	동아오츠카(주) 대표이사	

표 3. 계 속

2005년도

훈격	이름	소속 및 직위	비고
국민포장	권오형	(주)서울방송 광고전문위원	
대통령표창	김광태	삼성전자(주) 상무	
	이문용	경남신문사 광고국장	
	송기엽	(사)한국광고사진가협회 고문	
국무총리표창	김태윤	(주)유비마케팅 대표이사	
	김갑식	(주)휘닉스커뮤니케이션즈 상무이사	
	김기현	한국화장품(주) 부장	
	정 남	(주)정남프로덕션 대표이사	
문화관광부 장관표창	최광춘	(주)LG애드 국장	
	김철현	(사)한국광고사진가협회 학술이사	
	박용찬	(주)에어크로스 마케팅본부장	
	박권엽	선화기업 대표	
	홍원의	(주)코마스 부사장	
	박석하	(주)상암커뮤니케이션즈 국장	
	김임택	도서출판한미 광고부장	
	조건희	(주)한컴 팀장	
	오혜원	(주)제일기획 국장	
	백창수	(주)하이마트 부장	
	김현중	(주)컴온21 이사	
	정기호	(주)나스미디어 대표이사	

2006년도

훈격	이름	소속 및 직위	비고
국민훈장	문애란	웰콤 대표	동백장
국민포장	서범석	세명대 광고홍보학과 교수	
대통령 표창	차병선	케이에이디디엔엠알 이사	
	홍원의	코마스인터렉티브 대표이사	
	이기철	쥬라기스튜디오 대표이사	
국무총리표창	최 홍	(주)LG애드 상무이사	
	김찬웅	피엘스튜디오 대표이사	
	남궁영훈	씨엠미디어 대표이사	
문화관광부 장관표창	최도영	(주)LG애드 본부장	
	이선엽	TBWAKOREA 국장	

표 3. 계 속

2006년도

훈격	이름	소속 및 직위	비고
문화관광부 장관표창	손승현	에드클릭네크워크 대표	
	장영근	금강오길비 국장	
	송한섭	발해스튜디오 대표	
	최형우	다음커뮤니케이션 본부장	
	조인원	중앙엠앤비 이사보	
	인호찬	유니기획 국장	
	이정훈	한국옥외광고협회 울산광역시지부중구지회장	

표 4. 2007년도 유공광고인 정부포상

훈격	이름	소속 및 직위	추천단체
국민포장	김종립	(주)LG애드 부사장	광고업협회
대통령표창	임영석	(주)대홍기획 이사	광고업협회
	조성룡	(주)하쿠호도제일 상무	광고업협회
	조익명	TBWA KOREA 전문임원	광고업협회
국무총리표창	이정락	(주)제일기획 상무	광고업협회
	배성룡	케이블 TV방송 네트워크 회장	광고단체연합
	최창익	터 스튜디오 대표	광고사진가협회
문화관광부 장관표창	김현경	(주)디킴스커뮤니케이션즈 대표	인터넷마케팅협회
	이현주	(주)웰콤 국장	광고업협회
	김태해	(주)제일기획 국장	광고업협회
	구상모	커뮤니케이션포토 대표	광고사진가협회
	이경일	(주)코래드 국장	광고업협회
	최근식	(주)인터콤어소시에이션 상무	광고단체연합회
	강진원	(주)조선일보 생활미디어 본부장	잡지협회
	박용열	모든광고사 대표 *	옥외광고협회
	김진영	(주)국민은행 차장	(주)국민은행

표 5. 2008~2010년도 유공광고인 정부포상

2008년도		
훈격	이름	소속 및 직위
산업훈장	홍우식	(주)서울광고 대표이사
산업포장	정선종	(주)제일기획 부사장
대통령표창	최광환	(주)HS애드 상무
	정상철	(주)대홍기획 이사
국무총리표창	정준철	(주)비비디오코리아 상무
	지승용	(주)덴츠이노백 상무
	진은호	(주)부산프로덕션 대표이사
장관표창	김정응	(주)HS애드 수석국장
	류남길	(주)농심기획 CD
	박영주	(주)치즈스튜디오 대표이사
	이태훈	(주)애드앤피알스미스 대표이사
	정영호	오칠공사 대표
	김이석	대일기획 대표
	조윤장	(주)애드리치 국장
	박선건	아쉐뜨아인스미디어(주) 본부장
	한창희	(주)유니기획 팀장
2009년도		
산업훈장	홍석규	(주)휘닉스커뮤니케이션즈 회장
산업포장	권오용	SK주식회사 브랜드관리부문장
대통령표창	홍찬식	〈중앙일보〉 전 상무이사
	남상민	(주)제일기획 전문위원
국무총리표창	김재훈	(주)애드리치 상무
	오명열	(주)HS애드 상무
	강용관	오픈시스템 대표
장관표창	김우상	스튜디오발해 대표
	우창훈	(주)디지탈이미지테크 대표
	김태형	(주)HS애드 수석국장
	강현종	(주)상암커뮤니케이션즈 수석국장
	김남호	(주)나인후르츠미디어 대표
	추성호	(주)대홍기획 수석국장
	방효선	CJ미디어 상무(본부장)

표 5. 계 속

2009년도		
훈격	이름	소속 및 직위
장관표창	임희석	대림산업(주) 차장
	이종화	(주)위드커뮤니케이션 대표

2010년도		
산업훈장	정만석	(주)애드리치 대표
산업포장	최인아	(주)제일기획 부사장
대통령표창	한정석	(주)이노션 월드와이드 전무
	최관이	(주)서울경제신문 광고담당 부사장
국무총리표창	이동원	(주)HS애드 상무
	구본진	LG전자 상무
	강석원	(주)한컴 상무
장관표창	임성식	SK마케팅앤컴퍼니(주) 사업부장
	성지혜	(주)서울광고기획 수석국장
	김진희	(주)CU미디어 전무
	이원석	(주)비비디오코리아 본부장
	장재형	(주)커뮤니케이션윌 부국장
	노전우	붐필름프로덕션 대표
	최남언	감 커뮤니케이션 수석 포토그래퍼

표 6. 2011~2014년도 유공광고인 정부포상

2011년도			
훈격	이름	소속 및 직위	추천단체
산업훈장	박영응	(주)커뮤니케이션 월 대표이사	광고업협회
산업포장	김혜경	(주)이노션 상무	광고업협회
대통령표창	손태원	(주)제일기획 상무	부산국제광고제
	신용섭	–	코레일유통
국무총리표창	공진성	(주)HS애드 상무	광고업협회
	문상숙	SKM&C 본부장	광고업협회
	박승환	전주대 교수	광고사진가협회
장관표창	김언동	경북고등학교 교사	한국광고단체총연합회
	남혜아	(주)웰컴 퍼블리시스월드와이드 국장	광고업협회
	박숭준	상암커뮤니케이션즈 국장	광고업협회
	서 건	(주)다츠커뮤니케이션 대표이사	인터넷마케팅협회
	서경덕	성신여대 객원교수	자체발굴
	은명희	애드리치 수석국장	광고업협회
	홍남유	(주)농심 과장	광고주협회
2012년도			
산업훈장	김낙회	(주)제일기획 대표이사	광고업협회
산업포장	이의자	(사)부산국제광고제 조직위원회 집행위원장	(사)부산국제광고제 조직위원회
대통령 표창		공익광고협의회	이정혜 국장 조창화 위원장
	목영덕	(주)매일경제신문사 이사 대우	신문협회 광고협의회
국무총리표창		(사)한국전광방송협회	임병욱 회장
	이원순	(주)한컴 상무	광고업협회
	장정열	(주)아트하우스 회장	광고영상제작사협회
장관표창	김도향	서울오디오 대표	–
	김영미	유로넥스트 국장	광고업협회
	송성우	제이콘텐트리상무	케이블TV협회
	임병호	임병호 스튜디오 대표	사진가협회
	조두석	(주)애드메이저 대표이사	광고협회
	주대홍	(주)김앤에이엘 연구소장	광고업협회
	최동일	한국야쿠르트 차장	광고주협회

표 6. 계 속

2013년도

훈격	이름	소속 및 직위	추천단체
산업훈장	안건희	(주)이노션 대표이사	광고산업협회
산업포장	이시혁	SK플래닛(주) 전무	자체발굴
대통령표창	김찬회	(주)포레카 전무	광고산업협회
	김홍탁	(주)제일기획 마스터	자체발굴
국무총리표창	박선미	(주)대홍기획 이사	광고산업협회
	이백현	(주)하쿠호도제일 상무	광고산업협회
	한우근	LH(한국토지주택공사) 차장	자체발굴
장관표창	김 영	MBN(매일방송) 팀장	광고협회
	변용수	(주)KECC 전무	광고대행업협동조합
	유성권	(주)농심기획 국장	광고산업협회
	윤상은	(주)K2스튜디오 대표	사진가협회
	이형진	릴리엔로즈 대표이사	자체발굴
	정상호	(주)애드리치 부국장	광고산업협회
	정인식	(주)코마스인터렉티브 대표이사	온라인광고협회

2014년도

훈격	이름	소속 및 직위	추천단체
홍조근정훈장	조병량	한양대 명예교수	부산국제광고제 조직위원회
산업포장	김경택	(주)승보 대표	전광방송협회
대통령표창	한광규	(주)대홍기획 상무	광고산업협회
	유성노	(주)HS애드 상무	광고산업협회
국무총리표창	양영옥	(주)제일기획 마스터	광고산업협회
	김정아	(주)이노션 이사	광고산업협회
	김우일	석스튜디오 대표	광고사진가협회
장관표창	유수홍	JWT애드벤처(주) 상무	광고산업협회
	허재영	중소기업은행 차장	자체발굴
	유구현	(주)하쿠호도제일 수석국장	광고산업협회
	정문주	(주)KECC 본부장	광고대행업협동조합
	심현준	(주)스튜디오 쎔 대표	광고사진가협회
	안가람	(주)농심기획 국장	광고산업협회
	유광석	(주)리서치애드 대표	온라인광고협회

표 7. 2015년도 유공광고인 정부포상

훈격	이름	소속 및 직위	추천단체
2015년도			
산업훈장	임인규	(주)광고방대표 이사	한국광고총연합회
산업포장	이지희	포스트비쥬얼 대표	한국크리에이티브 광고원
대통령표창	윤백진	(주)제일기획 상무	한국광고산업협회
	이현석	(주)이노션월드와이드 전무	한국광고산업협회
국무총리표창	김재홍	(주)덴츠코리아 상무	부산국제광고제 조직위원회
	차재영	(주)레볼루션커뮤니케이션즈 대표이사	한국온라인광고협회
	조윤철	순천대 교수	한국광고사진가협회
장관표창	연수영	(주)HS애드 국장	한국광고산업협회
	황기현	(주)스마트핀 대표이사	한국온라인광고협회
	김재욱	크리에이티브투레빗(주) 대표이사	크리에이티브투레빗(주)
	엄복태	스타커뮤니케이션즈(주) 대표이사	한국광고산업협회
	이건태	한국방송협회 부장	한국방송협회
	이영미	(주)서울광고기획 제작팀장	한국광고산업협회
	김정학	국민연금공단 부장	국민연금공단

부록 3. 서울AP클럽 역대 수상자 명단

연도	수상 내용	이름	소속 및 직위
2011	올해의 광고인상	이제석	이제석 광고연구소 소장
	올해의 홍보인상	조현민	대한항공 상무
	특별공로상	이의자	부산국제광고제 집행위원장, 경성대 교수
2012	올해의 광고인상	안건희	한국광고업협회장, 이노션 대표이사
	올해의 홍보인상	이상민	엘지 유플러스 홍보담당 상무
	특별공로상	다음커뮤니케이션	–
2013	올해의 광고인상	"마포대교 생명의 다리" 캠페인팀	남대희 삼성생명 상무 / 김경태 제일기획 프로
	올해의 홍보인상	박기태	사이버외교사절단 반크 대표
	특별공로상	윤석태	전 경주광고박물관장
2014	올해의 광고인상	오뚜기 진라면 캠페인	이강훈 주식회사 오뚜기 대표이사 / 은명희 애드리치 이사
	올해의 홍보인상	이준희	보령제약 홍보팀장, 이사
	특별공로상	신인섭	중앙대 신문방송대학원 초빙교수
2015	올해의 광고인상	현대자동차 광고팀	홍석범 현대자동차 이사 / 김태용 이노션 전무
	올해의 홍보인상	장재이	부산지방경찰청 SNS담당 경장
	특별공로상	공익광고	한국방송광고진흥공사 사장

엮은이 소개

사단법인 서울AP클럽(Seoul Advertising & PR Club)

고문(가나다 순)

권명광   전 홍익대 총장(전 한국광고학회장)
김명하   Kim&aL 회장(전 한국광고협회 회장)
김석년   전 IAA 회장(전 한국광고협회 회장)
김승호   보령제약 회장
김한용   김한용사진연구소 고문
리대룡   중앙대 명예교수(전 한국광고학회장)
민병준   한국ABC협회 고문(전 한국광고주협회장)
서병호   전 방송채널사업자협의회 회장(전 KOBACO사장)
신인섭   부산국제광고제 고문
오인환   전 연세대 교수(전 한국홍보학회장)
우윤근   이북도민회 중앙연합회 회장(전 연합광고 사장)
윤호헌   전 신문잡지종합광고대행 회장(전 약국신문 회장)
이기홍   서울예술대 이사장(전 한국광고협회 회장)
전응덕   전 한국광고단체연합회 회장
조해형   나라홀딩스 회장

운영위원회

회 장   조병량   한양대 명예교수(전 한국광고학회 회장)
부회장   정만석   애드리치 대표이사(한국광고산업협회 회장)
운영위원(가나다 순)
         김민기   숭실대 교수(한국광고자율심의기구 회장)
         김흥기   한국사보협회 회장
         민남식   에이프릴 대표
         박용형   유니기획 대표이사

558